杨 泓 文 集

考古学

文物出版社

图书在版编目（CIP）数据

考古学／杨泓著．—北京：文物出版社，2021.12
（杨泓文集）
ISBN 978 - 7 - 5010 - 7317 - 7

Ⅰ.①考⋯　Ⅱ.①杨⋯　Ⅲ.①考古学 - 中国 - 文集
Ⅳ.①K87 - 53

中国版本图书馆 CIP 数据核字（2021）第 261584 号

杨泓文集·考古学

著　　者：杨　泓

责任编辑：郑　彤
助理编辑：卢可可
封面设计：刘　远
责任印制：张　丽

出版发行：文物出版社
社　　址：北京市东城区东直门内北小街 2 号楼
邮政编码：100007
网　　址：http：//www.wenwu.com
经　　销：新华书店
印　　刷：宝蕾元仁浩（天津）印刷有限公司
开　　本：710mm×1000mm　1/16
印　　张：25
版　　次：2021 年 12 月第 1 版
印　　次：2021 年 12 月第 1 次印刷
书　　号：ISBN 978 - 7 - 5010 - 7317 - 7
定　　价：186.00 元

图一 1956 年随宿白先生在河南洛阳龙门石窟考察

图二 1956 年在洛阳实习，旁为马耀圻，宿白先生摄

图三 在北京大学 21 斋 130 号宿舍，旁为贾洲杰

图四 1957 年在河北邯郸涧沟考古发掘，拉皮尺者为贾洲杰

图五 1960 年干部下放劳动，与山东曲阜仓巷大队干部合影

图六 1985 年与夏鼐先生讨论安阳出土十六国时期马具的复原

图七 访问香港，接受饶宗颐
赠书

图八 1999 年去美国芝加哥参
加"汉唐之间的艺术与
考古"学术研讨会，与
安吉拉交谈

图九 2001 年参加郑岩博士研
究生毕业典礼，右为韩
国学生李正晓

图一〇 在宿白先生家

图一一 2015 年在"近藏集粹展"开幕式上与老友孙机在一起

出版说明

一、文集收入作者自 1958 年至 2020 年发表的文稿。

二、文集所收文稿分为考古学、古代兵器（上、下册）、美术考古、艺术史、考古文物小品等，共编为五卷六册。

三、各卷所收文稿，均按原发表年份排序，以使读者阅读后，可以寻到作者 62 年来的治学轨迹。

四、60 多年来，考古事业蓬勃发展，考古新发现层出不穷，所以，作者早年刊发的文稿中多有需要修改、补充之处。由于多已在后来的文稿中进行论述，故本书采用刊出时的原貌，请读者依次阅读后面的文稿，即可查获更正后的新论述。

五、各卷文稿皆在文末用括号标注原发表时的书刊以及刊出年份，有些篇后还附有与该篇写作有关的情况说明，以供读者参阅。

六、书中引用人名，除作者业师称为"师"或"先生"，其余只书姓名。

七、文中较多地引用《二十四史》的史料，由于本文集均引用中华书局校点本（第一版），为了行文简洁，在注文中，不再逐条加注版本及出版年份，只标明页数。

目　　录

高句丽壁画石墓

　　高句丽的兴亡年代约当西汉末年至唐高宗总章年间①，在汉末魏晋时期才形成较强大的势力，当时的领地为沿鸭绿江两岸的山地，以东北吉林省集安县通沟附近之平原为中心。以后逐渐扩展，不断攻略乐浪、玄菟、辽东诸郡，到南北朝晚期，其领地已自东北南部跨鸭绿江直达朝鲜半岛中部，形成领地幅员较广的政权，它和古代中原的关系密切，在文化上更有密不可分的联系。

　　清朝末年，在集安（旧称"辑安"）发现的"好太王碑"引起了学术界的重视。以后日本人鸟居龙藏曾初勘其地，法人沙畹又于 1907 年至彼调查。其后日本人关野贞做了比较细致的记录工作，他所编的《朝鲜古迹图谱》及《高句丽时代の遗迹》（图版）二书，就包括了集安附近及平壤一带的高句丽古墓及遗址的调查发掘。"九一八"事变后，伪满洲国之"满日文化协会"于 1935 年组织调查团至通沟调查，参加者为日本人池内宏等。次年出版池内所著之《满洲国安东省辑安县高句丽遗迹》，后又出版报告《通沟》二册以记录其事。此后，专著、论文述及高句丽墓葬及遗址者甚多。

　　1945 年以后，朝鲜学者曾对高句丽古墓作过多次发掘，比如平壤车站古墓的发掘，其中以 1949 年在平壤南部安岳地区古墓群的发掘最为重要。同时朝鲜学者也对有关资料作过很多论述，例如对安岳第三号墓墓主及时代的讨

---

① 参阅《汉书·东夷传》以及《新唐书·高丽传》《旧唐书·高丽传》。

论，对高句丽壁画中乐器的研究①，我们期待着他们研究的进一步成果。

在对高句丽古墓的研究中，日本人做过较多工作，其《通沟》一书曾对壁画题材与古墓时代作出总结式的论断，兹摘要如下：通沟地区之壁画石墓（原书中称"土冢"）均为高句丽晚期墓葬，时代在高句丽长寿王十五年（427年）迁都平壤以后，平壤附近之壁画石墓则时间更晚。壁画内容由完全反映生活的题材（如舞踊、角抵）转成以生活题材为主、四神纹样为辅，最后四神成为主要内容，比如通沟四神冢。

根据对已知材料的分析，特别是新材料的发现，可以看出他们的研究还不够全面，有些问题还值得进一步探讨。首先，研究高句丽这一少数民族的历史将使这方面的研究更有意义，因为高句丽历史的记载多散见于中国各代史书中，材料零散，所以，研究高句丽的历史尤其是物质文化的复原，实物材料（墓室壁画极重要）应为主要依据。其次，在古代，中原和高句丽文化联系密切，互相影响，而相当于这一时期的北朝墓葬材料还不十分充分，虽然有墓志遗物的出现，但形制方面尤其是壁画，还不够清楚②，因此，研究高句丽墓可以推知中原地区北朝墓葬形制及壁画之大略，会对进行北朝墓葬的发掘整理有所帮助。本文据现在已知材料，对高句丽壁画石墓进行初步探讨，简论如下。

一 高句丽壁画石墓的渊源

高句丽最早期的墓制可能为石棚形式③，以后就产生了如集安"将军

---

① 关于安岳的发掘情况，在朝鲜《文化遗产》创刊号上有都宥浩的简报《在朝鲜安岳发现的一些高句丽古坟》，《文物参考资料》1952年第1期有译文。此外，《文化遗产》1957年第3期有金瑢俊写的论文《关于安岳第三号古墓的年代和墓主》，该刊1957年第4期《学术动态》栏中，又有关于该墓学术讨论的报道。对高句丽壁画中乐器的研究，有连载于《文化遗产》1957年第1、2期的全畴农的论文《关于高句丽壁画上乐器的研究》。

② 据洛阳探墓工人云，在洛阳附近出有北魏墓志的大冢中，有"怪兽"壁画。又据贾兰坡先生云，1953年山西太原晋祠附近发现壁画砖墓，壁画内容为青龙、白虎，乡人传为北齐王墓。

③ 可参看日本人梅原末治《朝鲜古代的墓制》第一部分以及驹井和爱《辑安高句麗墓に关する一二の考察》，《考古学雑誌》第29卷第3号。

冢"式之山形石冢，再后不久，壁画石墓出现并且流行起来，成为主要形式。

壁画石墓之形成与流行和中国古代文化之影响有关。以墓室刻绘画像为特征的石室或砖室墓，在中原地区东汉时代已经出现。据中华人民共和国成立后考古发现的新材料，在山东梁山、河北望都、东北辽阳等地都发现了壁画砖墓[1]，在陕西绥德有王得元墓画像石的发现，1954 年于山东沂南北寨村发现一座大型多室画像石墓[2]。这些新材料的发现，不但使我们对汉代墓葬有了新的认识，且对探讨有关高句丽墓的渊源问题有重要的意义。

更令人兴奋的是在朝鲜安岳发现了冬寿墓，它正是汉墓和高句丽壁画石墓的中间环节。在汉代，平壤一带已经有了构造复杂的大型砖室墓和木椁墓[3]，这正为其他早期高句丽的较复杂的壁画石墓准备了技术条件，冬寿墓也应为此种技术基础上的产物。墓中墨铭记冬寿卒年为东晋穆帝永和十三年（357 年）[4]，冬寿是在朝鲜为官二十余年的辽东人，因此，该墓应是有意模仿辽东地区乃至中原地区的墓葬，将该墓的平面结构和壁画内容与汉墓相比，不难看出其间之继承关系。冬寿墓平面与辽阳汉墓大致相同（图一），其柱上雕造斗栱、藻井用多层叠涩顶石上加抹角叠砌的做法，又

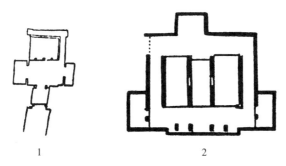

图一　冬寿墓和辽阳棒子台汉墓平面图
1. 冬寿墓（安岳第三号墓）　2. 辽阳棒子台壁画墓

① 梁山汉墓简报见《文物参考资料》1955 年第 4 期，望都汉墓有报告《望都汉墓壁画》一书，辽阳汉墓简报见《文物参考资料》1955 年第 4 期。
② 王得元墓画像石见《文物参考资料》1954 年第 10 期封里，沂南汉墓有报告《沂南古画像石墓发掘报告》一书。
③ 参看日本人所著考古报告《乐浪》及《乐浪郡时代の遗蹟》诸书。
④ 宿白：《朝鲜安岳所发现的冬寿墓》，《文物参考资料》1952 年第 1 期。

近于沂南画像石墓。壁画内容方面，前室西壁和南壁分绘冬寿及其夫人像（图二），旁绘有榜题"记室""小史""省事"的小吏和侍女，并在墓室东往北的"┓"形走廊上有冬寿统军出行图，此外榜题有"战吏""帐下督"等，又有厨房、马厩、肉架、碓、舂、汲水等图像，且皆有朱书榜题。这种做法与汉代画像的内容和形式相同。藻井绘莲花，也为魏晋六朝以来中国藻井装饰之课题。在壁上先涂白粉，然后作画，也应是仿辽阳壁画砖墓的技法。因此可断定，冬寿墓是直接继承汉代画像墓而来的。

1   2

图二　冬寿墓和辽阳三道壕墓壁画
1. 冬寿墓前室南壁冬寿夫人画像　2. 辽阳三道壕壁画墓左小室壁画

据已知材料，可把高句丽壁画石墓分为两大群：一组以通沟为中心，即我国东北发现的高句丽墓群；一组以平壤为中心。这两个墓群既有共性，也有个性。平壤附近的早期壁画石墓是继承冬寿墓系统演变下来的，它们的特点是常为多室，结构复杂，如天王地神冢、双楹冢等①。以通沟为中心的早期墓群的建造年代应较早些，它们吸取了辽东一带壁画汉墓的技法，虽为石室，仍仿砖室墓，作穹隆式顶或横券式顶，壁画内容则具墓主人的生活宴乐及天象诸图，但图中人物服饰有强烈的民族风格。以后有所发展，大致又是接受了北朝墓葬的影响，而变成以四神为主之壁画石

_____

① "天王地神冢"见《高句丽时代の遗蹟》（图版）下册，图版168～197；"双楹冢"见《朝鲜古蹟图谱》第二册，图版161～191。本文中所引壁画石墓凡未注明出处者，皆转引自《通沟》一书。

墓。这两大墓群早期虽有分歧，以后随高句丽内部的统一和发展，逐渐统一了形制，成为大量成熟的使用抹角叠砌的单室石墓，四壁绘有四神图像。这种形制的形成定制，应为定都平壤以后之事，也就是现在发现的高句丽壁画石墓的晚期阶段。

总结以上情况，可简化列表如下：

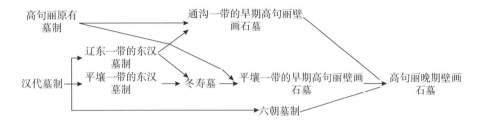

二　高句丽壁画石墓的形制和壁画内容[①]

高句丽壁画石墓在形制方面有单室及多室之分，多室者常为前后二室，中间连以较短的通道。主室平面方形，前室长方形，如舞踊、角抵、天王地神诸冢，并有在前室两端作成小室或深龛的，如高山里第九号墓和龛神冢。比较复杂的为通沟三室冢，三室作曲尺式弯转，各室平面均近方形。单室者墓室平面也近方形，前有较长的甬道。

墓壁均用大石砌成，甬道多平顶，墓室藻井的处理主要有四种。第一种如舞踊、角抵诸冢，前室横向扁长，上作横券式顶，主室用大石由四周叠涩上起，砌到一定高度后，加小型抹角石，使平面呈八角形，然后层层上叠，最上用一盖顶石盖住，从下面仰视，呈不规则之八角形穹隆顶。第二种即三室冢的做法，在层层叠涩砌出的顶石上加二重抹角叠砌，但抹角叠砌较小，且不占主要地位。第三种为墓壁起一层或几层顶石后，加二重抹角叠砌，其上加一盖顶石而成，如梅山里四神冢[②]，这种形式最为常见。

---

① 因已发现之高句丽壁画石墓多经古代盗掘，故其中随葬品残存极少，所以文中不包括对随葬物品的分析。

② 参看《朝鲜古蹟图谱》第二册，图版126～138。

第四种为在墓壁四隅加小型的抹角石，然后上托顶石，以承上面之二重抹角叠砌。这种做法在技术上最为成熟，如朝鲜遇贤里大墓。除以上四种外，尚有较复杂之特例，如天王地神冢之仿木构件、肝城里莲花冢前室分作三个小藻井①。

高句丽壁画石墓壁画的绘制也有两种情况：一种是先在石壁上涂一层白粉，然后在上面作画；另一种是直接绘于石壁上。前者如舞踊、角抵、三室诸墓，后者如通沟四神冢、遇贤里大墓。壁画内容大致可分以下六类。

1. 墓室四周绘反映生活题材的图像，藻井表示天空

以舞踊冢为例，石壁四隅影作木结构，下为一柱，柱头上作一斗三升，斗下均有"皿板"，上层斗口托一横枋，该枋即绘于第一重顶石上，前室亦同。前室右翼中壁绘一大树，左右二壁皆为房屋。左翼中壁绘二人叉手而立，右壁为二人对弈，左壁绘二马鞍。在主室中，正壁（后壁）二斗栱间绘幔帐，帐中为主人宴饮，一主二客相对而坐，旁有二侍者。中间又有一小童，向主人跪献小刀。主客均坐于四足凳上，其下方有一列八人，下体模糊，或为舞乐之众。右壁靠左方绘二房屋，有烟囱，应为庖厨，三女婢由屋内捧物出，这与后壁有联系。靠右方为舞踊图，主人乘马，后随持鞭的小童，马前伏一狗，再前有一列五人，举手起舞，再上又有二人对舞，下一列七人无动作。左壁中绘大树，把壁面分成两组，一组为两牛车，另一组五人狩猎于山林中，所逐之兽有虎、鹿、兔等。前壁门旁各绘大树一株，树上有云纹数朵。总之，壁画均表示墓主人家居宴饮娱乐狩猎之状。主室藻井除三角形火焰状纹及莲花纹外，并绘有角抵之人、双鸡、三足乌（日）、蟾蜍（月）、仙人、人首怪鸟、飞龙、舞凤等，且于其中列有星宿数组，暗示整个藻井为天空（图三）。

与此相似者为角抵冢，主室内壁画除宴饮、车马、庖厨外，并在右壁绘有角抵图。藻井上除日、月图像及成组的星宿之外，无其他图像，唯于整个藻井布满一种缠枝之蔓叶纹。

---

① 参看《朝鲜古蹟图谱》第二册，图版192~200。

图三　舞踊冢藻井壁画

2. 生活题材为主体，但壁画中开始出现四神图像

如通沟的三室冢，构成曲尺状的三室中以第一室为主室，它也较其他二室大些，四壁影作木建筑，但绘制极粗劣，有简单化的趋势。壁面均绘制生活题材，因该墓墓室漏雨，许多壁画已湮灭，保存较完好者为北壁。该壁左侧绘一城，有墙，有敌楼，城旁二将搏斗，均骑马披甲着胄，马亦披甲（图一二：4），上方又有步卒相搏斗，城中有一人伏城窥视。南壁绘有出行图二组，图中主人夫妇较大，仆从则较小，其下绘有狩猎图。西壁仅隐约可见屋宇，屋柱上有栱、幔幕，室中有人。东壁只能见有卷起之幄幕，并系以组绶，此外均不可见。第二室及第三室壁隅亦影作斗栱，各壁都绘有力士，双手托梁，周身有璎珞云朵围绕，腿部有蛇缠绕。第二室西壁及第三室东壁因有门，故壁面较窄，内容稍异。前者绘着甲胄的武士，身上佩一环首刀（图一二：1）；后者作魁头跣足之人，肩上缠绕一蛇。第二室及第三室藻井均绘以象征天象的珍禽异兽、天人弹琴、交尾双蛇及莲花纹、云纹等，并在第一层顶石上分绘四神图像，每面一组两个。

3. 四神和生活题材并用

如梅山里四神冢，主（北）壁主要部分绘一帐，内有一男三女，均脱靴盘膝坐在床上，并榜题"仙宛"二字。帐右有一持鞭人，后牵一鞍鞯齐备之骏马，帐左绘玄武。东壁为一大青龙，龙尾上方绘一骑马之人；西壁绘一大白虎，白虎上方为狩猎图，一人乘马张弓逐二鹿，鹿为一雌一雄；南壁绘二相对的朱雀。在东壁最上端绘日象，西壁则为月象，与藻井的云纹配合以象征天空。

4. 以云纹地四神图像为主

如通沟的四神冢，墓中已不影作木建筑，墓室四隅改用怪兽来上托梁石。四壁分绘青龙、白虎、玄武、朱雀四神图像，四周衬以各色之卷云纹。南壁朱雀足踏莲台。藻井第一层顶石绘缠枝忍冬纹图案，第一重抹角石侧绘乘龙、骑鹤以及骑鹿之仙人，在东南、东北二面为乘龙冕服者，另外二面为短衣高髻乘鹿跨鹤者。四隅接顶石处，分绘饕餮兽头及日、月形象。第二重抹角石侧绘人首龙身的日月神、怪鸟、榜题"嗷突（肉）不知足"的饕餮头及作简书之人物等，抹角石面上绘云龙，盖顶石上绘一大盘龙。藻井各层壁画中均杂有星辰形象。甬道两侧各绘一半裸力士，一手提矛，上身前倾，作向外逐走之状，西侧者并携有一乐螺。

5. 以莲瓣形网纹地的四神图像为主

如通沟第十七号墓①，壁隅壁画的处理较复杂，怪兽上托一龙，龙再上托横梁。四壁分绘四神图像，下衬以六边形莲瓣式网纹地。网纹内分绘两种图：一种为三朵火焰状纹；另一种为两朵火焰状纹中间置一开放的花朵，结构相当复杂（图四）。朱雀足下亦踏莲台。藻井盖顶石上绘一龙一虎互相纠缠，狰狞可怕。第一重抹角石侧绘飞仙、牛头人、日月神、治轮人、戴冕冠持麈尾及骑鹿持幡的仙人，又于四面夹有回首后顾之龙。第二重抹角石侧分绘乘龙之天人伎乐八个，每面两个，分持横笛、排箫、长角、阮咸、腰鼓等，抹角石面上绘交龙或莲花纹。在各重壁画中杂置星辰，第一重顶石为二

---

① 该墓为日本人在伪满洲发掘的，但材料未公布，现仅据《朝鲜古代の墓制》图版四以及《文物参考资料》1957 年第 1 期发表之照片加以论述。

图四　通沟第十七号墓六边形莲瓣式网纹

重平行之璎珞纹，中夹一条交龙纹（图五）。甬道两旁分绘力士，坐于莲台
上，手执弓箭。另一衬地复杂者，为通沟之未编号墓①，在莲瓣形网纹中除
绘花朵及火焰纹者外，还有一种在网纹中绘二忍冬叶分别上缠，在其间置
一小莲台，其上绘一人像，或坐或立，有男有女，有冕服高冠持便面者。

图五　通沟第十七号墓藻井壁画

---

① 该墓为1949年以后发现，因当时正值抗美援朝战争，所以摄影后即封闭保存，现在只能就文
　化部所藏照片略加分析。

6. 以净地四神图像为主

如朝鲜遇贤里大墓[1]，四壁绘青龙、白虎、玄武、朱雀四神图像，朱雀口衔花枝，足踏山形。第一层顶石无画，第二层顶石上绘线条极美的缠枝忍冬纹一周，再上抹角石面绘小莲花，侧面为羽人、飞仙、伎乐。上一层抹角石面上绘二凤中夹一莲花的图案，侧面为二鸟或二兽中夹一丛花卉，再上一重抹角石侧绘各种兽首怪鸟，盖顶石上绘一盘龙。总之技法熟练，构图简明。

除以上几种以外，还有些墓中壁画的安排较为特殊。例如，龛神冢把主要人物放于侧室龛中，旁列侍者[2]；安城洞大冢几乎纯以图案花纹装饰全墓[3]；肝城里莲花冢，前室各藻井上分绘大莲花；双楹冢甬道中绘牛车、骑士等出行图像。此外，牟头娄冢仅有墨铭；环文冢、散莲华、龟甲等冢，仅以图案遍布壁上[4]。

三　高句丽壁画石墓的分期

高句丽壁画石墓可分三期，其中第二期是过渡时期。在这三期中，又因各墓之特点分成六式。

第一期为多室墓，对石材之处理极粗糙，形状大小不一。多为前后二室，前室平面横向扁长，主室则近方形，中接以较短的通道。墓顶结构方面，前室多横券顶，主室用多层叠砌聚成穹隆顶，显然为仿砖室者，壁画四隅影作的斗栱图像更表明它为仿木建筑（图六：1）。主室四壁绘墓主人生活起居，如宴饮、娱乐、出行、狩猎等图。墓顶用日月、星辰、奇兽、珍禽、怪鸟、仙人等以象征天空。壁画是先涂白灰于壁面，然后在其上绘图。典型墓应为通沟的舞踊冢及角抵冢。

---

[1] 参看《朝鲜古蹟图譜》第二册，图版 201 及以后诸图。
[2] 参看《朝鲜古蹟图譜》第二册，图版 139 ~ 146。
[3] 参看《朝鲜古蹟图譜》第二册，图版 157 ~ 160。
[4] 散莲华、龟甲二冢材料，参见《朝鲜古蹟图譜》第一册。

　　第二期又可分为二式，第一式如通沟三室冢，第二式如梅山里四神冢。该期总的特点是生活题材的壁画仍旧存在，但四神图像逐渐兴起，有取而代之的趋向。在第一式的三室冢中，主室四壁图像仍为反映墓主生活者，但其余二室则多托梁力士（图六：3）。四神已出现在第一层顶石上，其作用为与墓顶其他图像配合，共同象征天空。影作木建筑的斗栱图像，图案化、简单化了（图六：2）。至第二式的梅山里四神冢中，四神已下落到四壁之主要地位（仅后壁以起居图为主体），虽然四神图像上方仍分绘乘马出行、狩猎诸图，但已退居次要地位。影作木构建筑的斗栱图像消失，墓顶画像仍象征天空。

　　第二期墓在形制上也有变化，即由多室转向单室，抹角叠砌做法应在这期中出现、发展，并成为定制。三室冢已开始在几层叠涩上加二重抹角叠砌，但不占主要地位，且极粗劣。到梅山里四神冢时，已经是整齐的三重叠涩顶石之上加二重抹角叠砌的形式。但是直到三室冢的时代，对石材的处理仍极粗糙，以至于现在连其藻井的层次都不易分辨清楚。

　　第三期的特点是四神图像成壁画主要题材，墓室为方形单室，前置一较长的甬道，墓顶结构已逐渐发展为成熟的抹角叠砌，且对石材之处理非常工整。这期又可细分为三式。

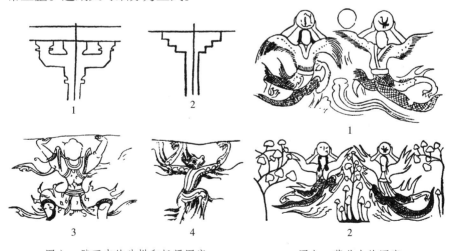

图六　壁画中的斗栱和托梁图案　　　　　图七　藻井上的图案
1. 舞踊冢壁画斗栱图像　2. 通沟三室冢壁画斗栱图像　3. 通沟三室冢第三室西壁的托梁力士　4. 通沟四神冢壁隅的托梁怪兽　　1. 通沟四神冢藻井东部的日月神像　2. 通沟第十七号墓藻井东北面抹角石上面的日月神像

第一式以通沟四神冢为例，特征是在四神图像下衬以细密的卷云纹地，南壁朱雀足踏莲台，色彩鲜艳，技法进步。四壁隅处各有一兽形怪物，张牙舞爪，以前肢上托横梁（图六：4）。墓顶虽然仍象征天空，但其内容和布置有很大变化。最下一重顶石绘缠枝忍冬，最上面的盖顶石绘盘龙，出现了人首龙身、手捧日月形象的日神、月神（图七：1）。但是原来用圆环内实以三足乌及蟾蜍之日、月形象尚存在。并绘有乘龙跨鹤的仙人，中有冕冠作王者形象者。抹角石上多绘云龙。甬道绘半裸力士（图一七：1）。墓顶是在一重顶石上即放抹角石，抹角石较小，使这一层平面呈八角形，再上又置抹角石一重，再盖以盖顶石。

第二式以通沟第十七号墓为例，特征是在四神下衬以莲瓣形网纹地，朱雀足下也有莲台，壁四隅托梁怪兽之上又加一龙。第一层顶石绘璎珞相夹的交龙纹，盖顶石绘龙虎交缠，抹角石面绘莲花，侧面绘有神仙、伎乐、树木等，中间杂置星宿。抹角石上的人首龙身之日月神像，比四神冢细致（图七：2）。总之，该墓壁画内容丰富华丽，技法复杂细腻。墓顶结构是在墓壁上置一重顶石，上加较小抹角石一重，再上加一大抹角石，其上盖以盖顶石。通沟未编号墓亦属此式，仅对网纹地的处理更复杂，其中置有人物图像。

第三式以朝鲜遇贤里大墓为典型，净地四神图像为特征，壁隅无任何图像，朱雀衔花踏山形，整体构图比中期简洁。壁上第一层顶石无画，再上一层绘线条流利的缠枝卷叶忍冬图案，盖顶石画一盘龙，藻井图像中有飞仙、羽人、神仙、怪鸟等，且有对兽（或对鸟）中夹一丛花卉的图案。墓顶结构上达到特殊完善的阶段，在四角加小抹角石，然后再加顶石一重，再上加二重抹角叠砌，结构严谨完美。

将此三期的年代与在中原地区发现的考古材料加以比较，可以得出较为确切的结论。

第一期的高句丽壁画石墓以舞踊、角抵二冢为例，其墓室结构应为仿效东汉壁画砖墓的做法，这类汉墓多非单室，主室墓顶用砖砌成穹隆状，前室亦多有用横券顶者，四壁先以白灰涂地，然后施彩绘，壁画题材以墓主生活为主要内容，如辽阳壁画汉墓，又如营城子壁画汉墓（图八）①，其时代约属东汉末期。舞踊冢等因通沟地多石材，并且高句丽又旧有山形石墓的做法，故墓用石室，但为了仿砖墓，乃用石材做成近穹隆状的墓顶，也于石壁上先涂白灰，然后作画，题材也均反映墓主人生活真实情况。尽管如此，壁画中人物之衣饰、冠带、用具、武器等，具有强烈的民族风味。墓中壁画粗拙古朴，

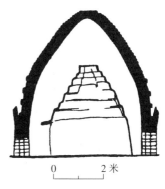

图八　舞踊冢主室（内图）与营城子第二号壁画汉墓主室（外图）立面比较图

以树木为例，枝杈伸布，构成图案式的怪树，极似汉代画像中所见者（图九）。推其年代，应较东北的壁画汉墓略晚，但应不迟于魏晋时代。

图九　壁画中的树木图案

1. 汉王得元墓画像　2. 武梁祠画像　3. 角抵冢壁画　4. 南响堂山第五窟北齐小龛　5. 通沟第十七号墓抹角石隅交界处壁画

① 东亚考古协会：《营城子》。

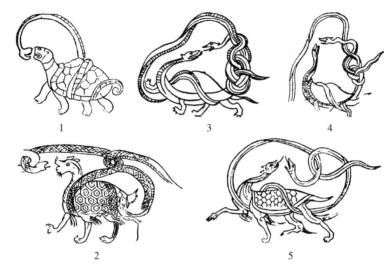

图一〇　壁画中的玄武图案

1. 建安十七年铭王晖石棺上玄武　2. 三室冢第二室东面第一层顶石玄武　3. 通沟四神冢玄武
4. 通沟第十七号墓玄武　5. 遇贤里大墓玄武

图一一　壁画中的朱雀图案

1. 三室冢第三室顶石朱雀　2. 通沟四神冢朱雀
3. 通沟第十七号墓朱雀　4. 遇贤里大墓朱雀

在第二期第一式的三室冢中，在藻井系统的图像中开始出现了四神，但生活题材仍为主体。该墓的四神图像与第三期者不同，构图简单，线条粗糙。以玄武为例（图一〇），并没有以后龟蛇纠缠极为厉害的情况，体态较粗，龟体尤甚，不同于以后之趋向细长，和四川汉代建安十七年（212 年）王晖石棺上之图像相似①。总之，玄武形式古朴，不像后来的狰狞可怖。龙、虎则体态修

---

① 闻宥：《四川汉代画象（像）选集》，群联出版社，1955 年。

长，姿态简单呆板。朱雀可与第一期墓中的凤鸟相比（图一一）。影作斗栱图案化以及托梁力士的出现（图六：2、3），为以后托梁怪兽之先声。第一室北壁绘有着甲胄的骑士，马亦着铠甲（图一二：4），在十六国至北朝墓中开始出现甲马骑俑（图一二：3），第二室东壁绘着甲胄武士（图一二：1），其装束也绝不见于晋以前。墓顶抹角叠砌的手法，见于沂南画像石墓和冬寿墓。第二式的梅山里四神冢中，四神图像已占重要地位，影作的斗栱图像消失，抹角叠砌做法成熟，开第三期结构之先河，墓室由多室转成单室。总之，第二期墓葬应为一期到三期的过渡时期，时代应相当于北朝早期。

图一二　壁画中的甲马骑俑和甲胄武士
1. 通沟三室冢武士　2. 冬寿墓中甲马骑士　3. 西安草场坡一号墓十六国甲马骑俑　4. 通沟三室冢战斗图像

第三期墓皆为单室，方形平面，前置较长之甬道，壁画纯以四神图像为主要题材，不见生活题材，墓顶结构的抹角叠砌为每墓所必用，且有许多

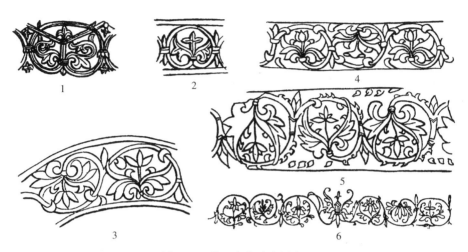

图一三　壁画中的忍冬图案

1、2. 云冈石窟中的忍冬图案　3. 龙门宾阳洞大佛背光上的忍冬图案　4. 北响堂山第三窟大佛莲座上的忍冬图案　5. 通沟四神冢顶石忍冬图案　6. 遇贤里大墓忍冬图案

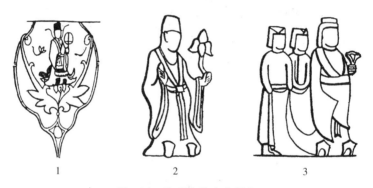

图一四　壁画中的人物图像

1. 通沟未编号墓的六边形莲瓣式网纹中人物图　2. 巩县北魏晚期石窟中礼佛图人物　3. 小响堂山第一窟（北齐）供养人

变化，壁画则直接绘于石壁上，不加白灰。第一式的通沟四神冢四神图像技法纯熟，体形细瘦，姿态灵活，玄武的龟蛇纠缠，狰狞凶恶（图一〇：3）。墓中的忍冬图案为北魏石窟题材中常见者（图一三），所以，墓的建造时代不能早到北魏前期，而应相当于北魏中期以后。第二式墓中的壁画较一式更趋于复杂繁缛，四神的网纹地中人物有戴高纱冠、着褒衣博带式服装、踏莲台者，这种服制应为北魏孝文帝太和中公布冕服制度以后之物，并且人物体态较肥壮，不显修长，与北魏末期至北齐石

16

窟中的供养人雕像相近（图一四）。墓中的交龙纹图案正是当时中原地区流行的纹饰（图一五）。藻井壁隅绘树木，也与北齐石窟壁隅放有树状小龛之做法相近（图九：4、5）。从这一时期的壁画中可以看出佛教的影响。例如，朱雀踏莲台、墓中伎乐与佛教画者极相似（图一六），甬道中有坐莲台的力士（图一七：2），等等。第三期壁画在技法上有极大进步，但构图简洁，如四神用净地，减去四隅的托梁怪兽图像。墓中飞仙姿态灵活，可与北朝末期的飞仙相比（图一八）。由此可知，此式墓的下限应为北朝末年。

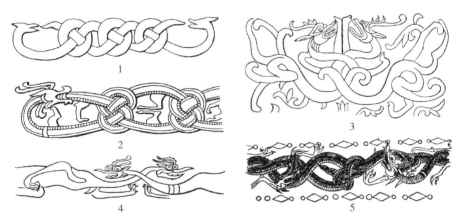

图一五　壁画中的交龙纹

1. 合肥西郊乌龟墩一号墓（东汉末期）门楣交龙纹　2. 睢宁九女墩东汉墓室门额上的交龙纹
3. 云冈第十二窟（北魏）交龙纹　4. 梁萧景石柱上的交龙纹　5. 通沟未编号墓的交龙纹

图一六　通沟第十七号墓西南面第三层壁画乘龙伎乐

综合以上论述，可以知道，已发现的高句丽壁画石墓的时代，其上限应推至汉末，下限则止于北朝末年。

图一七　壁画中的力士图像
1. 通沟四神冢甬道壁画力士　2. 通沟第十七号墓甬道壁画力士

图一八　遇贤里大墓藻井壁画中的飞仙

高句丽壁画石墓的形制及壁画内容变化参见附表。

（原载《文物参考资料》1958 年第 4 期）

后记　本文发表于《文物参考资料》1958 年第 4 期，当时我还是北京大学历史系考古专门化五年级的学生，关于该文撰写和发表的情况，我曾记述于《文物天地》1986 年第 5 期刊出的《引导我走上考古研究道路的三位老师》一文中，现转录于下：

跨进大学的门槛以后，我一直憧憬着能够独立地进行专题研究。学习了大量的课程以后，我头脑中的知识越积越多。但是，量的增加并不能自动地导致质的飞跃，学得越多反而感到更难驾驭，至于如何进行专题研究，我依旧是茫然的。授予我打开专题研究之门钥匙的是宿白先生，那是已经读了三年大学以后开始写学年论文的时候，我所在的小组共三个人，由宿先生指导。开始宿先生征询我们自己对选题的意见，当时我们都不知该如何选，因此他就按他的想法给我们分别指定了题目。宿先生让我准备的选题是分析高句丽的壁画石墓，他当时向我指出，选择自己的论文题目，原则主要有三条。第一是所选的题目要有一定的重要性，还应有一定的难度，有些题目很容易写得不疼不痒，不能解决学术问题，因此没有选择的价值，写出来也让人笑话。第二是所选的题目要有完成的可能，资料较完备，虽有难度，但经过努力可以克服。第三是所选的题目以后有继续扩展的可能，不是一个孤立的特殊事物，所收集的资料（考古资料和文献资料）和进行的研究，可以作为将来范围更广的研究的基础。因此，有关高句丽壁画石墓的研究是符合上述三项原则的。首先，高句丽壁画石墓的研究对于魏晋南北朝阶段的考古研究是重要的，同时对古代朝鲜和日本的研究也是重要的。而且在那以前，已有一些日本学者进行过部分研究，因此要想超出前人的成绩还是有一定难度的。其次，分布于吉林省集安县的高句丽墓，主要是积石墓和有封土的壁画石墓两类，对抗日战争时期及以前发现的墓葬，当时有过一些报告发表。对于积石墓还难以分析，但对壁画石墓还是有进行分析的条件。第三，对集安的高句丽壁画石墓的分析工作，可以为以后对中原地区两晋南北朝壁画墓的分析做准备工作。但是宿先生一再向我指出，选这一题目后，不准偷懒，不要企图找捷径，要认真踏实地去做。

题目选定以后，宿先生又仔细地教给我们收集资料和分析资料的具体方法。他让我做两种卡片，一种是文献资料卡片，另一种是墓葬卡片。墓葬卡片以壁画为主，又分为整壁壁画和壁画细部两类，都要绘出形象准确的图像。然后整理成以墓为单位的资料，包括各壁壁画内容和完整的图像。再以墓为单位，列成包括形制及壁画内容的大型图表，经过分析排比，分出型、式后，选择典型，集成《高句丽壁画石墓的形制及壁画内容变化表》。在此基础上，再结合文献等资料，定出文章提纲，最后写成《高句丽壁画石墓》一文。

在整个过程中，宿先生随时进行检查。他不但对文章内容及引用文献详加指点，甚至对卡片都加以检查，对所记内容或图像描绘的细部上的粗略处都不放过。每当看到我有畏难情绪时他就说，只有在学校里老师肯这样教你，如果你不想学，将来工作时再明白可就晚了。于是我只有认真对待，再不敢掉以轻心，对于一些只有局部照片的资料，也尽量拼接成较全面的图像。例如，有个墓的藻井只有四面的局部照片，后来还是根据它们复原出整个藻井，因此得以与其他墓的藻井画进行综合排比，使结论更准确些。

这篇论文经由宿先生审定后，他让我送给《文物参考资料》编辑部，发表于 1958 年第 4 期。文章刊出后，当时曾引起日本和朝鲜学者的重视。离开学校到考古所工作后，我按宿先生教的方法开始摸索着自己写论文，第一次成功的尝试，是写成了《邓县画像砖墓的时代和研究》，发表于《考古》1959 年第 5 期，署名"柳涵"。迄今距《高句丽壁画石墓》一文的发表已经过去 28 年了（按：现在已经是 63 年了），回想起来，它虽然是我发表的第一篇考古学论文，但那篇文章逐段逐句都渗透着老师的心血。正是那次宿先生的严格训练，给予我以后进行考古研究的资本，至今享用不尽，时间过得越久，越体会到当年先生对学生培育的恩情之重。

宿先生对学生的缺点从不放过。记得在《高句丽壁画石墓》发表后，我感到自己的文字写得还可以，不免有些沾沾自喜。一天，宿先生忽然问我平常看不看小说，我一时不知如何回答。他说，你就是看小说也一定只看故事，从不学学人家文章是如何写的，你写的文字太晦涩，简直让人没法读，自己真得好好下些功夫，写出东西不让人家读懂有什么用。后来我也从别的方面听到对我文字晦涩的批评，特别是后来负担了考古书刊的编辑工作后，更是感到这是必须弥补的缺欠，所以尽力设法加深文字修养。现在我凡写论文时，除了学科的要求外，总是尽力注意其可读性，那是因为一提起笔来就经常想起宿先生的话的缘故。

由于《高句丽壁画石墓》一文发表距今已有半个多世纪，在这期间，有许多重要的高句丽墓葬和遗迹被发现，现将我在《新中国的考古发现和研究》一书中所写的《高句丽墓葬的新发现》一节附录于下，以供参考。

高句丽墓葬的调查清理工作，主要集中在辽宁桓仁和吉林集安两地。桓仁境内浑江两岸高句丽墓群的调查工作是在 1956～1959 年进行的，共发现 750 余座，并先后清理了其中的 44 座①。集安境内的高句丽墓，分布在老岭山的岭前和岭后，主要集中在岭前。1962 年以来，对岭前墓葬最为密集的洞沟地区进行了普查②，划分为下解放、禹山下、山城下、万宝汀、七星山和麻线沟等 6 个墓区，登记编号的墓葬合计有 11300 余座，先后发掘清理了其中的麻线沟 1 号墓③、禹山下 41 号墓④和 68 号墓⑤、五盔坟 4 号墓⑥、万宝汀 78 号墓⑦和 1368 号墓⑧、七星山 96 号墓⑨、山城下 332 号和 983 号墓⑩等墓葬。同时，对过去发现的一些重要的封土石室壁画墓采取了保护措施，对其中的五盔坟 5 号墓⑪和洞沟 12 号墓⑫等，重新进行了清理和测绘。在清除三室冢第 1 室墓底淤土时，还发现了零星的人骨和陶器残片⑬。同一时期，还对榆林河流域和鸭绿江西岸的大高力墓子、小高力墓子、朱仙沟、长川等墓群进行了调查和清理⑭，以后又在长川墓群发掘了 1 号和 2 号两座封土石室壁画墓⑮。此外，对岭后的高句丽墓群也进行了调查，发现了各种类型的墓葬 60 余座⑯。除了以上两个地区外，在辽宁抚顺等地也发现过一些小型的高句丽墓⑰。

桓仁地区是高句丽把都城迁往丸都以前的政治中心，这里发现的高句

① 陈大为：《桓仁县考古调查发掘简报》，《考古》1962 年第 1 期。
② 李殿福：《一九六二年春季吉林辑安考古调查简报》，《考古》1962 年第 10 期。
③ 吉林省博物馆辑安考古队：《吉林辑安麻线沟一号壁画墓》，《考古》1964 年第 10 期。
④ 吉林省博物馆文物工作队：《吉林集安的两座高句丽墓》，《考古》1977 年第 2 期。
⑤ 集安县文物保管所：《集安县两座高句丽积石墓的清理》，《考古》1979 年第 1 期。
⑥ 吉林省博物馆：《吉林辑安五盔坟四号和五号墓清理记略》，《考古》1964 年第 2 期。
⑦ 吉林省博物馆文物工作队：《吉林集安的两座高句丽墓》，《考古》1977 年第 2 期。
⑧ 李殿福：《集安高句丽墓研究》，《考古学报》1980 年第 2 期。
⑨ 集安县文物保管所：《集安县两座高句丽积石墓的清理》，《考古》1979 年第 1 期。
⑩ 李殿福：《集安高句丽墓研究》，《考古学报》1980 年第 2 期。
⑪ 吉林省博物馆：《吉林辑安五盔坟四号和五号墓清理记略》，《考古》1964 年第 2 期。
⑫ 王承礼、韩淑华：《吉林集安通沟第十二号高句丽壁画墓》，《考古》1964 年第 2 期。
⑬ 集安县文物保管所、吉林省文物工作队：《吉林集安洞沟三室墓清理记》，《考古与文物》1981 年第 3 期。
⑭ 曹正榕、朱涵康：《吉林辑安榆林河流域高句丽古墓调查》，《考古》1962 年第 11 期。
⑮ 吉林省文物工作队、集安县文物保管所：《集安长川一号壁画墓》，《东北考古与历史》第 1 辑，1982 年；陈相伟：《集安长川二号封土墓发掘简记》，《考古与文物》1983 年第 1 期。
⑯ 李殿福：《一九六二年春季吉林辑安考古调查简报》，《考古》1962 年第 10 期。
⑰ 王增新：《辽宁抚顺市前屯、洼浑木高句丽墓发掘简报》，《考古》1964 年第 10 期。

丽墓葬都是积石墓，绝大多数都是用未经加工的石块叠砌的。位于浑江东岸的高力墓子村附近的墓群，是其中最重要的一处，南北延续长达1000余米，墓葬可分大、中、小三型，都是在地面上用自然石块起砌墓室。大型积石墓以第15号墓为代表，该墓包括两个墓室，基坛南北长约13米、东西宽约10米、高约1.2米，先砌成南半部，然后接砌北半部。基坛以上再铺砌高约0.6米的墓室，也是先砌南室，然后接砌北室。围绕基坛四周垒筑有一道宽约1米的围墙，由于山坡南高北低，为了保护基坛不致坍塌，又于北面围墙以外加砌一道宽约1.6米的护墙。人骨和随葬品即置于墓室底面上，然后在上面用石块封盖。中型的积石墓，没有基坛、围墙和护墙，用石块和石板砌出平面为长方形的墓室，一般长约2米、宽约1米，前面留有甬道，除了单室的以外，也有双室和三室的。顶上一般用石块封砌，有的墓室四周还用较大的石块支护，如1号墓。少数中型积石墓顶上除封石外，还加封一层封土，如8号墓，这可能就是封土石室墓的前身。小型的积石墓结构简单，用石块或石板叠砌成长不足2米、宽约1米、高仅0.5米的长方形墓室，没有甬道，顶用石封。也有的仅是用小石板立支四壁，于顶上盖一石板而已。经过清理的中小型积石墓里，都没有发现随葬品，只有在大型积石墓里发现少量的铁质武器和马具，有刀、矛、镞、衔和带扣等，还有一些陶罐、陶壶和鎏金铜饰片、银镯、铜镯等装饰品。

这三种类型的积石墓明显地形成三个等级，表示着葬入的死者的不同身份，它们在墓区内的分布情况也同样说明了这一问题。高力墓子墓群是由南边的山岗顶上，顺着山势由上而下、由南向北朝坡下排列，前述的15号大型积石墓是这一墓群中最大的一座，坐落在南岗顶上，在其北面并排接砌了两座大型积石墓，再向北依次排成四行大型积石墓，最长的一行长达70米。这些积石墓凡是北面的，都是倚接南面一墓的北壁砌筑，所以它们都没有独立的南壁，而且也说明其垒砌的时间要比南面相邻的墓晚，因此，越向北和向东、西两侧扩展砌建的墓，其建造时间越晚。在大型积石墓以北逐渐低下的地方，分布着中型积石墓和小型积石墓。可以看出岗顶的大型积石墓，可能是当时王室贵族的坟墓；下坡的中型积石墓是统治阶级中身份低一些的奴隶主的坟墓；散乱分布的小型积石墓，则可能是普通高句丽人的坟墓。

随着高句丽迁都丸都，政治、经济重心移到今集安县境，所以那里现存的高句丽时期的墓葬，数量远远超过桓仁境内的高句丽墓群，而且除了早期流行的积石墓外，还有大量的时代较晚的封土石室墓。同时，在桓仁高力墓子墓群看到的大型积石墓排列有序、连砌墓室的情况，在集安境内已看不到了，只是墓葬的排列还是比较规整的。而且，一般积石墓所葬的地势较高，多在山顶或山坡上；封土墓所葬的地势较低，多在山脚或河旁阶地上。比如榆林河左岸的大高力墓子墓群，积石墓和封土墓虽然交错分布，但积石墓大致都在墓群的前部，而且规模较大，边长在8～12米之间；封土墓则多在后部，规模较小，已清理的43号墓边长仅5米左右。同时，墓群中也夹杂有长不及2米的小型石棺墓。经过分析，可以把集安地区的高句丽墓区分为积石墓和封土墓两大类，积石墓中又可分为积石墓、方坛积石墓、方坛阶梯形积石墓、方坛阶梯形石室墓和封石洞室墓五式，封土墓又可分为方坛封土石室墓、方坛阶梯封土石室墓、土石混封石室墓和封土石室墓四式[1]。从时间来看，积石墓一般较早，以后积石墓和封土墓有一段并存的过渡阶段，晚期的墓葬则多是封土石室墓了。同时，在集安地区的一些较早的积石墓，也可以看到类似桓仁在靠山下坡一侧贴修护墙的做法。例如，良民墓地有的积石墓基坛较高，而所在山坡较陡，就在基坛外侧贴砌一道甚至数道倚护的矮墙，以防封石坍塌流失，形成了阶坛的形式，看来这可能是阶坛式积石墓的早期形态[2]。

集安地区近年来发掘清理的高句丽墓葬，主要是一些中小型的积石墓和封土石室壁画墓。通过这些发掘工作，我们获得了有关高句丽墓葬形制发展变化等方面的新知识。

---

[1] 李殿福：《集安高句丽墓研究》，《考古学报》1980年第2期。

[2] 吉林省考古研究室、吉林省文物工作队：《统一多民族国家的历史见证——吉林省文物考古工作三十年的主要收获》，《文物考古工作三十年（1949～1979）》，文物出版社，1979年，第100～112页。

过去发现的高句丽墓室壁画，都是绘在封土石室墓里的，1974年清理的禹山下41号墓为我们提供了新的情况。这是一座有方形基坛的积石墓，在基坛中央用石板构筑有平面为长方形的墓室，壁面涂抹白灰，然后彩绘壁画，现存有影作木结构的梁柱残迹，以及幄帐、树木、人物等图像。这说明，高句丽时期在墓室内绘制壁画的习俗，并不是像过去所理解的仅仅表现在封土石室墓中；也说明过去有人据以得出的"土石异时"的结论，过于简单武断。

在新清理的封土石室墓中，值得注意的有万宝汀1368号墓、麻线沟1号墓、长川1号和2号墓、五盔坟4号墓等。1966年清理的万宝汀1368号墓是一座单室墓，壁面涂抹白灰，仅在四壁和藻井上墨绘影作木结构的梁柱，并无其他彩绘。这样简单的壁画，在集安的高句丽壁画墓中是较少见的，也许是这座墓形制较小，因而墓主人身份较低，所以壁画粗陋。但是这种只影作木结构的做法，也反映了较早期的形态，可能是3世纪中叶或迟到4世纪初的墓葬。

麻线沟1号墓是1962年清理的，主室略呈方形，甬道两侧又各有一个小耳室，墓顶近似穹隆状，墓室中央有一用石块砌成的圆柱，直顶住盖顶石。墓室内和两耳室内都有壁画，除生活题材（例如夫妻对坐、舞蹈、狩猎）以外，突出描绘身披铠甲的武士，所骑的战马也披有铠甲。和麻线沟1号墓时代相近的另一些壁画墓，如1962年春重新清理的洞沟12号墓中，也有披铠武士用刀斩敌的图像，这些应是4世纪中叶以后高句丽战争频繁的反映。

1970年在长川墓群发掘的1号墓，是一座重要的封土石室壁画墓。该墓有前、后两室，后室四壁及藻井满绘莲花图案，中心盖顶石绘日、月和星宿，并有"北斗七青（星）"的朱书题记。前室四壁绘有射猎、百戏、歌舞、房舍等图像，人物的服装都是高句丽的传统服装，还具有早期壁画的特点。藻井四隅的抹角石上，都绘托梁力士。第一重顶石按方位绘青龙、白虎、朱雀、玄武四神图。第二重顶石的壁画内容，主要是有关佛教的题材。正面居中是一尊趺坐在须弥座上的佛像，左右各蹲伏一只护法的狮子，佛像上右侧有一供养飞天。佛像右侧绘二男子跪伏礼拜，左侧站着手持伞盖供养的女子。在左右两面第二重顶石各绘四菩萨，立于莲台之上，在两侧还绘有莲花化生。其上的第三、四重顶石上绘有供养飞天和伎乐等图像。过去虽然在高句丽墓室壁画中看到过有关佛教题材的画像，例如莲花化生、飞天，等等，但是出现佛和菩萨像还是首次。由此证明，佛教于4世纪中叶传入高句丽以后，传播迅速，上层统治阶级极为崇信，所以在壁画艺术中才有这样的反映。

　　1972年，在长川1号墓西北方清理了曾遭火焚的壁画墓，编为2号墓。这座墓的壁画损毁较甚，主室四壁满绘莲花，但右耳室则绘带有"王"字纹的织锦图案，可能是模拟着华丽的织锦壁衣。特别值得注意的是，在室内石棺床上发现一块织锦残片。织锦的组织致密，由经线显花，在橘黄色地子上织出绛红和深蓝色的纹样。和长川2号墓一样绘有模拟织锦壁衣图案的壁画墓，还有1966年清理的山城下332号墓，它的平面和长川2号墓一样，是方形主室，在甬道两侧各有一耳室。在墓室及甬道都有壁画，除甬道壁画是人物等图像外，墓室四壁都满绘模拟织锦的图案，仿横竖成行的云纹，色彩是红绿相间，在红色云纹中夹隶书黄色"王"字，绿色云纹中夹墨色或红色"王"字纹。这些模拟织锦的壁画和织锦残片的发现，使我们对当时高句丽上层统治阶级中流行这种色彩鲜艳、外观华丽的丝织品，有了比较清楚的了解。这种织锦，应该是江南地区的产品，在高句丽大量流行，这说明，高句丽与当时江南政权的联系和经济交往具有一定规模。

　　1962年正式清理的五盔坟4号墓，是晚期封土石室壁画墓的代表，其时间约当6世纪中叶或7世纪初。墓室外覆截尖方锥形的封土堆，现存高8米，周长160米。墓室四壁、藻井及甬道两壁和棺床上，均施彩绘，这时不再先涂白灰，而是直接画在石材之上，至今还保持着鲜艳的色彩。四壁壁画的题材是大幅的四神图，下面衬以忍冬、莲花、火焰等装饰的网纹衬底。墓顶石上绘龙虎交缠的图案，抹角叠砌的抹角石上分绘交龙、飞天、伎乐、仙人、神鸟、日月星象等图像。值得注意的是，在四壁的网纹衬地中绘有许多人像，其服饰多是褒衣博带、笼冠大履，却不见传统的高句丽服饰，这一现象说明，当时高句丽和中原文化的联系更为密切了。在清理 4 号墓的同时，也对其东侧的 5 号墓重新进行了清理，该墓壁画的内容和风格完全和 4 号墓相同，使我们更加深了对高句丽晚期壁画浓重绚丽的色彩和流畅熟练的技法的印象。

由于高句丽墓多遭盗掘，过去发现的遗物极少，近年来清理的这些墓葬中，出土了一些随葬器物，为了解高句丽的物质文化提供了珍贵的资料。在时代较早的七星山 96 号墓、禹山 68 号墓和万宝汀 78 号墓等积石墓中，获得了一批铜器、鎏金铜器、铁器和陶器。青铜容器有鼎、洗、鐎斗、盒、甑和釜，其中鼎和鐎斗等的器形和中原东汉制品相同，是当时由中原地区输入高句丽的物品。鎏金铜器和铁器主要是马具和武器，马具中有鞍饰、镫、衔及各种銮饰，制工精美。武器主要是刀、矛、镞和铠甲的甲片，其中具有民族特点的是一种扁平铲形的箭镞。大量马具和武器的出土，说明当时高句丽对于骑马和作战很重视，这些器物很可能代表了当时高句丽工艺制品的最高水平。出土的陶器有褐陶和灰陶两种，制工粗糙，器形只见壶和罐两种，平底的陶壶的特点是敞口展沿，仍和桓仁出土的早期陶壶相近似。此外也发现少量黄釉陶器的残片，质地也较粗糙。

在较晚的封土石室壁画墓里，铜质鎏金和铁质的马具、武器还是主要的随葬品，鎏金铜器的工艺技术有了进一步提高。随葬的陶器多是施有黄釉的釉陶器，具有特征的器物是敞口展沿壶，比积石墓出土的口部外敞更甚，展沿更宽，在肩部均匀地安着四个桥形横耳。此外还有盆、耳杯和钵以及一种方形的陶灶。可以看出，这时高句丽的制陶工艺水平有了较大的提高。在有的墓中发现有漆棺的残片，这些制工精美的漆棺和前述的华丽的织锦，都是中原、江南的产品，它们也是当时高句丽奴隶主生活奢侈浪费的写照。

附表

高句丽壁画石墓的形制及壁画内容变化表

分期	一		二		三			
			第一式	第二式	第一式	第二式	第二式	第三式
典型墓名称	舞踊冢	角抵冢	通沟三室冢	梅山里四神冢	通沟四神冢	通沟第十七号墓	通沟未编号墓	遇贤里大墓
平断面	（《通沟》下册2图）		（《通沟》下册8图）	（《朝鲜古迹图谱》第二册图版127）	（《通沟》下册13图）	不详，估计平面为	不详	（《朝鲜古迹图谱》第二册图版203）
结构	前室横券顶，主室穹隆状顶，壁上影作斗拱仿柱以象征木构建筑，对石材之处理极粗劣	同舞踊冢	墓室壁上加数重顶石，再加抹角叠砌，石材加工不细致，所以层次不清。壁上影作斗拱	甬道旁开，墓室壁上加二重顶石，再加二重抹角叠砌	墓壁上加一重顶石，上加抹角叠砌	顶石上用小型抹角石，上再加抹角石（参看图五中图五）	不详	四隅用小抹角石，上承顶石，再加抹角叠砌

形制

续表

分期	一		二		三			
典型墓名称	舞踊墓	角抵墓	第一式 通沟三室墓	第二式 梅山里四神墓	第一式 通沟四神墓	通沟第十七号墓	第二式 通沟未编号墓	第三式 遇贤里大墓
总述	墓顶象征天空，四壁绘绘反映生活题材之图像	同舞踊墓	第一室（主室）绘生活起居图，二、三室多托梁力士，藻井象征天空	藻井表示天空，四壁分绘四神，但夹以生活起居图像	藻井表示天空，四壁分绘四神图像，四壁隅绘龙托梁之怪兽	藻井象征天空，四壁绘四神，四隅怪兽用龙托梁	藻井不详，四壁绘四神，四隅用怪兽托龙梁	藻井象征天空，四壁分绘四神，壁隅无画
细部及特点 藻井	除莲花及三角形火焰状纹外，绘奇禽异兽、羽人、龙、虎、日、月及成组的星宿，并且杂有云纹，以象征天空		第一室壁画已毁，第二、三室均在第一层顶石上分绘四神图像，再上几层分别绘出奇禽异兽、交尾蛇、天人弹琴等以象征天空	绘云纹图案以象征天空	第一重顶石绘缠枝忍冬纹，其上分绘乘龙、鹿、鹤之仙人、饕餮兽头、日、月、怪鸟等，以象征天空，盖顶石绘盘龙	第一层顶石绘缠枝忍冬之交叉纹，再上绘仙人、伎乐、树木、飞仙、日月神像，中间杂置星宿象征天空，顶石上绘龙虎交缠之图	不详，只知第一重顶石为璎珞夹交龙纹，藻井有日、月像	第二重顶石绘忍冬图案，再上画羽人、飞仙、怪鸟等以象征天空，盖顶石绘盘龙
细部及特点 壁画								

续表

分期	一	一	二	二	三	三	三	三
			第一式	第二式	第一式	第二式	第二式	第三式
典型墓名称	舞踊冢	角抵冢	通沟三室冢	梅山里四神冢	通沟四神冢	通沟第十七号墓	通沟未编号墓	遇贤里大墓
壁画　主室四壁　细部及特点　后壁	墓主人宴饮	宴饮	已毁	中一帐内为主人，夫妇二人坐床上，帐两旁分绘牵车马者及玄武	玄武下衬以繁密之云纹地	玄武下衬以六边形莲瓣式网纹图案	玄武下衬以六边形莲瓣式网纹地，网纹中有以一忍冬叶上卷置莲台，上有人物	玄武素地
左壁	车骑、狩猎	树及车马	攻城交战图	白虎，上为狩猎图及月	白虎下衬以繁密之云纹地	白虎下衬以六边形莲瓣式网纹图案	白虎下衬以六边形莲瓣式网纹地，网纹中有以一忍冬叶上卷置莲台，上有人物	白虎素地

续表

分期	一		二		三			
			第一式	第二式	第一式	第二式		第三式
典型墓名称	舞踊墓	角抵墓	通沟三室墓	梅山里四神墓	通沟四神墓	通沟第十七号墓	通沟未编号墓	遇贤里大墓
壁画 主室四壁 右壁	庖厨、舞踊	庖厨、角抵	上为出行图，下为狩猎图	青龙，龙尾上端有骑马人，人上绘日	青龙下衬以繁密之云纹地	青龙下衬以六边形莲瓣式网纹图案	青龙下衬以六边形莲瓣式网纹地，网纹中有以一忍冬叶上卷置莲台，上有人物	青龙素地
壁画 主室四壁 前壁	门左右各大树一株	门左右各大树一株	壁画已毁，约可见屋宇，人物	二朱雀相对	二朱雀下衬以繁密之云纹地，足下踏莲台	二朱雀下衬以六边形莲瓣式网纹图案，足下踏莲台	二朱雀下衬以六边形莲瓣式网纹地，网纹中有以一忍冬叶上卷置莲台，上有人物	二朱雀衔花，足踏山形，素地
壁画 细部及特点								

续表

分期	一		二		三			
			第一式	第二式	第一式	第二式	第二式	第三式
典型墓名称	舞踊冢	角抵冢	通沟三室冢	梅山里四神冢	通沟四神冢	通沟第十七号墓	通沟未编号墓	遇贤里大墓
壁画 细部及特点 前室	左为人物鞍马，右为房屋树木	左为大树三株，其余壁画已模糊不清	第二、三室均绘托梁力士，只较狭二壁分绘着甲武士及蓬头跣足之人	无	无	无	无	无
甬道	无	无	无	无	两侧各绘一手中提矛之半裸力士	绘手执弓箭坐于莲台上之力士	不详	无
备注（壁画材料出处）	《通沟》下册	《通沟》下册	《通沟》下册	《朝鲜古迹图谱》第二册图版126~138	《通沟》下册	《朝鲜古代の墓制》图版四，《文物参考资料》1957年第1期	文化部藏照片	《朝鲜古迹图谱》第二册图版201以后诸图

邓县画像砖墓的时代和研究

1957 年 12 月，在河南省邓县学庄发现一座画像砖墓。河南省文化局文物工作队进行了清理，并且编著了《邓县彩色画象砖墓》一书，已于 1958 年由文物出版社出版。因为这批材料很重要，所以将个人的几点看法略述于后，请同志们批评指正。

一

邓县画像砖墓虽然没有明确的纪年，但是根据它的墓葬形制结构、墓门壁画、彩色画像砖和陶俑来分析比较，可以肯定这是一座南北朝时期的墓葬，而且是南朝的墓葬，不会迟于梁代。理由如下。

1. **墓葬形制结构与南朝墓相同**

邓县画像砖墓由墓室和甬道组成。墓室平面呈长方形，左右两壁各砌 8 个砖柱，由保存完整的甬道来观察，可知当砖柱上端达到开始起券的高度时，就跨在左右两壁相对应的砖柱上面券成一道道的拱券状梁，用来承托上面的券顶。这种做法在南朝墓葬中还是常见的。例如广州市东郊塘望冈 3 号墓，是一座平面呈长方形的券顶墓，在两壁就分砌有 9 道拱券状的梁，用以承托券顶，同样做法的墓在广州市郊还发现过许多座①。福建建瓯木墩梁天监五年（506 年）墓也是这样的砌法，在墓室内壁每隔 20 厘米

---

① 广州市文管会：《广州六朝砖室墓清理简报》，《考古通讯》1956 年第 3 期。

加砌一道上为拱状梁的砖柱①。除了拱券状梁以外，邓县画像砖墓后壁的砌法也较特殊，砌有两组砖柱，但是两柱之间和两侧都留有空隙，且在后壁中腰以上留有四排矩形和凸形的洞或小龛。广州塘望冈、茶亭等地的南朝墓中，后壁也常砌有各式假柱，并且也在柱间或柱上留有一些空隙，这种后壁砌建较复杂的做法，和邓县画像砖墓也是相近的。

既然邓县画像砖墓形制结构和广州、福建等地的南朝墓相同，广州一带南朝墓葬的年代，从出土器物的胎、釉和器形来观察，如四系罐、天鸡执壶等都和南京东晋墓或黄岩秀岭水库刘宋墓中出土物一致，可以确定是南朝早期的墓葬。建瓯梁墓有天监时纪年，所以，邓县墓的年代大致也属这一时期。

总体来看，邓县墓属于自东晋以来南朝墓葬最常见的那种总平面呈"凸"字形的券顶砖室墓系统，而和当时北方最流行的以穹隆顶、方室、长甬道为特征的形制是不同的。

2. 墓中画像与东晋南朝材料一致

有关画像题材的问题，我想在下一节详细论述，在这里着重说明有关画像形象的对比材料。如果把它们和南朝画像加以比较，可以找到很多相同的标本。例如，墓中四神画像砖中青龙的形象，和南京万寿村一号墓中带有榜题的龙纹砖非常一致，只是后者线条较为简单（图一）。双龙画像砖上的龙形，和南京新宁砖瓦厂一号墓中花纹砖上的也是一样的（图二：1、2）；和梁临川靖惠王萧宏碑额上所刻双龙纹也很相似，但后者显得更纤细流利一些。同时，墓中朱雀、天马等形象也和萧宏碑侧所刻画像相似②。在砖上加榜题，也和万寿村一号墓中题有"虎啸山丘""龙"等的做法相同。

邓县画像砖中的人物、山石、树木等的形象，都可以在东晋大画家顾恺之所绘《洛神赋图》《女史箴图卷》等摹本中找到相同的形象，并可看

---

① 许清泉：《福建建瓯木墩梁墓》，《考古》1959 年第 1 期。
② ［日］关野贞：《支那碑碣形式の变迁》，图版第五，图十七、十九。

出在艺术造型方面的继承关系（图三）。

拿邓县墓中的许多画像和在朝鲜安岳发现的有魏晋遗风的冬寿墓壁画相比，例如牛车、铠马、门卒、武士、鼓吹等，都是很相似的①。

图一　画像砖上的龙纹

1. 南京万寿村一号墓砖上的龙纹　2. 邓县画像砖墓的青龙图案

图二　双龙画像砖上的龙纹

1. 南京新宁砖瓦厂一号墓花纹砖上的双龙之一　2. 邓县画像砖墓画像砖上的双龙之一　3. 龙门古阳洞龛楣旁的双龙之一

图三　画像砖和绘画的人物形象对比

1. 邓县画像砖墓郭巨画像砖上的人物　2. 顾恺之《女史箴图卷》摹本上的人物

---

① 洪晴玉：《关于冬寿墓的发现和研究》，《考古》1959 年第 1 期。

在万寿村一号墓中，有"永和四年十月城阳炅氏"铭文砖；顾恺之为东晋兴宁、义熙间人；冬寿墓纪年为东晋"永和十三年"，即升平元年（357年），时代均属东晋；萧宏碑雕刻则为梁代作品。由此可以认为，邓县画像为南朝早期下迄梁代这一时期的作品。

3. 墓中装饰花纹与东晋、南朝材料组织相同

邓县墓中花砖上的装饰花纹，主要是利用莲花、莲叶和缠枝卷叶的花草加以不同的组合和变化而成，其中以莲花为中心的莲纹大砖和南方的考古材料相比，可以找到相同的标本。例如，南京中兴门外新宁砖瓦厂一号墓中莲纹大砖中心的莲花图案，在做法和组织上，都和邓县的完全相同（图四：5、6），两墓花纹砖边框上的图案也是互相一致的（图四：1、2）。

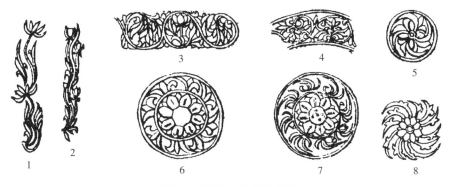

图四　画像砖上的花纹图案

1. 南京新宁砖瓦厂一号墓花纹砖的边框图案　2. 邓县画像砖墓画像砖的边框图案　3. 邓县画像砖墓花纹砖的缠枝卷叶花纹　4. 龙门宾阳中洞大佛背光之缠枝卷叶花纹　5. 邓县画像砖墓画像砖的花纹　6. 南京新宁砖瓦厂一号墓花纹砖中心的莲花纹　7. 邓县画像砖墓花纹砖中心的莲花纹　8. 巩县石窟第5洞平綦藻井的花纹

4. 邓县墓中出土陶俑的特点是体肥、凸腹、面带笑容

南京一带六朝墓中出土的陶俑，侧面视之腹部也微凸出，那种呆滞的傻笑面相更是相同。邓县陶俑是把头和身躯分别制造以后，插合成为一个整体的，这是南北朝时流行的制法，南京北郊合班村六朝墓中陶俑也是这种做法①。

---

①　李鉴昭：《南京北郊合班村六朝墓清理》，《考古》1959 第 4 期。

图五　玄武图
1. 北魏元晖墓志上的玄武图　2. 邓县画像砖上的玄武图

从以上情况看，邓县画像砖墓不论从形制、结构还是画像、陶俑都更近似于南朝的材料，而且是南朝早期的材料。

邓县地区在南北朝时期始终濒近于南北边界处，又在当时主要的交通道上，因此一直是军事上争夺的要地，也是南朝的边防重镇。直到太和二十三年（499年），北魏孝文帝和齐将陈显达在今邓县东北的马圈城地区发生了大规模的会战以后，北朝的势力才深入这一地区，但在梁初仍处于南北互争的局面之下。所以从地望来看，此墓属南朝更妥。

还有一个有力的旁证，在邓县墓中的一块画像砖侧有墨书铭纪三行，其中有"部曲在路日久……家在吴郡"等语（原书图七）。南北朝时所指"吴郡"，是现在江苏苏州地区，加上吴兴、会稽二郡称为"三吴"，是除首都建康以外南朝的第二重心，为江南最富庶的地区。北方将领所率的部曲，是不可能家在吴郡的。由此推测，邓县画像砖墓也应该是一座南朝墓葬。

既然肯定这座墓应属南朝，它的相对年代就大致可以推定了，根据与南京、广州、福建等地南朝墓和冬寿墓、顾恺之画等材料的比较，可以将其定为南朝较早的墓葬，下限不会迟于梁代。

以邓县墓中的画像材料和当时北朝的材料比较，也能找出许多互相一致的标本来。邓县画像砖墓画像中的四神图像，与北魏神龟三年（520年）元晖墓志上的花纹酷似（图五），此外如麒麟、天马、双龙、凤鸟、人首怪鸟、跨虎仙人等形象，都能在北魏太和以后的墓志花纹中找到相似的材料（图二：2、3，六，七）。其中的盛装仕女、飞仙供养、伎乐天人以及

1   2

图六　麒麟图
1. 邓县画像砖上的麒麟图　2. 北魏元晖墓志上的麒麟图

1   2

图七　人首怪鸟图
1. 邓县画像砖上的人首怪鸟　2. 北魏元谧墓志的人首怪鸟

作为背景的山林树木，都可以在龙门、巩县、敦煌等地北朝石窟的雕像和壁画中找到相同意匠的作品（图八）。

1　　　　　　2　　　　　　3　　　　　　4

图八　树木和人物图
1. 邓县画像砖上的树木　2. 敦煌第 285 窟西魏壁画上的树木　3. 邓县画像砖上的人物　4. 敦煌第 285 窟西魏壁画上的供养人

　　邓县墓中许多装饰花纹，都可以从北朝石窟雕刻中找到同样的形象（图四：3、4、7、8）。有的还把衣带飘飞的人物和莲花组合在一起，与巩县第五窟两龛间和平綦藻井图案的组织意趣相同。墓中所使用的莲花纹大砖很多，其莲花纹可分为两种。一种莲瓣是宝装的，而且较为瘦长；另一种是不加宝装的，花瓣相当宽肥。前者和北魏早期石窟中的做法相同，而后者和北魏晚期石窟中的做法较一致，也很像在河北临漳邺城遗址采集的东魏或北齐时代的黑色莲纹瓦当，响堂山北齐石窟中那种浑厚宽肥的莲瓣，也是属于这一类型的，由凸面宝装向莲瓣宽肥不加宝装的变化，在北方正是北魏中期以后到东魏这一段时期发生的。

　　墓中陶俑凸腹的侧影，和封氏墓及太原北齐墓中者亦近似①。头和俑身分制的做法，北方也极流行，北魏、西魏墓中的俑均有这样的制法，敦煌魏塑佛像也往往是头与躯干分塑后再插合起来②。那些头较大、衣着宽大长衫的陶俑形象（原书图五八），也和北魏中期的造像有些相近。

　　总之，墓中材料与北朝资料比较，与北魏太和以后到东、西魏时期石窟和墓葬的材料很相似，这种现象如果根据当时具体历史情况来考虑，是很容易解释的。当北魏拓跋氏统治者了解到为了统治中原地区的广大领域，必须在政治、经济、文化上有相应的措施，由于历史发展的必然结果，魏孝文帝想用汉化的办法来维持拓跋氏的统治地位，这样一来，北方的统治民族就被被统治的汉族的文化所融合了。孝文帝积极推行汉化和极力仿效南朝衣冠制度，除了继承西晋以后在北方发展的文化艺术传统外，还学习了南朝的造型艺术、绘画技巧，因此往往是同一种图像或技法的流行情况，南方可能较早一些，经过一定时期之后才能在北方盛行起来。邓县彩色画像砖墓中画像材料所反映出来的情况，有助于说明这一问题。

---

① 张季：《河北景县封氏墓群调查记》，《考古通讯》1957 年第 3 期；山西省博物馆：《太原圹坡北齐张肃墓文物图录》，中国古典艺术出版社，1958 年。
② 陕西省文管会：《西安任家口 M229 号北魏墓清理简报》，《文物参考资料》1955 年第 12 期；张平一：《河北吴桥发现东魏墓》，《考古通讯》1956 年第 6 期；王去非：《参观三处石窟笔记》，《文物参考资料》1956 年第 10 期。

二

　　邓县墓中画像砖的种类繁多，虽然有 34 种不同的内容，但是依题材可以归纳为三类。第一类是以牛车为中心的一组仪仗、武士和奴仆、舞乐，这是最主要的一组；第二类是当时极为流行的孝子画像；第三类是四神、麒麟、神仙等和当时宗教信仰有关的题材。除此以外，就是分成三段嵌在两壁柱脚的人物，多是双手按刀杖、衣着裲裆、足登大履的有髯武士，和墓门左右壁画中的守门者一样。上面指出的三类题材又是互相统一的，它们共同反映了当时社会政治经济各方面的有关问题。属于第一类题材的画像砖比重较大，也最重要。

　　第一类题材中表示墓主人出行的一组，包括下列画像砖。第一，原来互相对称的砌在东西两壁的第五柱上，都是一牛驾辕，车上有卷篷，前又挑出一方棚，用鞶带束于辕上，车辕上并挂有璎珞，车旁紧随着一个戴小冠、着袴褶的车夫，一手握缰，一手执鞭（原书图一三、一七）。另外有一砖上仅刻一人牵一牛，可能为备用的副牛（原书图二二）。东汉末年以后，高官显贵均乘牛车，史书记载甚详①。辽阳汉墓壁画②、冬寿墓壁画、洛阳西晋墓陶俑③都是如此，南朝时期更成定例。第二，步辇一乘，辇身形似胡床，下有四足，上支以长形篷盖，由四人以肩舁之以行，服饰同车夫，辇后随一侍者，手持长柄障扇（原书图三二）。步辇的画像曾见于顾恺之《女史箴图卷》，这次的画像虽较简单，但是更清楚地表明了它的结构。以上应该是墓主人出行时的交通工具，正和颜氏家训中谓南朝大族出则车舆的记载相符。

　　除了车舆以外，由于墓主人可能是一个领兵的将官，因之还备有乘马，共见二砖（原书图六、一一）。其一有马二匹，前一黑马体披白甲，

① 钱大昕：《二十二史考异》卷二十。
② 李文信：《辽阳发现的三座壁画古墓》，《文物参考资料》1955 年第 5 期。
③ 河南省文化局文物工作队第二队：《洛阳晋墓的发掘》，《考古学报》1957 年第 1 期。

图九　河南邓县南朝墓模印彩绘画像砖
1. 乐舞图　2. 侍仆图　3. 鼓吹图

后一红马备鞍辔障泥，马鬃在头部两耳间结作花饰，各有一马夫持缰随行；其二有马一匹，二马夫随行，马亦无甲，在鞍上障以白色障泥（原书认为是运粮袋子，不确）。此外就是属于仪仗和侍卫的画像了，其中有右手持棒、疾趋前导的武士（原书图九），有执长盾、肩扛环刀和佩矢箙、肩扛长弓的士兵（原书图二五），武士均不戴冠，以帛结髻。

又有鼓吹两组。其中一组四人，前两人双手昂执弯形长角，后二人腰挂朱鼓，一手执槌搥之，另一手捉一鼗鼓，四人亦着袴褶，唯头上戴一种似斗笠状的帽子，正中竖立璎珞；另一组五人，着袴褶不戴冠，分执横笛、排箫、长角、筚篥等乐器（原书图一〇、一四）。还有两组侍从，捧着炉、幢，执着羽扇，夹着茵席等物（原书图一二、一六），均着袴褶、戴小冠；如为侍僮则挽双角髻（图九）。

画像中所有武士、车夫、马夫、乐队、仆从都穿袴褶，并于膝下束袴，《宋书·礼志》云：“袴褶之制，未详所起，近代车驾亲戎中外戒严之服。”《晋书·舆服志》亦有同样记载，可见它已成南朝军队的戎装，也是当时一般劳动人民的常服。短衣便于劳动和战斗，故袴褶流行。但这种装束除军服外，为士族贵人所不齿。《南齐书·吕安国传》记吕安国谓其子曰：“汝后勿作袴褶驱使，单衣犹恨不称，当为朱衣官也。”袴褶的确与当时士大夫的褒衣博带、高冠大履形成鲜明对比。

可惜因为有些画像砖位置不明，或者出于封门砖中，因此排列次序不详。从墓室东壁残存的情况观察，其排列顺序是：第一柱为乘马二匹；第二柱为执棒武士（上），四人鼓吹（下）；第三柱乘马一匹；第五柱牛车一乘；第六柱五人鼓吹一组；第七柱为捧物仆从（原书第2页东壁剖面图）。综合以上情况，再以冬寿墓壁画中的统军出行图作一比较，就可以看出二者之间的题材是一致的，甚至表现手法也相同，均以墓主人所乘牛车为中心，侍仆夹毂，是武士前驱旁护、鼓吹奏乐前导的盛大而奢侈的出行行列。

另外，出行图中还有一些表演舞蹈的画像砖（原书图二六、三〇）、出游的仕女图（原书图二四）和后随的骑马仆从图（原书图二三）等。

墓中出土有陶俑55件，因为在清理前已被取出，故无法复原其在墓中放置的位置，有些陶俑已经残缺不全，这很可惜。

由于头和躯干分别制成，因此不得不在陶俑的头和身上分别刻划了各种数字、文字或记号，如"七""吕""△""ℓ"等，以便于对合成完整的一体。另外在足底又刻划如下一些文字，有"捉丩""捉车""车""刀""仪刀""大口""捉大皷"等，依照俑的姿态和足底刻字对照，可以认清刻字的含意。例如右足下刻有"捉车"二字的一件（原书图六〇），以其姿态和画像中牛车旁的车夫比较，极为相似，应为置于车旁之车夫俑。又如三件足底刻"捉丩"的俑，都是戴紫红色冠，衣朱红色襦褶，白色长袴，白靴，其中两俑戴尖顶小冠，另一个戴莲瓣形委貌冠。姿态都相同，双手执一带杆器物，原器已佚。可见应为执仪仗的俑群（原书图五五：右、五七：左、五九：左）。参之"仪刀""刀""车"等字，可以肯定，俑足底所刻文字表示其所服役的性质。

这些陶俑大部分是穿着袴褶短服的人物，其衣饰冠带都和画像砖中的仪仗相同，题材也和第一类的画像相一致，现在可以看出的有捉车的车夫，执刀、棒、盾的武士，执丩、仪刀的仪仗，挎鼓的鼓吹等，另外也有一些着长衫、结双髻的奴婢。

这一组画像砖和俑群足以说明墓主人的身份，反映当时士族阀阅的情况，这是当时社会中突出的问题。南北朝时期表现墓主人生活的俑群和画像材料，与前代的选题有些不同。汉代画像中最常见的宴饮、庖厨的场面和百戏、仆从俑逐渐消失，象征生活实用器具的灶、井、楼阁、厕所等模型明器也逐渐衰退，表示出行的图像却有了进一步的发展，其内涵也有所变化，大量的仪仗、武士的画像和陶俑成为这时期的特征。洛阳西晋墓中的俑群是这一变化的开始，由永和十三年（357年）冬寿墓的壁画和西安草场坡十六国时早期墓中的俑群可以清楚地看到这一变化，邓县墓中的材料正说明了这一问题。

这个变化之所以发生，正是和大族门阀的形成和发展相适应。远溯至西汉末年，由于封建经济的进一步发展和繁荣，占有土地的地主豪强的经济力量强大起来。东汉光武的建国在很大程度上是靠了大家豪族的支持。汉末三国之世，士族阀阅之制进一步定型化，门弟之分极严格，曹魏的九品中正制正是用法律的手段把它固定了下来。两晋南北朝时，士家大族不仅握有土地和经济实力，而且拥有大量私兵部曲，也就是有军事上的实力，南朝又多蓄奴婢，常至数千百人，加上西晋以来社会上层士族奢侈浮华的风尚，这些情况反映到墓葬中，就是大量部曲、奴婢、伎乐的塑造，因此，以车舆为中心的仪仗俑群和画像就应运而生。

　　第二类题材是孝子画像。邓县墓中的画像砖中表现了两则孝子故事。数量虽不多，但值得注意。其中一则是墓室东壁第七柱上的孝子郭巨画像砖①，郭巨故事最早见于《太平御览》引刘向孝子图，是一个欲埋儿以养母因之掘地得金的故事，这块砖就表现了埋儿得金的情景。左为郭巨，着长衫，束袖，持一尖首铁刃镢掘地，旁有反文榜题"郭巨"，右为郭巨之妻，褒衣长裙，衣带飘翻，怀抱小儿，旁榜题"妻子"，中间是掘出的一瓮黄金，在人物前后有各种树木花草作为衬景（原书图一五）。另一则在西壁第七柱上的老莱子画像砖，其位置略与郭巨画像砖遥相对应。画面左侧置一床，上架有覆斗式帐，老人踞坐床上，男前女后，皆作鼓掌欢笑的姿态，床右前方有一人作匍匐状，头挽花髻，大约表现了老莱故作幼儿姿态以娱双亲的情景，在图中空白处填充了一些线条流利的花纹，砖上亦有榜题（原书图一八）。晋徐广《孝子传》记老莱子事迹云："老莱子至孝奉二亲，行年七十，著五彩褊褴衣弄雏鸟于亲侧。"

　　孝子题材也是南北朝时期极为常见的，以前在洛阳也曾出土过两件很重要的石刻材料。一件是有名的孝子石棺，大约是北魏中期以后的作品，在棺的左右两侧是以连环画形式表现的线雕孝子故事画像。左侧包括故事三则，都有榜题，依前后次序排列为"子董永""子蔡顺"和"尉"（即王琳）；右侧亦包括故事三则，为"子舜""子郭巨"和"孝孙原谷"。其中郭巨故事比邓县画像砖更完善，除了掘地得金的画面相同外，又有郭巨

---

① 《太平御览》卷四一一，中华书局影印本，第1898~1899页。

夫妻扛着藏金瓮还家和回家后供养老母的画面。另一件是 1931 年在洛阳故城北半坡出土的宁懋石室，同时出土孝昌三年（527 年）十二月十四日纪年的魏横野将军甄官主簿宁懋墓志一方。石室内一壁刻有孝子图，有榜题，包括丁兰事母图、舜从东家井中出去时图、董永看父助图等，并在石室上刻有孝子宁万寿、孝子宁双寿等字①。可惜这两件珍贵文物，都已被劫持出国了。

孝子的题材在汉代已经开始流行，武氏祠画像石中已经有了类似的画像，但是到这一时期才特别盛行起来，应该说这也是和大族阀阅的繁衍有关。当时每一姓大族都自成门阀，为了巩固这一集团的利益，必须维持族内的团结一致，孝的观念在这方面起着很大作用。因为忠和孝的观念是互相制约的，因此作为最高统治者的君王也提倡孝节，为了解决皇族内的纷争，更大谈孝经。例如，"（齐）武帝时，藩邸严急，诸王不得读异书，五经之外，唯得看孝子图而已"②。自汉以来，利用举孝廉为征群辟，是各级士族地主进身官阶的主要途径之一。晋干宝《搜神记》中，在记述郭巨故事时是这样结束的："（巨）仍于野凿地，欲埋儿，得石盖，下有黄金一釜，中有丹书，曰：'孝子郭巨，黄金一釜，以用赐汝。'于是名振天下。"可见，孝行的结果是既得黄金又博美名。因此，当时有很多人利用各种办法来显示自己的"孝行"，以致发生许多丑事，其目的就是为了名利双收，天下知名。由于以上诸原因，孝子题材的画像才能够风行一时，为当时士人所欣赏。

遽然看来，似乎孝的观念和当时统治阶级中间流行的玄学思想很矛盾，但是，玄学之兴是和曹魏之后九品中正确立、门弟成为仕进通衢、繁复的礼法和儒教已经不再需要的情况分不开，因此，这种旷达放荡的玄学流行起来。孝道本身就是为了巩固门阀而采用的一种手段，因此，它虽然和玄学有所分歧，但都是士族地主为巩固自己地位所采用的武器。

---

① 郭玉堂：《洛阳出土石刻时地记》，1941 年，第 36 页。
② 《南史·齐高帝诸子传下》，第 1088 页。

第三类题材是和当时的宗教迷信等有关。邓县墓有代表四方和整个宇宙的四神（青龙、白虎、朱雀、玄武）的画像。古人把周天主要星宿分成二十八宿，又按方位分成四组，始见于《史记·天官书》的记载。后来人们常以四神的形象表示四方或宇宙。它们在南北朝时期已经成为墓室壁画、墓志和石棺上不可缺少的形象。还有代表祥瑞的凤凰、麒麟、天马和一些形状奇特的怪鸟（怪鸟画像旁还榜题有"千秋万岁"）。这些珍禽异兽和四神的画像，都和阴阳五行与董仲舒派的儒家的思想有关。

南北朝时期，佛教、道教都非常流行，邓县画像砖中不乏反映这方面的材料，有以博山炉为中心的供养飞仙（原书图三三、三四），衣带飘飞的伎乐天人（原书图三五），以莲花和荷叶组成的千变万化的装饰花纹，也有类似莲花化生式的图案，可以看出当时佛教题材画像的流行。因为是墓室内的装饰画像，所以不能利用佛陀或菩萨的形象，因此墓中画像中没有出现这些材料。此外还有一些仙人题材的画像砖，其中两块几乎完全相同，都是以朱雀为中心，右边站着披发持麈尾的浮丘公，左边是捧吹长笙的王子乔，其中一块上面有榜题（原书图二七、二八）。还有跨在白虎背上的仙人。

以上这些画像题材虽较杂乱，但总起来都和当时的信仰有关。祥兽、珍禽、四神、天象、仙人等都是阴阳神仙像的题材，它继承了汉代的传统信仰，又是和道教发展密不可分。另外还有一些佛教意味的画像。这些材料汇集在一座墓中，也可以说明当时这些信仰同时并存，并且互有影响。因为它们对统治阶级都是有帮助的，因此也就会利用这些为自己服务，这也是这些画像同时并存的原因之一。

三

邓县墓中的画像砖、花纹砖、壁画和俑群，都是经过琢炼的艺术精品，它们显示了当时造型艺术的一般成就。虽然是无名工匠的作品，比之当时的名家手迹也不逊色。

画像砖是一种具有中国独特风格的艺术品。东汉末年的画像砖已经开始利用线条凸起、近似浅浮雕的方法来表现人物和故事了。南北朝时期继承了这一传统。邓县的画像砖更进一步给人以立体的感觉。从画像石到画像砖，与其说是一种雕刻，倒不如说它与绘画的关系更密切一些，但是随着这个变化，雕刻的趣味就更浓厚了，归根结底它还是一种利用浅浮雕表现事物的绘画方法。尽管如此，画像砖保留了绘画的特色，尤其是中国古代绘画所讲究的线条。邓县的画像砖在这方面是相当突出的。

对这批材料进行分析可以看到，它确实吸收了当时绘画艺术的成就。前面我们已经把它和顾恺之作品的摹本和有关的南北朝时期绘画材料作过形式上的比较，这里再谈一下关于绘画本身的一些问题。早期绘画多以人物为主，邓县画像也多是没有衬托背景的简单人物画像。除了题材不同外，对所描绘的事物形象比汉代画像砖进了一步，人体的比例已经相当正确，大致保持了头和身躯是 1∶5 或 1∶6 的比例（成人的正确比例是身为头的 6 倍），对身体各部位的描绘也是恰如其分，给人以匀称的感觉。人体和面相已经趋于细长，这是当时社会风尚喜"瘦骨清相"的反映。人物的姿态很生动，也讲求现实。例如牵马的马童、驭车的车夫的姿态，生动地表现出劳动的特点。其他如奏乐、鼓吹、抱婴等形象也是如此。尤其是乐舞画像中戴尖帽、踏步起舞的长须老人，可以说是达到了传神的地步（原书图三〇）。又如南山四皓图（原书图三一）中四位老人悠闲自得的隐居情调、郭巨束衣掘地的劳动姿态等，都表现得很清楚。其中四神、麒麟的腾云疾驰，飞仙、伎乐的衣袂飘举，令人阅后有舒畅神怡的感觉。谢赫在《画品》中提出"六法论"，第一即为气韵生动，也就是除了形象的真实性外，还要表达出所绘人物的精神面貌，这些画像虽然达不到顾恺之所画维摩诘的妙境，但是也在相当程度上达到了这一要求。

技法方面，主要是用线条的勾勒来表示形象，外轮廓相当准确，流利而且奔放，线条较匀称。由于画像砖本身的特有风格，画中主体凸起，主要线条又凸出画面，很有立体感。但是细部刻划尚嫌粗拙，尤其是人物的颜面部分较呆板，还不能表现出个性来。另一特点是因为画像砖是整个建筑的一部分，又是一种特殊的建筑装饰，所以对画像中各种形象的处理保留有浓厚的图案趣味，有一种鲜明的节奏感。看一看战马、武士、鼓吹、仆从在画面上排列的位置就更清楚了。由于画像砖这一形式的限制，这里无法采用那种当时流行的长卷连环画式的表现方法（顾恺之的画和敦煌的壁画材料大都采用这种手法），每个故事都是选了最说明问题的一刻来表达。如郭巨故事，只选择了最富戏剧性的埋儿得金场面，这反而更显得洗炼一些。画像砖衬景较简单，但也有两幅可以特别加以说明。孝子郭巨画像后面以林木作背景，南山四皓的四周绕有山石树木，以表示山林隐逸之趣。对这些山石林木的处理比较稚拙，比例不调，"人大于山"；对山的描绘是"群峰若钿饰犀栉"；对树木的描绘是"主干挺立，枝桠分叉，刷脉镂叶"，还有汉代那种图案化的余风，处于山水画的启蒙时期。虽然如此，这些衬景的使用，对画面的美观完整和主题突出明确还是起了一定的作用。

这批画像砖原来大多填染有颜色，是用七种单色在图像上部分平涂上去的，相当粗糙。壁画的设色就不同了，墓中的壁画只有券门前一处。先在壁上涂有半厘米厚的石灰，分划部位；再勾出浅红色细线的草稿，然后以朱红、黄、绿、蓝、紫、浅红、黑色绘好；设色完毕，才用浓墨勾画轮廓。这是当时通行的壁画制法。壁画的色彩很鲜明，但主要仍是单色平涂，没有渲染，这和辽阳汉墓壁画异曲同工。

墓中的装饰花纹以植物纹图案为主，由莲花和缠枝卷叶忍冬纹组合而成，但是还保留有汉魏云纹的意趣，又受了佛教艺术的影响。在图案的组织和花纹的造型方面有很高的造诣，大型花砖的中心的莲瓣较为宽肥，四周配纹又很流畅，既给人以厚重安详的感觉，又很灵活舒畅，同时花纹的组合配置也很合适，构成均匀、简洁而又紧凑的整体。这种富丽多彩的以莲花、莲叶为主的植物纹，为隋唐以后大为盛行的各种缠枝卷叶花纹的发展开辟了广阔的途径。

陶俑的造型正是上承汉晋的作风，下启隋唐的形制，有其时代特色。与武昌东吴永安五年（262 年）墓[1]以及长沙西晋永宁二年（302 年）墓中出土的陶俑相比，不论在造型还是技法方面，都有了极大的进步。陶俑形体的比例并不如画像匀称，头显得大了一些，衣纹也极简略，但是对面部的描写比较精确，多半呈现一种近于痴笑的面相，随着身份和劳动的不同也还有所变化。与成都万佛寺出土的南朝造像比较，那种含笑的面相确为其共同的特征。总之，邓县画像砖墓中的美术史料，对研究南北朝时期的造型艺术是有很大用处的。

四

邓县学庄的彩色画像砖墓，可以肯定是南北朝时期属于南朝系统的墓葬，其年代上限应为东晋，下限止于萧梁。

由于这座墓中有大量画像和陶俑等材料，这就能对当时流行的造型题材（仪仗仆从、孝子图像与有关宗教迷信的画像）和当时的社会经济、政治、思想情况进行分析研究，也对了解南北朝时有关南北文化的共同性问题有所帮助。

墓中丰富的造型艺术材料，对南北朝时期美术史的研究非常重要，又为墓葬形制、画像形象等的标型排比提供了重要材料。该墓提供了衣冠制度、音乐舞蹈、车辇马具等方面的许多资料，对研究当时的物质文化面貌和文化艺术都有所帮助。

本文仅是对这批考古材料进行的初步探索，至于更深入细致的研究，还有待于将来的努力。

（原载《考古》1959 年第 5 期）

---

① 湖北省文管会：《武昌莲溪寺东吴墓发掘简报》，《考古》1959 年第 4 期。

后记 本篇是离开北大后，尝试着按照宿季庚先生教给的撰写考古论文的方法，写出的第一篇论文。从选题到写作，都得到师兄徐苹芳悉心帮助，文章的标题也是他代我拟定的。自我到考古所工作后的几十年间，他一直是我的挚友，也是良师。

新中国的考古收获·魏晋南北朝

中华人民共和国成立前，魏晋南北朝时期的考古工作做得很少。十年来，在全国各地发掘的魏晋南北朝墓，有河南洛阳等地的西晋墓，江苏、浙江、湖南、广东、福建、四川等省的东晋南朝墓，陕西、山西、河北等省的北朝墓，总数达数千座。同时还调查了许多窑址和石窟寺，试掘了一些少数民族的住址和葬地。这些发现为深入开展这个时期的考古研究打下了初步的基础。

墓葬发掘是这个时期的重要考古收获。豪门地主的族葬，表现得特别突出。

从东汉末年开始，豪门地主的力量日益壮大。1957 年，在河北藁城发现了甄氏的墓群。墓群占地约 5 平方公里，最大的墓封土每边长达 40 米。根据文献和出土墓志，甄氏一族，自汉至唐，几百年来长期参与朝政①。

1951～1957 年，在东北辽阳地区陆续发现一批汉末至魏晋时期的墓葬，都是大型的多室石椁墓，里面绘有精美的壁画②。这些壁画描绘了统治这地区的公孙氏在宫室、舆马、服饰、器用、宴饮、伎乐、百戏各方面穷极奢侈的生活情况。棒台子屯壁画墓回廊的壁画上，绘有墓主人乘车出行的盛大行列。行列里除了执着各种彩幢、华盖、棨戟、长旗的骑从外，

---

① 孟昭林：《无极甄氏诸墓的发现及有关问题》，《文物》1959 年第 1 期。
② 李文信：《辽阳发现的三座壁画古墓》，《文物参考资料》1955 年第 5 期；东北博物馆：《辽阳三道壕两座壁画墓的清理简报》，《文物参考资料》1955 年第 12 期；李庆发：《辽阳上王家村晋代壁画墓清理简报》，《文物》1959 年第 7 期。

还有帝王出行的黄钺车、鼓车、金钲车等仪仗。这充分表现了豪族割据一方的情况。

1

2

图一　六朝青瓷器

1. 江苏宜兴西晋周处墓出土青瓷熏炉　2. 江苏南京孙吴甘露元年墓出土青瓷卧羊

1953 年，在江苏宜兴发现江南著名豪族宜兴周氏的茔地，发掘了晋将军周处和他的亲族的两座坟墓①。墓中出土许多精美的青瓷器（图一：1）、

---

① 罗宗真：《江苏宜兴晋墓发掘报告》，《考古学报》1957 年第 4 期。

铜器和金银饰物。周处墓的砖上有"周前将军砖""议曹朱选""将工吏杨春""工杨普作"等字样，可见这些砖是地方官工特为营建周处墓而烧造的。

1958 年，南京挹江门外老虎山发掘的东晋墓群，由出土的砖志、铜印和石印等遗物，证实这里是侨迁江左的琅琊大族之一的东晋左光禄大夫颜含家族的茔地①。

此外，河北景县的封氏墓群、河间的邢氏墓群和山西闻喜的裴氏墓群等，主要都是这一时期的墓葬②。景县封氏墓的时代，根据已经发现的墓志来看，起自北魏，讫于隋开皇年间。这些高官显贵有时虽死于异乡，例如封魔奴"薨于代京"、封延之"卒于晋阳"、封子绘"终于京师"，但是也一定要千里迢迢归葬故地。

为了显示死者的族系、身世和社会地位，这时开始在墓里放置墓志。早期的墓志还保持着墓碑的样子，洛阳晋元康九年（299 年）徐美人墓内，就放置着长达千言的墓碑③。以后则流行有盖的方形墓志，封氏墓群出土的志石，就是这样的形制。

这时，在南方还流行在墓里放置买地券的习俗。在武昌和南京等地都发现过东吴、西晋时的铅质地券④，其纪年有吴黄武六年（227 年）、永安五年（262 年）、凤凰二年（273 年）和西晋太康六年（285 年）、元康五年（295 年）等。券文中记载了地亩面积和钱值。这反映出地主阶级对土地的占有欲望。

长沙发现的晋永宁二年（302 年）砖墓里⑤，出土了数量众多的陶俑，

---

① 南京市文物保管委员会：《南京老虎山晋墓》，《考古》1959 年第 6 期。
② 张季：《河北景县封氏墓群调查记》，《考古通讯》1957 年第 3 期；孟昭林：《记后魏邢伟墓出土物及邢蛮墓的发现》，《考古》1959 年第 4 期；顾铁符：《晋南——文物的宝库》，《文物参考资料》1956 年第 10 期。
③ 河南省文化局文物工作队第二队：《洛阳晋墓的发掘》，《考古学报》1957 年第 1 期。
④ 湖北省文物管理委员会：《武昌莲溪寺东吴墓清理简报》，《考古》1959 年第 4 期；江苏省文物管理委员会：《南京近郊六朝墓的清理》，《考古学报》1957 年第 1 期；蒋缵初：《参观"南京六朝墓葬出土文物展览"》，《文物参考资料》1956 年第 2 期。
⑤ 湖南省博物馆：《长沙两晋南朝隋墓发掘报告》，《考古学报》1959 年第 3 期。

有装备着刀盾的武士、捧持着各种什物的侍从、高冠执版的骑吏、乘马演奏的乐队（图二：2）、持简作书或双人对坐书写的文吏（图二：1）。这些陶俑，正是显宦豪门拥有的属吏和部曲的写照。1953 年在西安草场坡发现的北朝早期墓中，有墓主乘坐的陶牛车模型，有许多骑铠马着甲胄的骑兵、携带弓矢的步兵和吹角击鼓的武士组成的俑群①。这说明豪族控制着大量的武装部曲。

1   2

图二　湖南长沙西晋永宁二年墓出土青釉俑
1. 对坐书写俑　2. 骑乐俑

到南北朝末期，世家大族的力量开始衰落。豪门地主的大型多室砖墓逐渐消失，代之而起的是数量众多的中、小型单室砖墓。在北方，墓中殉葬的陶俑也有了变化，反映豪门地主武装部曲的铠马骑兵等俑日益减少，而出现了以牛车（图三）为中心的仪仗、侍从、伎乐等组成的俑群。

---

① 　陕西省文物管理委员会：《西安南郊草厂（场）坡村北朝墓的发掘》，《考古》1959 年第 6 期。

图三　山西太原北齐张肃俗墓出土陶牛车

魏晋南北朝时期手工业生产中发展得最快的是青瓷器的烧造。现在知道的最早的青瓷器，发现于黄武六年（227年）的墓中。南京东吴甘露元年（265年）墓中出土的青瓷羊（图一：2），不论造型或釉色，都已相当精美。1956~1957年浙江黄岩地区古墓的发掘材料，则说明青瓷器的兴起过程：当地在东汉末年还只用釉陶器殉葬；而在东吴天玺元年（276年）墓中，青瓷器占了很大的比例；到晋代，在32座有随葬品的墓中，出土的瓷器竟达113件，而陶器只有17件①。宜兴周处墓出土的青瓷器皿经过鉴定，它的胎和釉同杭州出土的南宋官窑青瓷器的化学成分接近，可见当时青瓷器选土提炼的技术相当进步②。

对青瓷的生产地区也有了新的认识。近十年来，在江浙一带发现了几处重要的窑址。浙江萧山发现的上董青瓷窑址，长达250米，堆积厚度在1米以上。窑址出土了许多灰胎青釉的瓷器残片和窑具③。上董窑和浙江其

① 浙江省文物管理委员会：《黄岩秀岭水库古墓清理报告》，《考古学报》1958年第1期。
② 罗宗真：《江苏宜兴晋墓发掘报告》，《考古学报》1957年第4期。
③ 党华：《浙江萧山县上董越窑窑址发现记》，《文物参考资料》1955年第3期。

他早期青瓷窑的材料，证明浙江确是当时青瓷制造业的生产中心。除青瓷外，浙江境内也发现了烧制黑釉瓷器的窑址。窑址位于德清县城南约百余米的小山上①。出土瓷器除青釉外，还有黑褐色釉的。从杭州晋兴宁二年墓中的出土物推断，黑釉瓷器生产的年代不会晚于东晋兴宁二年（364年)②。

1959 年在江苏宜兴发现了均山窑址③。所出的青瓷残片和南京、宜兴等地西晋、南朝墓中出土的青瓷器相同。均山窑的发现，说明江苏境内也生产青瓷，而且在工艺技术方面并不逊于浙江地区。周处墓和在南京地区发现的大量六朝青瓷器中，有一部分可能就是宜兴生产的。

河北景县封氏墓群中出土了几件青瓷莲花壶。壶的外形和堆贴花纹的方法，与南方出土的青瓷器不同。经过鉴定，瓷胎中含三氧化二铝和氧化钛都较高，和南方的青瓷胎含氧化硅较高、氧化钛极微的情况也不同。推测这些青瓷可能是北方生产的。但由于没有发现有关的窑址，还不能作出肯定的结论④。

这时期的文化艺术资料主要属于佛教美术。十年来，在敦煌莫高窟进行了大规模的勘察和研究，初步建立了敦煌北魏窟的分期序列⑤。此外，还勘察了甘肃临夏炳灵寺和武威天梯山两处石窟群⑥。对天水麦积山的研究，知道北周造像继承了西魏造像的作风⑦。近年还发现了两批石刻造像。四川成都万佛寺废址中发现的 200 余件红砂岩造像，揭示了南朝造像的一些特点⑧。河北曲阳修德寺废址里掘出约 2200 多件石刻，有年款的共 247

---

① 浙江省文物管理委员会：《德清窑瓷器》，《文物》1959 年第 12 期。

② 浙江省文物管理委员会：《杭州晋兴宁二年墓发掘简报》，《考古》1961 年第 7 期。

③ 江苏省文物管理委员会：《宜兴发现六朝青瓷窑址》，《文物》1959 年第 7 期。

④ 周仁、李家治：《中国历代名窑陶瓷工艺的初步科学总结》，《考古学报》1960 年第 1 期。

⑤ 陈明达：《敦煌石窟勘察报告》，《文物参考资料》1955 年第 2 期；宿白：《参观敦煌第 285 窟札记》，《文物参考资料》1956 年第 2 期。

⑥ 文化部社会文化事业管理局：《炳灵寺石窟》，1953 年；史岩：《凉州天梯山石窟的现存状况和保存问题》，《文物参考资料》1955 年第 2 期。

⑦ 文化部社会文化事业管理局：《麦积山石窟》，1954 年。

⑧ 四川省博物馆：《成都万佛寺石刻艺术》，中国古典艺术出版社，1958 年。

件，上起北魏神龟三年（520 年），下至唐天宝九年（750 年），包括北魏、东魏、北齐、隋、唐诸代，是研究北魏和隋唐之间雕刻艺术发展的重要资料①。

　　非佛教的艺术品中，特别值得提出的是南京西善桥东晋墓中发现的画像砖②和河南邓县南朝墓中发现的彩色画像砖③。前者的内容为竹林七贤和荣启期的画像（图四），后者刻的是墓主人出行和孝子故事等图像。这些画像砖的风格都受到当时绘画的影响。

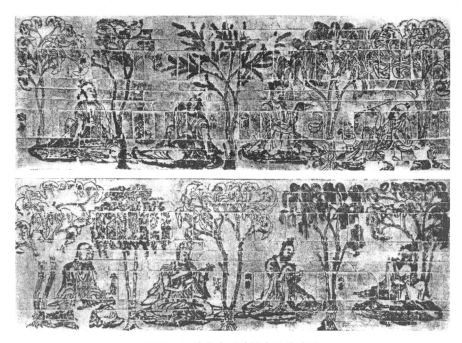

图四　江苏南京西善桥东晋墓砖画

　　十年来，在当时的高句丽族、鲜卑族和拓跋族活动地区也展开了工作。

　　辽宁桓仁县城东 7.5 公里浑江北岸的五女山城，是高句丽的早期城址。

---

① 杨伯达：《曲阳修德寺出土纪年造像的艺术风格与特征》，《故宫博物院院刊》1960 年总 2 期。
② 南京博物院等：《南京西善桥南朝墓及其砖刻壁画》，《文物》1960 年第 8、9 期。
③ 河南省文化局文物工作队：《邓县彩色画象（像）砖墓》，文物出版社，1958 年。

城南北长约1000、东西宽约300米。与它相对的高力墓子村南，密集地分布着高句丽族的墓葬①。当地的地势为南高北低。南端为积石大墓区，共约71座墓。这些大墓都用石块在地面上砌成冢，有秩序地排列在山坡上。为首的一座长约20米，在最南端，位置也最高。以下并排两座长约7米的石墓。再下是四座石墓，形状大小与上两座墓相同。再下又有相同的石墓，向北依次排列成四行。墓中出土的随葬品有铁刀、矛、镞、马衔以及银、铜和鎏金的装饰品。这一布置整齐、规模巨大的茔地，可能是按照死者的社会地位或世系建造的。在上述大型积石墓群以北，地势逐渐低下的地方，还分布着许多小型的墓葬。这些墓一般用不规则的石块堆成。墓室狭小，仅可容身。墓内多无随葬品。这些成群的小墓与大型积石墓的显著差别，反映了早期高句丽族的阶级对立。

吉林省辑安是高句丽中期的政治文化中心。在城东北曾发掘了一组建筑遗址②。其中一座用卵石铺成屋基，东西宽达40、进深20米。屋基上面原是并列的两间木构房屋，周围绕以回廊。房屋和周围的建筑之间有长廊连接。屋内设有灶和火炕，烟道埋在地下，与廊外矗立的烟突相通。这种形式的灶和火炕，在我国北方至今还可以见到。这里出土了很多板瓦、筒瓦、瓦当和雕刻精致的柱础。瓦当的纹饰以莲花纹最多，莲叶纹次之，也有兽面纹，它们与南北朝时代中原地区流行的式样相近。这组建筑在辑安城东北半公里处，距壁画墓群很近，可能是高句丽王族的宫室或祭祀的处所。这个发现说明了高句丽的文化与中原文化的密切关系。

在鲜卑世居的辽河流域的辽宁北票县发现了鲜卑贵族的墓地③。发掘的三座墓都以石块筑成单室，室内有木质的葬具。这种葬制是东胡系各族的文化特征之一。墓内发现的黄金头饰，有的作花树状，枝上缀满心形金

---

① 陈大为：《桓仁县考古调查发掘简报》，《考古》1960年第1期。
② 吉林省博物馆：《吉林辑安高句丽建筑遗址的清理》，《考古》1961年第1期。
③ 陈大为：《辽宁北票房身村晋墓发掘简报》，《考古》1960年第1期。

叶；有的作龙凤花纹，上面也缀满金叶。这种金花头饰，与鲜卑慕容部族以及时代更早的乌桓人"以金花为首饰"的记载是相符合的。这批墓葬，反映了鲜卑和东胡的关系。

内蒙古自治区呼和浩特美岱村发现了拓跋魏初期的墓葬①。墓里有河内太守铜虎符、动物纹铜饰牌、竖耳镂空高圈足铜釜、铜鐎斗、鎏金带角兽、金戒指和陶壶等物。从出土的具有匈奴风格的铜釜和饰牌，可以看出拓跋氏建国初期，曾吸取了许多匈奴文化的因素。这里出土的腿部细长的龙首柄鐎斗，显然是汉文化影响下的产物。铜质仿制的羊距骨，是这里游牧民族游戏时所使用的。这些出土的铜器，表现了拓跋魏早期文化的特点和铜器的制作水平。

（原载《新中国的考古收获》，文物出版社，1961 年）

后记 1959 年是中华人民共和国成立十周年。为了庆祝新中国成立十周年，1959 年 1 月份，中国科学院和文化部就在北京召了由河北、陕西、北京、南京等省、市文物考古工作者参加的座谈会，由中国科学院考古研究所所长尹达做动员报告《组织起来，大家动手，编写"十年考古"》（《考古》1959 年第 3 期）。座谈会后，就在考古所组成由夏作铭先生领导、由所外专家和所内人员共同组成的编写组，起草"十年考古"写作提纲。其中的魏晋隋唐部分写作小组，由宿季庚先生和师兄徐苹芳与我三人组成。这是我离开学校后第一次与老师共同参加集体学术写作任务，也是首次参与所内重大学术课题研究，可以说是步入考古研究生涯的起点，开启了我迄今已逾 60 年的研究历程。在宿先生领导下我们小组完成写作提纲，经夏作铭先生同意后，分别由徐苹芳和我按提纲写出初稿，我负责魏晋南北朝部分，徐苹芳负责隋唐以后部分。当年初稿完成后，送交所内和各地有关

---

① 李逸友：《内蒙古土特默旗出土的汉代铜器》，《考古通讯》1956 年第 2 期；静宜：《对"内蒙古土特默旗出土的汉代铜器"一文的商榷》，《考古通讯》1956 年第 4 期；李逸友：《关于内蒙古土特默旗出土文物情况的补正》，《考古通讯》1957 年第 1 期。

考古工作者征集修改意见。次年即 1960 年，轮到我去参加为期一年的干部下放劳动锻炼，地点在山东曲阜夏家村，同年冬结束锻炼回所。1961 年，又开始参加书稿的修改工作。"十年考古"完稿后，正式定名《新中国的考古收获》，于 1961 年 12 月由文物出版社出版。这段文字不多，今天看来也已过时，但它在我个人的学术生涯中，是极值得珍重的。

吴、东晋、南朝的文化及其对海东[*]的影响

　　吴、东晋和南朝的宋、齐、梁、陈，是 3 ~ 6 世纪相继在中国江南地区建立的政权，史称"六朝"。吴的首都建业，东晋以后改称建康，在今江苏省长江南岸的南京。总的说来，从 3 世纪到 6 世纪的四个世纪，中国处在动荡和分裂的局势中。2 世纪后期和 3 世纪末，中国先后发生过两次席卷中原的大动乱。第一次是东汉中平元年（184 年）爆发的黄巾起义，被镇压后，出现了军阀混战，最后形成了魏、蜀、吴三国鼎立的局面。西晋代魏，灭蜀和吴，统一了中国。但是，从永平元年（291 年）起，又发生了"八王之乱"，战争不断，随后，匈奴、鲜卑等族先后入据中原，形成了"五胡十六国"的动乱局面，以致晋朝皇室和中原士族南渡，在江南建立了东晋政权。上述两次大动乱都发生于黄河流域，使长期以来一直为中国政治、经济、文化重心所在的中原和关中地区遭到严重破坏，城乡荒废，生产凋敝，人口减少。对于第一次大动乱后中原的景象，魏文帝曹丕的父亲曹操曾在《蒿里行》一诗中，概括为"白骨露于野，千里无鸡鸣；生民百遗一，念之断人肠"。以今河北省境内的冀州为例，汉顺帝时人口

---

* 中国古代的所谓"海东"，一般是指朝鲜半岛，也可以泛指朝鲜和日本。据《三国志·魏书·明帝纪》，当时称辽东郡、玄菟郡、乐浪郡、带方郡等为"海东诸郡"，第 113 页。在同书《东夷传》中说韩"汉时属乐浪郡"，建安中"倭、韩遂属带方"，第 850 ~ 851 页。正说明朝鲜半岛南部的韩和日本列岛的倭也属广义的"海东"。在本文中论及的范围，包括日本列岛的倭和朝鲜半岛南部的百济。

达到 590 余万①，战乱之后只剩下 30 万②，仅为原来的 5%③。东汉的首都洛阳已被烧成一片焦土，周围几百里内不见人迹④。经过魏和西晋初年的努力恢复，才初步改变了北方疮痍满目的景象。但是，西晋统一后不久，又发生了第二次大动乱，使黄河流域再次沉陷在战乱之中，遭到比第一次大动乱更为惨重的破坏。首都洛阳又一次化为灰烬，长期荒废，不能恢复。关中诸郡更是"百姓饥馑，白骨蔽野，百无一存"⑤。

应该指出，战乱并未波及江南。孙吴时期，江南地区在东汉时经济已有发展的基础上，农业和手工业又都有进一步的发展。西晋永嘉年间（307～313 年），北方地区陷入第二次大动乱的极点，江南的社会经济仍然未受影响。在广东省和广西壮族自治区发现的晋墓的墓砖上，常有"永嘉中，天下灾，但江南，尚康平""永嘉世，九州空，余吴土，盛且丰"等铭文⑥，正反映了上述的实际情况。东晋时期的进一步开发和经营，使得长江中下游地区的农业和手工业又有了较大的发展。吴、东晋和南朝的文化，就是在这样的历史条件和经济基础上发展起来的。

---

① 据《后汉书·郡国志》，冀州刺史部辖魏郡、钜鹿郡、常山国、中山国、安平国、河间国、清河国、赵国和勃海郡，有县、邑、侯国百，十五城。其中，魏郡口六十九万五千六百六，钜鹿郡口六十万二千九十六，常山国口六十三万一千一百八十四，中山国口六十五万八千一百九十五，安平国口六十五万五千一百一十八，河间国口六十三万四千四百二十一，清河国口七十六万四百一十八，赵国口十八万八千三百八十一，勃海郡口百一十万六千五百。第 3431～3437 页。

② 《三国志·魏书·崔琰传》，曹操破袁氏，领冀州牧后，曾向崔琰说："昨案户籍，可得三十万众，故为大州也。"第 367～368 页。

③ 除冀州以外，北方其余州郡的人口也同样大幅度锐减。例如河东郡，据《后汉书·郡国志》所记有户九万三千五百四十三，第 3397 页。而据《三国志·魏书·杜畿传》，在建安十年至十一年（205～206 年）时，只有户三万，第 495 页。又如涿郡，据《后汉书·郡国志》所记有户十万二千二百一十八，第 3926 页。而据《三国志·魏书·崔林传》注引《魏名臣奏》，魏文帝时涿郡仅领户三千，而且是"孤寡之家，居居其半"，第 680 页。

④ 《三国志·魏书·董卓传》注引《续汉书》，初平元年（190 年）二月，董卓逼汉献帝由洛阳迁都长安时，"卓部兵烧洛阳城外面百里。又自将兵烧南北宫及宗庙、府库、民家，城内扫地殄尽"，第 177～178 页。

⑤ 《晋书·贾疋传》，第 1653 页。又据《晋书·愍帝纪》，当时"长安城中，户不盈百，墙宇颓毁，蒿棘成林"，第 132 页。

⑥ 麦英豪等：《广州西郊晋墓清理报道》，《文物参考资料》1955 年第 3 期；广西梧州市博物馆：《梧州市晋墓、南朝墓发掘简报》，《文物资料丛刊》8，文物出版社，1983 年。

长江中下游的江南地区有着悠久的地方性的文化传统。公元前 8 世纪到公元前 3 世纪的春秋战国时期的楚文化和吴越文化，都是在这个地区发展起来的具有地方性特色的文化。公元前 3 世纪末汉代统一全国后，开始了江南地方文化与中原文化的融合。3 世纪的吴文化，是在这一融合基础上的江南地方文化的进一步发展。4 世纪初，晋室南渡，中国的政治、经济、文化重心从黄河流域转移到江南①，这就使得江南文化具有更为丰富的内容，呈现出空前繁荣的景象。

一

总的说来，在 3 世纪到 6 世纪的 400 年中，和北方相比，中国南方地区政治稳定，户口充实，经济发达，物产丰富，典章制度完备，文化艺术繁荣，科学和工艺技术等方面也有长足的进展。

就考古学而言，在吴、东晋、南朝的物质文化中，最具时代特色的是铜镜的铸造和瓷器的烧制。

吴的铜镜制造业在东汉的基础上进一步发展，进入极盛期。铸镜的中心在会稽郡的治所山阴和前期都城武昌。所铸的铜镜种类甚多，但主要是各种平缘神兽镜和画像镜。镜的铸造量极大，在各地的墓葬中都有发现。关于铜镜的问题，王仲殊、徐苹芳两先生已经作了详细的论述②，我在这里不再重复。

远在距今 4000 年前的新石器时代，江南地区的陶业就有它独特的传统。这主要表现在陶土细腻、烧制火候较高，而所饰纹样都属所谓"几何印纹"。汉代南方地区的陶器，便是新石器时代以来的所谓"几何印纹硬陶"的延续。另一方面，早在距今约 3000 年前的商周时期，在江南还出

---

① 王仲荦：《魏晋南北朝史》第六章第七节，上海人民出版社，1979 年。

② 本文原为在日本第七次古代史讨论会上的发言稿，王仲殊、徐苹芳两位在我前面发言，因此行文中作此论述。他们两位的发言稿，见王仲殊《日本三角缘神兽镜综论》，《考古》1984 年第 5 期；徐苹芳：《三国两晋南北朝的铜镜》，《考古》1984 年第 6 期。

现了施有青釉的所谓"原始瓷"①。东汉中期出现于会稽郡境内的青瓷器，便是在上述"几何印纹硬陶"和"原始瓷"的基础上发展起来的。考古工作者在浙江省的上虞、余姚、宁波、金华、永嘉等地发现了东汉时期的许多青瓷窑址②，青瓷器的质量已有一定的水平。到了吴和西晋时期，青瓷得到了进一步的发展，不仅胎质和釉色不断改进，在器形方面也越来越多样化。吴的青瓷器，如南京赵士岗吴墓出土的赤乌十四年（251 年）铭虎子③，南京清凉山吴墓出土的甘露元年（265 年）铭灯和同墓出土的羊形尊等④，造型优美，釉质均匀，在工艺上达到了高度的水平。江苏省宜兴发现的西晋周氏墓群⑤，出土了大量优质的青瓷器，特别是周处墓中出土的青瓷香熏、青瓷扁壶和青瓷多子榼等，更是釉色晶莹、制作精巧，是当时青瓷器的杰出代表。调查发掘工作证明，吴和西晋时期的江南地区，和制造铜镜一样，已有专门的工师从事青瓷器的制造。上述南京赵士岗墓出土的赤乌十四年铭青瓷虎子上有"上虞师袁宜造"的铭文，江苏省金坛县西晋墓出土的青瓷扁壶上也有"会稽上虞范休可作"的铭文⑥，便是最好的说明。

江南地区青瓷业的发达，与瓷窑的进步分不开。考古工作者在浙江省的上虞、余姚、绍兴、金华和江苏的宜兴等地调查、发掘了许多吴和西晋时期的窑址，探明了窑室的结构和形制⑦。当时烧制瓷器的窑是利用山坡斜面筑成的。窑室低而狭，但长度甚大，有的可达十数米，故称"龙窑"⑧。这种窑的优

---

① 中国硅酸盐学会编：《中国陶瓷史》第二章第三节《印纹硬陶和原始瓷器》，文物出版社，1982 年。
② 中国硅酸盐学会编：《中国陶瓷史》第三章第三节《秦汉时期原始瓷的复兴与瓷器的出现》，文物出版社，1982 年。
③ 倪振逵等：《南京赵士岗发现三国时代孙吴有铭瓷器》，《文物参考资料》1955 年第 8 期；南京博物院编：《江苏六朝青瓷》，卷首彩版 1 及图版 2，文物出版社，1980 年。
④ 《江苏六朝青瓷》，卷首彩版 2、3 及图版 4～6。
⑤ 罗宗真：《江苏宜兴晋墓发掘报告》，《考古学报》1957 年第 4 期；南京博物院：《江苏宜兴晋墓的第二次发掘》，《考古》1977 年第 2 期。
⑥ 镇江市博物馆等：《介绍一件上虞窑青瓷扁壶》，《文物》1976 年第 9 期。又见《江苏六朝青瓷》，图版 18。
⑦ 中国硅酸盐学会编：《中国陶瓷史》第四章《三国两晋南北朝的陶瓷》，文物出版社，1982 年。
⑧ 刘振群：《窑炉的改进和我国古陶瓷发展的关系》第五节《战国时代开始的南方平焰龙窑》，载中国硅酸盐学会编《中国古陶瓷论文集》，文物出版社，1982 年。

点在于能够控制火候，使得烧制温度高而均匀，从而保证了产品的质量。

东晋和南朝的制瓷业比吴和西晋时期更加繁荣。烧制瓷器的地点除了今江苏省的南部和浙江省外，还遍及江西、湖北、湖南、福建、广东和四川各地[1]。浙江省德清窑的黑釉瓷器[2]在西晋时已经出现，到东晋和南朝时更显成熟，产品日趋精美。

在吴、东晋和南朝的各种遗迹中，发掘最多的是墓葬。与北方的墓相比，它们也有许多特点。墓室一般都是用砖筑成，砖面上的图案花纹成为室内的装饰，东晋以前多为几何图案，东晋以后则多莲花纹。与北方地区流行彩绘壁画不同，在东晋和南朝的大墓中，往往有用许多印有局部画像的砖拼砌而成的大幅的"竹林七贤"图和"青龙""白虎""狮子"图等[3]。为了更好地模仿现实生活中的居室，墓室内多设有用砖雕砌而成的直棂窗，窗的上面设灯龛[4]。墓室的后部普遍设棺床，以安放棺材。墓室的前部则多设台桌，以放置随葬品[5]。为了防潮泄水，还设有从墓内通向墓外的下水道。

调查发掘工作证明，在江南地区的吴和西晋时期，十分流行用买地券随葬。它们有的为铅质，有的为砖质，在湖北省的武昌[6]、安徽省的南陵、

---

[1] 中国硅酸盐学会编：《中国陶瓷史》第四章，文物出版社，1982 年。

[2] 关于黑瓷的起源，据朱伯谦等《我国黑瓷的起源及其影响》一文，浙江宁波、绍兴地区东汉时已生产黑瓷，是由酱色原始瓷发展来的。见《考古》1983 年第 12 期。

[3] 南京博物院等：《南京西善桥南朝墓及其砖刻壁画》，《文物》1960 年第 8、9 合期；南京博物院：《江苏丹阳胡桥南朝大墓及砖刻壁画》，《文物》1974 年第 2 期；《江苏丹阳县胡桥、建山两座南朝墓葬》，《文物》1980 年第 2 期；姚迁等编著：《六朝艺术》，图版 162～223，文物出版社，1981 年。

[4] 关于砖雕砌成的直棂窗和灯龛的形制，以南京地区的东晋、南朝墓为例，直棂窗的形制没有什么变化，而灯龛则有不同。在东晋墓中砌出的灯龛，只是顺砖叠砌，两侧呈倒阶梯状。到南朝时期，砌出的灯龛一般作火焰状宝珠形。前一种灯龛可参看南京市博物馆考古组《南京郊区三座东晋墓》（《考古》1983 年第 4 期）；后一种灯龛可参看南京市文物保管委员会《南京郊区两座南朝墓清理简报》（《文物》1980 年 2 期），南京市博物馆《南京郊区两座南朝墓》（《考古》1983 年第 4 期）。

[5] 王仲殊：《中国古代墓葬概说》，《考古》1981 年第 5 期。

[6] 武昌出土过吴黄武六年（227 年）、永安五年（262 年）两件铅地券。程欣人：《武汉出土的两块东吴铅券释文》，《考古》1965 年第 10 期。

江苏省的南京①等地的墓中多有发现。东晋以后，更流行砖质和石质的墓志。东晋的墓志，如南京象山王氏家族墓地出土的王兴之、王闽之、王丹虎、夏金虎等四方墓志②，志文都较简单。到了刘宋以后，墓志的内容渐趋详备③。

在整个吴、东晋和南朝时期，佛教在江南地区日益盛行，对社会生活的影响不断加深。值得注意的是，在吴和西晋时，佛像被广泛用作器物上的装饰。在江苏省的南京④、江宁⑤、吴县⑥，浙江省的绍兴、萧山、武义等地⑦的吴和西晋墓中发现的许多陶瓷谷仓罐上，往往贴塑着佛像（图一：1）。在浙江省绍兴等地发现的青瓷器皿上，也有同样的佛像。在湖北省武昌的吴墓中，还发现了饰有佛像的铜带具（图一：2）⑧。此外，最值得注意的是，在湖北省的鄂城、湖南省的长沙和浙江省的武义等地，发现

---

① 南京地区出土的吴和西晋买地券，据不完全统计，有吴五凤元年（254 年）、太平二年（257 年）砖券，吴建衡二年（270 年）、凤凰元年（272 年）和西晋太康六年（285年）、元康五年（295 年）、永宁二年（302 年）铅券。其中以吴五凤元年的两件砖券时代最早。南京市博物馆：《南京郊县四座吴墓发掘简报》，《文物资料丛刊》8，文物出版社，1983 年。

② 南京市文物保管委员会：《南京人台山东晋兴之夫妇墓发掘报告》，《文物》1965 年第 6 期；《南京象山东晋王丹虎墓和二、四号墓发掘简报》，《文物》1965 年第 10 期；《南京象山五、六、七号墓清理简报》，《文物》1972 年第 11 期。有关的墓志拓片和照片，又可参看《六朝艺术》图版 236～239、250～255、268～269。

③ 传世的南朝墓志中，以刘宋大明八年（464 年）刘怀民墓志年代最早，见赵万里《汉魏南北朝墓志集释》卷一，科学出版社，1956 年。1972 年，南京太平门外发现了刘宋明昙憘墓，出土石灰岩质墓志一方。明昙憘死于元徽二年，葬于元徽三年（475 年），志文长达 546 字，见南京市文物管理委员会《南京太平门外刘宋明昙憘墓》，《考古》1976 年第 1 期。

④ 江苏省文物管理委员会：《南京近郊六朝墓的清理》，《考古学报》1957 年第 1 期；金琦：《南京甘家巷和童家山六朝墓》，图版三：2，《考古》1963 年 6 月；南坡：《南京西岗西晋墓》，图九，《文物》1976 年第 3 期。

⑤ 1957 年，江宁县东山出土吴贴塑佛像的青瓷谷仓罐，见《江苏六朝青瓷》图版 29。江宁上坊公社吴天册元年（275 年）墓出土贴塑佛像的青瓷谷仓罐，见南京市博物馆《南京郊县四座吴墓发掘简报》，《文物资料丛刊》8，文物出版社，1983 年。

⑥ 吴县文物管理委员会：《江苏吴县狮子山西晋墓清理简报》，图版十五：1，《文物资料丛刊》3，文物出版社，1980 年；《江苏吴县狮子山四号西晋墓》，图版八：1～4，《考古》1983 年第 8 期。

⑦ 金华地区文管会等：《浙江武义陶器厂三国墓》，图五，《考古》1981 年第 4 期。又见《中国陶瓷史》，第 139～140 页。

⑧ 湖北省文物管理委员会：《武昌莲溪寺东吴墓清理简报》，图版七：8，《考古》1959 年第4 期。

了许多用佛像作图纹的铜镜①。各种佛像的头上有项光，趺坐或站立于莲座之上，有的还有胁侍，有的则有飞天。这种情形说明，江南地区的佛教早已相当流行，但是起初人们对佛像还缺乏像后世那样的崇敬。到了东晋以后，佛教进一步发展，人们对佛教的信仰更趋虔诚，佛像就不再任意被用来装饰器物了。东晋和南朝时期，江南地区和北方一样，主要是用莲花图案作为各种器皿和建筑物上的装饰②。

图一　装饰着佛像的器物

1. 南京吴凤凰二年（273 年）墓出土陶谷仓罐（局部）　2. 武昌吴永安五年（262 年）墓出土铜带具

二

古代日本与中国江南地区的交通是什么时候开始的呢？过去，许多研究者认为是从 5 世纪才开始的。他们把倭五王遣使中国东晋和南朝看作是

① 见《三国两晋南北朝的铜镜》，第 559 页。
② 东晋、南朝时期用莲花图案装饰的器皿，最突出的是大型莲花尊，南京、武昌均有出土。南京出土的可参看《江苏六朝青瓷》彩版 8 和图版 105、106。武昌出土的可参看湖北省博物馆《武汉地区四座南朝纪年墓》（《考古》1965 年第 3 期）图版三：3。此外，用莲花装饰的还有多系罐、盘等，参看《江苏六朝青瓷》图版 110～114、117～120。

古代日本与中国江南地区交通的开始①。但是，我们认为，至迟在 3 世纪时，日本人已经来到了吴的会稽郡。关于这个问题，王仲殊先生已作了详尽的论述。他认为，《三国志》《后汉书》等文献中所记的亶洲②便是当时日本列岛的一部分③。王仲殊先生列举了日本各地古坟出土的许多吴镜④，作为这一文献记载的物证。我在这里要补充的是，根据他的看法，日本长野县御猿堂古坟、冈山县王墓山古坟、千叶县鹤卷古坟等若干古坟出土的所谓"画文带佛兽镜"⑤纵使不是吴镜，至少也是西晋时在吴的故地所产⑥。总之，3 世纪至 4 世纪初中国吴地所产的大量铜镜在日本的遗迹中出土，正说明了当时日本与中国江南地区的交往。王先生还论证，日本出土的大量的三角缘神兽镜是东渡的吴的工匠在日本所做⑦，更说明了当时日本与吴的关系密切，尽管这种关系应该说是"民间的"。

日本的佛教是 6 世纪时从百济传入的⑧。但是，使人感到有趣的是，

① ［日］木宫泰彦：《日中文化交流史》第三章，胡锡年中译本，商务印书馆，1980 年；［日］藤家礼之助：《日中交流二千年》第三章，张俊彦等中译本，北京大学出版社，1982 年。

② 关于亶洲，《三国志·吴书·吴主传》有如下记述，黄龙二年（230 年）"遣将军卫温、诸葛直将甲士万人浮海求夷洲及亶洲。亶洲在海中，长老传言秦始皇遣方士徐福将童男童女数千人入海，求蓬莱神山及仙药，止此洲不还。世相承有数万家，其上人民，时有至会稽货布，会稽东县人海行，亦有遭风流移至亶洲者。所在绝远，卒不可得至，但得夷洲数千人还"，第 1136 页。《后汉书·东夷传》中，亶洲作"澶州"，关于徐福传说的记述大致相同，亶洲人"时有至会稽货布"作"人民时至会稽市"，"会稽东县人海行"作"会稽东冶县人有人海行遭风，流移至澶洲者"，第 2822 页。

③ 关于亶洲是日本列岛的一部分，日本学者也曾论述过。例如，原田淑人认为，亶洲是指种子岛，见他的《〈魏志〉倭人传から见た古代日中贸易》，《東亞古文化説苑》，1973 年，第 227～239 页。

④ 日本古坟中出土的吴镜，除山梨县鸟居原古坟出土的"赤乌元年"对置式神兽镜和兵库县安仑古坟出土的"赤乌七年"对置式神兽镜以外，有神户市兵库区梦野町丸山古坟出土的重列式神兽镜、京都府椿井大冢山古坟和熊本县船山古坟出土的画文带对置式神兽镜，京都府八幡市车冢古坟、奈良县新山古坟、熊本县宇土郡国越古坟和香川县绫歌郡蛇冢古坟出土的画文带环状乳神兽镜，以及熊本县船山古坟出土的神人车马画家镜和大阪府茨木市出土的二神二兽镜等，详见《日本三角缘神兽镜综论》第 471 页。

⑤ ［日］樋口隆康：《古镜》，图 106，图版一○八、一○九，新潮社，1979 年，第 236～238 页。

⑥ 王仲殊：《关于日本的三角缘佛兽镜——答西田守夫先生》，《考古》1982 年第 6 期。

⑦ 王仲殊：《关于日本三角缘神兽镜的问题》，《考古》1981 年第 4 期。

⑧ 据《日本书纪》记载，钦明天皇即位的第十三年（552 年）十月，百济明王首次进献金铜释迦佛像一尊和经论、幡盖等物。参见［日］村上专精《日本佛教史纲》第一期第一章《佛教的传入及物部、中臣二氏与苏我氏的斗争》，杨曾文译，商务印书馆，1981 年，第 10～12 页。

早在 3 世纪至 4 世纪初，日本就从中国的江南地区传入了佛像，它们都是
铜镜上的图纹。东渡的吴的工匠在日本所做的三角缘神兽镜上有佛像①；
日本从中国江南地区输入的画文带佛兽镜上有佛像；而且，日本的仿制镜
上也有佛像，后者可以千叶县大冢山古坟出土的镜为代表②。

关于 3 世纪日本与中国江南地区的交通，我还想举出一件实物加以说
明。这就是江苏省宜兴发现的西晋周处墓中的银带饰③。据墓砖铭文，周
处墓的年代是西晋元康七年，即公元 297 年。周处是当时江南地区著名的
豪族，被西晋朝廷封为前将军。墓中出土的银带饰可能是西晋首都洛阳的
产品，但也可能是江南当地的产品。特别是由于它与广州大刀山晋墓出土
的铜带饰④形制相同，所以更有可能是江南当地所产。值得注意的是，日
本奈良县新山古坟出土的铜带饰⑤，其形制和花纹几乎与周处墓的银带饰
和广州大刀山晋墓的铜带饰毫无差异（图二）。这就使得我们认为，新山
古坟的铜带饰是从当时中国江南地区传入日本的。

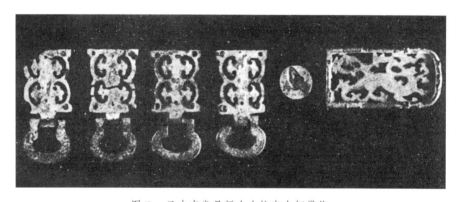

图二　日本奈良县新山古坟出土铜带饰

---

① 金华地区文管会等：《浙江武义陶器厂三国墓》，图五，《考古》1981 年第 4 期。又见《中国
　陶瓷史》，第 139 ~ 140 页。

② ［日］樋口隆康：《古镜》，图版一〇九，第 238 页。

③ 参看《江苏宜兴晋墓发掘报告》。关于带饰的质料，参看夏鼐《晋周处墓出土的金属带饰的重
　新鉴定》，《考古学和科技史》，科学出版社，1979 年，第 122 ~ 129 页。

④ 1931 年广州西郊大刀山东晋太宁二年（324 年）墓中发现，为鎏金铜带饰，共 19 件。胡肇
　椿：《广州市西郊大刀山晋冢发掘报告》，图十二、十三，广州黄花考古学会编《考古学杂
　志》，1932 年，第 109 ~ 133 页。

⑤ 《世界考古学大系（3）· 日本Ⅰ》，1959 年，第 121 ~ 123 页。

    进入 5 世纪以后，日本进一步与中国东晋建立了正式的外交关系。宋继东晋之后接受倭国的遣使，并授倭王以封号和官职。从东晋安帝义熙九年（413 年）到宋顺帝升明二年（478 年），赞、珍、济、兴、武等倭五王先后约 10 次遣使中国，来到东晋和南朝的首都建康①。齐高帝建元元年（479 年）和梁武帝天监元年（502 年），中国方面又都授倭王武以封号和官职②。值得注意的是，据《古事记》和《日本书纪》记载，当时日本方面称中国的东晋和南朝为"吴"，称其人民为"吴人"③，这显然是 3 世纪时日本与孙吴早已有了密切交往的缘故。

    如上所说，倭五王时期的日本，与中国的东晋、南朝有正式的外交关系，日本方面十分频繁地派遣使者来到东晋和南朝的首都建康。虽然中国的史籍只是简单地记录了日本方面的遣使和中国方面的除授，但是我们完全有理由可以认为，在倭五王时期，日本从中国江南地区引进了许多事

---

① 据《宋书》，倭国使来宋有下列诸次：

1. 永初二年（421 年），"诏曰：'倭赞万里修贡，远诚宜甄，可赐除授'，《倭国传》，第 2394 页。

2. 元嘉二年（425 年），"赞又遣司马曹达奉表献方物"，《倭国传》，第 2394 页。

3. 元嘉七年（430 年），春正月"倭国王遣使献方物"，《文帝纪》，第 78 页。

4. 纪年不详，"赞死，弟珍立，遣使贡献。……表求除正，诏除安东将军、倭国王"，《倭国传》，第 2394～2395 页。

5. 元嘉十五年（438 年），"（夏四月）己巳，以倭国王珍为安东将军"是岁倭国遣使献方物，《文帝纪》，第 85 页。

6. 元嘉二十年（443 年），"倭国王济遣使奉献，复以为安东将军、倭国王"，《倭国传》，第 2395 页。又见《文帝纪》，"是岁倭国遣使献方物"，第 91 页。

7. 元嘉二十八年（451 年），"（倭王）加使持节，都督倭新罗任那加罗秦韩慕韩六国诸军事，安东将军如故"，《倭国传》，第 2395 页。又见《文帝纪》，"秋七月甲辰，安东将军倭王倭济进号安东大将军"，第 100 页。

8. 大明四年（460 年），"（十二月）倭国遣使献方物"，《孝武帝纪》，第 126 页。

9. "济死，世子兴遣使贡献。世祖大明六年（462 年）诏曰：'倭王世子兴，奕世载忠……宜授爵号，可安东将军、倭国王。'"《倭国传》，第 2395 页。

10. 升明元年（477 年），"冬十一月己酉，倭国遣使献方物"，《顺帝纪》，第 195 页。

11. "兴死，弟武立。"升明二年（478 年），倭王武遣使上表，"诏除武使持节、都督倭新罗任那加罗秦韩慕韩六国诸军事、安东大将军、倭王"，《倭国传》，第 2395～2396 页。

② 《南齐书·东南夷传》，建元元年（479 年），"进新除使持节、都督倭新罗任那加罗秦韩［慕韩］六国诸军事、安东大将军、倭王武号为镇东大将军"，第 1012 页。《梁书·武帝纪》，天监元年（502 年）"镇东大将军、倭王武进号征东大将军"，第 36 页。

③ 参看《日本三角缘神兽镜综论》，第 471 页。

物，中国人也有在此时东渡日本的。

过去研究者认为，中国的许多"画文带神兽镜"是倭五王时期传入日本的。其实，那些"画文带神兽镜"主要是 3 世纪的吴镜，不大可能迟至 5 世纪才传入日本。但是我们不能否认，5 世纪时中国江南地区也有铜镜传入日本，只是它们在数量、种类和质量方面都不如 3 世纪的吴的时期而已①。

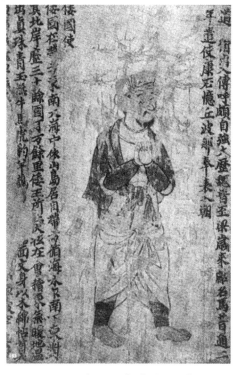

图三　《职贡图》中的倭国使

据《日本书纪》（雄略天皇十四年）记载，当时日本曾向吴国（指南朝）求织工和缝衣工②。因此，我们可以认为，日本的服饰可能受到中国南朝的影响。据《魏志·倭人传》记载，3 世纪时，倭人男子"其衣横幅，但结束相连，略无缝"；妇人"作衣如单被，穿其中央，贯头衣之③。传世的《职贡图》中所绘的"倭国使"，上身赤裸，仅着"结束相连"的横幅，下面赤足无履（图三），其形象正和《倭人传》的记载相同。但是，从日本关东地区的许多古坟出土的

① 见《三国两晋南北朝的铜镜》，第 560～562 页。
② 《日本书纪·雄略纪》："十四年正月戊寅，身狭村主青等，共吴国使，将吴所献手末才伎汉织、吴织、衣缝兄媛、弟媛等，泊于住吉津。……三月，命臣连迎吴使，即安置吴人于桧隈野，因名吴原。以衣缝兄媛，奉大三轮神，以弟媛为汉衣缝部也。汉织、吴织、衣缝，是飞鸟衣缝部、伊势衣缝之先也。"
③ 《三国志·魏书·倭人传》："男子皆露紒，以木绵招头。其衣横幅，但结束相连，略无缝。妇人被发屈紒，作衣如单被，穿其中央，贯头衣之。"又"倭地温暖，冬夏食生菜，皆徒跣"，第 855 页。

人物埴轮看来，5世纪至6世纪的倭人，其服饰已与《魏志·倭人传》所述有了很大的变化。以群马县伊势崎市八寸古坟等古坟出土的礼装男子埴轮和礼装女子埴轮①为例（图四），男子所着已不是"结束相连"的横幅，而是上着交领衣，下着长袴，在膝下以带结缚，很像当时中国流行的袴褶；妇人所穿也不再是"贯头衣"，而是近似中国的长裙。

1   2   3   4

图四　日本古坟出土埴轮和中国东晋南朝墓出土陶俑
1. 日本礼装的男子埴轮　2. 日本礼装的女子埴轮　3. 中国河南邓县南朝墓出土陶俑　4. 中国南京幕府山出土陶俑

如所周知，中国东晋和南朝与朝鲜半岛上的国家（特别是百济）关系密切。4世纪时，百济铸造的"七支刀"在铭中使用东晋"泰和四年"的年号②，便说明了这一问题。5世纪初期，东晋安帝于义熙十二年（416年）封百济王余映为使持节都督百济诸军事、镇东将军、百济王③，进一步确立了两国之间的关系。此后，宋、齐和梁都曾授百济王以封号和官职，宋时进百济王为镇东大将军④，梁时又改赠百济王余隆为宁东大

---

① 群马县伊势崎市八寸古坟出土的礼装男子和礼装女子埴轮。《日本原始美术大系（3）·土偶埴輪》，图版157、159，[日] 講談社，1977年。
② [日] 福山敏男：《石上神宫の七支刀》，《美術研究》卷一五八，1951年。
③ 《宋书·百济传》，义熙十二年（416年），"以百济王余映为使持节、都督百济诸军事、镇东将军"，第2393页。
④ 《宋书·百济传》，"高祖践阼，进号镇东大将军"，第2393～2394页。

将军①。百济的使节多次来到东晋、南朝的首都建康，从中国引进了诗书、史籍和经义，中国的工匠、画师等也有渡往百济的。宋文帝元嘉二十七年（450 年），百济王曾上表求易林、式占、腰弩②。梁武帝时，百济方面又请"涅盘等经义"及毛诗博士，并工匠、画师等③。朝鲜忠清南道公州郡宋山里古坟出土的有"梁官瓦为师矣"铭文的莲花纹砖④，正说明了当时百济引进南朝工匠及其工艺技术的事实。

百济受中国南朝文化影响之深，还可以从朝鲜的武宁王墓得到有力的说明⑤。武宁王便是中国史籍中所记的百济王余隆。据墓志所记，他死于癸卯年，即梁普通四年（523 年），葬于乙巳年，即普通六年（525 年）。

图五　百济武宁王墓的墓室结构

武宁王墓是一座带有甬道的大型单室砖墓，用模印有莲花纹和网纹的砖砌成（图五）。在墓室的左、右两壁和后壁，都砌有砖雕的直棂窗，窗的上部都设灯龛，龛内置灯盏（图六）。在墓的前方，还设有砖砌的下水道。总之，武宁王墓的形制、结构，在许多方面都与中国南朝的陵墓酷似，说明它是按照中国南朝的墓制营建的⑥。墓室内所置的石质墓志和买地券，都是用汉字书写的。特别是墓志，从形式到内容都与中国南朝的墓

---

① 《梁书·百济传》，普通二年（521 年），"高祖诏曰：'诏都督百济诸军事、镇东大将军百济王余隆……可使持节、都督百济诸军事、宁东大将军、百济王'"，第 804 页。
② 《宋书·百济传》，元嘉二十七年（450 年），百济王余毗"上书献方物，私假台使冯野夫西河太守，表求易林、式占、腰弩，太祖并与之"，第 2394 页。
③ 《梁书·百济传》，"中大通六年、大同七年，累遣使献方物，并请涅盘等经义、毛诗博士，并工匠、画师等，敕并给之"，第 805 页。
④ ［日］輕部慈恩：《百济遗蹟の研究》，［日］吉川弘文馆，1971 年，第 61 页。
⑤ ［日］永岛晖臣慎：《武宁王陵》（日译本），日本学生社，1974 年。
⑥ ［日］冈内三真：《百济武宁王陵と南朝墓の比较研究》，《百济研究》1980 年第 11 期。

志相似，而且志文中的"宁东大将军"正与梁朝所赠的官职符合（图七）。墓中随葬的瓷器和铜镜，有的也可能是从南朝输入的。石雕的神兽也是仿效南朝的镇墓兽的形象制作的。

1　　　　　　　　　2

图六　百济墓和南朝墓的砖雕直棂窗和灯龛
1. 百济武宁王墓　2. 南京仙鹤门南朝墓

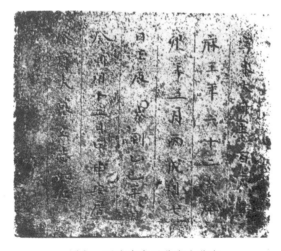

图七　百济武宁王墓出土墓志

百济与中国南朝的关系密切，与日本的关系也很密切。日本派使节到中国东晋和南朝来，往往取道百济。《宋书》所载倭王武致中国皇帝的表文中，讲到遣使时"道迳百济"①，说明当时百济具有沟通中日两国交通的中介作用。从中国和日本两方面的文献记载看，中国东晋和南朝的典籍、文物，有许多是通过百济传入日本的②。

接下来我谈一谈武宁王墓出土的"七子镜"的问题。中国南朝梁简文帝写有一首《望月》诗，内有"形同七子镜"之句③。使人感到高兴的是，在武宁王墓里确实存在着一面"七子镜"（图八）。用日本考古学的术语说，它是一面"兽带镜"，但是镜的内区配置着七个形同小镜的"乳"，所以它是"七子镜"无疑④。从镜的形制并结合上述梁简文帝的诗句来看，武宁王墓的"七子镜"，应该是从中国的南朝传入的。另一方面，据《日本书纪》（神功皇后五十二年）记载，百济曾向日本献七支刀一件、七子镜一面⑤。尽管《日本书纪》的这一记事的年代较早，但我们仍然可以认为，百济从中国引入七子镜，又向日本输出七子镜，说明它与中日双方均有文化交流。

最后，我想就日本的须惠器说一说自己的看法。日本古坟时代的须惠器，是从百济等国传入的⑥。但是，溯其渊源，则在中国的江南地区。烧制须惠器的"登窑"，多是沿山坡斜面修筑的，窑身呈长条状，前边设有火膛，后面连接烟道⑦，这样的形制和结构与中国江南地区的"龙窑"相似。须惠器中有许多的"子持壶"⑧，是在一个大壶上附有四个以上的小壶

---

① 《宋书·倭国传》，第 2395 页。

② 郭沫若主编：《中国史稿》第三册第六章第四节，人民出版社，1979 年，第 336~337 页。

③ 《艺文类聚》卷一《天部》引，中华书局排印本，1965 年，第 8 页。

④ ［日］樋口隆康：《武宁王陵出土镜と七子镜》，《史林》55 卷 4 号，1972 年 7 月。

⑤ ［日］樋口隆康：《武宁王陵出土镜と七子镜》，《史林》55 卷 4 号，1972 年 7 月，第 14 页。

⑥ 须惠器传入日本，源于朝鲜半岛南部的百济、新罗和伽耶。［日］楢崎彰一：《日本古代の土器·陶器》第三节《须惠器》，《世界陶磁全集（2）·日本古代》，［日］小学馆，1979 年，第 135~138 页；［日］原口正三：《日本の原始美术（4）·须惠器》第 48~49 页《须惠器の系谱》，讲谈社，1979 年。

⑦ 烧制须惠器窑的构造，参看［日］田边昭三《须惠器大成》（角川书店，1981 年）第 28~33 页，其中 29 页图 40 为窑体构造模式图。

⑧ 日本大阪府河南町须贺 27 号坟出土须惠器台付"子持壶"，参看《世界陶磁全集（2）·日本古代》，［日］小学馆，1979 年，图版 164。

(图九)，这与中国江南地区东汉和吴的墓中出土的"五联壶"非常相似。近年来，考古工作者在江苏省的南京、高淳，浙江省的绍兴、宁波、余姚、武义、奉化等地的东汉和吴墓中均发现这种"五联壶"①，器形的特点是在一个大壶的肩部附有形状相同的四个小壶，多为陶质，也有青瓷质的，表面往往施有绿釉或黄褐色釉。它们的出土量很大，分布地区也较广，可见在当时的江南地区非常流行。除了"子持壶"，须惠器中的脚附长颈壶、提瓶、平瓶等器物，也与中国江南地区出土的陶器有相似之处②。这就是说，中国江南地区的陶瓷业，通过朝鲜半岛，影响了日本的陶业。

图八　百济武宁王墓出土"七子镜"　　　图九　日本大阪府须贺27号
古坟出土"子持壶"

---

① 出土有五联壶的东汉墓发掘资料，参看奉化县文管会等《奉化白杜汉熹平四年墓清理简报》，《浙江省文物考古所学刊》，文物出版社，1981年；吴玉贤《浙江上虞蒿坝东汉永初三年墓》，《文物》1983年第6期。出土有五联壶的吴和西晋墓发掘资料，参看南京市博物馆《南京北郊五塘村发现六朝早期墓》，《文物资料丛刊》8，文物出版社，1983年；屠思华等《南京梅家山六朝墓清理记略》，《文物参考资料》1956年第4期；武义县文物管理委员会《从浙江省武义县墓葬出土物谈婺州窑早期青瓷》，《文物》1981年第2期；刘建国《镇江东吴西晋墓》，《考古》1984年第6期，第528页。

② 宿白：《三国——宋元考古》(上)，《南方海外交通的遗物》，北京大学历史系考古教研室铅印讲义，1974年，第73~75页。

过去，学术界很重视日本与中国北方地区的交通往来，对于日本与中国江南地区的交往则注意不够。我认为，随着中日两国考古调查发掘工作的不断开展，随着研究工作的进一步深入，将日本与中国江南地区文化交流的重要性提到足够的高度完全是应该的。

（原载《考古》1984 年第 6 期）

后记 本文是为随王仲殊、徐苹芳二位去日本参加日本第七次古代史讨论会准备的讲稿，在我原准备的初稿的基础上，王、徐二位用了整整一个夜晚帮助我进行了彻底修改，才使文稿得以提高到今日的面貌。对本文的撰写过程，过去一直没有机会说明，特补记如上，并向王、徐二位致谢。

新中国的考古发现和研究·与中外交通有关的遗物的发现和研究

南北朝到隋唐时期，对外的主要陆路交通线，是横贯中亚和西亚通往伊朗的著名的"丝路"，然后经过伊朗这个中继站，又可西去拜占庭帝国。沿着这条"丝路"，我国的丝绸和其他货物源源西运；西方的银器、香料、宝石、玻璃器、毛织品等，也经由"丝路"运来中国。中华人民共和国成立以来，在"丝路"东段我国境内的新疆、甘肃等地，直到它的东端的西安，或另外几个首都（如北魏时曾先后定都的大同和洛阳）的延长线上，许多地点都出土了有关中外交通和文化交流的遗物。这些遗物中数量最多的是当时我国以西的各国的货币，主要是波斯萨珊朝的银币和拜占庭（东罗马帝国）的金币，还有时代较迟的奥梅雅王朝的阿拉伯金币。

波斯萨珊朝银币在我国境内发现的数量之多，殊为惊人（图一：8～12）。据统计，中华人民共和国成立后，共出土约 30 起，总数达 1171 枚[①]。其中除两起 12 枚外，都是发现于"丝路"沿线和当时的首都附近，主要出土地点有新疆的乌恰、库车和吐鲁番，青海的西宁，陕西的西安和耀县，河南的陕县和洛阳，河北定县以及内蒙古呼和浩特附近坝口子。"丝路"在我国境内的路线，从前一般认为是由兰州经过河西走廊进入今日新疆的。由于在青海西宁发现了一批共 76 枚卑路斯银币，仔细研究这一发现，再考查中国史书上的记载，我们认为，从第 4 世纪末至第 7 世纪初，

---

① 夏鼐：《综述中国出土的波斯萨珊朝银币》，《考古学报》1974 年第 1 期。

图一　近年出土的外国金、银币

1、2、4、5. 拜占庭金币　3、6. 阿拉伯金币　7. 威尼斯银币　8~12. 波斯萨珊朝银币　13、14.
孟加拉银币（1. 陕西咸阳，2、4、5. 河北赞皇，3、6. 陕西西安，7、13、14. 广东广州，8~10.
新疆吐鲁番，11. 陕西耀县，12. 新疆乌恰出土）

西宁是在中西交通的线路上的。这条比较偏南的交通线，它的重要性在第
5世纪时可能不亚于河西走廊①。出土的这些萨珊银币上面铸出的国王名
字，分属于12个国王，时代由沙卜尔二世（310～379年）起，中经阿尔
希达二世、沙卜尔三世、伊斯提泽德二世、卑路斯、卡瓦德一世、詹马斯
波、库思老一世、荷米斯德四世、库思老二世、布伦女王，一直到萨珊朝
最后一王伊斯提泽德三世（632～651年），延续近350年，其中以库思老
二世（590～628年）银币为最多，出土近600枚。其次为卑路斯（459～
484年）银币，约百余枚。此外，还有近300枚是所谓"库思老二世式"
的阿拉伯—萨珊银币。这些银币的背面大多数加有铸造地点的地名，据统
计有20余处，分属呼罗珊、米太、胡吉斯坦、法尔斯、基尔曼、西斯坦等
省区，都是当时波斯国都（萨珊朝的冬都）泰西封以东的地区，有的就在
"丝路"上。由这些铸造地点的分布，也可以推想当年中伊两国之间贸易
往来的频繁和广泛。特别是这些银币中，有些藏入的年代上距铸币的年代
仅有10年左右。例如，定县北魏塔基的舍利函是太和五年（481年）埋入
的②，函中放置的萨珊银币中，有一枚是卑路斯在位十四年（470年）的
铸币，其间相距仅仅10年，这种情况更说明两国交往的密切程度。在发现
的一枚依斯提泽德二世的银币边缘，压印有一行嚈哒文字的戳记，故有些
银币可能是经由嚈哒而流通到中国来的，反映出了当时波斯、嚈哒和中国
三者的关系③。

在我国境内发现的波斯银币，在当时西北某些地区（例如高昌）曾流
通使用过。根据出土情况可以看出，在新疆乌恰、青海西宁发现的两批，
是作为货币而以某种原因暂时窖藏起来的。但在其他广大地区，则是作为
值钱的银块或银制装饰品看待的。这些银币有的出自佛寺塔基的舍利函
中，是虔诚的佛教徒的施舍品，如河北定县北魏塔基和陕西耀县隋塔基④

① 夏鼐：《青海西宁出土的波斯萨珊朝银币》，《考古学论文集》，科学出版社，1961年。
② 河北省文化局文物工作队：《河北定县出土北魏石函》，《考古》1966年第5期。
③ 夏鼐：《河北定县塔基舍利函中波斯萨珊银币》，《考古》1966年第5期。
④ 朱捷元、秦波：《陕西长安和耀县发现的波斯萨珊朝银币》，《考古》1974年第2期。

出土的两批。另在墓中出土的银币，有的被凿出穿孔，成为佩带的装饰品。还有不少放在死者口中，具有宗教意义。总之，我国境内大量出土的波斯萨珊朝银币，正是当时中伊两国经济文化交流的极好的物证。

除了波斯萨珊朝银币外，出土的西方货币数量最多的是拜占庭金币（图一：1、2、4、5）。先是在咸阳隋独孤罗墓出土了一枚查士丁二世（565～578 年）金币①，以后陆续在西安市土门村唐墓中出土一枚希拉克略（610～641 年）金币的仿制品②，西安市何家村唐代窖藏中出土一枚希拉克略金币③，新疆吐鲁番阿斯塔那墓地出土了东罗马金币和它的仿制品④，内蒙古毕克齐镇出土一枚列奥一世（457～474 年）金币⑤。在河北赞皇东魏李希宗夫妇墓中出土 3 枚金币⑥，其中一枚是狄奥多西斯二世（408～450 年在位）的金币，两枚是查士丁一世和查士丁尼一世舅甥共治时（527 年）所铸的金币⑦。这些拜占庭金币的出土，对于中西交通史，提供了重要的物证。尤其是李希宗夫妇墓出土的一批，是在李希宗妻崔氏尸骨旁发现的，崔氏葬入的时间是北齐武平六年（575 年），证明在第 6 世纪时，中国和拜占庭（隋唐史书中称为"拂菻"）两国交通往来频繁，其中查士丁一世舅甥共治的 527 年的两枚铸币，下距埋入的年代还不到 50 年。

除了波斯银币和拜占庭金币外，在西安市西窑头村晚唐时期的墓中，出土有 3 枚阿拉伯金币⑧（图一：3、6）。其中最早的一枚铸于奥梅雅王朝（白衣大食）第五位回教主阿布达·马立克在位期间，约当公元 702 年。

① 夏鼐：《咸阳底张湾隋墓出土的东罗马金币》，《考古学论文集》，科学出版社，1961 年。
② 夏鼐：《西安土门村唐墓出土的拜占廷式金币》，《考古》1961 年第 8 期。
③ 陕西省博物馆文委会革委会写作小组：《西安南郊何家村发现唐代窖藏文物》，《文物》1972 年第 1 期。
④ 新疆维吾尔自治区博物馆：《吐鲁番县阿斯塔那——哈拉和卓古墓群清理简报（1966～1969）》，《文物》1972 年第 1 期。
⑤ 内蒙古文物工作队、内蒙古博物馆：《呼和浩特市附近出土的外国金银币》，《考古》1975 年第 3 期。
⑥ 石家庄地区革委会文化局文物发掘组：《河北赞皇东魏李希宗墓》，《考古》1977 年第 6 期。
⑦ 夏鼐：《赞皇李希宗墓出土的拜占廷金币》，《考古》1977 年第 6 期。
⑧ 陕西省文物管理委员会：《西安市西窑头村唐墓清理记》，《考古》1965 年第 8 期。

最晚的一枚铸于奥梅雅朝最后的回教主马尔凡第二时期，约当公元 746～747 年。这是在我国第一次发现的奥梅雅朝的金币，也是我国境内目前所发现的时代最早的伊斯兰铸币①。但这些金币葬入墓中的时期，约当 8 世纪后半到 9 世纪前半，这时在阿拉伯本土，已是阿拔斯王朝（黑衣大食）的时代了。这批金币是目前所知唐代留下来的唯一的中阿交通的实物证据。

除了西方的货币外，有关中西交通和文化交流的遗物中，发现较多的是玻璃器和金银器皿。玻璃器中发现的时代较早的一批，是在北燕冯素弗墓中出土的②。这批玻璃器共有 5 件，质薄透明，闪淡绿色或深绿色，器形有侈口直筒形凹底杯、圜底小钵、残高足器等，造型都不类我国器物。特别是有一件长 21、腹径 5.2 厘米的鸭形玻璃水注，它和阿富汗伯古拉姆古城址大约 3 世纪堆积中出土的罗马制造的鱼形玻璃水注的造型极为相似，看来是西方的输入品③。南北朝时期也经常发现西方输入的玻璃器，例如河北定县北魏太和五年（481 年）舍利石函内藏的各种玻璃器，景县封氏墓群出土的玻璃碗等。迟到唐代，也不断发现西方输入的玻璃器，西安市何家村唐代窖藏里，就藏有一件带圆圈纹的平底玻璃碗。这些玻璃器的发现，也说明了这一时期中外交通的兴盛。

关于从西方输入的金银器皿，时代较早的材料，有从山西大同南郊一处北魏时期的窖藏中出土的一批金银器④。其中有一件海兽纹八曲银洗，大致可确定为波斯萨珊朝制品；另外三件鎏金高足铜杯（图二、三）和一部分鎏金银碗，也是输入的西亚或中亚的产品，带有强烈的希腊化风格。可以认为，这是北魏王朝迁都洛阳以前从西方输入的金银工艺品。较晚的材料，有在西安发现的北周宣帝杨皇后（入隋为乐平公主）的外孙女李静

① 夏鼐：《西安唐墓出土阿拉伯金币》，《考古》1965 年第 8 期。
② 黎瑶渤：《辽宁北票县西官营子北燕冯素弗墓》，《文物》1973 年第 3 期。
③ 宿白：《三国——宋元考古（上）》，北京大学历史系考古教研室，1974 年。
④ 《无产阶级"文化大革命"期间出土文物展览简介·山西省大同南郊北魏遗址》，《文物》1972 年第 1 期。

训（608 年卒）墓中出土的高足金杯和银杯各一件，足作喇叭形，足部和杯身的中腰都各有一道凸棱，具有萨珊银杯的特点。墓中还发现一枚萨珊卑路斯银币和西亚输入的金项链及玻璃器①。同李静训墓出土高足银杯极为相似的作品，在土默特旗的毕克齐也发现过两件，与它们同时出土的还有拜占庭列奥一世（457～474 年）金币和具有西方风格的嵌宝石戒指。以上几处发现的具有波斯萨珊朝风格的金银器，都是萨珊帝国时代输入中国的。

图二　山西大同北魏窖藏出土鎏金镶嵌高足铜杯

图三　山西大同北魏窖藏出土鎏金高足铜杯

　　到了唐代，除了继续输入萨珊朝波斯风格的金银器外，由于从受人喜爱的萨珊金银工艺汲取了养分，也更促进了我国金银器制造工艺的发展，当时中国匠人仿照波斯萨珊风格制作金银器，同时也可能有波斯工匠来中国制造。虽然这一时期波斯萨珊帝国已经覆亡，但到安史之乱以前，一直有萨珊风格的金银器输入或仿制。在仿制品中，有的很难与由西方输入的区别开来，但一般的仿制品常常器形是萨珊式的，装饰花纹的风格却是唐代中国型的②。在西安何家村发现的唐代窖藏中，有 3 件八棱鎏金银杯，八棱器身每面浮雕有乐工或舞伎（图四）。圆圈形柄上有放置拇指的平板，

---

① 唐金裕：《西安西郊隋李静训墓发掘简报》，《考古》1959 年第 9 期。
② 夏鼐：《近年中国出土的萨珊朝文物》，《考古》1978 年第 2 期。

有的柄上还饰以高鼻深目的胡人头像。足部边缘有联珠，各棱面的分隔处也各有一列竖直的联珠。除了各面的人像和衣服有的具有中国风韵外，其余都呈现着萨珊式的特征，大约都是在中国的仿制品。又如萨珊式的刻花高足银杯上，有唐代中国式的狩猎纹，猎人的衣冠面貌都是中国型，这也是中国匠人的仿制品。但是，一些底部有写生动物纹的多瓣银盘，则很难肯定到底是输入品还是仿制品了。这处窖藏可能就是安禄山之乱的前夕埋进去的。和何家村窖藏出土银盘风格相似的遗物，在敖汉旗李家营子的一座墓中也有发现，当是属于同一时代的作品。同时还出土有一件带柄银扁执壶①，壶底缘有联珠一周，口部有流，柄部和口缘相接处有一个带有两撇胡子的胡人头像（图六）。这件器物具有极其鲜明的萨珊特征，可以肯定是当时由伊朗地方输入我国的工艺品，它是中伊两国文化交流的典型实物例证。

图四　何家村唐代窖藏出土八棱　　　　　图五　新疆阿斯塔那墓地出土
　　　　鎏金银杯　　　　　　　　　　　　　　　　猪头纹锦

谈到有关波斯萨珊的文物时，还应注意到 1955 年西安祆教徒苏谅妻马

① 　敖汉旗文化馆：《敖汉旗李家营子出土的金银器》，《考古》1978 年第 2 期。

图六　内蒙古敖汉旗李家营子墓出土胡人头像（左图）鎏金银执壶

氏（849～874 年）墓中出土的汉文婆罗钵文合璧的墓志①，使用的书体是
"婆罗钵行走体"②。原来当萨珊朝被阿拉伯人灭亡后，有些王室或贵族等
流寓长安，后来有的被编入左右神策军中，马氏的丈夫苏谅就是那些人的
子孙。

　　除了前述从西方输入的货币和器物外，在"丝路"沿线也发现有从我
国向西方输出的物品，主要是一些专为外销的丝织品。在新疆吐鲁番阿斯
塔那墓地的发掘中，发现从 6 世纪时就生产具有波斯萨珊图案风格的织锦，
花纹布局不像传统的汉锦那样，花纹纵贯全幅，而是用周绕联珠的圆圈分
隔为各种花纹单元③。在联珠圆圈中，主要是一些鸟兽纹，常见的有对鸭
纹、对羊纹、鹿纹、鸾鸟纹、猪头纹等（图五）。特别是在 1964 年发掘的
18 号隋墓中，出土有牵驼纹锦，联珠圈中的牵驼人和骆驼，足部相对，在

---

① 作铭：《西安发现晚唐祆教徒的汉、婆罗钵文合璧墓志——唐苏谅妻马氏墓志》，《考古》1964
　年第 9 期。
② 夏鼐：《唐苏谅妻马氏墓志跋》，《考古》1964 年第 9 期。
③ 竺敏：《吐鲁番新发现的古代丝绸》，《考古》1972 年第 2 期。

人驼之间还有汉字"胡王"二字①，更说明这是中国织工采用萨珊式图案织出的外销产品。从这些带有异国风味图案的中国织锦，也可以看出当时中国的丝绸沿着"丝路"远销西亚的盛况。

除了陆上的"丝路"外，也可以从我国南方的海港广州起航，经由僧诃罗、印度而达波斯或拜占庭。1960 年在广东省英德的南齐墓中，曾获得 3 枚波斯萨珊朝卑路斯银币②。1973 年，又在广东曲江南华寺的南朝墓中，获得了 9 枚被剪过的萨珊银币③。这两批 12 枚萨珊银币，都是当时这条通向波斯湾的海路通航的实物证据。在南京东晋墓中出土的直筒形刻纹玻璃杯和嵌有金刚石的金指环等器物④，也可能就是沿这条航线输入中国的。

唐宋以后，广州仍然是一处对外贸易的重要港口。直到明代依然如此，所以这里设有市舶司，主要是通往占城、暹罗和西洋诸国。1964 年在清理明太监韦眷墓时，出土了 15 世纪中叶的外国货币 3 枚（图一：7、13、14），其中有威尼斯银币 1 枚和孟加拉银币 2 枚⑤。这些银币的出土，也反映了当时中国与意大利和孟加拉等国间的贸易往还和文化交流。

除广州以外，宋元以后，福建泉州也是一处很重要的对外贸易港口。1971～1973 年，先后在泉州地区的晋江县安海公社、南安县官桥公社和诗山公社、惠安县北门街、泉州市浮桥街等地发现了五批外国银币⑥，这些银币多是放在陶罐或瓷罐内埋藏起来的。这些银币可能是明末清初西班牙从美洲运来亚洲的通货，其中大多是经由菲律宾运进我国的⑦，这也反映

① 新疆维吾尔自治区博物馆：《吐鲁番县阿斯塔那——哈拉和卓古墓群清理简报（1963～1965）》，《文物》1973 年第 10 期。
② 广东省文物管理委员会、华东师范学院历史系：《广东英德、连阳南齐和隋唐古墓的发掘》，《考古》1961 年第 3 期。
③ 夏鼐：《综述中国出土的波斯萨珊朝银币》，《考古学报》1974 年第 1 期。
④ 南京市博物馆：《南京象山 5 号、6 号、7 号墓清理简报》，《文物》1972 年第 11 期；南京大学历史系考古组：《南京大学北园东晋墓》，《文物》1973 年第 4 期。
⑤ 广州市文物管理处：《广州东山明太监韦眷墓清理简报》，《考古》1977 年第 4 期。
⑥ 泉州市文物管理委员会、泉州市海外交通史博物馆：《福建泉州地区出土的五批外国银币》，《考古》1975 年第 6 期。
⑦ 庄为玑：《福建南安出土外国银币的几个问题》，《考古》1975 年第 6 期。

了当时中国与东南亚各国友好往来的密切和频繁情况。另外，在福州发掘的五代刘华墓中，还出土过从伊朗输入的孔雀蓝釉陶罐①。

我国东方一衣带水的邻邦日本，隋唐时期与中国交往密切。1970 年在西安何家村唐代窖藏中出土有日本奈良朝的银币"和同开珎"②，又为中日友好关系史增添了一项实物证据。

（原载《新中国的考古发现和研究》，文物出版社，1984 年）

后记　为了庆祝中华人民共和国成立30周年，考古研究所组织全所研究人员编写"三十年考古"，成立以夏作铭先生为首的编辑委员会，领导全书的编写工作。在编委员会下设立了编辑小组，负责具体的编辑工作。编辑小组的组长是徐苹芳，成员有王世民、赵铨、张孝光和我，赵铨负责图版的制作，张孝光主管制图。在书稿交来后，王世民审核前半部书稿，我审核后半部书稿，然后汇总到我处统一体例，进行全书的文字加工，核查所有引文，并完成编辑工作。此外，还要完成研究室分配的部分书稿，除本篇外，还有《汉代的壁画墓》《中原地区魏晋墓》《酒泉、敦煌的魏晋墓》《武昌、南京的东吴墓》《南京象山王氏墓群》《南京、丹阳的东晋、南朝王陵》《西南地区的两晋南朝墓》《湖广地区的两晋南朝墓》《大同北魏皇陵和司马金龙墓》《高句丽墓葬的新发现》《鲜卑遗迹的发现和研究》和《泉州等地古船的发掘和复原》等篇。书稿完成后，定名《新中国的考古发现和研究》，1984 年由文物出版社出版。

---

① 福建省博物馆：《五代闽国刘华墓发掘报告》，《文物》1975 年第 1 期。
② 陕西省博物馆文委会革委会写作小组：《西安南郊何家村发现唐代窖藏文物》，《文物》1972 年第 1 期。

三国考古的新发现

——读朱然墓简报札记

安徽省马鞍山市发现的孙吴左大司马、右军师朱然墓①，是有关三国时期考古的一项重要发现。它揭示出孙吴最高统治阶层墓葬的面貌，使我们对当时的墓室形制、棺木结构、随葬遗物以及葬俗的一些特点都有了初步的了解。该墓虽曾遭盗扰，但随葬的许多精美漆器幸免于劫难，仍然较为完好地保存至今。这一批极为珍贵的文物的出土，不但为研究汉末三国时期蜀郡的漆器制造业提供了实物资料，而且对三国时期美术史的研究也具有重要意义。下面仅就朱然墓简报提供的部分资料，谈一些初步的看法。我们热切地期待着朱然墓的正式发掘报告能够早日问世，以满足研究的需求。

一

朱然死于吴赤乌十二年（249 年）②，时已近孙吴中期。其墓室形制具有以下特点。（1）墓具前后两室，前室平面近正方形，四隅券进式穹隆顶；后室平面为矩形，券顶。前后两室间没有另砌通道，只是在壁上辟券顶门相连，其长度相当于前室后壁与后室前壁厚度之和，形成一条很短的券顶通道。（2）墓室墙壁的砌法，是在墙基上采用"三顺一丁"，砌两组

---

① 安徽省文物考古研究所、马鞍山市文化局：《安徽马鞍山东吴朱然墓发掘简报》，《文物》1986 年第 3 期。

② 《三国志・吴书・朱然传》："年六十八，赤乌十二年卒。"第 1308 页。

之后，上起券顶或穹隆顶。（3）棺木置于后室，前室设砖砌矮台。（4）铺地砖两层，铺成仿席的人字纹。此外，在砖筑墓室前有长达 9.1 米的阶梯式墓道。朱然墓的上述特点应系当时流行的形制，具有一定的代表性。

值得注意的是，过去在湖北、江西等地发现的一些孙吴时期的墓葬，例如武昌任家湾的黄武六年（227 年）墓[①]和莲溪寺的永安五年（262 年）墓[②]、鄂城的孙将军墓[③]、南昌的高荣墓[④]等，虽然也都具有前后两个墓室，但形制与朱然墓有一定的区别。那些墓虽然前室平面也多为方形，后室呈矩形，但两室均为券顶，一般前室为横券，后室为纵券。且在前室的左右两侧各设一较小的耳室。在前后室之间，一般另砌有较长的券顶通道。在前室门前筑有较短的甬道，前接长斜坡墓道。这样的结构，与中原地区的曹魏墓（例如洛阳涧西出土有正始八年（247 年）纪年铭铁帐构的魏墓[⑤]）大致相似。也与河西地区的一些魏晋时期墓葬的形制较为接近。因此，这种具有矩形后室和左右带有两个小耳室的方形前室的平面布局，显然是仿效中原汉末曹魏墓的形制。又从莲溪寺墓中出土的吴景帝孙休永安五年（262 年）纪年铅券[⑥]考察，其时代下距西晋建国仅差三年，说明这种受中原影响的墓室形制沿用于整个孙吴时期。

朱然墓的前室不设耳室，并且采用了新出现的四隅券进式穹隆状墓顶，又缺少前后室间的长通道，显示出不同于上述受中原影响的墓室形制，因此，它很可能是孙吴中期新兴起的一种具有地方和时代特征的新的形制。朱然家族是江南的著名豪族，与顾、陆、张等江南豪族一起构成孙吴政权的支柱，陆凯曾上疏孙皓说，"先帝（指孙权）外仗顾、陆、朱、张"[⑦]。因此，朱然墓所代表的新的形制，对后来南方豪族的墓葬有很大影

---

① 武汉市文物管理委员会：《武昌任家湾六朝初期墓葬清理简报》，《文物参考资料》1955 年第 12 期。

② 湖北省文物管理委员会：《武昌莲溪寺东吴墓清理简报》，《考古》1959 年第 4 期。

③ 鄂城县博物馆：《鄂城东吴孙将军墓》，《考古》1978 年第 3 期。

④ 江西省历史博物馆：《江西南昌市东吴高荣墓的发掘》，《考古》1980 年第 3 期。

⑤ 李宗道等：《洛阳 16 工区曹魏墓清理》，《考古通讯》1958 年第 7 期。

⑥ 程欣人：《武汉出土的两块东吴铅券释文》，《考古》1965 年第 10 期。

⑦ 《三国志·吴书·陆凯传》，第 1406 页。

响。孙吴政权覆灭，西晋统一江南，并没有触动当地豪族，他们的势力依然如故。反映在墓葬形制方面，西晋时期南方豪族仍然沿袭着与中原西晋墓不同的形制。例如江苏宜兴发现的著名豪族周氏的墓地中，1 号墓（即元康七年（297 年）葬的前将军周处墓）和同一墓地的 2 号墓①，形制都与朱然墓大致相同，仅是其后室也改用穹隆顶，且周处墓前、后室之间的通道稍长。南京地区的西晋墓，也可找到沿袭朱然墓形制的例子，如南京板桥镇石闸湖永宁二年（302 年）墓②，具前后两室，前室四隅券进式穹隆顶，后室券顶，两室之间未另砌长通道，但已在墓室内增设灯龛。又如江宁黄家营五号墓③，只是后室如周处墓一样，改用与前室相同的四隅券进式穹隆顶。上述墓例说明，以朱然墓为代表的形制，在江南地区沿用到西晋时期。

二

朱然墓虽遭盗扰，但残存的随葬遗物达 140 余件，包括漆器、木器、青瓷器、陶器、铜器及大量铜钱等，可惜缺乏原葬入位置及器物组合关系等资料，难以进行全面分析。但残存遗物也反映出一些值得注意的现象。

综观朱然墓中残存的遗物，可以看出以下几点。（1）漆器数量最多，与木器合在一起，几乎占出土器物总数的五分之三，且器类繁多，大件漆器的纹饰以人物故事画为主。（2）铜钱数量很多，达 6000 枚左右，绝大部分为汉代所铸，但也出现了少量三国时期的铜钱。（3）出土陶器中有家畜、家禽、庖厨用器的模型以及印纹陶罐。（4）青瓷器的数量远超过陶器，且多属于日用器皿，与陶器中多模型明器形成鲜明对比。（5）铜器遗留的数量虽不多，但均为实用器。（6）有木质名刺 14 枚和书明官职的谒 3 枚。

---

① 罗宗真：《江苏宜兴晋墓发掘报告》，《考古学报》1957 年第 4 期。
② 南京市文物保管委员会：《南京板桥镇石闸湖晋墓清理简报》，《文物》1965 年第 6 期。
③ 江苏省文物管理委员会：《江宁县黄家营第五号六朝墓清理简报》，《文物参考资料》1956 年
第 1 期。

上述诸点中，第（1）、（2）、（3）、（5）点较明显地反映出，孙吴时期墓中随葬器物有不少汉制的遗留。秦汉以来珍重漆器的风习，孙吴时期沿袭不衰，这应是朱然墓中出土漆器量多而质精的原因。除朱然墓外，孙吴墓中一般多随葬漆器，如武昌黄武六年（227 年）郑丑墓出土漆器 2 件①、江宁黄家营五号墓有漆勺 1 件②、鄂城史绰墓出土 5 件③、南昌高荣墓出土 15 件④，等等。由于墓主的身份都没有朱然那么高，因此随葬漆器的精美程度和数量远不能与朱然墓相比，但它们仍是孙吴时期漆器使用普遍的实物例证。铜质器皿的使用沿袭汉制，但由于三国时铜器原料缺乏，一般情况下随葬铜器较稀有，出土数量有限。朱然墓中残存的 4 件铜器皆为实用器，制作尚精，也应与他的身份有关。从近年出土的资料看，孙吴官工的铜器制造还是有相当规模。如湖北鄂城发现的铜釜，制作颇为精致，器上有"武昌""官"等铭刻，应系孙权都武昌时官工所造，肩部刻铭"黄武元年（222 年）作三千四百卅八枚"⑤，表明当时官工的铜器产品还有相当数量，当然那主要是供孙吴皇室享用的。出土陶器中的庖厨明器和家畜家禽模型，更明显地是继承了东汉的传统。

至于墓中大量放置铜钱，也是东汉晚年流行的习俗。例如，洛阳烧沟汉墓中，属东汉晚期的 M1035～M1038 都有百枚以上、数量不等的铜钱⑥。最多的是 M1035，共出土 1137 枚。朱然墓以外的孙吴墓中，亦常放置大量铜钱。例如，郑丑墓出土铜钱 3630 枚⑦，史绰墓出土 576 枚，鄂城的铁 M105 出土 300 余枚、钢 M21 出土 176 枚⑧。孙吴时沿袭汉末墓中大量放置

① 武汉市文物管理委员会：《武昌任家湾六朝初期墓葬清理简报》，《文物参考资料》1955 年第 12 期。
② 江苏省文物管理委员会：《江宁县黄家营第五号六朝墓清理简报》，《文物参考资料》1956 年第 1 期。
③ 鄂城县博物馆：《湖北鄂城四座吴墓发掘报告》，《考古》1982 年第 3 期。
④ 江西省历史博物馆：《江西南昌市东吴高荣墓的发掘》，《考古》1980 年第 3 期。
⑤ 鄂钢基建指挥部文物小组等：《湖北鄂城发现古井》，《考古》1978 年第 5 期。
⑥ 洛阳区考古发掘队：《洛阳烧沟汉墓》，科学出版社，1959 年。
⑦ 武汉市文物管理委员会：《武昌任家湾六朝初期墓葬清理简报》，《文物参考资料》1955 年第 12 期。
⑧ 鄂城县博物馆：《湖北鄂城四座吴墓发掘报告》，《考古》1982 年第 3 期。

铜钱的习俗是很明显的。

第（4）、（6）点则显示了孙吴墓的时代特点。朱然墓残存青瓷器33件，包括盘口壶、罐、盘、碗、盏、盆、灯、熏、勺等，都属日用器皿，模型明器仅见仓囷一种。这反映出青瓷器的使用已扩及社会生活的许多方面，青瓷以其澄碧的釉色和精巧的造型，逐渐取代了昂贵而且费工的漆器和华美不足的陶器，成为人们不可缺少的日用品，这一趋势正是开始于孙吴时期。

在墓中放置木质名刺，看来是孙吴时兴起并流行的特殊习俗。这是供死者在阴间使用的迷信品，但形制一如生前实用名刺。最早发现名刺的墓，是1955年清理的武昌黄武六年（227年）墓，共出3枚，墨书"道士郑丑再拜……"置于木棺中①。以后在孙吴墓中不断有所发现。如在南昌高荣墓中出土名刺21枚，墨书文字相同，均为"弟子高荣再拜问起居沛国相字万绶"。它们与衣物券等同置于木棺内的木盒之中，刺长24.5厘米，与同墓出竹尺一尺长24.2厘米大致相等②。鄂城史绰墓出土木刺6枚，文为"童子史绰再拜问起居广陵高邮字浇瑜"，以及"广陵史绰再拜问起居"等，刺长24～25厘米③。这

图一　朱然墓出土木质名刺

① 武汉市文物管理委员会：《武昌任家湾六朝初期墓葬清理简报》，《文物参考资料》1955年第12期。
② 江西省历史博物馆：《江西南昌市东吴高荣墓的发掘》，《考古》1980年第3期。
③ 鄂城县博物馆：《湖北鄂城四座吴墓发掘报告》，《考古》1982年第3期。

次朱然墓中出土名刺共 14 枚，原来也可能放于木棺中（图一）。书写格式与前述 3 组基本相同，在朱然名前有的加"弟子"字样，也有的加其籍贯"丹杨"或"故鄣"，凡名前有地名的则刺下端"字义封"上不再重加。由此可见，当时名刺的书写格式是上端写姓名"再拜"，有时加籍贯或称"弟子"等，中间写"问起居"，下端写"字××"，字上常加籍贯。孙吴名刺的书写格式仍依汉制，与《释名》所记爵里刺相同[①]。刺的长度约为当时一尺，朱然墓出的木刺长 24.8 厘米，同出漆尺一尺正是 24.8 厘米。

朱然墓与其他孙吴墓不同处，是墓中还有 3 枚谒，其长度亦为当时一尺，但宽度约为一般名刺的三倍。书写格式是中央顶端书"谒"字，官职、籍贯、姓名及"再拜"等皆偏书于右侧。据《释名》："谒，诣也，诣告也。书其姓名于上，以告所至诣者也。"系下属进谒上级之用。《后汉书·孔融传》："河南尹何进当迁为大将军，杨赐遣融奉谒贺进，不时通，融即夺谒还府，投劾而去。"[②] 正说明谒的使用情况。在墓中放刺、谒，北方的魏晋墓中迄今尚未发现过，应是孙吴兴起并流行于江南的习俗。它又常与买地券及衣物券同出。朱然墓未见买地券或衣物券，很可能是墓被盗时损毁无存。直到西晋时期，江南还沿袭墓中放刺的习俗。如江西南昌的吴应墓，木棺中亦放置木名刺 5 枚[③]，其形制及书写格式仍依孙吴旧制。

还应指出，珍重日用漆器和大量瘗埋铜钱虽为沿袭汉制，但孙吴墓中随葬的漆器和铜钱也显露出不同于前代的特征。关于漆器的分析，下节将作详述，这里先谈有关朱然墓铜钱的一些情况。

朱然墓出土铜钱达 6000 枚，绝大部分为汉钱，占 90% 以上。也有少量三国时所铸的铜钱，它们是"大泉五百""大泉当千""直百五铢""太平百钱""定平一百"等（图二）。

---

① 《释名·释书契》："画姓名于奏上曰画刺。作再拜起居字皆达其体，使书尽边，徐引笔书之如画者也。下官刺曰长刺，长书中央一行而下也。又曰爵里刺，书其官爵及郡县乡里也。"据王先谦《释名疏证补》卷六。
② 《后汉书·孔融传》，第 2262 页。
③ 江西省博物馆：《江西南昌晋墓》，《考古》1974 年第 6 期。

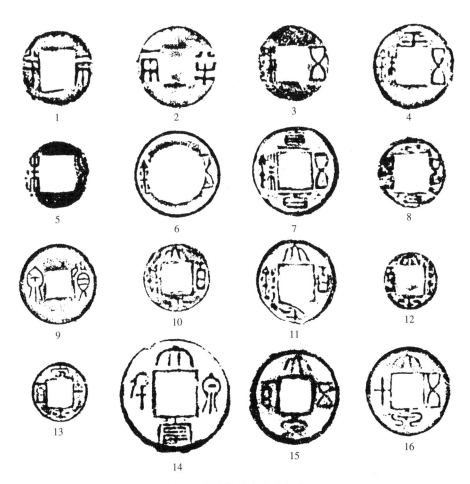

图二　朱然墓出土铜钱拓片

1. 半两（左读）　2. 半两　3. 五铢　4. "平"字五铢　5. 剪轮五铢　6. 綖环五铢　7、8. 直百
五铢　9. 货泉　10、11. 太平百钱　12. 太平金百　13. 定平一百　14. 大泉当千　15. 大泉五百
16. 大泉五十

前两种铜钱为孙权所铸。《三国志·吴书·吴主传》："（嘉禾）五年
春，铸大钱，一当五百。诏使吏民输铜，计铜畀值。设盗铸之科。"又，
"赤乌元年春，铸当千大钱"①。在江苏句容县葛村曾发现孙吴铸钱的遗
迹②，出土"大泉五百""大泉当千"和铸芯。据铸芯观察，系用泥质范

---

① 《三国志·吴书·吴主传》，第 1140、1142 页。
② 刘兴：《江苏句容县发现东吴铸钱遗物》，《文物》1983 年第 1 期。

母，采用花树形多层浇铸法，每层铸钱 4 枚，共 20 余层，一范当铸钱百余枚。这是孙权时铸钱的极好物证。但孙吴时所铸钱质量低劣，"钱既太贵，但有空名，人间患之"①。至赤乌九年（246 年），孙权不得不下令"省息之"，停止使用，"铸为器物，官勿复出也"②。

"直百五铢"为蜀钱，据云是刘备采纳刘巴建议而铸。"及拔成都……军用不足，备甚忧之。巴曰：'易耳，但当铸直百钱，平诸物贾，令吏为官市。'备从之，数月之间，府库充实。"③ 它也是一种质量低劣而面值极高的铜钱，实系用以聚敛民资的一种欺骗手段。这种钱当时也流入孙吴境内使用，除朱然墓外，郑丑墓中也出"直百五铢"29 枚，其中有背面刻"为"和"王"字的各一枚④。鄂城的孙吴墓中出土铜钱内，也偶见"直百五铢"，史绰墓出土 10 枚，钢 M21 出 4 枚⑤。南昌高荣墓也出土 10 枚⑥。这些说明，当时吴蜀间的经济关系较为频繁。

值得注意的是"太平百钱"和"定平一百"，对这两种钱的铸造年代，过去有不同说法。"太平百钱"曾被认为是西晋赵廞据蜀时铸，但 1955 年发现的武昌郑丑墓中，出土"太平百钱"128 枚⑦。该墓铅地券纪年为黄武六年（227 年）⑧，尚属孙权称帝初期，该钱铸造年代自然在公元 227 年以前，从事实上否定了为赵廞所铸的错误说法。朱然墓中又出土"太平百钱"，鄂城孙吴墓（如水 M1）中也出土"太平百钱"，说明这种钱在孙吴墓中出现已非孤例。至于其铸造地点，似在蜀地，成都小通巷曾出土"太平百钱"铜母范⑨。过去

① 《晋书·食货志》，第 795 页。
② 《三国志·吴书·吴主传》注引《江表传》，第 1146 页。
③ 《三国志·蜀书·刘巴传》注引《零陵先贤传》，第 982 页。
④ 武汉市文物管理委员会：《武昌任家湾六朝初期墓葬清理简报》，《文物参考资料》1955 年第 12 期。
⑤ 鄂城县博物馆：《湖北鄂城四座吴墓发掘报告》，《考古》1982 年第 3 期。
⑥ 江西省历史博物馆：《江西南昌市东吴高荣墓的发掘》，《考古》1980 年第 3 期。
⑦ 武汉市文物管理委员会：《武昌任家湾六朝初期墓葬清理简报》，《文物参考资料》1955 年第 12 期。
⑧ 程欣人：《武汉出土的两块东吴铅券释文》，《考古》1965 年第 10 期。
⑨ 陈显双：《成都市出土"太平百钱"铜母范——兼谈"太平百钱"的年代》，《文物》1981 年第 10 期。

认为"定平一百"是李雄据蜀建元晏平（306～310 年）时所铸，但是，1954 年在洛阳永宁二年（302 年）墓中出土"定平一百"[1]，早已从事实上否定李雄所铸的错误说法[2]，然而仍有人囿于旧说，主张为李雄所铸[3]。这次在朱然墓中又出土"定平一百"，说明此钱在三国时已流通于世，更证李雄所铸说是错误的，它至少铸于赤乌十二年，即公元 249 年以前。

三

朱然墓出土的漆器是一批珍贵的文物，它们弥补了过去研究古代漆器缺乏三国时资料之不足。这批漆器因发现有"蜀郡作牢"的铭记（图三），确知为蜀郡所造，汉魏时，蜀郡即今成都地区。成都地区的漆器制造业，在西汉前期文景时已相当发达，产品远运江南地区。在湖北江陵凤凰山和湖南长沙马王堆等地西汉墓中出土的漆器烙印戳记中，有"成市草"和"成市饱"，据考证，当为成都（即今成都）所造，大约产于当时市府管辖的漆器作坊[4]。以后西汉中央在蜀郡和广汉郡（治所在今四川梓潼）设工官，制造金银器和漆器[5]。这两处工官大约设置于景帝至武帝初期，于是西汉前期由成都市府管辖的漆器制造业，到西汉中期转由中央直接控制，而产品也主要供宫廷使用，所以，漆器铭文中常用"乘舆"字样[6]。随着工官的设置，建立了严密的组织体制和完备的制作工序，并将制造年份、工官名称、器名及容量、制器工人及各级官吏的名字都铭记在器物上，以便考核。

---

① 河南省文化局文物工作队第二队：《洛阳晋墓的发掘》，《考古学报》1957 年第 1 期。

② 吴荣曾：《中国古代的钱币》，《考古通讯》1956 年第 4 期。

③ 朱活：《古钱》，《文物》1982 年第 2 期。

④ 俞伟超、李家浩：《马王堆一号汉墓出土漆器制地诸问题——从成都市府作坊到蜀郡工官作坊的历史变化》，《考古》1975 年第 6 期。

⑤ 《汉书·贡禹传》："蜀、广汉主金银器，岁各用五百万"。注引如淳曰："《地理志》河内怀、蜀郡成都、广汉皆有工官。工官，主作漆器物者也。"第 3070～3071 页。

⑥ 本文关于汉代漆器的叙述，皆据王仲殊著《汉代考古学概说》（中华书局，1984 年）中《汉代的漆器》一章，见该书第 43～53 页。

图三　朱然墓出土漆盘

现已发现的记铭漆器，纪年最早的是汉昭帝始元二年（前 85 年），最晚的是东汉和帝永元十四年（102 年）。器铭中的漆工分为素工、髹工、上工、铜耳黄涂工、画工、泪工、清工和造工等种，分工极为细密。官吏职称有护工卒史、长、丞、掾、令史等级。在这种情况下，蜀地制造的漆器工艺更加精美，装饰日益豪华，器上又常镶嵌鎏金、银的铜钿或铜耳，即所谓"银口黄耳"①，亦称"钿器"②。这种宫廷用的华美漆器，也常被用来赐食臣下，所以，贡禹曾发出"臣禹尝从之东宫，见赐杯案，尽文画金银饰，非当所以赐食臣下也"③ 的议论。皇帝也常将御用漆器赐与边郡官员或少数民族首领，也赠送外国。今天在中国贵州的清镇、平坝④以及朝鲜的平壤⑤、蒙

① 《盐铁论·散不足》："今富者银口黄耳，金罍玉钟。中者野王纻器，金错蜀杯。夫一文杯得铜杯十，贾贱而用不殊。"
② 《后汉书·和熹邓皇后纪》："其蜀、汉钿器九带佩刀，并不复调。"注："钿音口，以金银缘器也。"第 422 ~ 423 页。
③ 《汉书·贡禹传》，第 3070 页。
④ 贵州省博物馆：《贵州清镇平坝汉墓发掘报告》，《考古学报》1959 年第 1 期；贵州省文物管理委员会：《贵州清镇平坝汉至宋墓发掘简报》，《考古》1961 年第 4 期。
⑤ ［日］原田淑人等：《樂浪》，刀江书院，1930 年；［日］小场恒吉等：《樂浪漢墓》第一册，乐浪汉墓刊行会，1974 年。

古国的诺音乌拉①等地，都发现了蜀、广汉工官制的纪年铭漆器。

　　蜀、广汉工官漆器的生产，从西汉中期开始，持续到东汉和帝时期。到元兴元年（105 年）和帝死去，殇帝继位，邓太后临朝，停止了蜀郡和广汉郡工官为宫廷制造漆器。《后汉书·和熹邓皇后纪》："其蜀、汉釦器九带佩刀，并不复调。"② 这也正与出土漆器纪年止于永元年间相吻合。那么这一改变是否意味着蜀郡漆器从那时起停产了呢？看来并非如此。可能这一决定只意味着中央直接控制的漆器制造业的衰落，地方的乃至豪强地主经营的漆器生产并未中止。汉末的大动乱对蜀地波及不大，因此，蜀郡漆器仍在两汉的工艺基础上继续发展。像朱然墓出土的大批精美的漆器，就是在这一历史条件下生产的。孙吴墓中随葬蜀郡漆器，不仅是朱然一墓，据说鄂城地区的孙吴墓中也出土过带有"蜀郡作羊（牢？）"铭记的漆钵，且饰有线条流利的漆画，里壁四周画游鱼水草，底画男女舞戏、男相扑、女舞蹈，外壁绘云气纹带③，其风格正与朱然墓所出漆器相同。这些漆器的出土，对研究当时蜀地的社会经济和工艺水平具有重要意义。

　　朱然墓漆器产于蜀郡自无疑问，但是它们具体的制作时间，因未见纪年铭记，尚需考查。漆器在两汉三国时期是受人珍视的用器，又因相当耐用，能长期保存。例如在平壤石岩里 194 号西汉墓中，始元二年（前 85 年）的漆杯与元始三年（3 年）的漆杯共存，这说明，前一漆杯至少已保存 80 多年。还有在东汉墓中出土西汉纪年铭漆器的例子，如贵州清镇汉墓中所见④。因此，朱然墓的漆器也可能是东汉时蜀郡的产品，保存到孙吴时期还在使用。这里，我们从其器形的特点和纹饰的变化作进一步的考订。

　　朱然墓出土漆器种类繁多，盘、案、耳杯、盒、壶、樽、奁等都有发

---

① ［日］梅原末治：《蒙古ソインウラ發见の遺物》，《东洋文库论丛》第 27 册，1960 年。

② 《后汉书·和熹邓皇后纪》："其蜀、汉釦器九带佩刀，并不复调。"注："釦音口，以金银缘器也。"第 422～423 页。

③ 宿白：《三国—宋元考古》，北京大学历史系考古教研室铅印讲义，1974 年，第 72 页。

④ 本文关于汉代漆器的叙述，皆据王仲殊著《汉代考古学概说》（中华书局，1984 年）中《汉代的漆器》一章，见该书第 43～53 页。

现，它们是汉代漆器中所常见；另有榼和凭几两种，在汉代漆器中是未曾见过的。榼和盘一样是盛器，平面呈矩形，中间分隔成许多小格（图四），魏晋人诗句中常将盘榼并称①。在考古发掘中最早获得的实物是洛阳西晋墓中的陶制品②，后来陆续在江南的孙吴西晋墓中获得了漆制和青瓷质的榼③。魏晋以后，榼很少出现，因此它是一种具有时代特征的器物。同榼一样，曲面下设三蹄足的凭几，也是始于三国而流行于晋至南北朝的器物，过去六朝墓中常见陶质凭几模型，一些晋墓壁画中也可见到其形象④。因此，根据漆榼和漆凭几的出现可以认为，朱然墓出土的漆器是当时的制品。

图四　朱然墓出土彩绘漆榼

① （晋）左思《娇女诗》："端坐理盘榼"。参看杨泓《古代的"榼"》，《地下星空》，花城出版社，1981 年，第 120～121 页。
② 河南省文化局文物工作队第二队：《洛阳晋墓的发掘》，《考古学报》1957 年第 1 期。
③ 孙吴西晋墓中出土青瓷榼的资料较多，其中发表最早的如宜兴周氏墓 M2 出土的 1 件，发表时称为"果盘"，参见罗宗真《江苏宜兴晋墓发掘报告》，《考古学报》1957 年第 4 期。漆榼中以江西南昌晋墓出土的最值得注意，该器底有铭为"吴氏榼"，参见江西省博物馆《江西南昌晋墓》，《考古》1974 年第 6 期。
④ 六朝墓出土陶凭几模型很多，发表较早的资料如江宁赵史岗 1 号墓的出土品，参见江苏省文物管理委员会《南京近郊六朝墓的清理》，《考古学报》1957 年第 1 期。凭几图像，如东晋永和十三年（即升平元年，357 年）冬寿墓壁画，参见洪晴玉《关于冬寿墓的发现和研究》，《考古》1959 年第 1 期。

　　从漆器的纹饰特征来看，较多地出现以人物故事为题材的画面。以盘为例，多于盘心绘人物故事，而周壁饰流畅生动的鱼水图案，在边饰中除云气等图案外，出现了回曲连续的植物纹图案，构图颇类南北朝流行的忍冬纹图案。这几点都呈现出与汉代漆器完全不同的风格。汉代以人物为题材的漆画极为罕见，较早的例子如江苏海州侍其繇墓的残漆器①，其人物形象简单呆滞（图五、六）。

图五　海州侍其繇墓出土残漆器

1

2

图六　侍其繇墓出土漆器纹饰摹本

① 南波：《江苏连云港市海州侍其繇墓》，《考古》1975 年第 3 期。

到东汉时期，漆画人物显然有所进步，突出的例子是从朝鲜平壤附近出土的带有漆绘帝王孝子等图像的竹笥（图七至一〇）和绘有仙人的漆盘①，它们也是蜀地的产品。东汉竹笥上漆画人物形象已极生动，也具有一定的故事情节，但在当时的漆器中还是较特殊的例子，绝大多数漆画的题材还是图案化的龙凤纹、云气纹、花草纹和一些禽兽和鱼类图案。这可能是受工官御用的规范的限制。但东汉元兴以后，这种限制不再起作用，漆工的创作转向大量生产描绘人物故事的作品。同时，一些传统图案打破了呆板的格局。试以江陵凤凰山西汉墓出土漆耳杯上的鱼纹图案②与朱然墓漆盘上的鱼水纹图案作一对比，可以充分看出后者是多么写实而流畅活泼，富于情趣。朱然墓出土漆器上的纹饰不同于汉代漆器，表现出较晚的时代风貌。

根据器形和纹饰的特征，朱然墓出土漆器应是三国时的产品。三国时蜀地在刘备所建蜀国的版图之内，因此这批蜀郡制作的精美漆器是蜀国的

图七　平壤附近东汉墓出土带漆画的竹笥

① ［日］梅原末治等：《朝鲜古文化綜鑑》第二卷，养德社，1948 年；［日］梅原末治：《支那汉代纪年銘漆器圖說》，桑名文星堂，1933 年。
② 纪南城凤凰山一六八号汉墓发掘整理组：《湖北江陵凤凰山一六八号汉墓发掘简报》，《文物》1975 年第 9 期。

图八　平壤附近东汉墓出土竹筒漆画细部之一

产品。孙吴墓中出土大量蜀国的漆器，自然是反映了当时吴蜀之间关系的密切。它们可能是吴蜀保持联盟关系时的赠品或贸易往还中的商品，也不能排除它们是战争中获得的战利品。朱然生前参与了吴蜀之间两次重大的

图九 平壤附近东汉墓出土竹笥漆画细部之二　　图一〇 平壤附近东汉墓
出土竹笥漆画细部之三

战争，而两次都是以吴胜蜀败而结束的。在吴蜀争夺荆州的战争中，朱然曾与潘璋一起，在临沮擒获蜀国主将关羽，因而功迁昭武将军，封为西安乡侯。在刘备倾全蜀兵力侵吴时，他又配合陆逊大破蜀军，因而拜征北将军，封永安侯①。因此，朱然所拥有的蜀国产品，不一定是友谊的象征或和平贸易的见证，它们是吴蜀干戈相见时的掳获品也未可知。

四

有关中国美术史的实物资料，三国时期是极为贫乏的，特别在绘画方面，几乎是一片空白，只能据少量文献记载铺衍推测。这次从孙吴朱然墓中出土的精美的蜀郡漆器上，看到了许多色彩鲜艳的漆画，特别是其中的人物画，确是极为可贵的资料，可以说部分地弥补了历史遗留的空白。

中国早期的绘画作品以人物为主。《历代名画记》中记述的两汉三国西晋画家遗下的作品，多为帝王、名臣、列女、先贤、仙人的画像，间有游猎、宴享、战争等题材，以及龙凤、云气和一些禽兽。至于画家，除一些著名文人官吏如蔡邕、张衡等外，多为身份不高的画工。还有些是"待

① 《三国志·吴书·朱然传》，第1305～1306页。

诏尚方"的，如后汉的刘旦、杨鲁①。尚方"掌上手工作御刀剑诸好器物"②，因此，待诏尚方的画家应与工艺美术的生产有关。以此推测，蜀郡、广汉郡工官的漆器制造业中的画工，同样有不少精通绘画的高手，从漆画也可窥知当时绘画的一般情况。

前述东汉竹笥上漆画中的人物图像，用笔简练，线条流畅，眉目传神，只是躯体似嫌过胖，头与四肢躯干的比例不太协调；而且和画像石一样，许多故事画面连续罗列，显得繁缛而凌乱。但是相比同一时期的墓室壁画，其在绘画技巧方面似高出一筹，应列为已发现的东汉人物画中的上乘作品。

可以认为，朱然墓出土的蜀郡漆画，反映了三国绘画的一般水平。这些漆画的题材正是汉魏画家喜爱的题材。例如，66 号漆盘的盘心画面为季札挂剑的故事（图一一），而季札像正是汉魏画家常绘的题材。东汉赵岐"自为寿藏于郢城，画季札、子产、晏婴、叔向四人居宾位，自为主位，

图一一　朱然墓出土"季札挂剑"故事画漆盘

① （唐）张彦远：《历代名画记》卷四，《中国美术论著丛刊》本，人民美术出版社，1963 年，第 102 页。
② 《后汉书·百官志》，第 3596 页。

各为赞颂"①。又据《历代名画记》，魏杨修流传下来的作品中，也有"吴季札像"。从技法说，朱然墓的人物漆画比之汉代的人物漆画体态较为修长，头部、四肢与躯干的比例更符合实际，人物的姿态更富于变化。同时采用一器为一完整画面的做法，因此题材突出，免去了繁缛凌乱之感。

综观朱然墓出土的蜀郡漆画，有下述值得注意之处。（1）三国漆画是在继承汉代漆画传统基础上发展的，一脉相通的迹象很明显。例如58号漆案上的宴乐场面（图一二），构图与汉代画像相同。左上角为帝后所坐的帷帐，右侧画面分为上中下三列，上列为坐于席上的宴饮者，中列为百戏舞乐，下列有宫门、抬物进食及侍者等人物，上下平列，除帷帐外缺乏透视感，较多地遗留着汉代的影响。（2）一器为单一画面的做法，保持了绘画题材的完整性，较汉代漆画有较大的发展。并且构图比较富于变化，突出主要人物，使故事性更加鲜明。例如季札故事中，季札形象突出，面目表情严肃，而两侍从呈动态，上下配以山石及双兔，使画面更富生趣。70号漆盘绘二童子相对

图一二　朱然墓出土宴乐图漆案

---

① （唐）张彦远：《历代名画记》卷四，第101页。

舞棒，构图丰满而生动。（3）人物的刻画更为传神。例如 70 号漆盘的童子，特别加大了头部的比例以符合童子的形体特征，四肢丰腴也符合人们对儿童的审美要求，描绘出两个活泼的童子，与另一些漆画中长裙曳地、姿态庄重的贵族妇女形象形成鲜明对比。对鸟兽和游鱼的描绘也是如此。

据文献记载，三国时画家提高了对动物写生的技巧，因此出现了"画鱼引獭"的神奇传说，据说曹魏明帝游洛水时，"见白獭，爱之，不可得。（徐）邈曰：獭嗜鲻鱼，乃不避死。遂画板作鲻鱼悬岸，群獭竞来，一时执得。帝嘉叹曰：卿画何其神也！"① 现在试看 66 号漆盘和 70 号漆盘的盘心外围的鱼水漆画，鱼的姿态灵动而写实，可以辨识其种属，画工的技艺并不逊于画鱼引獭的徐邈。三国时期的绘画正是在写生水平比汉代有较大提高的基础上，使所绘形象达到传神的境界。这样的水平，在看到朱然墓出土漆画以前是无法想象的。对于东晋南北朝时期绘画的新发展，三国时期的绘画成就无疑是十分重要的历史前提。

（原载《文物》1986 年第 3 期）

---

① （唐）张彦远：《历代名画记》卷四，第 104 页。

中国大百科全书·考古学·魏晋北朝墓葬

从曹魏到隋统一以前的墓葬，时间前后延续达三个半世纪。其地域分布，曹魏及十六国、北朝诸代的墓葬均在长江以北，远及河西和东北地区；而西晋的墓葬，在长江以南也有分布。魏晋北朝墓葬，是从汉代墓葬到隋唐墓葬的一个较长的过渡阶段，它反映出在汉代物质文化的基础上，融会了许多原在边陲地区的少数民族的文化特点，并从中外文化交流中汲取了养分。因此，对于这一时期墓葬的发掘和研究，不仅具有考古学方面的意义，而且对研究中国古代汉唐之间的政治、经济及物质文化的发展有着重要的意义。1949 年以前缺乏对魏晋北朝墓葬的科学发掘工作，洛阳等地的大量北朝墓葬遭盗掘破坏，许多珍贵文物流散国外。从 20 世纪 50 年代开始，展开了对魏晋北朝墓葬的调查发掘和整理研究，其中以河南、河北、山西、甘肃、辽宁等省的工作做得较多。

魏晋北朝墓葬，可以分为曹魏（220～265 年）、西晋（265～316 年）、十六国（317～420 年）、北朝前期（386～534 年）、北朝后期（534～581 年）5 个阶段。

曹魏时期的墓葬　这时期的墓葬，在形制结构等方面还保持着东汉末期的传统，多是有斜坡墓道、甬道、两侧带小耳室的方形前室和长方形后室的砖墓。洛阳地区有的在前室居中张设斗帐，斗帐的帐构有正始八年（247 年）纪年铭。帐前放日用器皿，两侧的耳室一为庖厨，一为仓房。同一时期江苏徐州一带发现有石室墓或画像石墓，其平面布局也由带耳室的前室与长方形后室组成。在河西地区发现的同期墓葬，总平面与中原地区相近，只是墓内壁面嵌砌着大量的画砖，内容包括墓主生前宴饮出行及庄园、农桑、庖厨等，也有屯垦及营垒等图像。曹魏时期的墓与东汉墓相比，不论是墓葬结构还是随葬器物，都有简化的趋向。

西晋时期的墓葬 以在当时都城洛阳附近发现的最重要，分布于当时的城东和城西一带。对城东枕头山墓地、峻阳陵墓地的探掘，提供了探索西晋帝陵的新资料。峻阳陵墓地的 23 座有长斜坡墓道的土洞墓，均为南北向，且排列有序。最东的 1 号墓墓道长 36 米，墓室长 5.5、宽 3 米，规模最大。在枕头山墓地发现的 5 座墓，也以 1 号墓最大。城西地区的西晋墓，较大型的都有宽大的砖筑墓室和长墓道，墓道长度一般在 25 米以上，如元康九年（299 年）徐美人墓的墓道长达 37.36 米。墓室多方形，四壁砌成外凸的弧线状，四隅砌出角柱，有的在甬道处还设有石门。墓中常置大型碑式石墓志。出土遗物中常有贵重的金饰和大量陶质明器。陶质明器有镇墓兽、牛车、鞍马及庖厨、家畜、家禽等，陶俑中有高鼻深目的西北少数民族形象，还出现具有时代特征的方形多子槅、翻口罐等器物。也发现一些极简陋的浅葬土坑竖穴墓，墓内仅随葬一两件陶罐。郑州、南阳等地及北京地区的西晋墓，与洛阳地区的相近似。记载死者家世的墓志的出现，是西晋时期封建等级制度日益严格和世家大族势力上升的反映。宜兴西晋周氏墓地的墓葬形制与遗物既有西晋的时代特征，又具地方特色。长沙西晋墓出土大量青瓷仪卫俑，地方特色更为明显。

十六国时期的墓葬 由于当时战乱频繁，民族关系复杂，因此缺乏像西晋时期那种统一的墓葬形制。西安草场坡 1 号墓结构与出土器物还保留西晋的特点，但俑群中，除男女侍俑和女坐乐俑外，出现了军事气氛极浓的出行仪仗俑群，有武士、鼓吹和牛车。特别是其中的人、马都披有铠甲，是这时期才开始出现的。辽宁的北燕冯素弗夫妇墓，是同坟异穴的石椁墓。椁内壁绘壁画，设漆棺。椁内殉犬，椁外小龛中有牛、鸡、鱼骨，是较为特殊的葬俗。随葬品中还有印章、铜和漆食具、文具、金饰和玻璃器，以及大量铁兵器、甲胄、马具等。辽宁朝阳的后燕墓也为土圹石椁，椁内置木棺，椁室以上埋石刻墓表。

北朝前期的墓葬 北魏孝文帝迁都洛阳以前的墓葬，其特点是从保留较多的鲜卑习俗，逐渐向接受中原旧制转化。在内蒙古呼和浩特发现的北魏初期墓葬，虽系砖室、木棺和有较多的随葬陶器，但木棺保留着前宽后窄的形制，还出土带草原民族风格的高足双耳铜鍑、铜羊距骨、兽饰金指环、兽纹铜牌饰等，并有北魏铸造的铜虎符。到这阶段的晚期，中原影响明显增强，如首都平城（今山西大同市）太和八年（484年）司马金龙墓，从墓室结构到随葬器物组合，特别是绘有列女故事的漆屏风等，都显示出中原的影响。但在墓内随葬大量披铠的步兵和骑兵俑，还有驮粮马、骆驼等牲畜模型，一些陶俑的面相还具有胡人特征，又显示了与鲜卑原来的民族经济有关的特点。方山永固陵墓室前设墓道、甬道，后砌前后两方形墓室，四壁微向外凸呈弧形。墓中出土与佛教有关的石雕以及墓地与佛寺建筑结合，又显示了富有佛教色彩的特征。

北朝后期的墓葬　自北魏迁洛到东魏—北齐、西魏—北周，墓葬形制在恢复中原旧制的基础上，又受到南朝影响。这时的墓葬多为方形单室砖墓。前有甬道和墓道，有前、后两室的只是少数特殊的例子，如东魏李希宗墓。墓内常有壁画，其内容有墓主人像、出行仪仗以及天象、"四神"等图像。墓室内置棺椁，有的木椁作仿木构的殿堂形状，如北齐厍狄迴洛墓。常随葬有数量较多的俑群，主要是出行的仪仗和家内仆从，仪仗中有步卒、甲骑具装和鼓吹俑。时代越晚，则家内仆从俑的数量越多。此外还有家畜、家禽及井、灶、仓、厕等模型。瓷器的数量明显增加，除青釉器外，出现了黄、黄褐、酱、黑等釉色的器物，还有青釉加绿彩和白釉加绿彩的瓷器，说明当时北方的制瓷工艺有了较大的发展。北齐墓中较多地出现白瓷器，更是值得注意的新变化。另外，还常出土与中西文化交流有关的遗物，如波斯萨珊朝的银币、拜占庭帝国的金币，以及一些玻璃器皿和贵重金属制造的装饰品等。

（原载《中国大百科全书·考古学》，中国大百科全书出版社，1986年）

后记　如果说《新中国的考古收获》开启了中华人民共和国成立后新

中国考古学研究的序幕，《中国大百科全书·考古学》的编著，则表明了新中国考古学学术体系从建立到成熟。当年是中国考古学界的一件大事，动员了全国考古学界的主要学术力量共同完成的。宿季庚先生积极参加了编写工作，担任"三国两晋南北朝至明考古"分支学科主编，这个分支学科的编写组，又是宿先生（主编）、师兄徐苹芳（副主编）和我（成员）共同组成的。除了分支学科学术框架的确定、选定条目的作者和审稿外，宿先生还承担领条和部分重要条目的撰著，徐苹芳和我除了承担有关条目的撰著外，他主要承担组织作者和安排审稿等事宜，我主要承担所有条目的修改和文字加工、配图，以及分支学科的日常工作和与大百科出版社的联系。我承担撰写的条目，除了《魏晋北朝墓葬》外，还有《明器》《俑》《造像碑》《经幢》《商周兵器》《洛阳魏晋墓》《辽阳魏晋墓》《河西魏晋墓》《封氏墓群》《方山永固陵》《司马金龙墓》《洛阳北魏墓》《邓县画像砖墓》和《响堂山石窟》等。

从考古学看唐代中日文化交流

　　有关中国唐朝和日本之间的友好往来和文化交流，已是中日两国学术界和广大公众所熟悉的课题。在日本第六次古代史讨论会上，中国学者已经对日本的古都（如藤原京、平城京、平安京等）都曾模仿了唐朝的两京——长安和洛阳作过论述，详尽地介绍了唐代两京的政治、经济和文化生活，日本的遣唐使、留学生和学问僧在两京的活动和事迹，以及今天对唐朝两京遗址进行考古勘察和发掘的主要成果①。因此，本文以近年来在中国的考古新发现为主，结合日本保存至今的唐代遗物和与日唐文化交流有关的遗物，进一步阐明中国唐朝和日本之间密切的文化交往以及唐文化对日本的影响。

一

　　中日两国之间的正式联系，曾在倭五王时期与中国南朝间出现过一次高潮②，但以后中断了将近一个世纪，直到公元 7 世纪初日本政府开始派遣使者来中国隋朝，从而得到恢复。据《隋书》记载，第一次日本使者到中国的时间是开皇二十年（600 年）③。而据《日本书纪》记载，圣德太子

---

① 参见马得志《唐代长安与洛阳》和徐苹芳《唐代两京的政治、经济和文化生活》，《考古》1982 年第 6 期，第 640～646、647～656 页。

② ［日］木宫泰彦：《日中文化交流史》，胡锡年译，商务印书馆，1980 年，第 20～39 页。

③ 《隋书·倭国传》："开皇二十年，倭王姓阿每，字多利思比孤，号阿辈鸡弥；遣使诣阙。"第 1826 页。有人认为，"阿每多利思比孤"是表示"天皇"的日本式读法，"阿辈鸡弥"是"大王"一词的日本读法。参见［日］藤家礼之助《日中交流两千年》，张俊彦译，北京大学出版社，1982 年，第 72～74 页。

派遣小野妹子出使隋朝，是推古天皇十五年（607 年）①。第二年，即隋大业四年（608 年），隋炀帝派遣文林郎裴（世）清使于日本②，从此开启了中日两国政府之间正式交往的新高潮。唐朝建立以后，日本不断派出遣唐使来中国，自舒明天皇二年（630 年）第一次派遣唐使起，共派了 18 次遣唐使③。使团的规模由开始时的 2 艘遣唐使舶，后来增至 4 艘，乃成定制④，总人数由一次二百四五十人增至五百人以上。除了正式的遣唐使外，还有许多留学生和学问僧随同来到中国，他们更是以学习唐代文化为目的。因此遣唐使舶返航日本时，除官方的赠品外，常是满载图书经籍和唐代当时流行的各类精美物品而归。

除了遣唐使来中国，唐朝也有使臣去日本，更有道璿、鉴真等名僧东渡。通过两国间频繁的交往，唐代文化传播到日本，对日本律令的制定，都城的兴建，佛教的传承，以及文学艺术、风俗习惯等都有很大影响。当时唐文化中出现的新事物，常常很快传入日本。

唐代的女皇帝武则天，曾经在都城长安大明宫中的麟德殿，宴请过日本大宝二年（702 年）入唐的遣唐使粟田真人⑤。粟田真人等于庆云元年（704 年）回到日本。令人感兴趣的是，据王仲殊先生的研究，日本高松冢（旧写作"塚"）古坟出土的那面海兽葡萄镜，应该就是庆云元年回国的遣唐使团从长安带回日本去的⑥。现东京国立博物馆藏"法隆寺献纳宝物"

① 《日本书纪》卷二十二，推古天皇十五年"秋七月戊申朔庚戌，大礼小野臣妹子遣于大唐，以鞍作福利为通事"。日本《国史大系·日本书纪（后篇）》（新订增补），吉川弘文馆，1982年，第 148 页。

② 《隋书·倭国传》，因避李世民讳，"裴世清"写为"裴清"，第 1827 页。

③ 《日中文化交流史》，第 62 ~ 75 页。

④ 以后"四舶"成为遣唐使的代称，孝谦天皇赐遣唐大使藤原清河的御制歌中，就有"遣尔四舶，其早归来，朕当佩纻，祷神以待"的诗句。［日］木宫泰彦：《日中文化交流史》，胡锡年译，商务印书馆，1980 年，第 77 页。

⑤ 《旧唐书·日本国传》："长安三年，其大臣朝臣真人来贡方物。朝臣真人者，犹中国户部尚书，冠进德冠，其顶为花，分而四散，身服紫袍，以帛为腰带。真人好读经史，解属文，容止温雅。则天宴之于麟德殿。"第 5340 ~ 5341 页。又见《新唐书·日本传》，第 6208 ~ 6209 页。

⑥ 王仲殊：《关于日本高松塚古坟的年代和被葬者》，《考古》1982 年第 4 期。

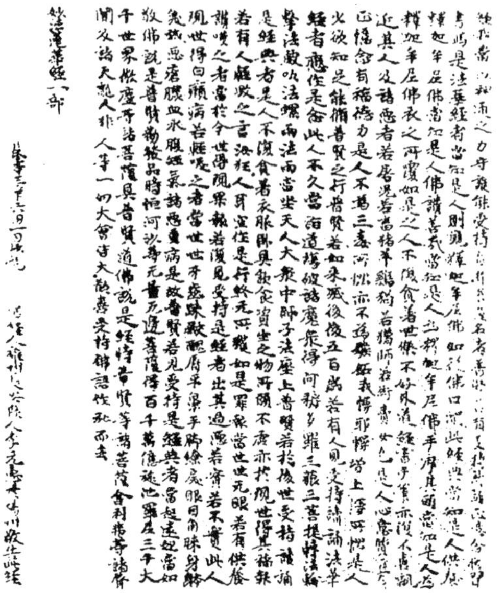

图一　唐抄本"细字法华经"

中，有一卷纸本墨书的唐抄本"细字法华经"①，卷末题："长寿三年六月
一日抄讫，写经人雍州长安县人李元惠于杨（扬）州敬告此经"，题记中，
年、月、日均用武则天所创用的新字（图一）。这卷写于扬州的经卷，也
应是这次取道南路的日本遣唐使舶带回国的。

二

圣德太子派遣使者来中国时，学习佛法是主要目的之一。《隋书》中
记使者所述来华目的时，强调"闻海西菩萨天子重兴佛法，故遣朝拜，兼
沙门数十人来学佛法"②。因此，以后日本与隋唐间的交往中，除政府间的
联系外，与佛教有关的文化交流占有很大比重。在唐朝东渡日本的人士
中，起主要作用的也是一些名僧，特别是道璿、鉴真，对唐代文化在日本

---

① ［日］东京国立博物馆：《法隆寺献纳宝物》，图版 58～60，1975 年。
② 《隋书·倭国传》，第 1827 页。

的传播起了很大作用。正因为如此，保存至今或从地下发掘出土的有关唐朝和日本文化交流的重要遗物中，许多遗物都与佛教有关。根据近年来中国的考古新发现，可以看出以下几个方面值得注意。

首先，在唐长安城遗址中，已发掘过两处与日本入唐名僧关系密切的寺院遗址。一处是位于延兴门内新昌坊的青龙寺，原建于隋开皇二年（582 年），唐景云二年（711 年）改名青龙寺，盛唐以来为佛教密宗的主要道场。日本入唐求法的名僧中，空海、圆仁、圆珍、宗叡等都曾来过青龙寺。自 1963 年以来，曾多次对青龙寺遗址进行调查和发掘，至 1980 年春发掘结束①。共发掘了两个院落遗址，发现佛殿和塔基、回廊等遗迹，出土有佛像、经幢等遗物。另一处与日本入唐名僧关系密切的寺院，是位于延康坊的西明寺。该寺始建于显庆元年（656 年），落成于显庆三年（658 年），建筑宏伟，共有十院，殿舍四千余间。日本学问僧道慈、永忠、空海、圆珍等都到过西明寺。特别是于公元 702 年入唐的日僧道慈，曾模写过西明寺图，他于开元六年（718 年）返回日本。建于天平元年（729 年）的日本平城京大安寺，就是按照道慈提供的西明寺图式修建而成②。对于这座在中日文化交流中占有重要地位的寺院遗址，于 1985 年进行了考古发掘③。由于该寺遗址大部分压在现居民区下，因此只能发掘东端的一小部分，发现了佛殿、回廊、庭院及井、窖等遗迹，还出土了 100 余件鎏金铜造像等佛教遗物。最令人感兴趣的是出土了一件残断的石茶碾，上刻有"西明寺石茶碾"6 字。这件石茶碾不但是确定西明寺遗址的实物依据，

① 中国科学院考古研究所西安唐城发掘队：《唐青龙寺遗址踏查记略》，《考古》1964 年第 7 期；中国科学院考古研究所西安工作队：《唐青龙寺遗址发掘简报》，《考古》1974 年第 5 期；马得志：《唐长安城发掘新收获》，《考古》1987 年第 4 期；马得志：《唐长安青龙寺建筑规模及对外影响》，《中国考古学研究——夏鼐先生考古五十年纪念论文集》，文物出版社，1986 年，第 277～285 页。

② 《道慈传》："天平九年，圣武帝将新大官寺，下诏觅伽蓝形式。""慈奏曰，臣僧在中华时，见西明寺，私念异日归国，苟逢胜缘，当以此为则。写诸堂之规，袭藏巾笥。今陛下圣问，实臣僧之先检也。以图上进。帝大悦曰，朕愿满矣。诏任律师监造寺事，重赐食封一万户扶翼侍子，其余赍赐若千品。慈有巧思，延袤长短，自督绳墨，工匠叹伏。历十四年而成，赐额大安，敕慈主席"。[日] 大安寺史编集委员会编《大安寺史·史料》，1984 年，第 25 页。

③ 《唐长安城发掘新收获》图八、九，图版五：2，第 334～336、336 页。

而且表明，唐代寺庙中饮茶之风盛行。最近在陕西省扶风县法门寺塔基地宫中出土的晚唐皇室献纳的物品中，也发现有咸通年间（860～874年）制作的金茶具，包括茶槽子、碾子、茶罗子等物①。这套金茶具的出土，进一步说明了唐人饮茶之风。

值得注意的是，日本古代饮茶之兴起，正是从寺庙中开始的，那是嵯峨天皇于弘仁六年（815年）在滋贺的韩埼（唐崎）时，经过梵释寺，该寺大僧都永忠亲手煮茶进献，得到天皇的嘉奖。同年六月，就命畿内、近江、丹波、播磨等地种茶，作为每年的贡品，开启了日本宫廷贵族中饮茶之风②。至于永忠本人，正是宝龟朝初叶入唐求法的学问僧，可见，他之饮茶正是源于唐朝寺庙盛行饮茶的风习。西明寺石茶碾的出土，为日本饮茶之风源于中国又提供了实物例证。

其次，近年来中国考古发掘中发现有唐代名僧的墓葬。1984年，在河南省洛阳市龙门唐代宝应寺遗址，发掘了禅宗名僧荷泽神会的坟墓③。神会师于禅宗六祖慧能，天宝四年（745年），兵部侍郎宋鼎请他入东都洛阳行法，于是定禅宗为南、北两宗，对南宗的发展起了很大作用。他死于乾元元年（758年），墓塔于龙门宝应寺。从神会墓中出土有鎏金青铜柄香炉、鎏金青铜净瓶和鎏金塔形合子各一件，还有陶胎很薄的黑漆钵等物。与神会墓出土器物形制相同的器物，在传世的日本奈良时代的佛具中都有。神会墓出土香炉手柄末端，饰有蹲坐于覆莲座上的狮子，手柄前端接近炉体处饰有透雕的桃状饰片（图二），日本"法隆寺献纳宝物"中的"狮子镇柄香炉"④，形制与之完全相同（图三）。神会墓出土的铜净瓶（图四），又与"法隆寺献纳宝物"中的"仙盏形水瓶"⑤ 形制相同（图

---

① 《法门寺地宫出土金银器富丽堂皇，鎏金茶具昭示日本茶道源于我国》，《人民日报》1987年6月3日第3版。

② ［日］木宫泰彦：《日中文化交流史》，胡锡年译，商务印书馆，1980年，第159页。

③ 神会墓出土遗物曾送日本展览过，参看《黄河文明展》（［日］中日新闻社，1986年）图版110～113。另见温玉成《神会墓的发现及相关的问题》，《中国文物报》1988年2月5日第3版。

④ ［日］东京国立博物馆：《法隆寺献纳宝物》，图版258。

⑤ ［日］东京国立博物馆：《法隆寺献纳宝物》，图版227。

五），甚至尺寸大小都一致，前一件全高 33 厘米，后一件全高 33.2 厘米。神会墓出土的塔形合子（图六），也与"法隆寺献纳宝物"中的铜"塔碗"① 大体相同（图七），只是后者的塔形盖上只有三重相轮，而神会墓塔形合子盖纽较高，上有七重相轮。在正仓院的宝物中，也有与神会墓出土物相近的佛具。因此，上列奈良时代的铜质佛具，正是受到唐文化的影响而制造的。

图二　神会墓出土香炉　　　　　　　图三　法隆寺狮子镇柄香炉

图四　神会墓　　　图五　法隆寺　　　图六　神会墓出土　　图七　法隆寺铜质
出土铜净瓶　　　仙盏形水瓶　　　塔形合子　　　　　塔碗

　　再次，在中国的考古发掘中，多次发现了从北魏到隋唐时期所建的舍利塔基，并从塔基的地宫中获得了埋藏"舍利"的容器以及随同瘗藏的文物。其中重要的发现有河北省定县的北魏塔基，纪年为太和五年

① ［日］东京国立博物馆：《法隆寺献纳宝物》，图版 236。

（481 年）①；陕西省耀县的隋代塔基，纪年为仁寿四年（604 年）②；甘肃省泾川大云寺唐代塔基，纪年为延载元年（694 年）③。近年的新发现，以1985 年在陕西省临潼发现的庆山寺唐代塔基（纪年为开元二十九年，741 年)④ 和1987 年在陕西省扶风县法门寺发掘的晚唐塔基⑤最为重要。从这些塔基地宫中出土的盛放舍利容器的变迁，可以看出佛教传入中国以后，改变了印度佛徒原来用罌坛瘞埋的方式，改为用石函、铜函、银椁、金棺的中国式的瘞埋制度的过程，以更符合于中国的习惯⑥。在北魏塔基中，被瘞埋的舍利仅是盛于玻璃钵、瓶等容器内，然后置于刻有铭文的盝顶石函中。而到隋代，耀县仁寿四年（604 年）塔基中，则在盝顶石函中放置盝顶铜盒，用以盛放舍利。到唐代武则天时期，舍利瘞埋制度出现新变革。延载元年（694 年）泾州大云寺塔基除了构筑地宫外，内置石函，在石函内又置鎏金铜函，铜函中放银椁、金棺，舍利放于玻璃瓶内再置于金棺里面。这种以多层棺椁盒函瘞埋的制度，在唐代日趋盛行，制造也日益华美。庆山寺和法门寺塔基出土的盛放舍利的容器正是如此，有的甚至套装八层之多。

中国唐代这种瘞埋舍利的制度，同样传播到东邻日本。在日本滋贺县大津市滋贺里町奈良时代崇福寺塔遗迹出土的舍利容器⑦，正是采用了唐代的套装多层的制度，舍利放置于一个绿色琉璃壶内，然后将壶放于一个盝顶的金质内箱之中，金质内箱外面再套以银质中箱和金铜外箱，外箱下设带有壶门的底座。随同瘞藏在箱内的还有玉器、金铜背铁镜、无文银钱、水晶粒、铜镜、金箔等物。这些金、银、金铜箱的形状，也是与隋唐瘞埋舍利的金属函盒大致相近的。

---

① 河北省文化局文物工作队：《河北定县出土北魏石函》，《考古》1966 年第 5 期。
② 朱捷元等：《陕西耀县发现的波斯萨珊朝银币》，《考古》1974 年第 2 期。
③ 甘肃省文物工作队：《甘肃省泾川县出土的唐代舍利石函》，《文物》1966 年第 3 期。
④ 《临潼唐庆山寺塔基出土百余件珍贵文物》，《文博》1985 年第 4 期，第 67 页。
⑤ 《法门寺真身宝塔地宫出土大批稀世珍宝》，《考古与文物》1987 年第 4 期，第 1~2 页。
⑥ 徐苹芳：《唐宋塔基的发掘》，《新中国的考古发现和研究》，文物出版社，1984 年，第 613~616 页。
⑦ ［日］东京国立博物馆：《日本の金工》，图版 99，1983 年。

最后，还应着重提出，中国皇帝常常将大量财物奉献给佛寺。隋开皇初年，隋文帝曾敕送沙门昙崇绢 14000 匹、布 50 端、绵 1000 屯、绫 200 匹、锦 20 张、五色上米前后千石。皇后又送钱、毡及戒刀等。在昙崇建塔时，又曾送自身所着衣及皇后所服者 1300 对以助①。唐代帝后中，初唐时以武则天最为崇佛，在洛阳龙门石窟奉先寺大卢舍那像龛记中，说明为修凿那龛佛像，她曾于咸亨三年（672 年）"助脂粉钱二万贯"②。她多次将财物奉献佛寺，如显庆五年（660 年）武则天与高宗巡幸并州，至童子寺、开化寺瞻礼两大佛像时，大舍珍宝财物衣服③。同年，她又将岐州法门寺"佛骨"迎至东都洛阳，舍所寝衣帐直绢 1000 匹，为舍利造金棺银椁，雕镂穷奇④。直到晚唐时期，经济凋敝，朝政衰败，但皇帝仍将大量珍宝奉献佛寺，1987 年发现的陕西省扶风县法门寺塔基下唐咸通十五年（874 年）封存于地宫中的文物，正说明了这一问题。地宫中置有《大唐咸通启送岐阳真身志文》等两通石碑，碑文详细记载了唐懿宗、僖宗等奉献的各种财物。地宫出土遗物众多，包括金、银器皿 121 件（组）、玻璃器 17 件、瓷器 16 件，许多珠玉宝石以及石、铁、漆、木等杂器和香料。地宫内当时还放入大批丝织衣物，但因地下阴湿多已朽败。据碑文懿宗、僖宗、惠安皇太后等奉献的各类纺织品和衣服多达 700 多件。由此可见，当时帝后是多么狂热地进行侈靡的宗教活动。

这种向佛寺大量奉献的习惯，也为日本的皇室所仿效，并常将死去的天皇的遗物奉献给佛寺，以祈冥福。如"法隆寺献纳宝物"中，有天平胜宝八年（756 年）七月八日献物帐⑤，记有献给法隆寺的御带、御刀子等已故圣武天皇遗物，令常置佛前，长为供养（图八）。这类献于佛寺的物品中最珍贵的一批，是天平胜宝八年（756 年）六月二十一日，即圣武天

---

① 《续高僧传·昙崇传》。

② 龙门文物保管所编：《奉先寺》，文物出版社，1984 年。

③ 《法苑珠林》卷二二《观佛部》。

④ 《法苑珍林》卷五一。

⑤ ［日］东京国立博物馆：《法隆寺献纳宝物》，图版 44。

皇死后七七忌辰时，光明皇后将圣武天皇的遗物 630 余件奉献给东大寺大佛，后来入藏于大佛殿西北面的正仓院①，这批珍贵的遗物大部分完整保存至今，成为闻名世界的古代瑰宝。它们与中国扶风法门寺地宫瘗藏的晚唐遗物等一样，当时入藏时是出于古代帝后们迷信的宗教动机，却为后人留下了一批古代珍贵文物，对研究古代历史和古代文化有重大价值。

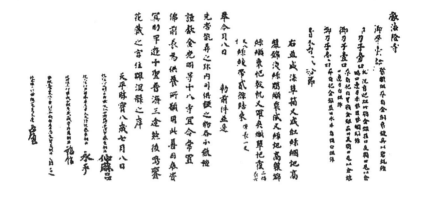

图八　日本法隆寺《献物帐》

正仓院所藏遗物，闻名于世的还有天平胜宝八年（756 年）六月奉献的药品、同年七月再奉献的遗物，以及天平宝字二年（758 年）奉献的书卷和屏风等。到了平安时代，又将天平胜宝四年（752 年）东大寺大佛开眼典礼的用具及天平胜宝八年（756 年）圣武天皇葬仪的用具移藏于此②。有些藏品虽有散失，但大都保存下来。因此，正仓院的收藏品数量大，种类多，往往制作精致。就质料而言，其中有的遗物通常是不易保存的。由于奈良时代正是日唐交往密切、日本着意汲取唐朝文化的时代，因此，正仓院的遗物是日唐文化交流的重要实物凭证。

---

① 《东大寺献物帐》，《宁乐遗文》中卷，［日］东京堂出版，1969 年，第 433～455 页。
② 王仲殊：《正仓院》，《中国大百科全书·考古学》，中国大百科全书出版社，1986 年，第648 页。

三

对于正仓院所藏遗物，日中两国学者多曾进行过详尽的研究考证，在这里我只想结合近年来中国考古的新发现，从三个方面概述其对研究日唐文化交流具有的重要意义。

第一，在正仓院所藏遗物中，保存了许多制工精美的唐代器物，它们表明了唐朝文化对奈良时期日本文化的影响。通过近年来中国的考古发现，获得了许多与正仓院所藏器物形制相同的标本，从而更加明确了传播到日本的唐代文物对日唐文化交流所起的作用。其中比较突出的例子是金花银盘。正仓院藏花鹿纹银盘①，过去虽一直定为唐朝制品，但在中国境内的出土品中缺乏与它相同的实物标本，现在已在中国的陕西、河北和内蒙古等地，多次发现了唐代的大型金花银盘，盘口多作葵花形或菱花形，有的还保存有盘下的三足，盘心的图案多为鹿、狮、凤鸟等形象，并且可以区分出它们铸造于初唐、盛唐、中唐或晚唐时期②。其中属于盛唐时期铸制的金花银盘，如河北省宽城大野峪村出土的 1 件③，盘缘呈六瓣菱花形，周饰六组花卉，盘心为头生芝草的立鹿纹，盘底有三个卷叶形足。从整体造型上看，与正仓院花鹿纹银盘最为相似。仅只正仓院银盘鹿纹为回首后顾状，宽城银盘则为前视，且正仓院银盘的盘缘呈葵形，宽城的为菱花形，但在唐代葵形与菱形的盘缘一直是同时流行的式样。因此，更证实正仓院的花鹿纹银盘是带有明显的盛唐风格装饰花纹的唐代制品。

再如正仓院所藏银熏球④，与之近似的熏球曾在陕西西安何家村唐代

---

① 《正仓院宝物》，［日］朝日新闻社，1960 年。
② 卢兆荫：《试论唐代的金花银盘》，《中国考古学研究——夏鼐先生考古五十年纪念论文集》，文物出版社，1986 年，第 286～300 页。
③ 宽城县文物保护管理所：《河北宽城出土两件唐代银器》，《考古》1985 年第 9 期。
④ 《正仓院宝物》，［日］朝日新闻社，1960 年。

窖藏①和东南郊沙坡村唐代遗址②出土过。球体上下两半皆透雕飞鸟、葡萄等纹饰，内部有两个同心圆机环，机环有轴，上承环内的香盂，因此无论熏球怎样转动，香盂都能保持平衡，构造极为精巧。但是何家村和沙坡村出土的熏球体积颇小，球径仅 4.5～4.8 厘米，正仓院熏球的球径则大至18 厘米，相比之下，较为逊色。最近发现的法门寺地宫出土物品中，也有同类熏球，应系晚唐宫廷中用具，尺寸颇大，足与正仓院的藏品相媲美。

第二，正仓院保存的唐代遗物中，有许多器物的质料是极难保存下来的，但正仓院的遗物仍完好如新，这是颇为难能可贵的。特别是一些乐器和漆木器，在制造它们的故乡中国至今还没有发现过那样完好的标本，因此对于研究唐朝文化的高度成就，是不可缺少的珍贵资料，如螺钿紫檀五弦琵琶以及阮咸（图九、一〇）等③。屏风是唐代颇为流行的家具，诗文

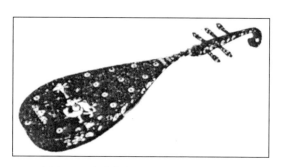

图九　正仓院藏唐代螺钿紫檀五弦琵琶

图一〇　正仓院藏唐代阮咸

① 陕西省博物馆等：《西安南郊何家村发现唐代窖藏文物》，《文物》1972 年第 1 期。
② 西安市文物管理委员会：《西安市东南郊沙坡村出土一批唐代银器》，《文物》1964 年第6 期。
③ ［日］帝室博物馆：《正仓院御物图录》（二），图版四十一～五十二，1928 年。

中多所吟咏。在唐墓的壁画中，自盛唐起即流行绘出六扇屏风，直至晚唐仍然流行①。敦煌莫高窟的唐代洞窟中，也同样流行模拟屏风形式的壁画②。但是屏风实物却没有保存下来的，仅在新疆维吾尔自治区吐鲁番县阿斯塔那唐墓中出土过残断的绢画③，可能是屏风画的残片。但在正仓院的藏品中，尚保存有奈良时期的屏风，如著名的鸟毛立女屏风④，以及残缺的鹿草木夹缬屏风、橡地象木臈缬屏风等⑤，这些当时的实物使我们得以对唐代的六曲屏风的面貌有较为明确的认识。例证尚多，在此就不一一列举了。

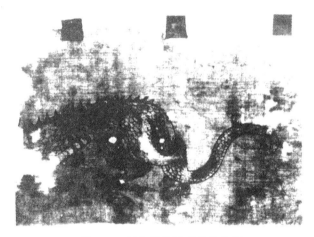

图一一　正仓院藏麻布彩绘龙尾

　　此外，正仓院中有些藏品，为研究目前中国考古发掘中尚未发现，但是文献中曾有记载的器物，提供了极为重要的线索。例如在 1979～1981 年于山西省太原市郊王郭村，发掘了北齐时期的娄叡墓，发现在墓室四壁上

① 宿白：《西安地区唐墓壁画的布局和内容》，《考古学报》1982 年第 2 期。
② 敦煌文物研究所编：《中国石窟·敦煌莫高窟》（四），中国文物出版社、日本平凡社，1997 年。
③ 新疆维吾尔自治区博物馆：《新疆历史文物》，文物出版社，1978 年。
④ ［日］帝室博物馆：《正仓院御物图录》（二），图版四十二～四十九，1929 年。由于屏风背面发现贴补有天平胜宝四年（752 年）行政案碎纸，因此也有人认为，这是深受唐文化影响的日本制品。［日］秋山光和：《日本绘画史》，常任侠等译，人民美术出版社，1978 年，第 21 页。
⑤ ［日］帝室博物馆：《正仓院御物图录》（二），图版五十五～六十一。

栏按子午方位画出兽形十二时图像,现残存有鼠、牛、虎、兔等①。这样的十二时图像,在中国的墓室壁画中尚属首次发现。饶有兴趣的是,类似娄叡墓布置的十二时图像,曾发现于正仓院所藏的幕布上。正仓院所藏布幕系麻布彩绘,残存有龙尾(图一一)、鸡头(图一二)、犬足、猪尻和云气②。据原田淑人先生考证,此幕布原应横悬于宫殿檐下,约为圣武天皇葬仪所使用者。在天皇即位时,也用十二时图像的横幕,称为"帽额",它也就是唐姚汝能《安禄山事迹》中所称的"项额"。圣武天皇卒年为公元 756 年,即唐玄宗天宝十五年,其葬仪当仿唐制,因此该十二时帽额也应仿自唐朝③。这次在娄叡墓室上方发现的十二时图像,宿白先生认为即

图一二　正仓院藏麻布彩绘鸡头

图一三　正仓院藏白玻璃碗

图一四　正仓院藏竹胎漆胡瓶

① 山西省考古研究所等:《太原市北齐娄叡墓发掘简报》,《文物》1983 年第 10 期。
② [日]奈良国立博物馆:《昭和五十七年正倉院展》,鸡、龙彩色图版,便利堂,1982 年,第 18 ~ 19 页。
③ [日]原田淑人:《正倉院の布幕》,《考古學雜誌》第 36 卷 2 号(1950 年 7 月)。

是模拟此物，但不见于中国北朝时的文献记载①。这也是根据日本所藏遗物，对照中国的考古新发现，为进一步探寻有关实物提供重要线索的突出事例。

第三，在正仓院的藏品中，还有一些来自西亚或是模仿西亚器形的产品，它们也都是由唐朝传往日本的。其中最值得注意的是玻璃器皿。正仓院所藏的玻璃器中，蓝色环纹高柄杯、白玻璃碗（图一三）等，都是来源于伊朗高原的波斯萨珊朝玻璃②。至于把手上端带有翘首的白玻璃瓶，则应是伊斯兰玻璃③。这些玻璃器都是通过中国而传入日本的，已为学术界所公认。至于模仿西方器形的产品，可以银平脱鹿雁花草纹的竹胎漆胡瓶④为例（图一四），器形明显地是模仿了波斯萨珊朝的金属胡瓶。萨珊银胡瓶实物在中国的宁夏、内蒙古等地区曾有出土⑤，它们是经由著名的丝绸之路而传入中国的。那些通过中国而传入日本的西方玻璃器皿，也正是经由丝绸之路运入中国，然后再传到日本去的。

这些都表明，丝绸之路这条历史上各国文化交流的友谊之路，到达它在东方的端点唐代都城长安以后，还可再以长安为起点向东延伸，跨越海洋，到达当时日本都城所在的奈良。正仓院所藏的这些器物，就是日本、中国与西方文化交流有关的遗物，它为丝绸之路向奈良的延伸提供了重要的实物证据。

（原载《考古》1988 年第 4 期）

后记　1981 年，赴日本参加全日空第 9 回古代史讲演会，在 11 月 8 日"古代日中交流史"会上做演讲。回国后将讲稿整理成文，配好插图，送《考古》刊出。

---

① 宿白：《太原北齐娄叡墓参观记》，《文物》1983 年第 10 期，第 27 页。

② 安家瑶：《中国的早期玻璃器皿》，《考古学报》1984 年第 4 期，第 420～421 页。

③ 安家瑶：《中国的早期玻璃器皿》，《考古学报》1984 年第 4 期，第 422 页。

④ ［日］帝室博物馆：《正仓院御物图录》（二），图版三十四～三十六。

⑤ 夏鼐：《近年中国出土的萨珊朝文物》，《考古》1978 年第 2 期；宁夏回族自治区博物馆：《宁夏固原北周李贤夫妇墓发掘简报》，《文物》1985 年第 11 期。

北朝文化源流探讨之一

——司马金龙墓出土遗物的再研究

一

　　西晋王朝覆亡以后，古代中国的政治地图长期被代表各地割据政权的不同色彩分割成若干小块，这种情况在长江以北特别严重，随着那些割据政权的得势和衰亡，不同的色块时而膨胀，时而收缩，有的彩色从地图上消失，另一些新的彩色又在图上出现。不过，图上的色彩虽然在不断变幻分合，但割裂杂乱而缺乏统一的格调始终未能改变。直到公元 5 世纪初才发生了极大的变化，出现了与前不同的相对稳定的局面，形成基本由两种色彩把整个中国地图一分为二的格局，它们分别代表着由鲜卑族拓跋氏建立的北魏和刘裕建立的宋，前者逐渐统一了北方，后者取代了司马氏的东晋，这两个政权南北对峙，于是中国古代历史进入南北朝阶段。

　　相对稳定的政局，有利于社会经济的恢复和发展，同样有利于文化的进步。对于连年因割据纷争而战乱不断的北方，尤其是如此。北魏统一了北方以后，对社会文化发展起主要作用的因素有三：一是对北方和西北地区保留的汉晋文化传统的继承；二是拓跋鲜卑民族文化的发展与改造，以及对北方其他各族文化的汲取；三是南方的吴晋文化的影响。除这三方面的积极因素之外，又从对外文化交流中特别是佛教文化中汲取了养分，最后形成在中国文化史上大放异彩的北朝文化，为以后出现的更加繁荣的隋唐文化打下了基础。

　　上述对北魏文化发展起主要作用的三个因素中，拓跋鲜卑民族文化的发展与改造是其基础。而鲜卑民族文化的发展与改造，正是与对汉晋文化传统的继承及对北方其他各族文化的汲取紧密地联系在一起。当北魏入主以汉族居民为主的中原大地以后，出于维护其统治地位的政治需要，更是加快了对汉晋文化传统的继承和对鲜卑民族文化改造的步伐，留下一行行前进的足迹。我们曾找到过一个可以窥探的窗口，通过它可以观察到北魏初期随葬俑群变化的足迹。当时的埋葬制度由以鲜卑习俗为主，逐渐转向接受汉晋埋葬制度的许多内容，因而出现了具有时代特点的新的随葬俑群。我曾在《北朝陶俑的源流、演变及其影响》一文①中作过简要的叙述。这篇文章中所列举的显示北魏初期陶俑群变化的实例有两组。稍早的一组出自内蒙古自治区呼和浩特北魏墓；稍迟的最具代表性的一组，是 1965 年从山西省大同市石家寨司马金龙墓②的发掘中所获得的。现将有关的两段文字节录于下：

　　大同石家寨发现的司马金龙夫妇合葬墓，葬入时间是延兴四年至太和八年（474～484 年），迟于呼和浩特市内大南侧北魏墓，但还是孝文帝改制前的墓葬，墓中随葬有陶俑。这群陶俑的造型较前成熟，数量也更多，总数超过 360 件，其中披铠步兵、不披铠的轻骑和甲骑具装等俑数量达 210 件，超过出土陶俑总数的一半。俑群各组具体内容如下：第一组，只存 1 件人面兽体的镇墓兽，蹲坐状，背上有一列原插有鬃毛的孔洞；第二组，数量最多，但未见牛车，有马与牵马俑，披铠步兵、轻骑和甲骑具装，还有背负重物的马和骆驼；第三组，男女侍仆，坐地演奏的女乐俑，但所执乐器均已缺失；第四组，缺乏庖厨用具模型，仅有牛、羊、猪、犬、鸡等。陶俑衣多窄袖，腰系带，衣长过膝，又多戴风帽者。女俑常在高髻外面再包巾类。这些可能反映着鲜卑习俗。

　　综观上述两群北魏早期随葬陶俑，可以看出，当时北魏都城平城地

---

① 本文收入《中国考古学研究——纪念夏鼐先生考古五十周年论文集》中，文物出版社，1986年。

② 山西省大同市博物馆等：《山西省大同石家寨北魏司马金龙墓》，《文物》1972 年第 3 期。

区，以至边远的呼和浩特一带，在葬俗中都已间接受到西晋俑制的影响。有些特点如较多的甲骑具装俑则承袭自十六国时期的陶俑。至于骆驼模型等，则是以前未见的新类型。这两群陶俑的出土还给人们带来以下信息，就是在孝文帝改制汉化以前，拓跋鲜卑已经在与汉族接触、交往的过程中，在文化、习俗等方面深受影响，其埋葬制度已由以鲜卑习俗为主，逐渐转向接受汉晋埋葬制度的许多内容，随葬俑群正是其中较明显的一例。这也说明孝文帝进行改革绝不是领袖人物个人意志的表现，而是顺应历史潮流，是有深广的社会基础的。

值得注意的是，司马金龙墓的发掘所带给我们的有关北魏文化发展的信息，并不仅是从俑群变化而显示出来的那一个侧面，还能让我们从中窥察到北魏文化加速前进步伐时留下的另一些足迹，并且可以看出南方吴晋文化的影响。

二

对于努力加速对北方汉晋文化传统的继承和对鲜卑民族文化改造步伐的北魏文化来说，南方的吴晋文化的输入还是极为重要的"滋补剂"，它不仅可以弥补北魏间接继承的北方原存汉晋文化之不足，还带来了东晋文化中的新的精髓。东晋文化虽然是直接沿袭自西晋，但是也融入了新的因素而有所发展。西晋覆亡，中原汉族大量南迁，促进了南方经济的开发。南渡的中原门阀士族也带去了传统的汉晋文化。但是，江南地区三国时已达到相当高度的孙吴文化，在西晋短暂统一江南的时候仍然保持着持续发展的势头，这时就与南渡的汉晋传统文化相汇合，形成新的东晋文化，呈现出一派繁荣景象。动乱和长途搬移为突破汉晋文化的旧的藩篱提供了条件；与孙吴文化的汇合又为其注入了新的养分，尤其为艺术领域的创新提供了有利的土壤。因此，东晋时，绘画、雕塑、书法等方面的艺术之花竞相怒放，涌现出顾恺之、王羲之等著名书画家，他们在各自的艺术门类中开风气之先，创造出具有时代风格的艺术杰作，并且对后世产生了深远的影响。因此，东晋文化艺术的输入对北魏文化的发展是颇为重要的。这里就出现了需要探讨的新问题：东晋的文化艺术成就是如何越过南北军事对峙的障碍，得以大量北传的呢？司马金龙墓的发现，恰好为解决这一问题提供了重要的线索。

司马金龙出身于东晋皇族，他父亲是司马楚之，据《魏书》本传①，系"晋宣帝弟太常馗之八世孙"。由于刘裕建立宋王朝期间，"诛夷司马戚属"，于是司马楚之"亡于汝颖之间"，收万余人据长社，后降北魏。还应注意到，司马楚之当时并不是东晋皇族勋贵中出降北魏的唯一人物。宋武帝刘裕依恃北府兵力，掌握东晋军政大权，最终取代司马氏而建立自己的王朝期间，江南的统治集团以他为中心重新组合。曾与刘裕抗争或与他有个人恩怨的东晋皇族豪门，在这场政治风暴中，有的失势被杀，有的被迫出逃北方。据《宋书·索虏传》所记，公元 442 年（宋元嘉十九年，北魏太平真君三年）北魏武昌王库莫提致刘宋徐州书②中所列的北魏将领中，北逃的东晋皇族豪门几乎占一半，他们是使持节、侍中、都督荆梁南雍三州诸军事、领护南蛮校尉、征南大将军、开府仪同三司、荆州刺史、故晋谯王司马文思，宁远将军、荆州刺史、襄阳公鲁轨，使持节、侍中、都督梁益宁三州诸军事、领护西戎校尉、镇西大将军、开府仪同三司、扬州刺史、晋琅琊王司马楚之，使持节、侍中、都督扬豫兖徐四州诸军事、征南将军、徐兖二州刺史、东安公刁雍和使持节、侍中、都督青兖徐三州诸军事、征东将军、青徐二州刺史、东海公故晋元显子司马天助。由此可以看出，当时投奔北魏的原东晋勋贵深受重用，他们活跃在与刘宋抗争的前线，为北魏取得对刘宋的军事优势起了一定的作用，下面对这些北奔的东晋皇族勋贵的情况作一简要分析。

在刘裕取代东晋的政治风暴中，北奔的主要有两部分人，一部分是不

① 《魏书·司马楚之传》，第 854～857 页。
② 《宋书·索虏传》，第 2334～2336 页。

甘于刘裕夺权的原东晋皇族，另一部分是在原东晋统治集团的权力斗争中与刘裕有矛盾的官员。属于前一部分的主要有司马休之、司马楚之、司马景之、司马叔璠和司马天助，《魏书》均有传。司马休之字季豫，为晋宣帝季弟谯王逊之后，东晋时以逊子孙袭爵，至其父司马恬任镇北将军、青兖二州刺史，他本人曾官至平西将军、荆州刺史①。司马景之字洪略，为晋汝南王亮之后②。司马叔璠为晋安平献王孚之后，其父司马昙之为东晋河间王③。司马天助的族系不详，自称是东晋骠骑将军司马元显之子④。属于后一部分的主要有刁雍、王慧龙、韩延之、袁式、鲁轨等人。以刁雍为例，他的曾祖刁协在东晋时位至尚书令，父亲刁畅为右卫将军。"初，畅兄逵以刘裕轻狡薄行，负社钱三万，违时不还，执而征焉。"因此，当刘裕得势，"以嫌故先诛刁氏，雍为畅故吏所匿"，得以北逃⑤。王慧龙北逃的原因与刁雍近似，其祖父王愉为东晋尚书仆射，"初刘裕微时，愉不为礼，及得志，愉合家见诛。慧龙年十四，为沙门僧彬所匿"，故而被迫北逃⑥。关于他们北逃的具体方式，也有两种情况。第一种是直接出降北魏，如司马楚之和司马天助。第二种是先归附后秦姚兴，原因是后秦政权建立之初就与汉族豪门地主有较紧密的结合，更多地继承了汉族地主阶级封建统治的传统⑦。到公元 417 年刘裕灭后秦时，这些人才被迫转降北魏。据《魏书·司马休之传》，"裕灭姚泓，休之与文思及德宗河间王子道赐，辅国将军温楷，竟陵内史鲁轨，荆州治中韩延之、殷约，平西参军桓谧、桓璲及桓温孙道度、道子、渤海刁雍、陈郡袁式等数百人，皆将妻子诣（长孙）嵩降"⑧。在上述降于北魏的原东晋皇族勋贵中，最受重视的应属司马楚之家族。

---

① 《魏书·司马休之传》，第 853 ~ 854 页。
② 《魏书·司马景之传》，第 860 页。
③ 《魏书·司马叔璠传》，第 860 ~ 862 页。
④ 《魏书·司马天助传》，第 862 页。
⑤ 《魏书·刁雍传》，第 865 页。
⑥ 《魏书·王慧龙传》，第 875 页。
⑦ 黄烈：《魏晋南北朝民族关系的几个理论问题》，《历史研究》1985 年第 3 期。
⑧ 《魏书·司马休之传》，第 854 页。又见《太宗纪》泰常二年（417 年）条，第 57 ~ 58 页。

三

司马楚之的父亲司马荣期，曾任东晋梁益二州刺史，被其参军杨承祖所杀。"楚之时年十七，送父丧还丹杨。值刘裕诛夷司马戚属，叔父宣期、兄贞之并为所杀。楚之……乃亡于汝颍之间。"① "及刘裕自立，楚之规欲报复，收众据长社，归之者常万余人。"泰常四年（419 年），北魏"山阳公奚斤略地河南，楚之遣使请降"。由于司马楚之系东晋皇族，且"少有英气，能折节待士"，对河南地区汉族民众有一定号召力，故他的来降正合于北魏统治集团政治和军事上的需要，当即"假楚之使持节、征南将军、荆州刺史"。"奚斤既平河南，以楚之所率户民分置汝南、南阳、南顿、新蔡四郡，以益豫州。"此后为了对抗刘宋入侵，又"以楚之为使持节、安南大将军，封琅琊王，屯颍川以拒之"。据说因他之故，"百姓思旧，义众云集，汝颍以南，望风翕然"，对巩固北魏对河南地区的统治起了很大作用。除了对抗刘宋以外，司马楚之还在北魏征凉州、平仇池、伐蠕蠕等战争中，屡立功勋。他镇戍云中长达 20 余年，深受北魏皇帝宠信。司马楚之死于和平五年（464 年）②，时年 75 岁。"高宗悼惜之，赠都督梁益秦宁四州诸军事、征南大将军、领护西戎校尉、扬州刺史，谥贞王，陪葬金陵。"所以《魏书》评论道："诸司马以乱亡归命。楚之风概器略，最可称乎？其余未足论也。而以往代遗绪，并当位遇，可谓幸矣。"③

司马楚之入北魏时，长子宝胤随行。他入魏后，又"尚诸王女河内公主"，生子金龙和宝龙。金龙字荣则，献文帝拓跋弘在东宫时，他为太子侍讲。"后袭爵，拜侍中、镇西大将军、开府、云中镇大将、朔州刺史。征为吏部尚书。"司马金龙死于太和八年（484 年），"赠大将军、司空公、冀州刺史，谥康王"。正与出土墓表所记，"使持节侍中镇西大将军吏部尚书羽真

① 详见《魏书·司马楚之传》，本节引文未注出处者均引自此传，不另注。
② 据《魏书·高宗纪》，和平五年冬十月，"琅琊王司马楚之薨"，第 122 页。
③ 《魏书》卷三七"史臣曰"，第 863 页。

司空冀州刺史琅琊康王"① 相同。据《魏书》本传，他先娶太尉、陇西王源贺女，后娶沮渠氏，"即河西王沮渠牧犍女，世祖妹武威公主所生也。有宠于文明太后"。可能因为源贺女先死，故与金龙合葬一墓，墓中也出土有她的墓志。据墓志可知，她名姬辰，死于延兴四年（474 年)②。姬辰生子三人：延宗、纂（茂宗）、悦（庆宗）；沮渠氏生子一人：徽亮。诸子中，延宗早死，徽亮因罪失爵。司马悦较有才干，官至征虏将军、豫州刺史，封渔阳县开国子，于永平元年（508 年），为城人白早生所杀，后四年葬于"温县西乡岭山之阳"。其墓已于 1979 年被发现，位于河南省孟县城西南 2.5 公里的斗鸡台，有墓志出土③。其子司马朏，"尚世宗妹华阳公主，拜驸马都尉，特除员外散骑常侍，加镇远将军"。夫妇二人均死于正光五年（524 年）。

司马金龙之弟名跃，字宝龙，"尚赵郡公主，拜驸马都尉。代兄为云中镇将、朔州刺史，假安北将军、河内公"。司马跃死于太和十九年（495 年）。

综上所述，司马楚之父子久镇云中，其子孙多人与北魏皇室联姻，终北魏之世，这一家族长盛不衰。现据有关史籍，将其家族世系列表于下④。

司马楚之家族世系表

注：表中略去司马楚之与司马金龙的卒年及所赐官职

---

① 山西省大同市博物馆等：《山西省大同石家寨北魏司马金龙墓》，图七，《文物》1972 年第 3 期，第 26、27 页。
② 山西省大同市博物馆等：《山西省大同石家寨北魏司马金龙墓》，《文物》1972 年第 3 期，第 26～27 页。
③ 孟县人民文化馆：《孟县出土北魏司马悦墓志》，《文物》1981 年第 12 期；《河南省孟县出土北魏司马悦墓志》，《考古》1983 年第 3 期。
④ 主要据《魏书》。《北史》本传与之相同，但较简略。此外参照司马金龙、姬辰石铭表及司马悦墓志。

四

前已述及，在司马楚之家族中，司马金龙及其子司马悦的墓葬已被发现，特别是司马金龙墓，其墓葬形制和出土遗物等方面都为分析北魏墓葬制度的演变提供了重要依据。宿白先生指出，司马金龙墓"形象地说明"了 5 世纪中叶以后，平城地区汉族的上层人物，几乎完全恢复了他们旧日的奢侈生活，并且强烈地谋求恢复封建的等级制度①。在该墓后室右侧有安放棺木的石床，石床后侧原放有漆木屏风，石床上还存有一石砚。后室前部的过道后部原置日用器物，现存有陶壶、青瓷唾壶、漆榼、铁剪和铁马镫等。在过道前部东侧，尚存司马金龙夫妇石铭表。对此宿先生认为，"后室和过道部分的布置和同时的南方地区以及魏晋时期中原地区较高的统治阶级墓葬基本一致"②。而在这组出土遗物中，给人印象最深的首推那具漆画木屏风。由于盗扰，它已被拆散，凌乱抛置于室内。四个雕刻精美的石屏跌保存完好，但木质的屏板和边框残损较甚，可幸的是，部分屏板保存尚属完整，其上漆画也保留着鲜艳的彩色。

较完整的屏板尚有 5 块，每块长约 80 厘米，宽约 20 厘米，厚约 2.5 厘米，上下和两侧均有榫卯，可以与相邻的屏板和上下边框相榫合。其正、背两面满髹朱红漆为衬底，上面横分成四栏，每栏高 19～20 厘米，依次绘画，以一幅或数幅为一单元，并在每单元侧写题记。题记均先髹黄漆为底，再以黑漆加框并画栏，然后书写。所绘人物均用黑漆勾勒轮廓，面部和手部敷白，再用墨书勾眉目，其余衣饰、器用分别施有黄、白、青绿、橙红、灰蓝等色彩。至于残存的边框，约宽 7 厘米，上绘有四神、流云、飞鸟、神兽、童子及忍冬等纹饰。王世襄认为，"从屏上的

---

① 宿白：《盛乐、平城一带的拓跋鲜卑——北魏遗迹——鲜卑遗迹辑录之二》，《文物》1977 年第 11 期。

② 宿白：《盛乐、平城一带的拓跋鲜卑——北魏遗迹——鲜卑遗迹辑录之二》，《文物》1977 年第 11 期。

浅色色彩容易脱落这一现象来看，应当是用油料调成的，故其坚实耐久不及黑漆"[1]。他还指出，"至于配色的油料似乎不能排除用核桃油的可能"，并且可能是"密陀绘漆器"[2]。它是中国古代漆绘工艺史上的重要标本。至于屏面画的内容，主要是古列女图，据现有榜题可知，有"帝舜二妃娥皇女英""启母""周太姜""孙叔敖□母""汉成帝班倢伃""灵公夫人"，等等。关于该屏风的复原设想，我曾在《漫话屏风》一文中谈过[3]，它应为一具上饰漆画列女图的十二牒四尺石础木屏风。

司马金龙墓的屏风漆画最引人注意的是其中所绘的题材，以及人物的形象和服饰，绝不见北魏早期造型艺术作品中习见的鲜卑式样。论者一致认为，它与传本顾恺之《女史箴》《列女仁智》等图摹本的内容和风格近似，甚至有些局部构图如出一辙，常被举出的例子有"灵公夫人"和"汉成帝班倢伃"两幅（图一）[4]。这只能说明，它们可能是作自同样的底本。再观其艺术风格，特别是轮廓线的勾勒，则又似南京西善桥南朝墓出土的"竹林七贤与荣启期"拼镶砖画[5]，那幅砖画的笔法，正反映着顾恺之的紧劲连绵、笔迹周密的画风（图二）[6]。在宁夏固原的一座北魏墓中，曾出土一具残漆画木棺[7]。漆画工艺似与此屏风相近，但所绘人物形象呈现出明显的差别，服饰多为鲜卑装，轮廓线用笔呆滞而缺乏神韵。对比之下，司马金龙墓的屏风漆画呈现出极为浓郁的东晋南朝绘画风格，它应该是江南顾恺之所开创的画风影响下的产物，换言之，它是受东晋文化影响的产物。

---

① 王世襄：《髹饰录解说》，文物出版社，1983年，第90页。
② 王世襄：《中国古代漆工杂述》，《文物》1979年第3期。
③ 杨泓：《漫话屏风——家具谈往之一》，《文物》1979年第11期。
④ 志工：《略谈北魏的屏风漆画》，图一、三，《文物》1972年第8期，第56、59页；王伯敏：《中国绘画史》，上海人民美术出版社，1982年，第80页；李浴：《中国美术史纲》（上），辽宁美术出版社，1984年，第432页。
⑤ 参看《略谈北魏的屏风漆画》，第56页。
⑥ 杨泓：《格调逸易、新奇妙绝——记六朝的画象（像）砖和拼镶砖画》，《中国美术》1982年第1期。
⑦ 固原县文物工作站：《宁夏固原北魏墓清理简报》，《文物》1984年第6期。

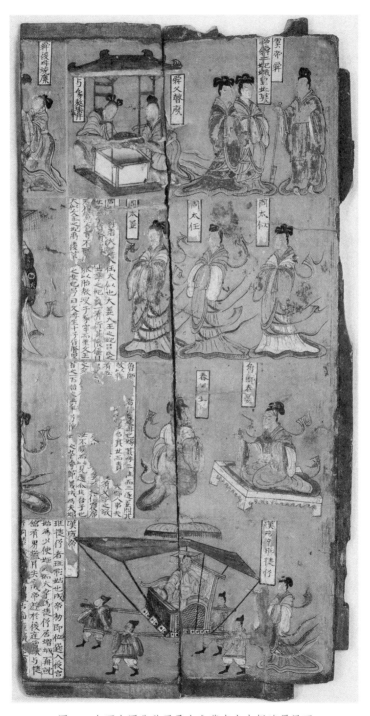

图一　山西大同北魏司马金龙墓出土木板漆屏风画

图二　山西大同北魏司马金龙墓
出土木板漆屏风画

应该指出，散发着浓郁的新兴的东晋艺术特色的漆屏风画出土于司马金龙墓中，绝不是偶然的，只能说明屏风的主人不仅欣赏，而且提倡屏风画艺术。

还应看到，屏风漆画虽然出自当时下层工匠之手，但是它和流行于老百姓中的民间工艺美术品不同，不能简单地推论为这种题材和风格的美术品就是民间工匠的创作。漫长的封建社会中，"中国历来只是地主有文化，农民没有文化。可是地主的文化是由农民造成的，因为造成地主文化的东西，不是别的，正是从农民身上掠取的血汗"①。东晋时期，从农民身上榨取的血汗造成了文化的繁荣，才使这种题材和风格的绘画艺术，被当时上层统治集团中的人物顾恺之创新出来，并提到绘画理论的高度。至今还保留有顾恺之写的《论画》《魏晋胜流画赞》和《画云台山记》②。他的绘画成为东晋文化的特色之一，极受世家豪门推崇，也受平民百姓的欢迎。顾恺之在瓦棺寺画维摩诘像，

① 毛泽东：《湖南农民运动考察报告》，《毛泽东选集》第一卷，人民出版社，1969年，第39页。
② 张彦远：《历代名画记》卷五，人民美术出版社点校本，第116～121页。

因而"施者填咽，俄而得百万钱"的传说①，就是极好的例证。因此，顾恺之画的粉本流传广泛，一般匠人也能据以制出拼镶砖画和屏风漆画等工艺美术杰作。

通过剖析司马金龙墓出土木屏漆画，透露出吴晋文化在北魏都城平城的影响，也透露出东晋末到刘宋初自江南北逃的司马楚之家族，一直对东晋文化艺术怀有深厚的情感。

五

"痛哭去旧国，衔泪届新邦。"②

韩延之曾借上述诗句，表达了这批北奔的原东晋皇族勋贵们的心声。他们与南迁初期的他们的先辈不同，不再为怀念中原而无限惆怅，而在感情上认为江南才是自己的故乡。他们与刘裕抗争失败，为保身家性命，只能忍痛离开"旧国"，自然对那里的文化艺术与礼仪制度十分留恋，但是这些又与土地不同，还是可以直接或间接地随着主人同移至"新邦"。因此，他们自觉或不自觉地将东晋时萌发的新的文化艺术成果移植到北魏控制的中原大地。

还应看到，这些东晋皇族勋贵之北奔，并非是单个人的行动，跟随他们的还有其亲族及部曲。以司马楚之为例，他据长社的时候，已是"归之者常万余人"。入魏后，"以楚之所率户民分置汝南、南阳、南顿、新蔡四郡，以益豫州"③，可见人数之多。再如刘裕灭姚泓时，与司马休之一起转降北魏的包括韩延之、殷约、刁雍、袁式等数百人，他们都携家眷同奔，其势力自然不容忽视，人数也颇为可观。类似的大规模的行动和人员流徙，自会将许多东晋的物质文化携至"新邦"。

① 张彦远：《历代名画记》卷五，人民美术出版社点校本，第113～114页。
② 韩延之：《赠中尉李彪诗》，《先秦汉魏南北朝诗》引《诗纪》，中华书局，1983年，第2197页。
③ 《魏书·司马楚之传》，第855页。

以北奔的原东晋勋贵为中介移植到中原地区的吴晋物质文化，对北魏文化主要产生了两个影响。一种是直接的影响，诸如由江南带来的器用、服饰、宝货、绘画等实物，以及有关的制造技术、工艺规范、图像底本等，乃至随之迁来的有关匠师。司马金龙墓中出土的漆画木屏风，即属于这类直接影响的产物。屏风上的漆画虽不一定是自江南输入的，但描绘时所根据的底本，如上文所分析，来自江南无疑。同时，提倡和传播这些艺术品的家族，在北魏朝廷中越显贵，与皇室关系越密切，其影响也越大。因此，自入魏即深受宠信、子孙多人曾与北魏皇室联姻的司马楚之家族对此起了一定的作用，司马金龙墓的出土遗物，正好给我们带来了这样的信息。

与上述直接的影响不同的间接影响，其作用更加深远。由于北奔的东晋勋贵中有不少人是学识渊博之士，他们除了在政治或军事方面对北魏朝廷有所贡献外，更在文化传播方面发挥了作用。如渤海刁雍，在他北奔至后秦时，即因其"博览书传，姚兴以雍为太子中庶子"①。再入北魏以后，他除了在军事方面有所建树外，还推动水利的兴修和提倡水运，受到北魏皇帝的嘉许。据《魏书》本传，刁雍"好尚文典，手不释书，明敏多智。凡所为诗赋颂论并杂文，百有余篇"②。刁雍曾上表，向文成帝建议"修礼正乐"③。比刁雍更值得重视的是陈郡袁式。据《魏书》本传，"式沉靖乐道，周览书传，至于诂训、仓、雅，偏所留怀。作《字释》，未就"。又说袁式于"泰常二年归国，为上客，赐爵阳夏子。与司徒崔浩一面，便尽国士之交。是时，朝仪典章，悉出于浩，浩以式博于古事，每所草创，恒顾访之。性长者，虽羁旅飘泊，而清贫守度，不失士节，时人甚敬重之，皆呼曰袁谘议"④。当时崔浩"征海内贤才，起自仄陋，及所得外国远方名

---

① 《魏书·刁雍传》，第 865 页。
② 《魏书·刁雍传》，第 871 页；《北史·刁雍传》，第 948 页。
③ 《魏书·刁雍传》，第 869 页。
④ 《魏书·袁式传》，第 880~881 页。

士，拔而用之，皆浩之由也，至于礼乐宪章，皆归宗于浩"[1]。陈寅恪先生曾指出："崔浩传所谓外国远方名士，当即指河西诸学者或袁式而言。"[2]可以想见，以袁式为代表的北奔的东晋士族，对当时北魏釐革礼仪制度起了一定作用。因此，早在王肃于太和十七年（493 年）北奔以前[3]，吴晋文化影响已渗透于北魏的文化制度之中，那些北奔的东晋皇族贵胄，不自觉地充当了沟通南北文化的运输队，他们在互相斗争中，也为中华民族文化的发展做出了贡献，这些顺应历史潮流而起的作用，自然是他们始料不及的事。

通过司马金龙墓的发掘（顺便应提到，至今该墓的正式发掘报告尚未问世，木屏漆画也从未全部发表过，这是令人遗憾的事），使我们得以一窥北魏文化进程中的足迹，但这仅如在长长的隧道中遥见远方洞口微透的光亮一样，要想全面阐述北朝文化史，还要走相当长的路，能否到达洞口，只有靠史学界和考古学界的通力合作才成。

（原载《北朝研究》1989 年第 1 期）

后记 本文原为文物出版社成立 30 周年纪念文集《文物与考古论集》而作，当时杨瑾社长向我约稿时，我提出是否可用另一个角度去诠释出土文物，增浓史学色彩，她很同意，但本文写成后，负责编文集的叶青谷兄坚持认为文中文物味不浓，要改用他认为文物味浓的《东晋、南朝拼镶砖画的源流及演变》一文。后来我的同学孙国璋代《北朝研究》杂志来约稿，因此本文发表于该刊。

---

[1] 《北史·崔宏传附崔浩传》，第 787 页。
[2] 陈寅恪：《隋唐制度渊源略论稿》，中华书局，1977 年，第 39 页。
[3] 《魏书·王肃传》，第 1407 页。又见《北史》，第 1537 页。

关于南北朝时期青州地区考古的思考

一

　　1996 年，在山东省青州市发现了龙兴寺遗址。据报道，寺址位于青州古城西门南部，占地近 3 万平方米。过去在该寺遗址范围内曾多次发现过北朝时期的贴金绘彩石造像①。这次在寺址中轴线北部大殿后 5 米处，发现一处面积近 67 平方米的窖藏坑，从坑中清理出佛教造像约 200 余尊，其时代自北魏始，经历东魏、北齐、隋、唐，直至北宋年间，但以北朝时期的贴金绘彩石造像最吸引学者的注意（图一）②。这批资料公布后不久，台北故宫博物院于 1997 年举办了"雕塑别藏——宗教篇"特展，并于同年 7 月出版特展图录。书中披露有石愚山房、静雅堂、震旦文教基金会等收藏的北朝时期青州石造像多件，有的贴金绘彩保存颇好，显系近年出土而流失的文物，其中不乏精品③。上述两批青州佛教石造像精品，自然使人忆及此前青州地区有关南北朝佛教石造像的多次考古发现。

　　青州地区④出土的南北朝佛教石造像，除上述青州龙兴寺遗址的发现

---

① 青州市博物馆：《山东青州发现北魏彩绘造像》，《文物》1996 年第 5 期，第 68 页；青州市博物馆夏名采、刘华国、杨华盛：《山东青州出土两件北朝彩绘石造像》，《文物》1997 年第 2 期，第 80~81 页。

② 青州市博物馆：《青州龙兴寺佛教造像窖藏清理简报》，《文物》1998 年第 2 期，第 4~15 页。

③ 台北故宫博物院编辑委员会：《雕塑别藏——宗教篇特展图录》，台北故宫博物院，1997 年 7 月。

④ 本文所述南北朝时的青州地区，泛指南朝宋时的青州领域，北朝时北魏以降的青州，并扩及其北齐州领域，其中心在今山东青州市及淄博、临朐、潍坊一带。

外，在青州市城东兴国寺故址还
采集残佛教石造像近 40 件，主要
是北朝遗物①。除青州市外，最值
得重视的两组遗物分别发现于临
朐和诸城。临朐发现北朝造像的
时间远早于青州市，但是正式将
这批考古资料发表的时间又远远
迟于青州市。1984 年，在临朐上
寺院村原明道寺舍利塔塔基地宫
中，出土佛教石造像残块 1200 余
块，其中 18 件残像有纪年铭文，
还有 1 件"沂山明道寺新创舍利
塔壁记"石碑②。1988 ~ 1990 年，

图一　山东青州龙兴寺出土东魏
天平三年尼智明造石佛像

在诸城发现一处古代佛寺废址，出土佛教石造像残体超过 300 件③。早在
1978 年，在诸城林家村镇青云村发现过窖藏铜造像等 7 件④。此外，在博
兴⑤、广饶⑥、高青⑦和更北的无棣⑧，都有北朝造像被发现。其中值得重视
的一组遗物出土于博兴县城东北龙华寺遗址，1976 ~ 1984 年先后出土石造
像、铜造像和瓦当等文物，石、铜造像共达 200 件，主要为北朝制作⑨。

---

① 夏名采、庄明军：《山东青州兴国寺故址出土石造像》，《文物》1996 年第 5 期，第 59 ~ 67 页。
② 临朐县博物馆：《山东临朐明道寺舍利塔地宫佛教造像清理简报》，《文物》2002 年第 9 期，
　第 64 ~ 83 页。
③ 诸城市博物馆：《山东诸城发现北朝造像》，《考古》1990 年第 8 期，第 717 ~ 726 页；杜在忠、
　韩岗：《山东诸城佛教石造像》，《考古学报》1994 年第 2 期，第 231 ~ 262 页。
④ 诸城县博物馆韩岗：《山东诸城出土北朝铜造像》，《文物》1986 年第 11 期，第 95 ~ 96 页。
⑤ 博兴县图书馆李少南：《山东博兴的一处铜佛像窖藏》，《文物》1984 年第 5 期，第 95 ~ 96 页。
⑥ 东营市历史博物馆赵正强：《山东广饶佛教石造像》，《文物》1996 年第 12 期，第 75 ~ 83 页。
⑦ 常叙政、于丰华：《山东省高青县出土佛教造像》，《文物》1987 年第 4 期，第 31 ~ 35 页。
⑧ 惠民地区文物管理组：《山东无棣出土北齐造像》，《文物》1983 年第 7 期，第 45 ~ 47 页。
⑨ 常叙政、李少南：《山东省博兴县出土一批北朝造像》，《文物》1983 年第 7 期，第 38 ~ 44
　页；博兴县图书馆李少南：《山东博兴出土百余件北魏至隋代铜造像》，《文物》1984 年第 5
　期，第 21 ~ 31 页；山东省博兴县文物管理所：《山东博兴龙华寺遗址调查简报》，《考古》
　1986 年第 9 期，第 813 ~ 821 页。

除佛教遗物外，青州地区的南北朝时期墓葬的清理发掘资料也极引人注目。南朝墓葬资料发现较少，临朐柳山镇魏家庄刘宋元嘉十七年（440年）墓是值得注意的资料，出土有纪年铭砖和画像砖①。北朝的墓葬资料发现稍多，1986年，在临朐冶源镇海浮山南坡发现了崔芬墓②，其墓室壁画吸引了学者的注意③。崔芬为东魏威烈将军、行台府长史，卒于北齐天保元年（550年）④。2000年，又在临朐县西南五井镇发现一座残毁的北朝晚期画像石墓⑤。早在1971年，在青州市（原益都县）城南有一座被破坏的北齐石室墓，墓中残存10件石板，其中8件有精致的线刻画，据云该墓葬于武平四年（573年）⑥。在稍北的今淄博市一带，更不断有重要的北朝墓被发现。1973～1983年，在淄博市临淄区大武乡窝托村南，发现过清河崔氏一个重要支系的族葬墓地。已发掘了其中的19座⑦，其中包括曾撰写过《十六国春秋》的崔鸿的坟墓。此外，1982年，还曾征集到20世纪70年代于淄川区二里乡石门村出土的北魏永熙三年（534年）傅竖眼墓志⑧。同年还征集到出土于淄川区和庄北朝墓的青釉莲花瓷尊等遗物⑨。此外，在济南附近还发现过两座北朝时期的壁画墓，一座是1984年发掘的济南旧城东南马家庄北齐武平二年（571年）□道贵墓⑩，另一座是1986年在济南老城南的东八里洼清理的北朝壁画墓⑪。此外，在历城县西郊发现过北

① 宫德杰、李福昌：《山东临朐西晋、刘宋纪年墓》，《文物》2002年第9期。
② 山东省文物考古研究所、临朐县博物馆：《山东临朐北齐崔芬壁画墓》，《文物》2002年第4期。
③ 1989年，崔芬墓的部分壁画即被收入《中国美术全集》（文物出版社，1989年）的《墓室壁画》卷，图版57～59。
④ 临朐县博物馆：《北齐崔芬壁画墓》，文物出版社，2002年。
⑤ 宫德杰：《山东临朐北朝画像石墓》，《文物》2002年第9期。
⑥ 夏名采：《益都北齐石室墓线刻画像》，《文物》1985年第10期。
⑦ 山东省文物考古研究所：《临淄北朝崔氏墓》，《考古学报》1984年第2期；淄博市博物馆、临淄区文管所：《临淄北朝崔氏墓地第二次清理简报》，《考古》1985年第3期。
⑧ 张光明：《山东淄博市发现北魏傅竖眼墓志》，《考古》1987年第2期。
⑨ 淄博市博物馆、淄川区文化局：《淄博和庄北朝墓葬出土青釉莲花瓷尊》，《文物》1984年第12期。
⑩ 济南市博物馆：《济南市马家庄北齐墓》，《文物》1985年第10期。
⑪ 山东省文物考古研究所：《济南市东八里洼北朝壁画墓》，《文物》1989年第4期。

齐宜阳国太妃傅华墓①。

<h2 style="text-align:center">二</h2>

南北朝时期青州地区已发现的佛教美术品和墓葬资料，主要是属于公元 5 世纪中叶以后青州地区归入北魏版图后的北朝遗物，也就是自北魏献文帝拓跋弘皇兴年间（467～471 年）始，经东魏至北齐时期。这些遗物除了显示出当时普遍的时代风格以外，也显露出许多不同于当时北朝其他地区的特点，很值得注意。

对于青州地区过去发现的金铜或石刻佛教造像，20 世纪 80 年代至 90 年代初，有学者进行过考古类型学的分析以及分期研究②。但是受当时发现的资料所限，其注意力集中于探讨这地区的造像（特别是金铜造像）与当时中原地区（特别是河北地区，北魏时的定州）的共同特征，并据佛教史中僧朗移居泰山的事迹③，说明当时山东佛教与河北佛教的联系，从而寻出当时定州地区造像（以河北曲阳修德寺废址出土的一批石造像④为代表）对青州地区造像的影响。另外，从博兴鎏金铜佛纪年造像，观察出北魏后期四足佛座、舟形背光沿用过久、褒衣博带佛衣出现较迟等特征，以及北齐河清年间（562～565 年）造像还保留有北魏正光年间（520～525 年）造像的样式，推断出青州地区造像具有相对保守性。究其原因，是青州距离北魏后期都城洛阳及东魏—北齐都城邺等政治文化中心过远，又地

---

① 济南市博物馆韩明祥：《释北齐宜阳国太妃傅华墓志铭》，《文物》1985 年第 10 期。

② 丁明夷：《谈山东博兴出土的铜佛造像》，《文物》1984 年第 5 期；刘凤君：《山东地区北朝佛教造像艺术》，《考古学报》1993 年第 3 期。

③ 僧朗，京兆人，少曾事佛图澄，见《水经注》洛水条。前秦苻坚皇始元年（351 年），"移卜泰山，与隐士张忠为林下之契，每共游处"。后"朗乃于金舆谷昆仑山中别立精舍，犹是泰山西北之一岩也。峰岫高险，水石宏壮。朗创筑房室，制穷山美，内外屋宇数十余区，闻风而造者百有余人，朗孜孜训诱，劳不告倦"。后人称金舆谷为朗公谷。《高僧传》卷五《晋泰山昆仑岩竺僧朗》，汤用彤校注本，中华书局，1992 年，第 190～191 页。

④ 罗福颐：《河北曲阳县出土石像清理工作简报》，《考古通讯》1955 年第 3 期；杨伯达：《曲阳修德寺出土纪年造像的艺术风格与特征》，《故宫博物院院刊》1960 年总 2 期。

处滨海。但是通过后来的考古发现可以看出，上述观察只反映出青州地区北朝佛教造像的一个侧面，而忽视了另一个侧面。青州龙兴寺址佛教石造像窖藏坑、临朐原明道寺塔基地宫佛教石造像和诸城古代佛寺废址石造像的发现，使我们有可能窥知青州地区北朝佛教造像的另一侧面，从而可以较清晰地了解其全貌。遗憾的是，青州龙兴寺窖藏和临朐明道寺地宫两处发现，目前仅发表过发掘简报，特别是龙兴寺窖藏佛像，虽热衷于在国内外到处展览，但迄今未见撰写正式发掘报告。因此，对这一地区北朝佛教石造像的分析，主要借助诸城石造像的正式发掘报告及其分期研究。

诸城造像报告中将出土石造像分为五组四期：第一期即第一组，属于北魏晚期；第二期即第二组，从东魏初期至东魏末期；第三期即第三组，自北齐文宣帝天保年间始，主要为北齐前期；第四期包括第四、五两组，从北齐后期到北周初年，约在公元 572 年前后。由造像服饰看，第一期佛像的"褒衣博带"式佛衣，为北方地区北魏中晚期以来常见的服饰。到了第二期，此种佛衣趋向单薄，特别是披着方式由右领襟甩搭左肘，逐渐改为敷搭左肩，这类服饰至第三期普遍流行开来。这与北齐时北方地区造像流行的敷搭双肩的下垂式佛衣有了明显的差异。同时，佛衣的衣纹日趋简化，甚至不刻衣纹，贴体下垂。第四期更多见内着几层佛衣，衣领、衣带装饰多样化，衣带系出花结再垂悬胸前，同时多不刻划衣纹。佛衣不刻划衣纹，但通体施彩绘。标本 SZF：16 彩绘保存较好，该造像头和足下残，刻出内外四重衣饰，衣带复杂多变，最外一重由衣领两侧引出长带，结绕垂悬胸前。佛衣不刻衣纹，全施彩绘，为朱红田字格图案，边框赭色，并以黑白线勾边。在朱红田格中以单线勾画人物图像，腹下两侧各田格中都是三人立像组合，中央似佛形象，两侧胁侍身高低于中尊。中间诸田格内彩绘剥落严重，隐约可见似有须弥山、飞天等。与佛像衣饰刻划趋简不同，菩萨像的佩饰却日渐繁缛，刻工亦趋精细，出现项圈串饰和璎珞组成的复杂项饰，有的全身披悬网状璎珞，两腿间垂饰宽带，装饰华美，亦涂金施彩。与衣饰的变化相适应，第三、四期造像的形体也发生变化，由臂胛窄瘦、面相清秀向圆肩乃至宽肩、面相方圆转化。上述变化并不是诸城这组造像所独有，青州地区出土佛教石造像都显示出近似的变化，青州市龙兴寺窖藏和临朐明道寺地宫出土的标本显得更加突出。

在青州市龙兴寺窖藏出土佛教石造像中，从东魏晚期开始，有别于"褒衣博带"佛衣的佛教造像遂渐兴起，到北齐时则趋于流行。造像面相圆润丰满，而且肩胛宽厚而腰身细瘦，多单体立姿。佛衣贴身，质薄透体，衣纹舒朗，多作双线，纹褶舒叠下垂，有的甚至不刻衣纹，更显薄衣贴身，衣下肌体隐现，近于画史所描述的"出水"之姿。佛衣外施彩绘，多画出田字框格，多用朱红色。又常在田字格内绘人物图像，或在田字格内剪地浅浮雕各种人物图像（图二、三）。

图二　山东青州龙兴寺　　　　图三　山东青州龙兴寺
　出土北齐石佛像　　　　　　　出土北齐石佛像

143

青州地区佛教石造像的造像新风，看来并非仿自河北定州地区曲阳石造像。因为与曲阳修德寺废址出土的那组石刻造像相比较，那里造像的佛衣简刻衣纹是北齐末年才流行，大约是北齐后主天统、武平年间的事，直到承光元年（577年）高罗候造双思惟像，才是长裙几乎完全光素，无褶纹。这表明，青州地区薄衣透体无衣纹的造像，来源并非是定州，如果不是地方创造，就是另有渊源。而且它们是具有开创精神而非滞后保守的艺术创作，因此，对青州地区的佛教造像的风格流变还需另作深入研究。

三

青州地区已出土的北朝佛教造像，只有小型铜像有早到太和初年的标本，形体较大的石刻造像则还未见较早的标本。目前所知的石刻佛像迟至正光年间，据传出土于青州市西王孔庄的张宝珠造像纪年为正光六年（525年），为背屏式三尊像，高220厘米①，是青州市发现北朝石佛像年代最早的一尊。龙兴寺窖藏出土石佛像中，纪年最早的一尊是永安二年（529年）韩小华造弥勒及胁侍三尊像（图四）②。如与曲阳修德寺废址窖藏内石佛像相比，时间相差不多。曲阳有17件北魏纪年造像，最早的一件是神龟三年（520年）上曲阳邑义二十六人造弥勒三尊像，但该像残损过甚，缺乏佛像头部，此外是8件正光年间的造像，其中正光四年（523年）郅扳延造弥勒像头部保存完好，可以看出，其面相与青州正光六年像大致相同。在曲阳造像被发现后不久，学者们就已注意到这些像与洛阳龙门石窟瘦削修长的造像不同，造型由修长变矮，面形由长而瘦削变为额方颐圆，呈现出新的风貌③。不过那时还难于弄清楚这一变化的源头。直到20

① 山东省博物馆：《北魏正光六年张宝珠等造像》，《文物》1961年第12期。
② 《山东青州龙兴寺出土佛教石刻造像精品》编辑委员会：《山东青州龙兴寺出土佛教石刻造像精品》，1999年，第40～41页图版。
③ 杨伯达：《曲阳修德寺出土纪年造像的艺术风格与特征》，《故宫博物院院刊》1960年总2期，第43～45页。

图四　山东青州龙兴寺出土北魏韩小华造石造像

世纪 70 年代末到 80 年代初，对洛阳北魏永宁寺遗址进行发掘，特别是发掘了著名的永宁寺九级浮图的基址①，获得了超过 1500 件彩塑残件，包括等身像或比等身像更大的塑像残块，以及 1 米左右高度的中型塑像残块和小型影塑残像，不少保存较完好的中型和小型残头像，可以清晰地看出当时造像面部特征，大致是"面相方圆，长眉细目，直鼻大耳，小口薄唇，表情含蓄，隐现庄严慈祥之容"②。特别是细而微上斜的眼睑间不刻划晴珠，嘴小而两嘴角微翘略含笑意，最具传神特色。永宁寺为孝明帝之母灵太后胡氏所立皇家大寺，塑像代表了当时塑工的最高水平，也反映出当时引领潮流的时代风尚。十分明显，永宁寺塑像面相方圆，一改前此削瘦的新风，这源于南朝艺术风格的变化，也就是由顾恺之到陆探微的清瘦造型，转向以张僧繇的丰腴面相，即由重"骨"转向重"肉"，由密体向疏

① 中国社会科学院考古研究所：《北魏洛阳永宁寺——1979～1994 年考古发掘报告》，中国大百科全书出版社，1996 年。
② 中国社会科学院考古研究所：《北魏洛阳永宁寺——1979～1994 年考古发掘报告》，中国大百科全书出版社，1996 年，第 149 页。

体的转变①。在北魏皇室的带动下，模仿南朝造型新风自然向都城洛阳以外地区迅速扩展。永宁寺塔内塑像，到神龟二年（519 年）八月胡太后登塔时尚未安置各种神像。显然，于塔内供奉神像应是神龟二年八月以后的事情。但是，这"并不意味着各种人（神）塑像都是神龟二年八月以后才开始雕塑的。因为从塑像残件看，除大型塑像因资料缺乏难以做出判断外，其他各类塑像都是有可能在塔外预先完成或基本完成而后移置于塔内的。考虑到正光元年（520 年）七月胡太后即开始了长达七年之久的幽禁生涯这一历史事实，我们以为，永宁寺塔内彩塑的制作及完成，很可能在正光元年七月之前"②。如果上述推测无误，则在神龟二年至正光元年（519～520 年），都城洛阳皇家寺院才接受造像新风，至迟在正光年间已传遍定州和青州等地，其传播之快令人注目。这也说明，在北魏晚期，青州石造像是受都城影响的产物，并非源于定州或北方其他地区。

东魏时，都城自洛阳迁至邺（习称邺南城），近年来邺南城遗址出土的北朝晚期佛教石造像③表明，到东魏至北齐时期，都城地区佛教石造像的造型风格，其影响仍辐射周边地区，过去认为是定州造像特征之一的精细的背光镂雕技法，也应是首先在邺都流行，而后传播往定州地区。青州地区的东魏石造像那圆滑丰满的面相，依然显露着来自都城的影响。

从东魏晚期开始，到北齐时，在青州广泛流行的佛衣贴体甚至不施衣纹的立像，目前在邺南城遗址还很少发现，但在青州地区发现数量众多，已成当地石造像的主流，应系青州地区石佛造像的特色。青州地区兴起的这种北齐造像新风，明显带有中印度秣菟罗艺术风格。公元 5 世纪前期，秣菟罗艺术风格的造像④一度影响到中国河西走廊，5 世纪中叶，又出现于甘肃以东诸石窟和散存的铜石造像中，到北魏孝文帝中后期，逐渐被"褒衣博带"

---

① 宿白：《北朝造型艺术中人物形象的变化》，《中国石窟寺研究》附录二，文物出版社，1996 年。
② 中国社会科学院考古研究所：《北魏洛阳永宁寺——1979～1994 年考古发掘报告》，中国大百科全书出版社，1996 年，第 143 页。
③ 河北临漳县文物保管所：《河北邺南城附近出土北朝石造像》，《文物》1980 年第 9 期。
④ 宿白：《青州龙兴寺窖藏所出佛像的几个问题》，《文物》1999 年第 10 期。

佛衣的造像所取代。在沉寂了近半个世纪以后，6世纪中叶，薄衣佛像却又以多种样式再现于东方的青州地区，究其原因，"此次高齐佛像的新趋势，大约不是简单的此前出现的薄衣形象的恢复，而与6世纪天竺佛像一再直接东传、高齐重视中亚诸胡伎艺以及高齐对北魏汉化的某种抵制等似皆有关联"①。

值得注意的是，6世纪初叶，迎奉天竺佛像之风本源于南朝。南朝萧梁时，梁武帝萧衍在位（502～548年）时，史传记载曾出现迎奉天竺佛像之举②，来源有三。一是原本国内流传的天竺佛像，如传为鸠摩罗什至姚秦后传入江南的优填王像，即所谓"龙光瑞像"③。又如传东晋太元初年见于荆州的阿育王造金像，即"长沙寺瑞像"。二是梁武帝派人去天竺迎奉回来的，如"荆州大明寺檀优填王像"，是"梁武帝以天监元年梦见檀像入国，乃诏募得八十人往天竺，至天监十年方还"。梁武帝死后，该像被迎至荆州大明寺④。三是外国奉送的，如《梁书·海南诸国传》记载，扶南国于天监十八年（519年）曾"遣使送天竺旃檀瑞像"⑤。因此，天竺薄衣贴体样式的佛像在江南复又盛行。虽然目前在萧梁都城所在的今南京地区因缺乏对南朝佛寺遗址的考古发掘，还没有发现当年的佛教造像，但在萧梁版图内的蜀地，自20世纪中叶以来，成都不断有萧梁时的石造像出土，其中即可见到天竺样式的薄衣贴体衣纹叠垂的造像，例如中大通元年（529年）鄱阳王世子造石释迦像、太清五年（551年）杜僧逸造育王像等。蜀地并入北周初期，这类风格的造像仍在流行，比如保定二年至五年（562～565年）益州总绾（管）赵国公招造育王像。同样具有南朝影响的北周造像，还有天和二年（567年）薄衣叠垂衣纹璎珞

---

① 宿白：《青州龙兴寺窖藏所出佛像的几个问题》，《文物》1999年第10期，第47页。

② 关于梁武帝奉迎天竺佛像的论述，皆引述宿白先生论文。宿白：《青州龙兴寺窖藏所出佛像的几个问题》，《文物》1999年第10期，第46～52页。

③ 关于"龙光瑞像"流传详况，参见宿白《青州龙兴寺窖藏所出佛像的几个问题》（《文物》1999年第10期）之注［27］。

④ 《广弘明集》卷一五《列塔像神瑞迹》，《四部丛刊初编》，第210页。

⑤ 《梁书·海南诸国传》，第790页。

繁缛的菩萨像①。类似四川出土的上述薄衣单身立佛像，都可以在青州地区石造像中寻到风格类似的标本。这表明，青州北齐造像新风的源头，与接受南方萧梁造像的影响有关。或表明当时青州地区与北齐其他地区不同，经海路应与南方有一定程度的交往，至少是保有以佛教文化方面的联系。

四

青州地区的北朝佛教造像，有与北朝其他地区造像共同之处，也有自己的特色。再看这一地区的北朝墓葬，形制、壁画和随葬俑群的内容，同样与北朝其他地区墓葬有共同之处，也有许多自己的特色。

由于发掘资料有限，目前还难以对青州地区北朝墓葬进行准确的分期编年研究。发掘规模较大的只有临淄窝托村南崔氏族茔，但是发表的资料中甚至缺乏一张已发掘墓葬的总平面分布图。这里已发掘的 19 座墓中，绝大多数都是石材砌筑的平面圆形或椭圆形的单室穹隆顶墓，只有北齐天统元年（565 年）崔德墓是方形墓室，表现出强烈的地区特色。其余几座墓，除傅竖眼墓的形制不详外，也都是以石材砌筑的墓室，八里洼墓平面是四角抹圆的长方形，其余的都是呈方形或长方形，均为单室。以崔芬墓所用石材最为规整。

至于青州地区北朝墓的随葬俑群，地方特点也较突出。以临淄窝托村元象元年（538 年）崔混墓为例，随葬的陶俑为合模制作，体腔中空，呈筒状，内用细铁条支撑。制作较粗糙，缺乏细部刻画，人物仅具大轮廓；动物的形态多失真，例如陶驼，塑成长颈弯曲的怪模样。值得注意的是，

---

① 四川成都中大通元年鄱阳王世子造像、北周保定二年至五年育王像和天和二年菩萨像，均见冯汉骥《成都万佛寺石刻造像》（《文物参考资料》1954 年第 9 期），刘志远等《成都万佛寺石刻艺术》（中国古典艺术出版社，1958 年）。太清五年育王像，见成都市文物考古工作队、成都市文物考古研究所《成都市西安路南朝石刻造像清理简报》（《文物》1998 年第 11 期）第 4~20 页。

在武平四年（573 年）崔博墓中，随葬俑群内出现了匍匐跪拜俑、以蛇体相连的双头连体俑、人首匍匐而蛇尾的俑各一件。这类形状的俑后来在唐宋墓多有出现，崔博墓中发现的是目前年代最早的标本，它们很可能与后来的《大汉原陵秘葬经》等书中所记述的"墓龙""仰观伏听"等有关①。另外，崔氏墓群中还出土十二辰俑，发现于 10 号墓中，是塑于尖楣龛台中的兽形，尚存虎、蛇、马、猴、犬以及一件兽形已失的龛台，应是东魏或早至北魏时所塑制。此为目前所知年代最早的十二辰俑实例，它比太原北齐娄叡（又作"睿"）墓壁画中的兽形十二辰图像②时代早得多。

青州地区的北朝墓室壁画，有纪年的只有两座，即北齐天保二年（551 年）崔芬墓和武平二年（571 年）□道贵墓。还有一座缺乏纪年的北齐壁画墓，即济南八里洼壁画墓。另外，在临淄窝托村崔氏墓群中，在武平四年（573 年）崔博墓的墓门内两侧有彩绘武士像。综合上述墓例，青州地区北齐墓壁画是墓门上方绘有巨大兽面。甬道或墓门侧绘门吏，其中崔芬墓是披铠持盾赤足的武士形貌；□道贵墓门吏着袍，手拄系带的仪刀。墓室内正壁（后壁）均绘有多曲屏风，崔芬墓和东八里洼墓屏面均绘树下席地而坐的人物，人像侧后或绘出女侍，应系"七贤"图像。□道贵墓则在屏风前绘墓主坐像，两侧壁有出行图像，包括鞍马、马车、仪卫、侍从等。崔芬墓除骏马外，还绘有舞蹈女子。四壁上栏及墓顶绘四神、日、月、天象。崔芬墓四神加绘神人图像，青龙前还有持仙草羽人引逗。此外，崔芬墓还在西壁龛额部画墓主夫妇在婢仆侍奉下出行的情景，颇为罕见。

青州北朝墓葬的上列特点以及石材构筑圆形墓室或许是地域特色，但是，壁画中的屏风画，特别是屏面所绘"七贤"像，则显示出与中原北朝墓壁画不同的特色，又显然不是地域特色，应另有渊源，与南朝影响有着密切关系。

---

① 徐苹芳：《唐宋墓中的"明器神煞"与"墓仪"制度——读〈大汉原陵秘葬经〉札记》，《考古》1963 年第 2 期，第 87 ~ 106 页。

② 山西省考古研究所、太原市文物管理委员会：《太原市北齐娄叡墓发掘简报》，《文物》1983 年第 10 期。

五

南北朝时期，青州地区是一处令人关注的较特殊的地区。

西晋时期，世居山东的世家大族已有较深厚的文化传统，由目前山东地区已发现的西晋墓葬可以反映出来。山东发现的西晋墓，主要有邹城市独山村发掘的永康二年（301年）刘宝墓①和临沂市洗砚池晋墓②。还有临朐大周家庄咸宁三年（277年）墓③和诸城西公村太康六年（285年）墓④。邹城独山村墓据出土墓志可知，刘宝字道真，为侍中、使持节、安北大将军、领护乌丸校尉、都督幽并州诸军事、关内侯。洗砚池晋墓发现两座，其中1号墓出土漆碗，碗底朱书铭纪年为太康七年（286年），还有漆器纪年铭为太康八年（287年）和十年（289年），埋葬的时间近于西晋晚期。刘宝墓为砖室墓，有左右带耳室的方形前堂以及长方形棺室，仍沿袭都城洛阳曹魏以来的传统墓葬平面布局。随葬俑群包括牛形镇墓兽和披铠镇墓俑，以牛车和鞍马为中心的出行俑群以及男女侍仆俑，全依都城洛阳规制，并有圆首碑形石墓志，亦与都城洛阳流行碑形石墓志的风习一致。洗砚池晋墓出土了许多精美的青瓷器、漆器、铜器，还有金、银、玉、珍珠等贵重物品，特别是显示身份的金蝉珰和玉剑具，这些都表现出世居山东的世家大族的豪华生活情景。

永嘉以后，山东大族有的举族南迁，成为支撑东晋政权的重要政治力量。青州地区则几经变乱。"自永嘉丧乱，青州沦没石氏。东莱人曹嶷为刺史，造广固城，后为石季龙所灭。季龙末，辽西段龛自号齐王，据青州。慕容恪灭赵，克青州。苻氏平燕，尽有其地。"⑤ 苻坚命其从兄子苻朗

---

① 山东邹城市文物局：《山东邹城西晋刘宝墓》，《文物》2005年第1期，第4~26页。
② 山东省文物考古研究所、临沂市文化局：《山东临沂洗砚池晋墓》，《文物》2005年第7期，第4~37页。
③ 宫德杰、李福昌：《山东临朐西晋、刘宋纪年墓》，《文物》2002年第9期。
④ 诸城县博物馆：《山东省诸城县西晋墓清理简报》，《考古》1985年第12期，第1114~1118转1129页。
⑤ 《晋书·地理志下》，第450页。

为青州刺史，符坚败后，符朗遣使诣谢玄于彭城求降①，青州纳入东晋版图。到隆安四年（400 年），鲜卑族慕容德占据青州地区建立政权，史称"南燕"。德死，兄子超袭位。东晋安帝义熙五年（409 年），刘裕统军攻南燕，六年（410 年）二月，灭南燕俘获慕容超②，青州再入东晋版图，"留长史羊穆之为青州刺史，筑东阳城而居之"③。刘宋取代东晋，青州地区乃属刘宋。据《宋书·州郡志》："安帝义熙五年，平广固，北青州刺史治东阳城，而侨立南青州如故。后省南青州，而北青州直曰青州。孝武孝建二年，移治历城，大明八年，还治东阳。"④ 至北魏献文帝皇兴三年（刘宋明帝泰始五年，469 年）魏将慕容白曜攻陷东阳城⑤，青州地区乃从南朝转入北朝版图之中。自 410 年至 469 年，青州地区在东晋南朝统治下超过半个世纪，也就是说，青州地区民众在南朝前期文化的氛围中生活了半个世纪，名门豪族子弟更是熟知南朝前期礼仪制度。惜目前山东地区的考古发现中，有关这一时期的遗迹遗物极为罕见，只有临朐柳山镇魏家庄刘宋元嘉十七年（440 年）墓残存的几方画像砖⑥，画像砖的画像有出行牛车和头梳双髻的执扇、盖的仪仗，与南京南朝砖纹近同。对于这一时期的遗迹遗物，今后在青州地区考古中仍应注意予以探寻。

北魏占有青州地区后，将那里的民众包括一些名门豪族北迁至代郡一带，称为"平齐民"或"平齐户"⑦。这些被虏至北魏当时统治中心的"平

---

① 《晋书·符坚载记下附符朗传》，第 2936 页。

② 《宋书·武帝纪上》，第 17 页。

③ 《晋书·地理志下》，第 451 页。

④ 《宋书·州郡志》，第 1093 页。

⑤ 《魏书·显祖纪》，第 129 页。又《慕容白曜传》："（皇兴）三年春，克东阳，擒沈文秀。凡获仓粟八十五万斛，米三千斛，弓九千张，箭十八万八千，刀二万二千四百，甲胄各三千三百，铜五千斤，钱十五万，城内户八千六百，口四万一千，吴蛮户三百余。……以功拜使持节、都督青齐东徐州诸军事、开府仪同三司、青州刺史、济南王，将军如故。"第 1119 页。

⑥ 宫德杰、李福昌：《山东临朐西晋、刘宋纪年墓》，《文物》2002 年第 9 期。

⑦ 《魏书·房法寿传附族子景伯传》："显祖时，三齐平，随例内徙，为平齐民。"第 977 页。又《崔光传》："慕容白曜之平三齐，光年十七，随父徙代。"第 1487 页。《北史·艺术下·蒋少游传》："蒋少游，乐安博昌人也。魏慕容白曜之平东阳，见俘，入于平城，充平齐户。"第 2984 页。《魏书》中《蒋少游传》已佚，现卷九一《蒋少游传》据《北史》所补。

齐民",同时也起到将南朝前期文化向北传播的作用,许多人对北魏孝文帝改制做出了贡献,其中较突出的有崔光、刘芳、崔休、房景先、蒋少游等,对此陈寅恪先生早在《隋唐制度渊源略论稿》中已详加论述,并指出:"刘芳、崔光皆南朝俘虏,其所以见知魏孝文帝及其嗣主者,乃以北朝正欲摹仿南朝之典章文物,而二人适值其会,故能拔起俘囚,致身通显也。"①

南朝前期文化在青州地区的影响,应使后来这一地区的物质文化,比北朝其他地区更容易不断地接受来自南朝的文化新风。

六

北魏皇兴中青州地区入魏以后,政治上南北对立,是否就与南朝完全脱离接触而文化交往与之隔绝了呢?看来情况并非如此。

前已提及,青州大族崔氏中有许多人被充"平齐民"(平齐户)北迁代郡,后其中崔光、崔亮、崔休等人甚受北魏朝廷重用。还有与崔氏有亲戚关系的蒋少游,他曾经对规划北魏宫殿制度起过重要作用。"始北方不悉青州蒋族,或谓少游本非人士,又少游微,因工艺自达,是以公私人望不至相重。唯高允、李冲曲为体练,由少游舅氏崔光与李冲从叔衍对门婚姻也。"②北魏曾派遣蒋少游与李道固于公元491年使南齐,据《南齐书·魏虏传》:"(永明)九年,遣使李道固、蒋少游报使。少游有机巧,密令观京师宫殿楷式。清河崔元祖启世祖曰:'少游,臣之外甥,特有公输之思,宋世陷虏,处以大匠之官,今为副使,必欲模范宫阙,岂可令毡乡之鄙,取象天宫?臣谓且留少游,令使主返命。'世祖以非和通意,不许。"③这段叙述一方面反映出当时北方急欲仿效南方宫殿规制的急迫心情;另一方面又说明,清河崔氏留在南朝的人士亦在政治上起作用,并且对北方崔

① 陈寅恪:《隋唐制度渊源略论稿》,中华书局,1963年,第7~9页。
② 《魏书·术艺·蒋少游传》,第1970~1971页。此传佚,据《北史》及《小史》补,"由少游舅氏……婚姻也",为《北史》所无。
③ 《南齐书·魏虏传》,第990页。

氏家族及其亲戚关系等情况颇为明了，或许表明，南方与北方的崔氏家族成员之间存在某种联系。

前已述及，青州地区与北朝政治中心区有一定距离，且地处滨海，因此那里较容易接受南来的新风，而且距朝廷远，中央控制相对不严，滨海则有由海路南通之便利。谈到青州沿海海路交通，总会忆及求法高僧的事迹。据《高僧传》，法显归国附商人舶循海而还，忽遇大风，"唯任风随流。忽至岸，见藜藿菜依然，知是汉地，但未测何方。即乘小舶入浦寻村。遇猎者二人，显问：'此何地耶？'猎人曰：'是青州长广郡牢山南岸。'猎人还，以告太守李嶷，嶷素敬信，忽闻沙门远至，躬自迎劳。显持经像随还。顷之，欲南归……遂南造京师。"① 法显船泊青州虽非原意，但亦反映青州经海路可与东南诸省区相通。此前，还有佛驮跋陀罗（觉贤）自交趾附舶遁海而行，"至青州东莱郡"②，更是青州海路交通发达的例证。

通过近年来山东青州地区考古发掘可见，不论是北朝墓葬资料还是佛教造像，青州地区都明显有与北方其他地区不同之处，有些特点明显与南方传来的文化新风有关。其中最突出的资料，就是这一地区北朝墓室壁画中的屏风画，对此我过去曾作论述③，现再简述于下。

青州地区北朝墓中，有两座北齐墓中有绘人物画像的屏风壁画。一处是济南市东八里洼墓北壁，绘出立于床后的八扇屏风，但仅在中央四扇屏面绘有画像，均绘树下人物，多袒胸跣足坐于席上饮酒，有的除席地坐像外，身后还绘出侍童。另一处是临朐海浮山北齐崔芬墓，在方形墓室的东、北、西三壁壁面都绘出分扇的屏风，屏风画主要是树下人像，还有骏马及舞蹈的画像，或仅绘树石。树下席地坐卧的人像，背后或侧旁立有侍者，有的是女侍。其中一幅屏面前设书案，人像正执笔书写，像侧立一女

① 《高僧传·译经下·宋江陵辛村释法显》，汤用彤校注本，第89~90页。
② 《高僧传·译经中·晋京师道场寺佛驮跋陀罗》，第70页。
③ 参看《山东北朝墓人物屏风壁画的新启示》，《文物天地》1991年第3期。又改题《北朝"七贤"屏风壁画》，收入《寻常的精致》，辽宁教育出版社，1996年，第118~122页。

侍，手执灯。另一幅屏面所画人像似作双手撑席的醉姿，身后一女侍似正为其捶背。这些屏风人物画像十分明显是仿自南方早已流行的"七贤"画像（图五）。据唐朝张彦远《历代名画记》，东晋南朝时，"七贤"是画家经常摹写的题材①。自20世纪60年代以来，更在南京、丹阳地区的大型南朝墓中发现多幅"七贤"拼镶砖画。为了使画面对称，在七贤外又增绘先秦隐士荣启期而凑成八像，嵌在墓室两壁，各安排四像，以取得和谐对称的艺术效果②。不过早期为"七贤"画像，仅绘出林木下的七贤坐像，只是在南齐永元年间才出现七贤侧后有随侍女侍的画法。据《南齐书·东昏侯纪》和《南史·齐本纪下》，东昏侯萧宝卷永元三年（501年），都城建康城内宫殿失火，"北至华林，西至秘阁，三千余间皆尽"。大火之后，萧宝卷又大兴土木，重修诸殿，还别为潘妃起神仙、永寿、玉寿三殿，"其玉寿中作飞仙帐，四面绣绮，窗间尽画神仙。又作七贤，皆以美女侍侧"③。自此以后，这种在七贤主像侧旁绘有侍者的构图开始流行。青州地区北齐墓中的七贤人物屏风壁画，应是这种像侧旁绘侍者的新式画像粉本北传后的作品，充分表现出青州地区当时比北朝其他地区更早地感受到南方艺术。同时，崔芬墓东壁上栏青龙壁画龙前绘有手执仙草引逗的羽人，也是南朝拼镶砖画中常见的构图。至于墓内的墓主夫妇出行画像（图六），更是仿效南方画风，与四川绵阳平杨府君阙身萧梁造像龛供养人行列④构图相同，也与顾恺之绘画《洛神赋图》的后代摹本中出行的行列近同。这表明，其所据粉本源于南方。

---

① 唐朝张彦远《历代名画记》卷五还保存有东晋顾恺之所作《论画》一文，文中对东晋另一位画家戴逵所绘"七贤"的评论："唯嵇生一像欲佳，其余虽不妙合，以比前诸竹林之画莫能及者。"这表明，至少在顾恺之、戴逵以前，"七贤"题材的绘画已流行于世。《历代名画记》中所记述的东晋画家遗留到唐时的作品中，还有史道硕所画的"七贤图"。南朝时，"七贤"题材更为盛行，刘宋时名画家陆探微所绘《竹林像》和南齐画家毛惠远的《七贤藤纸图》都曾流传至唐朝，均见《历代名画记》。

② 姚迁、古兵：《六朝艺术》，文物出版社，1981年。

③ 《南史·齐本纪下》，第153页。

④ 孙华：《四川绵阳平杨府君阙阙身造像——兼谈四川地区南北朝佛道龛像的几个问题》，《汉唐之间的宗教艺术与考古》，文物出版社，2000年，第89～137页。

图五　山东临朐北齐崔芬墓屏风壁画

图六　山东临朐北齐崔芬墓墓主夫妇出行壁画

青州地区北齐墓的随葬器物中也有极具南朝造型特色的物品。值得注意的是淄川区和庄墓中出土的青釉莲花尊，其整体造型与湖北武昌南朝齐永明三年（485 年）墓出土的莲花尊①近似，而与河北景县的封氏墓莲花尊②不同。根据尊上所饰忍冬纹等特征，简报作者认为，它是当地瓷窑所烧造③，但其整体造型特征说明，应是受到南朝影响而制作的产品。

青州地区的北齐佛教造像中薄衣透体的造像新风，主要源于萧梁迎奉天竺佛像之举，已如前述。而影响北齐至隋的"曹衣出水"画风的创始者——曹仲达，虽本系昭武九姓中的曹国，但他学画所师从的是南朝画家袁昂。《历代名画记》："曹仲达，本曹国人也，北齐最称工，能画梵像，官至朝散大夫。"又引"僧悰云：曹师于袁，冰寒于水，外国佛像，无竞于时。"系引自从齐入周、隋的高僧彦悰所著《画评》。后来，曹仲达佛画自成流派，到唐时被称为"曹家样"。宋朝郭若虚曾在《图画见闻志》卷一评论曹仲达笔法，认为"曹之笔，其体稠叠而衣服窄紧"。故后辈称之"曹衣出水"。究其师承渊源，乃本于南朝。可惜目前缺乏南朝统治中心今南京地区的佛寺和寺内壁画、造像的考古资料④，只能从文献中看到南朝寺塔繁盛、造像精美的记述，所以要想深入探研南方佛教造像对北方的影响，尚有待今后的考古新发现。

青州地区北朝遗物显现的特征中，前面叙述的事例可见南朝文化新风的影响。另一些则与北朝中心区域相一致，例如墓室壁画中四神图像的配置、甲胄按盾门吏的形貌和服制、车马仪从的形貌以及随葬俑群的基本内容与造型，等等。还有一些特征，例如以石材构筑圆形墓室，随

---

① 湖北省博物馆：《武汉地区四座南朝纪年墓》，《考古》1965 年第 4 期，第 176～184 转 214 页。

② 张季：《河北景县封氏墓群调查记》，《考古通讯》1957 年第 3 期，第 28～37 页。

③ 淄博市博物馆、淄川区文化局：《淄博和庄北朝墓葬出土青釉莲花瓷尊》，《文物》1984 年第 12 期，第 66 页。

④ 南京地区的佛教石窟寺遗存，仅有栖霞山石窟，损毁较甚，又遭近代用水泥涂毁，近年已做考古勘察，但正式报告尚未出版。仅 13 窟有简报。林蔚：《栖霞山千佛崖第 13 窟的新发现》，《文物》1996 年第 4 期，第 32～36 页。

葬俑群中龛内兽形十二辰俑造型，类似"墓龙""仰观伏听"等特殊的陶俑造型，等等。目前还难以与北方或南方相联系，或许显示的是青州地区独特的地方风貌。正是北朝规制、南朝影响和地方特色交织在一起，才形成青州地区南北朝时期地方文化的丰富多彩的内涵。希望今后青州地区的重要文物不再流失，更希望关于南北朝时期青州地区考古研究取得新的进展。

（原载《文物》1998年第2期，2007年收入文物出版社《中国古兵与美术考古论集》）

中华人民共和国重大考古发现·
魏晋南北朝时代考古

魏晋南北朝时代的考古学，是在中华人民共和国成立以后才正式开展的，此前仅有零星的考古发现。50年来，随着全国文物考古事业的不断发展，魏晋南北朝时期的考古学由建立而趋向繁荣。在中国历史上，魏晋南北朝时期是秦汉至隋唐之间的过渡阶段，又是动荡和民族文化相融合的时期，物质文化面貌不断变化。考古学的新发现，揭示出许多文献史料缺乏记录的史实，丰富了魏晋南北朝史学研究的内容。

以下依魏晋南北朝考古学在城市、墓葬、宗教遗存、中外文化交流等方面的重要发现，作一简略叙述。

一

魏晋南北朝时期都城考古的主要收获，是对曹魏时的邺北城遗址、北魏时的洛阳城遗址和东魏、北齐时邺南城遗址的考古勘察和发掘。

邺北城是曹操封魏王时的都城，通过1983～1986年对其城垣、城门、城内道路及宫殿区的勘探和重点发掘，勘明其平面布局，已确定4面城垣和7座城门中6座的位置①。由东垣建春门通往西垣金明门的东西大道，将全城分成南北两部分，道南为里坊区，道北自东向西分为三区，分别相

---

① 中国社会科学院考古研究所、河北省文物研究所　邺城考古工作队：《河北临漳邺北城遗址勘探发掘简报》，《考古》1990年第7期。

当于文献记载中的戚里、宫殿区和铜雀园。也探明了由南城垣中央的中阳门至宫殿区的中轴大道。这种将宫殿区与里坊区分开并出现中轴线的城市布局，在我国古代都城发展史上具有重要意义①。

北魏洛阳城系沿袭汉魏西晋洛阳故地改建。对汉魏洛阳故城的考古勘察，早在中华人民共和国之初即已开始②，以后陆续对城垣、城门、城内主干道路、宫殿、环城水道及城南礼制性建筑、太学等进行了全面勘探和重点发掘。对北魏时期遗迹的主要勘查工作之一，是从 1985 年开始进行其外郭城以及郭城内主干道和水道系统的勘查③，这一考古成果证明了北魏洛阳城的规模扩大，东西、南北俱已达到 10 公里；又表明随着城市扩大，城内布局有新变化。原来的汉晋洛阳城变成了内城，是宫城、宗庙和中央衙署的所在；扩大出的外郭城内，则成为主要居民里坊区和工商市场所在地。内城已具有如同后来隋唐都城内皇城的性质。北魏洛阳城市布局的变化，一方面是从邺北城发展而来，另一方面又对后世的都城布局规划产生了深远影响④。

同时，还对北魏洛阳城的一些遗迹进行了重点发掘，相继发掘了明堂、永宁寺和东城垣的建春门等遗址⑤。永宁寺是当时皇室修建的著名佛寺，坐落在宫城以南御道西侧，经过 1979 年以来的多次发掘，已揭露出寺院的完整布局⑥。全寺平面呈规整的长方形，以著名的九层木塔为中心，塔后有殿，围墙四垣设门，显示出以塔为主的时代特征。木塔的塔基大致保存完好，为地下至地面的多层的巨大夯土台基，其上尚存塔身初层残

---

① 徐光冀：《曹魏邺城的平面复原研究》，《中国考古学论丛——中国社会科学院考古研究所建所40 年纪念》，科学出版社，1993 年，第 422 ~ 428 页。

② 阎文儒：《洛阳汉魏隋唐城址勘察记》，《考古学报》1955 年第 9 册。

③ 中国社会科学院考古研究所洛阳汉魏城工作队：《北魏洛阳外郭城和水道的勘查》，《考古》1993 年第 7 期。

④ 徐苹芳：《中国古代城市考古与古史研究》，《中国历史考古学论丛》，台北允晨文化实业股份有限公司，1995 年，第 96 ~ 97 页。

⑤ 中国社会科学院考古研究所洛阳汉魏故城工作队：《汉魏洛阳城北魏建春门遗址的发掘》，《考古》1988 年第 9 期。

⑥ 中国社会科学院考古研究所：《北魏洛阳永宁寺》，中国大百科全书出版社，1996 年。

迹,柱网亦大致保留,可进行复原研究(图一)。通过对永宁寺塔基的发掘,获得了数量众多的彩塑残件,它们塑制精美,是探研北魏晚期佛教造型艺术风格源流的珍贵资料。

图一　北魏洛阳永宁寺塔基遗址

邺南城遗址与邺北城相连接,为东魏自洛阳迁都于此所建新城,是东魏、北齐的都城。1983年以来,对邺南城遗址也进行了全面勘探和部分发掘①。现已确定了四周城墙、马面、护城河等遗迹,探明了南垣、西垣和垣上诸城门的位置。东垣因在现沙地与漳河道内,故只探明南侧一门,其余城门位置难以确定。北垣则沿用邺北城的南垣。同时,还对南垣的朱明门遗址进行了发掘②。经探查,还确定了城内三条南北大道和三条东西大道的位置,以及宫城和宫城内主要宫殿基址的位置。邺南城已具有以朱明门、朱明门大道、宫城正南门至宫城主要宫殿形成的中轴线,纵横大道垂直交错,道路网络呈棋盘格状分布,表明它沿袭了北魏洛阳对都城布局的成功规划,也是后来隋唐都城规划的直接渊源,在中国古代都城发展史上具有承上启下的过渡作用。

---

① 中国社会科学院考古研究所、河北省文物研究所　邺城考古工作队:《河北临漳县邺南城遗址勘探与发掘》,《考古》1997年第3期。

② 中国社会科学院考古研究所、河北省文物研究所　邺城考古工作队:《河北临漳县邺南城朱明门遗址的发掘》,《考古》1996年第1期。

此外，在北方和西北地区，对坐落在今陕西靖边县的十六国时大夏赫连勃勃的都城统万城址①、内蒙古呼和浩特东南的拓跋鲜卑初期都城盛乐城址②、山西大同北魏前期都城平城城址都做过初步的考古勘察，还在平城遗址试掘过一处大规模的石构礼制建筑基址③。对分布于辽东半岛的高句丽族石山城遗址，也有新的重要发现。例如，对辽宁沈阳市石台子山城的考古发掘④表明，这处借助山体自然形势修筑而成的山城，平面呈不规则三角形，城外侧共发现马面 10 处、门址 4 处，突出显示着以防御为目的而构筑的山城特色。

在南方，曾对湖北鄂州孙吴时期始都的武昌城址进行过考古勘察⑤，存

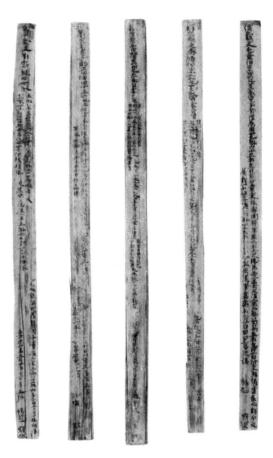

图二　长沙走马楼出土三国吴简

---

①　陕西省文管会：《统万城城址勘测记》，《考古》1981 年第 3 期。

②　内蒙古自治区文物工作队：《和林格尔县土城子试掘记（纪）要》，《文物》1961 年第 9 期。

③　山西省考古研究所编：《山西考古四十年》，《平城遗址》，山西人民出版社，1994 年，第 232 ~ 233 页；刘俊喜、张志忠：《平城考古获得新突破，大同发现北魏明堂辟雍遗址》，《中国文物报》1998 年 1 月 21 日。

④　辽宁省文物考古研究所、沈阳市文物考古工作队：《辽宁沈阳市石台子高句丽山城第一次发掘简报》，《考古》1998 年第 10 期。

⑤　蒋赞初、熊海堂、贺中香：《湖北鄂城六朝考古的主要收获》，《中国考古学会第四次年会论文集》，文物出版社，1985 年。

有平面作矩形的夯土城垣，城内北部原似有子城，大约是武昌宫的所在，城西有郭城遗迹。再西为武昌港口樊口。武昌故城形势险要，又有良港，是当时控制长江中游的军事重镇。孙吴时的长沙郡址在今湖南长沙市，1996年，在长沙市中心走马楼发现了窖藏竹、木简牍数万枚①，为东汉献帝建安二十五年（220年）至吴大帝孙权嘉禾六年（237年）长沙郡的部分档案，涉及政治、经济、军事、文化、租税、户籍、司法、职官等多方面内容，为研究孙吴的历史提供了重要资料（图二）。对坐落在江苏镇江市区东北的东晋时晋陵罗城遗址也进行过调查②，获得大量记录有窖名、地名、人名、数字的带铭城砖，对当时筑城用砖的情况有了一定了解。

二

魏晋南北朝时期墓葬的发掘，50年来考古收获颇丰。1949年以前，完全缺乏对三国时期墓葬的认识。从50年代起，在江苏南京地区，通过墓中出土的纪年铭瓷器等遗物③，对孙吴时的墓葬有了初步认识。此后随着文物考古事业的发展，孙吴时的墓葬不断在江苏、湖北、江西、安徽等省境内被发现和发掘，为研究孙吴时期的物质文化特别是青瓷工艺的发展提供了大量实物资料。其中所葬死者身份最高的一座，是安徽马鞍山发现的孙吴右军师、左大司马朱然的坟墓④，出土物中最引人注意的是大批蜀郡产绘彩漆器（参见本书《三国考古的新发现》图一二），制工精美，反映出三国时制漆工艺的水平和时代风尚。北方发现的曹魏墓中，所葬死者身份最高的一座是山东东阿鱼山曹植的坟墓，墓砖铭有魏明帝太和七年（233

---

① 长沙市文物工作队、长沙市文物考古研究所：《长沙走马楼 J22 发掘简报》，《文物》1999 年第 5 期。

② 刘建国：《晋陵罗城初探》，《考古》1986 年第 5 期。

③ 赤乌十四年（251年）铭青瓷虎子，出土于南京附近江宁赵士岗第 4 号墓。江苏省文物管理委员会：《南京近郊六朝墓的清理》，《考古学报》1957 年第 1 期。

④ 安徽省文物考古研究所、马鞍山市文化局：《安徽马鞍山东吴朱然墓发掘简报》，《文物》1986 年第 3 期。

年）纪年及"陈王陵"等①。洛阳地区的曹魏时期墓葬多沿袭东汉晚期旧制，时代特征不明显，1956 年，在洛阳涧西发现葬有正始八年（247 年）铭铁帐构（图三）的墓葬②，为认识曹魏墓提供了依据。通过对四川地区蜀汉墓的发掘，获得一批具有特征的随葬陶俑③。

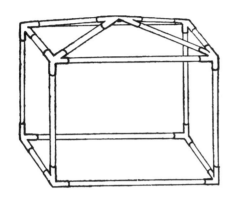

图三　洛阳曹魏墓出土正始八年铭铁帐构以及铭文拓片

　　对西晋时期墓葬的认识也是开始于 20 世纪 50 年代。在洛阳发掘了元康九年（299 年）惠帝贾皇后乳母美人徐义的墓葬，获得了石墓志、随葬陶俑、青瓷器、铜镜等遗物④。到了 80 年代，对西晋时期皇帝陵墓的探寻有了可喜的收获。经考古勘察证实，晋武帝峻阳陵坐落在洛阳以南的南蔡庄以北的邙山上，晋文帝崇阳陵在南蔡庄以东杜楼村北的邙山上，两陵东西相距数公里，处于同一高程，墓地内的墓葬排列有序。崇阳陵周围还残存有陵垣及建筑遗迹，曾对墓地中的两座陪葬墓进行试掘⑤。通过对崇阳陵和峻阳陵的勘察，过去困扰学者的西晋诸陵位置问题有了初步答案。南方西晋墓的考古发掘也多有收获。江苏宜兴周墓墩的两次发掘，发现了江

① 东阿文化馆：《山东东阿县鱼山曹植墓发现一铭文砖》，《文物》1979 年第 6 期。
② 洛阳市文物工作队：《洛阳曹魏正始八年墓发掘报告》，《考古》1989 年第 4 期。
③ 四川省文物管理委员会：《四川忠县涂井蜀汉崖墓》，《文物》1985 年第 7 期。
④ 河南省文化局文物工作队第二队：《洛阳晋墓的发掘》，《考古学报》1957 年第 1 期。
⑤ 中国社会科学院考古研究所洛阳汉魏故城工作队：《西晋帝陵勘察记》，《考古》1984 年第 12 期。

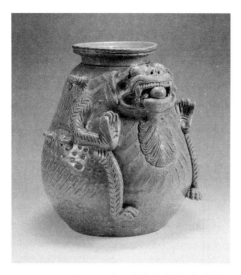

图四　宜兴西晋周氏墓出土青瓷神兽尊

南名族周处家族墓地，获得青瓷器（图四）、银带饰等文物，有助于研究江南士族的族葬制度①。长沙地区西晋墓的发掘，获得了大批造型古拙生动而具有地方特色的青釉俑②。1991 年，在湖南安乡发现镇南将军刘弘墓，出土的玉器、金器制工精美，其中墓室前壁右侧放置的璧、佩、璜等成组玉饰，有助于研究当时官服佩玉的组合情况③。

　　魏晋时期的墓葬在河西地区也有发现，主要分布于当地东西交通线枢纽的酒泉、敦煌二郡，即今甘肃酒泉、嘉峪关和敦煌一带，多是筑有围墙的族茔，同一家族的坟墓排列有序。较大的墓常有砖砌的高大门楼，砖筑的多室墓内绘有壁画，以及具有特色的一砖一画的彩绘画砖。各砖画面皆为独立的题材，互不连贯，但同一壁上或相近的几幅，组合起来以后又是表现同一主题④。新疆地区魏晋时期的墓葬也有新的发现。尉犁县营盘墓地是迄今罗布淖尔地区发掘面积最大、文化内涵极为丰富的一处墓地。因气候干燥，墓葬中的丝织品保存颇为完好。其中的十五号墓，死者葬于四足长方形箱式木棺中，上覆胡杨木棍及芦苇草席等。死者干尸保存完好，头罩麻质面具，身着衣物以丝织和毛织品制成，保存完好，汇集了古代东西方不同的文化因素，对研究当时丝绸之路

① 罗宗真：《江苏宜兴晋墓发掘报告》，《考古学报》1957 年第 4 期；南京博物院：《江苏宜兴晋墓的第二次发掘》，《考古》1977 年第 2 期。
② 湖南省博物馆：《长沙两晋南朝隋墓发掘报告》，《考古学报》1959 年第 3 期。
③ 安乡县文物管理所：《湖南安乡西晋刘弘墓》，《文物》1993 年第 11 期。
④ 甘肃省文物队、甘肃省博物馆、嘉峪关市文物管理所：《嘉峪关壁画墓发掘报告》，文物出版社，1985 年；甘肃省文物考古研究所：《敦煌佛爷庙湾》，文物出版社，1998 年。

贸易、交通、中西文化交流都有重要的学术价值①。

西晋覆亡后，形成南北长期对峙的格局。江南东晋都城建康（今江苏南京）附近的大族族葬墓地，已发掘的有南京北郊象山的王氏墓地②，还有老虎山颜氏墓地③、戚家山谢氏墓地④等。这类大族墓葬多为大中型砖室墓，常放置有石质或砖质的墓志（图五）。这些大族都是东晋政权的主要统治支柱，对研究当时门阀士族制度、丧葬制度等具有重要价值。东晋南朝时期的帝王陵墓在南京丹阳地区也有发现。南京富贵山发现的大型砖室

图五　南京象山东晋王兴之墓志

① 新疆文物考古研究所：《新疆尉犁县营盘墓地 15 号墓发掘简报》，《文物》1999 年第 1 期。
② 南京市文物保管委员会：《南京人台山东晋兴之夫妇墓发掘报告》，《文物》1965 年第 6 期；
　南京市文物保管委员会：《南京象山东晋王丹虎墓和二、四号墓发掘简报》，《文物》1965 年第 10 期；南京市博物馆：《南京象山 5 号、6 号、7 号墓清理简报》，《文物》1972 年第 11 期。
③ 南京市文物保管委员会：《南京老虎山晋墓》，《考古》1959 年第 6 期。
④ 南京市文物保管委员会：《南京戚家山东晋谢鲲墓简报》，《文物》1965 年第 6 期。

墓，附近曾发现晋恭帝玄宫石碣①。丹阳胡桥和建山发现的几座大型砖墓②，前设安置双重石门的长甬道，墓室内两侧壁面拼嵌多幅大型砖画，包括狮子（图六）、武士、龙虎、仪卫以及竹林七贤和荣启期的画像。其中艺术水平最高的是竹林七贤和荣启期的画像，每壁一幅四人像，画幅长度达到 2.4 米，人物造型生动，是了解东晋南朝绘画艺术的重要参考资料。

图六　丹阳吴家村南朝墓狮子拼镶砖画拓片

北方十六国时期墓葬也有发现。在甘肃嘉峪关丁家闸发现过这时期的壁画墓③，墓室壁面以墓主家居生活为题材，室顶四披绘西王母、东王公、天马等图像，明显沿袭汉晋画风。东北地区的三燕时的墓葬，主要分布在辽宁朝阳一带④，常有制工精美的鎏金铜马具、铁铠甲和马具装铠随葬，还有

① 南京博物院：《南京富贵山东晋墓发掘报告》，《考古》1966 年第 4 期；李蔚然：《南京富贵山发现晋恭帝玄宫石碣》，《考古》1961 年第 5 期。
② 南京博物院：《江苏丹阳胡桥南朝大墓及砖刻壁画》，《文物》1974 年第 2 期；南京博物院：《江苏丹阳县胡桥、建山两座南朝墓葬》，《文物》1980 年第 2 期；姚迁、古兵：《六朝艺术》，文物出版社，1981 年。
③ 甘肃省博物馆：《酒泉、嘉峪关晋墓的发掘》，《文物》1979 年第 6 期。
④ 田立坤、李智：《朝阳发现的三燕文化遗物及相关问题》，《文物》1994 年第 11 期；辽宁省文物考古研究所、朝阳市博物馆：《朝阳十二台乡砖厂 88M1 发掘简报》，《文物》1997 年第 11 期；于俊玉：《朝阳三合成出土的前燕文物》，《文物》1997 年第 11 期。

金步摇冠饰，具有强烈的地域特色和民族特色。辽宁北票西官营子发掘的冯素弗夫妇墓[1]，同茔异穴，设内壁绘彩色壁画的石椁。冯素弗为北燕天王冯跋之弟，该墓的发现对了解当时中原与北方民族的文化关系颇为重要。今吉林集安的高句丽壁画墓也有新发现，长川的一号和二号墓的壁画都值得注意[2]。一号墓中有关佛像和墓主拜佛的画面，表明佛教在当地的传播和人们信仰的情况（图七）。

图七　集安长川一号高句丽墓礼佛壁画

北朝时期的墓葬，50 年来有许多重要的发现。对北魏帝陵的勘察和清理，有山西大同方山的永固陵和万年堂[3]以及河南洛阳邙山的宣武帝景陵[4]。永固陵是文成帝文明皇后冯氏的陵墓，保留有高度超过 22 米的坟丘，墓室

---

[1] 黎瑶渤：《辽宁北票县西官营子北燕冯素弗墓》，《文物》1973 年第 3 期。
[2] 吉林省文物工作队、集安县文物保管所：《集安长川一号壁画墓》，《东北考古与历史》1982 年第 1 期。
[3] 大同市博物馆、山西省文物工作委员会：《大同方山北魏永固陵》，《文物》1978 年第 7 期。
[4] 中国社会科学院考古研究所洛阳汉魏故城工作队、洛阳古墓博物馆：《北魏宣武帝景陵发掘报告》，《考古》1994 年第 9 期。

图八　大同方山北魏永固陵石门童子像

石门两侧竜柱雕有口衔宝珠的朱雀和手捧花蕾的赤足童子，是北魏石雕的精品（图八）。宣武帝景陵是洛阳北魏诸陵中唯一被发掘的陵墓①，可惜墓内遗物被盗扰，墓道保持素土壁，甬道、后室砖筑，甬道北口建石门。墓砖全部为青掍砖，表面涂有一层黑彩，整个墓室充溢着庄严肃穆的气氛。在墓冢前还清理出一件石翁仲。景陵的发掘为研究北魏陵墓制度提供了实物资料。

除帝陵外，在大同和洛阳都清理发掘了一些王公和高级官吏的坟墓。其中大同发掘的琅琊王司马金龙夫妻合葬墓（图九）②，出土遗物丰富，其墓的形制和室内布置继承了魏晋时中原地区传统，但随葬俑群中大量甲骑具装俑和马、驼模型以及部分俑的胡人面容，又显示出游牧经济和北方民族军队的特色。墓中出土木屏风上的彩色漆画，更是少见的艺术珍品，从中可以看到东晋顾恺之画风对北方的影响。洛阳地区的北魏墓，经清理的有江阳王元乂墓和常山王元邵墓。其中元邵墓的随葬俑群塑制精细③；元乂墓墓顶壁画为天象图④，在纵贯南北的天河两侧，布列三百颗左右星辰，对研究古代的天文学有参考价值。

北魏分裂为东魏和西魏，后东魏为北齐、西魏为北周所取代。这时期的墓葬分别在河北、山西、河南、山东地区以及陕西、宁夏地区被发掘⑤。

---

① 中国社会科学院考古研究所洛阳汉魏故城工作队、洛阳古墓博物馆：《北魏宣武帝景陵发掘报告》，《考古》1994 年第 9 期。

② 山西省大同市博物馆、山西省文物工作委员会：《山西大同石家寨北魏司马金龙墓》，《文物》1972 年第 3 期。

③ 洛阳博物馆：《洛阳北魏元邵墓》，《考古》1973 年第 4 期。

④ 洛阳博物馆：《河南洛阳北魏元乂墓调查》，《文物》1974 年第 12 期。《北史》写作"元叉"。

⑤ 段鹏琦：《河北、山西、河南的东魏、北齐墓》，《新中国的考古发现和研究》，文物出版社，1984 年，第 539～541 页。

图九　大同北魏司马金龙墓石墓表拓片

其中属于帝王陵墓的有陕西咸阳市底张镇陈马村北周武帝孝陵①，是武帝宇文邕和皇后阿史那氏合葬的陵墓，为带有长斜坡墓道五天井的土洞单室墓，出土有帝后陵志、十三环玉带、大玉璧以及数量众多的随葬陶俑群，对研究北朝陵墓制度十分重要。另一座在河北磁县湾漳发掘的佚名北朝大墓②，规制宏伟，壁画精湛（图一〇），也应是北齐的帝陵。其余的北朝墓，主要是王公和高官的坟墓，多是带有壁画的大型砖墓，墓内随葬数量

---

① 陕西省考古研究所、咸阳市考古研究所：《北周武帝孝陵发掘简报》，《考古与文物》1997 年第 2 期。
② 中国社会科学院考古研究所、河北省文物研究所　邺城考古工作队：《河北磁县湾漳北朝墓》，《考古》1990 年第 7 期。

图一〇　磁县湾漳北朝墓墓道仪卫壁画局部

众多的陶制俑群，有的墓里出土陶俑超过千件。

　　概括来看，东魏—北齐的陶俑造型承袭北魏洛阳地区陶俑传统，人物形体比例适中，制工精致（图一一）；西魏—北周的陶俑造型则承袭关中地区十六国以来地方造型传统，制工粗拙，人物比例失调，陶马四足呈粗柱形状（图一二）。墓室壁画的风格也与陶俑造型相近似，东魏—北齐的绘制精细，人物牲畜均写实生动，其中以河北磁县湾漳佚名北朝大墓和山西太原北齐娄叡墓①的壁画绘制得最为出色，是研究北朝绘画历史的珍贵资料。西魏—北周的墓室壁画，艺术水平远逊于东魏—北齐，人物造型呆滞，绘制粗放，宁夏固原李贤墓壁画是其代表②。

① 山西省考古研究所、太原市文物管理委员会：《太原市北齐娄叡墓发掘简报》，《文物》1983年第 10 期。
② 宁夏回族自治区博物馆、宁夏固原博物馆：《宁夏固原北周李贤夫妇墓发掘简报》，《文物》1985 年第 11 期。

图一一　磁县东魏茹茹公主墓出土陶女侍俑

图一二　固原北周李贤墓出土陶骑俑

三

　　关于宗教遗迹，主要是对佛教石窟寺的考古勘察，从中华人民共和国成立之初即已开始。早在1950年，就分别调查了大同云冈石窟①和辽宁义县万佛堂石窟②。以后又于1951年勘查了位于甘肃永靖的炳灵寺石窟③，1953年勘查了甘肃天水麦积山石窟④。此后，在四川、云南、河南、河北、山西、山东、江苏、浙江、内蒙古、新疆等省和自治区，也都展开了对本地区石窟摩崖龛像的普遍勘查。20世纪50年代末至60年代初，又对一些重点石窟进行复查，其中的新收获如在炳灵寺第169窟发现西秦建弘元年（420年）的墨书题记⑤，它是目前中国境内各石窟寺中已知年代最早的题记（图一三）。

图一三　炳灵寺石窟第169窟西秦佛像龛

① 中央人民政府文化部文物局：《雁北文物勘查团报告》，1951年。
② 阎文儒：《辽宁义县万佛堂石窟调查及其研究》，《文物参考资料》1951年第9期。
③ 中央人民政府文化部社会文化事业管理局：《炳灵寺石窟》，1953年。
④ 郑振铎主编：《麦积山石窟》，文化部社会文化事业管理局，1954年。
⑤ 甘肃省文化局文物工作队：《调查炳灵寺石窟的新收获——第二次调查（1963年）简报》，《文物》1963年第10期。

也是从 20 世纪 50 年代末开始，学者们用考古学的方法研究石窟寺遗迹，先是在响堂山石窟，继之在敦煌石窟，开始了石窟寺考古学方法的实验。70 年代以后，展开了对云冈石窟的分期研究①，并且对凉州模式进行探讨②，对南朝龛像进行考察③。之后对新疆克孜尔石窟进行考古勘察和研究，并将¹⁴C 年代测定应用于石窟寺断定年代，编写出版了《新疆克孜尔石窟考古报告》第一卷④。江南的南朝佛教石窟遗存，最重要的是南京栖霞山千佛崖，近年趁寺僧修缮之机，对Ⅰ区第 13 窟进行了考古勘察，观察到南北龛像相互影响的重要现象⑤。

除佛教石窟寺遗迹以外，50 年来在全国各地还不断发现窖藏的佛教造像。早在 20 世纪 50 年代初，就曾在河北曲阳修德寺塔基下发现窖藏的大批残损汉白玉石雕佛教造像⑥，总数达 2200 余件（图一四），造像纪年自北魏迄于唐代，主要是东魏、北齐至隋的遗物。近年来，又在山东、四川等地陆续获得古代窖藏的佛教造像，其中以 1996 年在山东青州龙兴寺址窖藏发掘出土的一批最为重要⑦，出土石造像总数近 400 件，虽多残损，但许多可拼接成形，主要雕造于北朝时期，雕工精致，许多还保留有当年所施彩绘，尚颇艳丽，显示出古代青州造像工艺的时代风格。1995 年四川成都西安路发现的南朝造像⑧，上有齐、梁纪年，其中太清五年（551 年）圆雕阿育王像罕见（图一五），同时还出土一尊道教造像。这些造像也保留有贴金绘彩的痕迹。

---

① 宿白：《云冈石窟分期试论》，《考古学报》1978 年第 1 期。
② 宿白：《凉州石窟遗迹和"凉州模式"》，《考古学报》1986 年第 4 期。
③ 宿白：《南朝龛像遗迹初探》，《考古学报》1989 年第 4 期。
④ 北京大学考古学系、克孜尔千佛洞文物保管所：《新疆克孜尔石窟考古报告》（第一卷），文物出版社，1997 年。
⑤ 林蔚：《栖霞山千佛崖第 13 窟的新发现》，《文物》1996 年第 4 期。
⑥ 李锡经：《河北曲阳县修德寺遗址发掘记》，《考古通讯》1955 年第 3 期；罗福颐：《河北曲阳县出土石像清理简报》，《考古通讯》1955 年第 3 期；杨伯达：《曲阳修德寺出土纪年造像的艺术风格与特征》，《故宫博物院院刊》1960 年总 2 期。
⑦ 山东省青州市博物馆：《青州龙兴寺佛教造像窖藏清理简报》，《文物》1998 年第 2 期。
⑧ 成都市文物考古工作队、成都市文物考古研究所：《成都市西安路南朝石刻造像清理简报》，《文物》1998 年第 11 期。

图一四　曲阳修德寺埋藏坑出土　　　　图一五　成都西安路埋藏坑
东魏石思惟菩萨像　　　　　　　出土梁太清五年铭石阿育王像

四

随着丝绸之路的畅通，许多外国的物品以及货币传入中国。在这一时期的遗址或墓葬中，常可发现由中亚、西亚乃至地中海地区传入的工艺品，主要是精美的金银制品和玻璃制品，它们主要是产自罗马—拜占庭（东罗马）帝国和波斯萨珊朝。在大同北魏遗址出土过罗马—拜占庭系统产品鎏金铜高足杯①，在甘肃靖远出土过雕饰精美的拜占庭鎏金银盘②。北燕冯素弗墓出土过罗马玻璃鸭形器，是无模自由吹制成型的工艺品，制工精湛③。南京象山王氏墓也发现有罗马玻璃黄绿色磨花圈底筒形杯④。产自波期萨珊朝的金银器，最精美的是出土于大同北魏封和突墓的

① 《无产阶级"文化大革命"期间出土文物展览简介·山西·大同南郊北魏遗址》，《文物》1972 年第 1 期。
② 初世宾：《甘肃靖远新出东罗马鎏金银盘考略》，《文物》1990 年第 5 期。
③ 安家瑶：《中国的早期玻璃器皿》，《考古学报》1984 年第 4 期。
④ 南京市博物馆：《南京象山 5 号、6 号、7 号墓清理简报》，《文物》1972 年第 11 期。

图一六　大同北魏封和突墓出土
波斯萨珊银盘

图一七　固原北周李贤墓出土
波斯萨珊玻璃碗

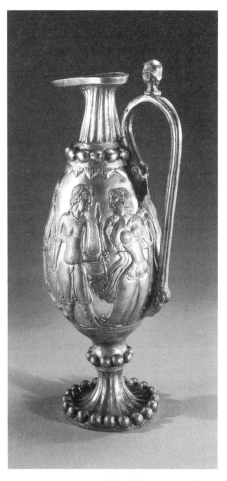

图一八　固原北周李贤墓出土金花银胡瓶

狩猎野猪图像鎏金银盘（图一六）[①] 和宁夏固原北周李贤墓的鎏金人物图像银胡瓶（图一八）[②]。李贤墓还随葬腹部有上下两周椭圆形凸饰的波斯萨珊朝玻璃碗（图一七）[③]。在北朝的遗存和墓葬中也常见拜占庭和波斯萨珊

---

① 马玉基：《大同市小站村花圪塔台北魏墓清理简报》，《文物》1983 年第 8 期。

② 宁夏回族自治区博物馆、宁夏固原博物馆：《宁夏固原北周李贤夫妇墓发掘简报》，《文物》
1985 年第 11 期。

③ 安家瑶：《北周李贤墓出土的玻璃——萨珊玻璃器的发现与研究》，《考古》1986 年第 2 期。

图一九　赞皇东魏李希宗墓出土东罗马金币

朝的金银铸币，但它们并不是作为货币，而是被视为珍宝，或者穿孔作为装饰品。在河北定县塔基发现的北魏太和五年（481年）石函中，就有41枚波斯萨珊朝银币作为施舍的珍宝，随佛舍利放入函中①。在东魏时茹茹公主间叱地连墓②和李希宗夫妇合葬墓③，都有作为悬挂饰物的穿孔拜占庭金币（图一九）。这些都是当时中外文化交流的实物例证。

（原载《中华人民共和国重大考古发现（1949—1999）》，文物出版社，1999年）

后记　由宿季庚先生主编的《中华人民共和国重大考古发现（1949—1999）》一书，是国家文物局为纪念建国50周年的重点图书，由文物出版社出版。在成立该书编委会时，出版社有人极力不想让我参加，但是直到编委会开会当天，"魏晋南北朝时期"和"隋唐时期"的作者仍然空缺，那人始终找不到让宿先生满意的作者。编委会已经开会，这时负责编辑该书的李莉来办公室找我，希望我去参加会议，我不清楚是谁做的决定，认为人家曾明确表示不会让我参加，还是不方便去。后来徐苹芳来了，说明是宿先生喊我去会议室，老师的命令我自然必须遵从，因此我还是参加了该书的编写工作。

---

① 河北省文化局文物工作队：《河北定县出土北魏石函》，《考古》1966年第5期。
② 磁县文化馆：《河北磁县东魏茹茹公主墓发掘简报》，《文物》1984年第4期。
③ 石家庄地区革委会文化局文物发掘组：《河北赞皇东魏李希宗墓》，《考古》1977年第6期。

中华人民共和国重大考古发现·隋唐时代考古

中华人民共和国成立 50 年来，隋唐考古发展迅速，在城市遗址、墓葬、宗教遗迹、手工业遗迹、窖藏文物等方面的考古调查与发掘，收获丰盛。隋唐考古属于历史考古学的范畴，上起隋朝统一，止于五代十国，跨越了近四个世纪。隋唐两代正值中国中古时期社会政治、经济、文化空前繁荣的阶段，当时隋唐文化的许多方面在世界上居于领先地位。因此，隋唐五代考古学的研究，不仅对中国考古学具有重要意义，在世界文化史上也占有一定的位置。

以下分城市遗址、陵墓和墓葬、宗教遗迹以及陶瓷窑址和金银器窖藏，分别概述 50 年来文物考古的工作收获。

一

对隋唐时的两京遗址，自中华人民共和国成立之初就开始了大规模的考古勘察和重点发掘。隋朝都城大兴到唐时改称"长安"，坐落在今陕西省西安市。在中华人民共和国成立后的第一个 10 年里，已经勘测清楚这座都城外郭城范围，并确定了大部分城门址的位置。长安的外郭城周围约 35.5 公里，西城墙的金光、延平，南城墙的安化、明德、启夏，东城墙的延兴和春明等门址，已勘探确定。其中明德门最大，位于南墙中央，内对朱雀大街，有 5 个门洞。其他各门都是 3 个门洞（只有春明门为 1 个门洞）[1]。对

---

① 陕西省文物管理委员会：《唐长安城地基初步探测》，《考古学报》1958 年第 3 期。

城内街坊遗址也做了部分探测。朱雀大街两侧各坊的面积，与文献记载是相符的。坊内有十字街，围绕坊墙①。还对西市进行了试掘②。这些工作为复原长安城的坊市布置奠定了基础。对长安城的皇城和宫城以及大明宫③、兴庆宫④和芙蓉园⑤等主要的宫殿、园苑，也都勘探清楚。同时，还对大明宫内的主要宫殿含元殿和麟德殿进行了发掘。含元殿面阔十一间，进深三间，东西两侧有廊道通向栖凤、翔鸾二阁，规制宏伟（图一）。麟德殿的结构比含元殿更为复杂，它分前、中、后三殿。还发掘了重玄门。又发掘了兴庆宫西南隅的勤政务本楼遗址。20 世纪 60 年代以后，长安城的勘察发掘工作继续进行，除对宫殿、城门等遗址进行发掘外，也注意了对城内一些著名寺庙遗址的探寻和发掘。近年来的重要发掘，有大明宫内的清思殿、三清殿、含元殿前东朝堂⑥和含耀门⑦等遗址，有皇城的含光门遗址⑧，还有青龙寺遗址⑨和西明寺⑩的部分殿堂遗址，又对安定坊进行过发掘⑪。长安城外，发掘了隋代灞桥遗址和临潼唐代华清宫遗址⑫，特别是在

① 中国科学院考古研究所资料室：《中国科学院考古研究所 1960 年田野工作的主要收获》，《考古》1961 年第 4 期。

② 中国科学院考古研究所西安唐城发掘队：《唐长安城西市遗址发掘》，《考古》1961 年第 5 期。

③ 中国科学院考古研究所：《唐长安大明宫》，科学出版社，1959 年；马得志：《1959～1960 年唐大明宫发掘简报》，《考古》1961 年第 7 期。

④ 马得志：《唐长安兴庆宫发掘记》，《考古》1959 年第 10 期。

⑤ 陕西省文物管理委员会：《唐长安城地基初步探测》，《考古学报》1958 年第 3 期。

⑥ 马得志：《唐长安城发掘新收获》，《考古》1987 年第 4 期。

⑦ 中国社会科学院考古研究所西安唐城工作队：《陕西唐大明宫含耀门遗址发掘记》，《考古》1988 年第 11 期。

⑧ 中国社会科学院考古研究所西安唐城工作队：《唐长安皇城含光门遗址发掘简报》，《考古》1987 年第 5 期。

⑨ 中国科学院考古研究所西安唐城发掘队：《唐青龙寺遗址踏查记》，《考古》1964 年第 7 期；中国科学院考古研究所西安工作队：《唐青龙寺遗址发掘简报》，《考古》1974 年第 5 期；中国社会科学院考古研究所西安唐城队：《唐长安青龙寺遗址》，《考古学报》1989 年第 2 期。

⑩ 马得志：《唐长安城发掘新收获》，《考古》1987 年第 4 期；中国社会科学院考古研究所西安唐城工作队：《唐长安西明寺遗址发掘简报》，《考古》1990 年第 1 期。

⑪ 中国社会科学院考古研究所西安唐城工作队：《唐长安城安定坊发掘记》，《考古》1989 年第 4 期。

⑫ 唐华清宫考古队：《唐华清宫汤池遗址第一期发掘简报》，《文物》1990 年第 5 期；唐华清宫考古队：《唐华清宫汤池遗址第二期发掘简报》，《文物》1991 年第 9 期。

图一　唐长安城大明宫含元殿遗址

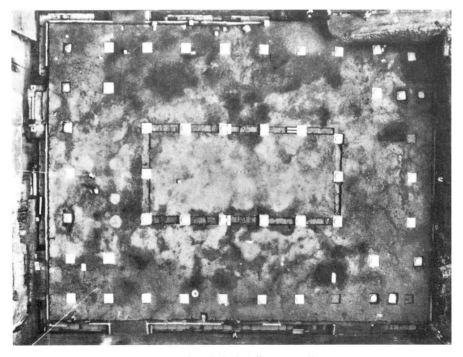

图二　唐九成宫遗址第 37 号殿基

图三　唐九成宫遗址第 37 号殿基出土隋石雕

麟游发掘了隋仁寿宫即唐九成宫遗址，其中的 37 号殿址（图二），隋唐两代相沿使用，石构长方形殿基保存基本完整，柱础石也大多保持原位，石件雕琢精美（图三），反映出隋代建筑技术的水平，又可看到隋唐两代建筑艺术的承继关系①。经过 50 年来对隋大兴和唐长安城遗址的考古勘探和发掘，已经能够将这座中国都城史上典型的封闭式里坊制城市的真实面貌勾画清楚，它的城市规划是中国中古时期历史的写照②，具有重要意义。

　　对隋唐东都洛阳城遗址的考古勘察，也是在中华人民共和国成立之初就已开始。对洛阳的外郭城址、皇城和宫城遗址都做了勘测，确定了南城墙的定鼎门、长夏门、厚载门和东墙建春门的位置，皇城的右掖门、宾耀门和宫城的应天门、长乐门、玄武门等遗址也相继发现，并对右掖门遗址作了发掘，测绘出隋唐洛阳城的城址实测图③。70 年代以后，隋唐洛阳

① 中国社会科学院考古研究所西安唐城工作队：《隋仁寿宫唐九成宫 37 号殿址的发掘》，《考古》1995 年第 2 期。
② 徐苹芳：《中国古代城市考古与古史研究》，《中国历史考古学论丛》，第 97 页，台北允晨文化实业股份有限公司，1995 年。
③ 中国科学院考古研究所洛阳发掘队：《隋唐东都城址的勘察和发掘》，《考古》1961 年第 3 期。

城的考古勘察发掘取得了许多新的重要收获①，发掘了皇城正门应天门遗址（图四）②、宫城内武则天明堂遗址③、九洲池附近的亭榭遗址④、皇城内的衙署遗址⑤以及洛河南岸的里坊遗址。其中在履道坊西北的宅第遗址中，发现唐文宗"大和九年"（835 年）石经幢，上有诗人白居易的铭刻⑥。皇城正门应天门的发掘，揭露出三出阙及连结阙与城垣的廊道，对研究隋唐门阙建筑的形制有重要参考价值。初唐以来，洛阳成为关东江淮漕米的集散地，设有粮仓。20 世纪 60 年代末，对宫城东北的含嘉仓进行了发掘，发现在仓城中部和东北部有排列整齐的圆形窖仓 250 余座，已发掘的 6 座仓窖中尚存大量炭化谷粒⑦。含嘉仓遗址的发现，更表明了当时东都洛阳在经济上的重要性。

图四　唐洛阳城应天门遗址

---

① 中国社会科学院考古研究所洛阳工作队：《"隋唐东都城址的勘察和发掘"续记》，《考古》
　1978 年第 6 期。

② 中国社会科学院考古研究所洛阳唐城队：《隋唐洛阳考古又获重大成果——宫城应天门东阙遗址重见天日》，《中国文物报》1991 年 1 月 20 日。

③ 中国社会科学院考古研究所洛阳唐城队：《唐东都武则天明堂遗址发掘简报》，《考古》1988
　年第 3 期。

④ 中国社会科学院考古研究所洛阳唐城队：《洛阳隋唐东都城 1982—1986 年考古工作纪要》，
　《考古》1989 年年第 3 期。

⑤ 王岩：《天下名园重洛阳——记洛阳北宋衙署庭院遗址》，《光明日报》1993 年 3 月 14 日。

⑥ 中国社会科学院考古研究所洛阳唐城队：《洛阳唐东都履道坊白居易故居发掘简报》，《考古》
　1994 年第 8 期。

⑦ 河南省博物馆、洛阳市博物馆：《洛阳唐含嘉仓的发掘》，《文物》1972 年第 3 期。

除两京外，自 1987 年开始对隋唐的扬州城进行全面考古勘察。这里原是隋江都宫城的所在，经勘察，隋江都宫城坐落在今扬州市北部的蜀冈上。唐代扬州城子城沿用隋江都宫城旧址，并在蜀冈下营建罗城。现已勘测清楚子城与罗城的范围，并据地层堆积确定，罗城约修建于 9 世纪。罗城为里坊区，安置工商市肆和居民，经勘察城内道路等遗迹，现已能基本复原罗城范围内道路、水道网络及里坊分布的整体面貌①。结合遗址中出土的瓷器、波斯蓝釉陶器、玻璃器等，已反映出当时扬州是一个贸易发达的商业城市，并对中外贸易交往有着重要作用。

由靺鞨族建立的少数民族政权渤海国的上京龙泉府遗址，自 20 世纪 60 年代以来也进行了一些发掘清理工作，还进行了全面的地下钻探。已经探明了城墙和城壕的结构，城门的位置和形制，城内各街道的布局，里坊的区划，宫城的规模和建制，官衙的设置以及城内、城外佛寺的分布，等等。同时，重点发掘了东半城一号佛寺主殿等遗迹（图五）②。后来又清理过第一宫殿东、西廊庑遗址和宫城的 3 座门址③。在勘探和发掘的基础上，重新实测了全城的平面图，从而为研究渤海上京龙泉府提供了可靠的依据。在云南地区，从 20 世纪 50 年代开始，对分布于剑川、大理等地的南诏城址进行勘察，其中最为重要的是剑川邓川东北传为蒙舍诏统一前所建德源城的遗址、大理太和城村南诏统一后都城太和城址和其北佛顶峰上的继太和城以后的都城阳苴咩城址④。这些城址多建在山坡上，面积较小，依山凭险，以政治和军事的性质为重。不论是城墙的建筑方法，或是砖瓦构件的纹饰等，都显示出受了中原文化的深刻影响。另外，一些

---

① 中国社会科学院考古研究所、南京博物院、扬州市文化局：《扬州城考古工作简报》，《考古》1990 年第 1 期。

② 中国社会科学院考古研究所：《六顶山与渤海镇》，中国大百科全书出版社，1997 年。

③ 黑龙江省文物考古工作队：《渤海上京宫城第一宫殿东、西廊庑遗址发掘清理简报》、《渤海上京宫城第 2、3、4 号门址发掘简报》，《文物》1985 年第 11 期。

④ 杨毓才：《南诏大理国历史遗址及社会经济调查纪要》，《大理白族自治州历史文物调查资料》，云南人民出版社，1958 年；林声：《南诏几个城址的考察》，《学术研究》1962 年第 11 期；汪宁生：《云南考古》第五章，云南人民出版社，1980 年，第 136 ~ 150 页。

图五　渤海上京龙泉府佛寺遗址

瓦片上印有南诏的"白文"①，又表现出民族特色。

二

隋唐墓葬的调查发掘工作，重点集中在陕西隋大兴唐长安城遗址附近地区。1949 年以来，对分布在陕西乾县、礼泉等地的唐代陵墓多次进行调查②，重点勘查了献陵、昭陵、乾陵、桥陵和建陵③，并对昭陵、乾陵的一些陪葬的太子、公主和勋臣墓进行了清理发掘。其中，昭陵陪葬墓中的长

①　云南省博物馆：《云南巍山县𪩘峿山南诏遗址的发掘》，《考古》1959 年第 3 期。
②　贺梓城：《"关中唐十八陵"调查记》，《文物资料丛刊》3，文物出版社，1980 年；刘庆柱、李毓芳：《陕西唐陵调查报告》，《考古学集刊》第 5 集，中国社会科学出版社，1987 年。
③　陕西省文物管理委员会：《唐乾陵勘查记》，《文物》1960 年第 4 期；陕西省文物管理员会：《唐建陵探测工作简报》，《文物》1965 年第 7 期；陕西省文物管理委员会：《唐桥陵调查简报》，《文物》1966 年第 1 期。

图六　唐永泰公主墓宫女壁画

乐公主墓①、李勣墓、程知节墓、郑仁泰墓②等，陪葬乾陵的永泰公主墓
（图六）③、章怀太子墓（图七）④、懿德太子墓（图八）⑤等，都是有关唐
墓的重要考古发现。许多墓中的精美壁画，为研究唐代绘画史提供了珍贵
的实物资料。进入90年代以来，对乾陵陵园的碑亭基址、乳峰双阙和朱雀
门外双阙、王宾殿及配殿基址等进行发掘⑥，深化了对唐陵陵寝制度的认

---

① 昭陵博物馆：《唐昭陵长乐公主墓》，《文博》1988年第3期。

② 陕西省博物馆等唐墓发掘组：《唐郑仁泰墓发掘简报》，《文物》1972年第7期。

③ 陕西省文物管理委员会：《唐永泰公主墓发掘简报》，《文物》1964年第1期；《唐永泰公主墓
　壁画集》，人民美术出版社，1967年。

④ 陕西省博物馆等唐墓发掘组：《唐章怀太子墓发掘简报》，《文物》1972年第7期；陕西省博
　物馆等：《唐李贤墓李重润墓壁画》，文物出版社，1974年。

⑤ 陕西省博物馆等唐墓发掘组：《唐懿德太子墓发掘简报》，《文物》1972年第7期。

⑥ 韩伟：《维修乾陵地面建筑获重大发现》，《中国文物报》1995年12月24日。

图七　唐章怀太子墓宫女壁画

识。还对唐僖宗靖陵进行了抢救性发掘①。同时，在蒲城县桥陵村发掘了
陪葬桥陵的惠庄太子墓，出土大批陶俑和27枚汉白玉质哀册，册文阴刻填
金。又在临潼西泉乡椿树村清理了唐宪宗时惠昭太子陵，出土玉器中也有
玉册文和哀册残简195件，册文阴刻楷体，字内填金。这两处发现，是研
究唐代陵墓玉册制度的重要实物②。此外，自50年代以来，对隋大兴唐长
安郊区隋唐墓的发掘，也有许多重要收获。长安县南里王村韦氏家族墓地

① 姜捷：《陕西隋唐考古述要》，《考古与文物》1998年第5期。
② 陕西省考古研究所、蒲城县文体广电局：《唐惠庄太子墓发掘简报》，《考古与文物》1999年第2期；
陕西省考古研究所、临潼县文物园林局：《唐惠昭太子陵发掘报告》，三秦出版社，1992年。

图八　唐懿德太子墓城阙前朱辂和卫士壁画

的发掘是其中最值得注意的工作，是研究唐代家族墓地的重要资料①。鲜

① 赵力光、王九刚：《长安县南里王村唐墓壁画》，《文博》1989 年第 4 期。

于庭诲等墓出土的三彩俑群（图九），是唐三彩工艺的突出代表①。根据西安地区唐墓的发掘资料，已经可以对唐墓形制及壁画的布局和内容，进行深入分析，从而较全面地考察唐墓的分期与类型问题②。

在河南地区，对坐落在偃师缑氏镇的唐恭陵，20 世纪 80 年代初进行了调查③，以后又对恭陵陵园进行过考古钻探和实测④。对东都洛阳附近的隋唐墓，重要发现不多，唯一发现的大型唐墓是唐睿宗贵妃豆卢氏墓⑤，从残存的壁画可以看

图九　唐鲜于庭诲墓出土三彩骆驼载乐俑

出，其构图和技法大致与长安地区近同。一般官员的墓葬也有发现⑥，出土的三彩俑群显示出地方特色⑦。

除两京地区外，唐代王族的坟墓曾在湖北郧县被发现过，是濮王李泰家族的墓葬⑧，墓内绘制的壁画风格仿自都城长安，可惜残损较甚。

①　中国社会科学院考古研究所：《唐长安城郊隋唐墓》，文物出版社，1980 年。
②　宿白：《西安地区唐墓壁画的布局和内容》，《考古学报》1982 年第 2 期；宿白：《西安地区的唐墓形制》，《文物》1995 年第 12 期。
③　若是：《唐恭陵调查纪要》，《文物》1985 年第 3 期。
④　中国社会科学院考古研究所河南第二工作队等：《唐恭陵实测纪要》，《考古》1986 年第 5 期。
⑤　洛阳市文物工作队：《唐睿宗贵妃豆卢氏墓发掘简报》，《文物》1995 年第 8 期。
⑥　洛阳市文物工作队：《洛阳龙门唐安菩夫妇墓》，《中原文物》1982 年第 3 期；中国社会科学院考古研究所河南第二工作队：《河南偃师杏园村的六座纪年唐墓》，《考古》1986 年第 5 期。
⑦　洛阳博物馆：《洛阳关林 59 号唐墓》，《考古》1972 年第 3 期。
⑧　高仲达：《唐嗣濮王李欣墓发掘简报》，《江汉考古》1980 年第 2 期；湖北省博物馆等：《湖北郧县唐李徽、阎婉墓发掘简报》，《文物》1987 年第 8 期。

　　此外，唐代墓葬在中原、东北、江南、西北等地区普遍有发现，出土收获颇丰。各地唐墓除共有的特征外，也显示出不同的地方特色。山西地区的唐墓壁画，常绘多幅屏风式树下老人图像①；辽宁朝阳地区的唐墓，砖筑墓室平面多呈圆形②；湖北地区唐墓流行以花纹砖砌成的长方形券顶单室，随葬俑群中十二时俑出现较早③；湖南地区唐墓绝大多数是长方形竖穴土坑墓，随葬陶俑中亦常见坐姿十二时俑及千秋万岁俑④。岭南一带唐墓以长方形竖穴土坑墓和单室砖墓为多，随葬物多陶瓷器皿。其中所葬死者身份最高的是韶关罗源洞山麓唐尚书右丞相赠荆州大都督张九龄墓⑤，是带有耳室的四角攒尖顶单室砖墓，绘有壁画，从残存壁画可看出四神和侍女图像，应仍遵都城长安墓室壁画规制。西北边陲的唐墓，最值得注意的是新疆吐鲁番阿斯塔那的唐墓群⑥。阿斯塔那墓地自 60 年代以来不断有新的发现，那里的墓葬以斜坡墓道的土洞墓为主，长安年间（701～704 年）以后，墓内壁画多采用多扇屏风形式，时间较早的以人物为主，较晚的则偏重以花鸟为绘画题材。除摹拟屏风的壁画外，墓中也随葬有木骨绢面的彩画屏风（图一○、一一）。阿斯塔那唐墓中最具特色的出土物，是保存较好的丝绸制品和以废文书制作的纸棺、俑类四肢及服装

① 沈振中、吴连城：《太原市南郊金胜村发现唐墓》，《文物参考资料》1958 年第 6 期；山西省文物管理委员会：《太原市金胜村第六号唐代壁画墓》，《文物》1959 年第 8 期；山西省文物管理委员会：《太原南郊金胜村唐墓》，《考古》1959 年第 9 期；山西省考古研究所：《太原市南郊唐代壁画墓清理简报》，《文物》1988 年第 12 期；山西省考古研究所、太原市文物管理委员会：《太原金胜村 337 号唐代壁画墓》，《文物》1990 年第 12 期。

② 金殿士：《辽宁朝阳西大营子唐墓》，《文物》1959 年第 5 期；朝阳地区博物馆：《辽宁朝阳唐韩贞墓》，《考古》1973 年第 6 期。

③ 段鹏琦：《隋唐考古》，《中国大百科全书·考古学》，中国大百科全书出版社，1986 年，第502 页。

④ 段鹏琦：《唐代墓葬的发掘与研究》，《新中国的考古发现和研究》，文物出版社，1984 年，第586 页。

⑤ 段鹏琦：《隋唐考古》，《中国大百科全书·考古学》，中国大百科全书出版社，1986 年，第502 页；广东省文物管理委员会、华南师范学院历史系：《唐代张九龄墓发掘简报》，《文物》1961 年第 6 期。

⑥ 段鹏琦：《新疆吐鲁番的高昌和唐代墓葬的发掘》，《新中国的考古发现和研究》，文物出版社，1984 年，第618～622 页。

图一〇　新疆阿斯塔那唐墓出土屏面帛画仕女

鞋袜，它们为研究古代丝绸制作提供了资料。而制作纸棺等的废文书，成为今人研究当时社会经济、政治、文化各方面的重要文献资料。

唐代以后，中国历史上出现了五代十国的分裂局面，十国小朝廷的帝王陵墓，1949 年以后陆续有所发现。最早在 50 年代发掘的是南唐二陵，分别是南唐主李昪和李璟的陵墓，它们都分前中后三室，全长 21 米余，墓室中仿木建筑上绘有彩画。李昪陵墓石门额和门侧有精美的浮雕（图一二），是十国陵墓中规模最大的①，惜早已被盗扰，仅残存部分陶俑、陶瓷器和哀册残片等。以后在杭州附近吴越王的陵墓也被发现，有吴越国文穆

① 南京博物院：《南唐二陵发掘报告》，文物出版社，1957 年。

图一一　新疆阿斯塔那唐墓出土屏风帛画牧马

图一二　南京南唐李昇陵墓门石刻

王钱元瓘及其妃吴汉月墓等，出土的瓷器和墓顶所刻天文图，都是重要的
资料①。闽国第三主王延钧（王璘）夫人刘华墓，发现于福建福州莲花峰，
她又是南汉南平王的次女②。墓室为前后两室，出土有陶俑、神怪俑、石
幢和陶瓷器等，其中有 3 件伊朗输入的孔雀蓝釉陶罐，系在中国首次发现。
在广州石马村发现的一座有前后室的两侧各有 8 个砖砌器物箱的坟墓，形
制特殊，被推定为南汉第三个皇帝刘晟的昭陵③。西南地区的小朝廷中，
抗日战争时期发掘的前蜀王建的陵墓，正式报告在 1964 年发表④。又在 70
年代初清理了成都的后蜀孟知祥墓，是 3 个并列的穹隆顶圆形墓室，全部

---

① 浙江省文物管理委员会：《杭州、临安五代墓中的天文图和秘色瓷》，《考古》1975 年第 3 期；
浙江省博物馆、杭州市文管会：《浙江临安晚唐钱宽墓出土天文图及“官”字款白瓷》，《文
物》1975 年第 1 期。
② 福建省博物馆：《五代闽国刘华墓发掘报告》，《文物》1975 年第 1 期。
③ 商承祚：《广州石马村南汉墓葬清理简报》，《考古》1964 年第 6 期；麦英豪：《关于广州石马
村南汉墓的年代与墓主问题》，《考古》1975 年第 1 期。
④ 冯汉骥：《前蜀王建墓发掘报告》，文物出版社，1964 年。

图一三　河北五代王处直墓女伎乐石刻

图一四　河北五代王处直墓前室壁画

用青石砌筑①。这些小朝廷的帝王陵墓陆续被发现，为研究唐宋的陵墓制度提供了重要的参考资料。

---

① 成都市文物管理处：《后蜀孟知祥墓与福庆长公主墓志铭》，《文物》1982 年第 3 期。

在近年来发掘的五代墓中，最重要的一座是河北曲阳同光二年（924年）北平王王处直墓①，墓中的着彩白石浮雕（图一三）和大幅水墨山水隔屏（图一四），都是前所未见的艺术品，显示出前承晚唐后启北宋的艺术风格。

中华人民共和国成立之初，就开始了对吉林敦化六顶山渤海国前期王室、贵族墓地的清理发掘，其中最重要的是渤海第三代王大钦茂之第二女贞惠公主的大型石室墓，出土有圭形碑状花岗岩墓志和一对雕刻精美的石狮②。贞惠公主之妹贞孝公主墓则葬在吉林和龙县龙头山，形制特殊，墓室上修筑佛塔，墓室内有彩绘壁画，绘武士、内侍、乐伎、侍从等形象③。还在黑龙江宁安三陵乡一带渤海国王陵区内，发掘了大型石室壁画墓④，壁画内容主要是花卉和人物，花卉图案美观，色泽艳丽，人物生动传神。这两处墓室壁画，在一定程度上显示出渤海国的绘画水平。

20世纪50年代末，对西藏自治区穷结县藏王墓进行考古勘察，现存7～9世纪吐蕃时期王墓8座（图一五）⑤。第6号墓坟丘高8米，左方树

图一五　西藏穷结藏王墓前石狮

① 河北省文物研究所、保定市文物管理处：《五代王处直墓》，文物出版社，1998年。
② 王承礼、曹正榕：《吉林敦化六顶山渤海古墓》，《考古》1961年第6期。
③ 王承礼：《渤海贞孝公主墓》，《中国大百科全书·考古学》，中国大百科全书出版社，1986年，第55页。
④ 《宁安渤海国大型石室壁画墓》，《中国文物报》1992年2月2日。
⑤ 王毅：《藏王墓——西藏文物见闻记（六）》，《文物》1961年第4、5页；宿白：《藏王墓》，载《中国大百科全书·考古学》，中国大百科全书出版社，1986年，第638页。

石碑一座，碑身正面存古藏文铭刻 25 行，是吐蕃王赤德松赞纪功碑。1984
年 9 月又对赤德松赞墓碑进行清理，清出碑下的龟趺①。吐蕃陵墓地形的
选择和主墓之前作左右两翼式的布局以及墓碑的形制、纹饰等，都一如唐
制。这种情况给文献中关于吐蕃当时大量输入汉族文化的记载，增添了实
物证据。80 年代以后，在西藏自治区朗县列山等地勘察和试掘了多处吐蕃
墓群，还在措美县发现有附有砾石圈祭坛的吐蕃墓地②。

20 世纪 80 年代以来，在青海都兰县热水乡扎马日村血渭、智尕日村
和夏日哈乡河北村什角沟等地发掘了吐蕃统治下的吐谷浑人墓葬 60 余
座③，出土文物中以丝织品最引人注目，其中大部分为中原的唐代织物，
也有少量为中亚、西亚所织造，特别是独具异域风格的粟特锦。都兰吐谷
浑墓的发掘，对研究唐代河陇地区吐蕃文化的形成、族属、埋葬制度和习
俗，以及吐蕃同东西方之间的文化交流与融合等重大学术问题，提供了重
要实物遗存。

三

隋唐时期宗教遗迹的考古发掘，除前述唐长安城内著名寺庙青龙寺、
西明寺的发掘工作外，还在新疆吉木萨尔发掘了有别于中原地区的另外一
个系统的佛寺建筑，该建筑整体呈长方形，遗址北部是以正殿为主体的建
筑群，外观呈方塔形，发现有精美的壁画、塑像，应是高昌回鹘在陪都北
庭建造的王家寺院（图一六）④。

除寺院遗址的发掘外，近年来对隋唐佛塔塔基的发掘有颇为重要的收
获。隋唐佛塔塔基清理出的用于瘗埋佛舍利的地宫（石函），重要的有陕

---

① 西藏文管会文物普查队：《赤德松赞墓碑清理简报》，《文物》1985 年第 9 期。
② 索朗旺堆、侯石柱：《西藏朗县列山墓地的调查和试掘》，《文物》1985 年第 9 期；何强：
《"拉萨朵仁"吐蕃祭坛与墓葬的调查及分析》，《文物》1994 年第 1 期。
③ 《都兰吐蕃墓群》，《中国文物报》1997 年 2 月 1 日。
④ 中国社会科学院考古研究所：《北庭高昌回鹘佛寺遗址》，辽宁美术出版社，1991 年。

图一六　新疆吉木萨尔回鹘佛寺遗址

西耀县隋神德寺塔基砌有护石和砖墙的石函①、甘肃泾川大云寺唐延载元年（694年）塔基地宫②、陕西临潼唐开元二十九年（741年）庆山寺塔基地宫③和陕西扶风法门寺唐咸通十五年（874年）塔基地宫④，这些塔基所出土佛教遗物，显示出由以石函瘗埋佛舍利到在塔基构筑地宫、以中国式的微型金棺银椁瘗埋舍利的变迁历程⑤。在瘗埋舍利时，还放置有大量供奉佛舍利的金银陶瓷物品。这些塔基中最重要的是法门寺塔基的地宫，

① 朱捷元、秦波：《陕西长安和耀县发现的波斯萨珊朝银币》，《考古》1974年第2期。
② 甘肃省文物工作队：《甘肃泾川县出土的唐代舍利石函》，《文物》1966年第3期。
③ 临潼县博物馆：《临潼唐庆山寺舍利塔基精室清理记》，《文博》1985年第5期。
④ 陕西省法门寺考古队：《扶风法门寺塔唐代地宫发掘简报》，《文物》1988年第10期；韩伟：《法门寺地宫唐代随真身衣物账考》，《文物》1991年第5期。
⑤ 徐苹芳：《中国舍利塔基考述》，《传统文化与现代化》1994年第4期。

图一七　扶风法门寺唐塔地宫遗址

图一八　扶风法门寺唐塔地宫
出土金花茶笼子

图一九　抚风法门寺唐塔地宫
出土金舍利宝函

分前中后三室，前有隧道和踏道，为已发现的塔基地宫中的三室地宫，无疑是模仿帝陵制度的（图一七）。地宫中除掩埋四枚佛骨舍利外，放置有当时皇帝等供奉佛舍利的金银制品（图一八、一九）、秘色瓷器、玻璃器等和大量纺织衣物，还有记述埋入地宫物品的石刻《监送真身使随真身供养道具及金银宝器衣物账》等两石碑，出土的遗物都代表着晚唐工艺技术的最高水平。此外，还在江苏镇江甘露寺塔基发现于北宋元丰元年（1078 年）重瘗的唐太和三年（829 年）李德裕施舍的舍利金棺银椁①，线刻迦陵频伽、飞天和缠枝卷草花纹，显示出唐代后期江南地区金银细工的工艺水平。

四

考古发掘中所获得的唐代手工艺品，重要的是金银器和瓷器。隋唐时期的金银器除在墓葬和佛教遗迹中出土的以外，还有当时人们窖藏的物品。在长安城发现的唐代金银器窖藏，主要有 20 世纪 60 年代发现的西安东南沙坡村唐代居住址的银器窖藏②、70 年代在西安南郊何家村发现的窖藏等。其中何家村的发现最为重要，在两个陶瓮中出土文物多达千余件，其中金银器皿就有 205 件，如舞马衔杯金花银仿皮囊壶（图二〇）、鹦鹉纹

图二〇　西安何家村出土唐舞马衔杯　　　　图二一　西安何家村出土唐鹦鹉纹
　　　　金花银仿皮囊壶　　　　　　　　　　　　　金花银提梁罐

① 江苏省文物工作队镇江分队、镇江市博物馆：《江苏镇江甘露寺铁塔塔基发掘记》，《考古》1961 年第 6 期。
② 西安市文物管理委员会：《西安市东南郊沙坡村出土一批唐代银器》，《文物》1964 年第 6 期。

图二二　河北宽城出土唐芝鹿纹金花银盘

图二三　江苏丁卯桥金花银酒筹

金花银提梁罐等（图二一），还有一些玉器等物①。其他地区也有唐代金银

---

① 陕西省博物馆等：《西安南郊何家村发现唐代窖藏文物》，《文物》1972 年第 1 期。

器窖藏出土，如内蒙古昭盟喀喇沁旗哈达沟门发现的银器窖藏①，出土有刘赞进奉铭文的鹿纹金花银盘等器。河北宽城大野峪村出土芝鹿纹金花银盘（图二二）和银执壶等物②。在江南发现的唐代金银器窖藏，最重要的是江苏丹徒丁卯桥发现的窖藏③，出土有罕见的金花银龟负"论语玉烛"酒筹筒（图二三）和 50 枚酒筹、凤纹金花大盒、银酒瓮等共达 956 件。

通过这些金银器窖藏、墓葬和佛教遗迹中出土的唐代金银器，已可对唐代金银器进行分期研究，揭示出金银器由着重汲取西方工艺品的制作工艺、艺术造型和装饰方法到发展成熟，创新出具有中国风格的精美金银工艺品的演变历程④。

隋唐瓷窑的勘察，50 年来不断进行，据不完全统计，已在 14 个省、自治区有所发现，其中重要的有浙江上林湖滨海地区的越窑、湖南湘阴的岳州窑、湖南长沙铜官窑、安徽淮南市的寿州窑、江西丰城县的洪州窑、四川邛崃县的邛窑、广东广州西村窑等⑤。对湖南长沙铜官窑址的调查，获得了大量富有特征的釉下彩瓷标本⑥，以及唐宣宗大中九年（855 年）、唐懿宗咸通十四年（873 年）等纪年瓷器，由此推测，长沙窑的盛烧期当在唐代中、晚期。20 世纪 80 年代以后，对唐代瓷窑遗址进行了较大规模的考古发掘，主要是陕西铜川黄堡镇的耀州窑址⑦，对这处创烧于唐、盛于宋的窑址各时代的窑炉、原料加工场、制作作坊及窑具、瓷器标本的发现，都有新的收获，从而揭示出耀州窑瓷器生产的完整的工艺流程。

（原载《中华人民共和国重大考古发现》，文物出版社，1999 年）

①　喀喇沁旗文化馆：《辽宁昭盟喀喇沁旗发现唐代鎏金银器》，《考古》1977 年第 5 期。

②　宽城县文物保护管理所：《河北宽城出土的两件唐代银器》，《考古》1985 年第 9 期。

③　丹徒县文教局等：《江苏丹徒丁卯桥出土唐代银器窖藏》，《文物》1982 年第 11 期。

④　段鹏琦：《唐代金银器皿》，《中国大百科全书·考古学》，中国大百科全书出版社，1986 年，第 514～516 页；齐东方：《唐代金银器皿的分期研究》，北京大学考古系博士研究生学位论文。

⑤　李德金：《古代瓷窑遗址的调查和发掘》，《新中国的考古发现和研究》，文物出版社，1984 年，第 636～639 页。

⑥　长沙市文化局文物组：《唐代长沙铜官窑址调查》，《考古学报》1980 年第 1 期。

⑦　陕西省考古研究所：《唐代黄堡窑址》，文物出版社，1992 年；陕西省考古研究所：《五代黄堡窑址》，文物出版社，1997 年。

谈中国汉唐之间葬俗的演变

中国汉唐时期皇帝王侯的葬俗，从两汉经魏晋到南北朝隋唐，经历了由崇尚厚葬到倡导薄葬、再崇尚厚葬的演变。但隋唐时期的厚葬，并非历史上两汉时期厚葬之风的重复，而是呈现着全然不同的面貌。分析近半个世纪田野考古获得的有关资料，结合文献，已可粗略勾勒出这一演变的轨迹。

西汉建国之初，沿袭秦制①，帝王崇尚厚葬。不过由于经历了秦末动乱和楚汉之争，汉初经济凋敝，加之有秦王朝对百姓苛暴过甚导致覆亡的前车之鉴，自汉初直至文帝和景帝时，一直崇尚无为而治，提倡节俭，力求社会经济得到恢复和发展。即便如此，皇帝仍然试图效仿秦皇葬制，只是稍有收敛。以用俑随葬为例，汉皇陵墓仍如亡秦规制，大规模地随葬俑群。

历史上以"文景之治"著称的景帝，其阳陵的部分随葬俑现已发掘②，虽俑体较秦俑明显减小，从与人等高减至真人高度的三分之一左右，但其数量及制作之精细则有过之，陶俑手持或佩带的各类兵器及工具，如矛、戟、剑、弩机、箭镞与盉、凿、锯、锛等，都以铁或青铜制作，并与俑体高度配合，尺寸大致也为实物的三分之一，制工极精细。甚至陶俑所携铜钱，也特地缩小制作，直径不及 1 厘米，但圆轮方孔，面文突起，"半两"二字清晰，恐比铸真钱还要费工费力。随葬俑群如此精工制作、耗工费

---

① 《史记·礼书》："至秦有天下，悉内六国礼仪，采择其善……至于高祖，光有四海，叔孙通颇有所增益减损，大抵皆袭秦故。"第1159 页。
② 陕西省考古研究所汉陵考古队：《汉景帝阳陵南区从葬坑发掘第一号简报》，《文物》1992 年第 4 期。《汉景帝阳陵南区从葬坑发掘第二号简报》，《文物》1994 年第 6 期。《中国汉阳陵彩俑》，陕西旅游出版社，1992 年。

财，墓内随葬物品之丰盛可以推知。同时，据这一时期诸侯王墓中已发现以玉衣殓尸的情况推测①，当时皇帝恐也以玉衣殓尸入葬②。

汉武帝时，随着社会经济日趋繁荣，政治稳定，军事实力增强，取得抗击匈奴侵扰战争的胜利，汉代社会日益呈现出蓬勃向上的气势，厚葬之风也更趋兴盛。从考古发现来看，都城长安以外的诸侯王墓都是厚葬成风，广东广州象岗山南越王墓③、河北满城陵山中山靖王刘胜和他的王妃窦绾墓④都是其中的代表。除了大量随葬的金玉青铜器物等外，最引人注目的是用超过两千片玉片缀联的玉衣。玉衣，在中国古代文献中被称为"玉匣""玉柙"或"玉柩"等，是汉代皇帝和高级贵族死后特殊的殓服⑤。据推测，玉衣的起源可追溯到史前时期的"玉敛葬"⑥，而其直接承袭的可能是周代死者脸部覆盖"缀玉面幕"和缀玉片衣服的传统⑦。在考

① 陕西咸阳杨家湾 5 号墓被推定为周勃、周亚夫家族墓，约葬于文景时期，残存玉衣片有 202 片，以银缕编缀，但形制已不可知，见陕西省文管会、博物馆、咸阳市博物馆杨家湾汉墓发掘小组《咸阳杨家湾汉墓发掘简报》，《文物》1977 年第 10 期。又江苏徐州北洞山和狮子山的楚王陵都出土有金缕玉衣片，前者被推定应是公元前 175 ~ 前 128 年之间某位楚王的墓，后者被认为是第二代楚王刘郢客或第三代楚王刘戊的墓，下葬年代为公元前 175 ~ 前 154 年。分别见徐州博物馆、南京大学历史系考古专业《徐州北洞山西汉墓发掘简报》，《文物》1988 年第 2 期；狮子山楚王陵考古发掘队《徐州狮子山西汉楚王陵发掘简报》，《文物》1998 年第 8 期。

② 赤眉军曾发掘西汉诸陵，"有玉匣殓者皆如生"，说明西汉帝陵中以玉衣殓尸，详见《后汉书·刘盆子传》第 483 ~ 484 页。

③ 广州市文物管理委员会、中国社会科学院考古研究所、广东省博物馆：《西汉南越王墓》，文物出版社，1991 年。

④ 中国科学院考古研究所满城发掘队：《满城汉墓发掘纪要》，《考古》1972 年第 1 期；中国社会科学院考古研究所、河北省文物管理处：《满城汉墓发掘报告》，文物出版社，1980 年。

⑤ 关于玉衣的中国古代史料，都已收集在史为《关于"金缕玉衣"的资料简介》一文中，详见《考古》1972 年第 2 期，第 48 ~ 50 页。

⑥ 卢兆荫：《略论汉代丧葬用玉的发展与演变》，载邓聪编《东亚玉器》第 2 册，香港中文大学中国考古艺术研究中心，1998 年，第 158 页。史前"玉敛葬"，又可参看汪遵国《良渚文化"玉敛葬"述略》，《文物》1984 年第 2 期。

⑦ 两周的"缀玉面幕"的考古发现，最早于 20 世纪 50 年代出土于洛阳中州路的发掘中，也发现有的东周墓中死者衣服也缀有长方形玉石片，均见中国科学院考古研究所《洛阳中州路（西工段）》，科学出版社，1959 年。近年来，在河南三门峡市上村岭西周虢国墓地和山西曲沃、翼城境内的天马一曲村西周晋侯墓地多有出土，参看河南省文物研究所等《三门峡上村岭虢国墓地 M2001 发掘简报》，《华夏考古》1992 年第 3 期；《上村岭虢国墓地 M2006 的清理》，《文物》1995 年第 1 期。由北京大学考古学系和山西省考古研究所发掘的天马一曲村遗址北赵晋侯墓地的第二次、第三次、第四次、第五次发掘简报，分别刊于《文物》1994 年第 1 期、第 8 期和 1995 年第 7 期。

古发现中，也获得过汉代葬玉明显承袭两周"缀玉面幕"的实物例证，在江苏徐州子房山第3号西汉早期墓和后楼山西汉墓，都获得过由数十块玉片组成的"缀玉面幕"①，它们是由传统的两周"缀玉面幕"向汉代玉衣的脸盖发展的过渡形态②。稍后又在山东临沂洪家店西汉前期刘疵墓中，获得由玉片以金缕编成的一件头罩、一对手套和一双鞋③，这可能是结构完整的玉衣出现前，尚缺少玉片编成的上衣和裤筒的过渡形态④。至迟到公元前113年，玉衣的结构已臻完备，其典型标本就是河北满城陵山西汉中山靖王墓刘胜殓尸的玉衣，刘胜葬于武帝元鼎四年（前113年）。玉衣共用玉片2498片，以金丝编缀成形，整领玉衣可以分为脸盖、头罩、上衣的前片和后片、左右两袖筒、左右两裤筒、两手套和两鞋，整套玉衣全长1.88米。与玉衣配合的葬玉还有"玉九窍塞"⑤、握于双手的璜形"玉握"，以及枕于头下的嵌玉龙首铜枕。与刘胜"同坟异藏"的王妃窦绾，入敛的时间略迟，应在太初元年（前104年）以前。除以金缕玉衣殓尸外，还使用了嵌玉饰的漆棺，在棺外壁嵌26块玉璧和8件圭形玉饰，内壁盖、底和四侧壁内侧共嵌镶玉版192块。

从已发现的资料看，西汉武帝时玉衣的结构虽已臻完备，但当时似着重在"玉"，而没有形成对编缀用缕质地的等级规定，所以，可以用金、银，也可以用丝织的带子来编缀。另外，西汉玉衣片以平素为多，只有河北邢台北陈村西汉墓和山东五莲张家仲崮第4号西汉墓所

---

① 徐州博物馆：《江苏徐州子房山西汉墓清理简报》，《文物资料丛刊》第4期，文物出版社，1981年；徐州博物馆：《徐州后楼山西汉墓发掘报告》，《文物》1993年第4期；李银德：《徐州出土西汉玉面罩的复原研究》，《文物》1993年第4期。

② 卢兆荫：《略论汉代丧葬用玉的发展与演变》，载邓聪编《东亚玉器》第2册，香港中文大学中国考古艺术研究中心，1998年，第162页。

③ 临沂县文物组：《山东临沂刘疵墓出土的金缕玉面罩等》，《文物》1980年第2期。

④ 关于刘疵墓玉衣，也有人认为是由于死者等级较低才缺少上衣和裤筒，亦可备一说，参见郑绍宗《汉代玉匣葬服的使用及其演变》，《河北学刊》1985年第6期。

⑤ 玉九窍塞，指盖于尸体双眼的玉眼盖、塞鼻孔的玉鼻塞、盖口的口塞、盖双耳的玉耳瑱、塞肛门的玉肛门塞，还有玉生殖器罩。关于汉代的玉九窍塞，请参看夏鼐《汉代的玉器——汉代玉器中传统的延续和变化》，《考古学报》1983年第2期。

出玉衣片①，有的刻有柿蒂纹或云纹，纹饰内或嵌金丝和金箔，这又使人联想起《西京杂记》所记："汉帝送死，皆珠襦玉匣，匣形如铠甲，连以金缕。武帝匣上皆缕为蛟龙鸾凤龟麟之象，世谓为蛟龙玉匣。"该书虽为后人伪托西汉刘歆所撰，但所记之"蛟龙玉匣"似有所本，或可能录自刘歆未成的《汉书》底本②。

　　虽经新莽代汉和赤眉起义的社会大动荡，西汉以玉衣殓尸为代表的厚葬之风的发展势头，到东汉时并未减弱，反而愈演愈烈。正如王符《潜夫论》所说："今京师贵戚，郡县豪家，生不极养，死乃崇丧。或至金缕玉匣，楩梓梗柟，多埋珍宝偶人车马，造起大冢，广种松柏，庐舍祠堂，务崇华侈。"③虽然光武帝于建武七年（31年）就曾下诏薄葬④，以后诸帝也常有禁厚葬之令⑤，但是均无实效，厚葬之风更烈。从考古调查发掘资料看，东汉时厚葬之风表现为地上建冢立祠⑥、筑阙⑦、设石柱⑧、石兽，地下建豪华的砖石多室墓，绘壁画，设画像石，随葬物品丰盛华美⑨。特别是王侯贵戚作为殓服的玉衣，在西汉的基础上又有发展，形成以编缕的质地区别级别的制度。据《后汉书·礼仪志》，皇帝用"金缕玉柙"，"诸侯王、列侯、始封贵人、公主薨，皆令赠印玺、玉柙银缕；大贵人、长公主

① 河北省文物管理处：《河北邢台南郊西汉墓》，《考古》1980年第5期；潍坊市博物馆、五莲县图书馆：《山东五莲张家仲崮汉墓》，《文物》1987年第9期。
② 张心澂：《伪书通考》上册，商务印书馆，1957年，第649～659页。
③ 《后汉书·王符列传》，第1637页。
④ 《后汉书·光武帝纪》，第51页。
⑤ 可参看《后汉书》的《明帝纪》，第115页；《章帝纪》，第134～135页；《和帝纪》，第186页；《安帝纪》，第207页。
⑥ 汉墓地上所立石祠，保存较好的如孝堂山和武氏祠，可参看罗哲文《孝堂山郭氏墓石祠》，《文物》1961年第4、5期合刊；《孝堂山郭氏墓石祠补正》，《文物》1962年第10期。另见蒋英炬、吴文祺《汉代武氏墓群石刻研究》，山东美术出版社，1995年。
⑦ 陈明达：《汉代的石阙》，《文物》1961年第12期；重庆市文化局、重庆市博物馆：《四川汉代石阙》，文物出版社，1992年。
⑧ 近年发现的汉代墓前石柱，北京出土的幽州书佐秦君神道石柱最值得注意，见北京市文物工作队《北京西郊发现汉代石阙清理简报》、邵茗生《汉幽州书佐秦君石阙释文》，均载《文物》1964年第11期。
⑨ 关于汉代地下墓室等情况，请参阅王仲殊《汉代考古学概说》，中华书局，1984年，第85～108页。

铜缕"①。这时诸侯王已与西汉时不同，已不得用金缕玉衣了，从目前的考古资料看，东汉时玉衣确是按朝廷规制使用的②。东汉时玉衣更加盛行。一方面，以玉衣装殓突出显示了死者的身份地位，以编缕质地来区别等级后更是如此。受宠幸的外戚大臣均以受赐玉衣为荣③，以至有人冒着僭越之罪，私自使用玉衣④。另一方面，东汉时人们更相信玉可保护尸体不朽。东汉初年盛传西汉诸陵遭盗掘，有玉衣装殓者"率皆如生"⑤，人们因而更迷信玉衣可保尸体不朽。当时盛行神仙方术，相信死者能"望乘风云，冀与螭龙共驾，适不死之国，国即丹溪。其人浮游列缺，翱翔倒景"⑥。这就要求尸体不朽，因此更注重尸体的保护⑦。

东汉末年，厚葬的势头更盛，而同时社会矛盾也达到高峰，黄巾起义引起了全国大动乱，为镇压黄巾军又导致地方豪强割据，社会经济遭到极大破坏。在群雄混战中，曹操借拥佐汉献帝，最后削平群雄、统一北方，当他意气风发地挥师南进时，却于赤壁一战败于孙权、刘备联军，终使古代中国形成鼎足三分的政治格局，历史进入三国时期。此时葬俗出现了与汉代截然不同的变化，最高统治集团力主薄葬，并且身体力行，于是全社

---

① 《后汉书·礼仪志》，第3141、3152页。

② 目前已发现的东汉诸侯王墓中，中山穆王畅、鲁孝王庆忌、陈顷王崇、彭城王、下邳王等，皆用银缕玉衣。只有中山简王焉用鎏金铜缕玉衣，或与银缕相当，或为皇帝特赐。河北蠡县东汉墓出铜缕玉衣，应是嗣侯使用的。见卢兆荫《再论两汉的玉衣》，《文物》1989年第10期。

③ 《汉书》和《后汉书》中有关赐以玉衣的记载，皆见于外戚、宠臣的列传，计有霍光、董贤、耿秉、梁竦、梁商等人。参看卢兆荫《再论两汉的玉衣》，第66页。

④ 汉桓帝时，冀州宦者赵忠父死，归葬安平，私用"玉匣"，被刺史朱穆发现，"下郡案验。吏畏其严明，遂发墓剖棺，陈尸出之，而收其家属"。《后汉书·朱晖孙穆传》，第1470页。

⑤ 据《后汉书·刘盆子传》，赤眉军曾发掘西汉诸陵，"取其宝货，遂污辱吕后尸。凡贼所发，有玉匣殓者率皆如生，故赤眉得多行淫秽。"第483～484页。

⑥ 魏文帝曹丕在《典论》中指出这种说法的错误。他说："夫生之必死，成之必败。然而惑者，望乘风云，冀与螭龙共驾，适不死之国，国即丹溪。其人浮游列缺，翱翔倒景。然死者相袭，丘垄相望，逝者莫返，潜者莫形，足以觉也。"见《文选》郭景纯《游仙诗》七首之四李善注引文，中华书局影印胡刻本，1977年，第307页。

⑦ 汉人相信尸解得仙。《太平广记》卷三引《汉武内传》："得仙之下者，皆先死。过太阴中炼尸骸。度地户。然后乃得尸解去耳。"人民文学出版社，1959年。《汉武内传》可能为齐、梁间人作，见张心澂《伪书通考》上册，商务印书馆，1957年，第660～661页。但所记仍可作为时人崇信神仙、重保存尸体不朽之参考。

会由厚葬转向薄葬，不封不树，不建祠阙碑柱。墓室构筑和随葬物品也由奢转俭，不用金银珍奇，盛行于两汉的玉衣因而绝迹。

控制中原地区的曹魏政权力行薄葬的原因，首先是由于在长期动乱之后，社会经济凋敝，大量百姓死于战祸和饥荒，群雄争地，胜者常屠城，曹军亦不例外。如讨徐州时，曾在彭城间"坑杀男女数万口于泗水，水为不流"。后"引军从泗南攻取虑、睢陵、夏丘诸县，皆屠之，鸡犬亦尽，墟邑无复行人"①。曹操自己常在诗作中描述战祸之后的民间惨状，在《蒿里行》中写道："铠甲生虮虱，万姓以死亡。白骨露于野，千里无鸡鸣。生民百遗一，念之断人肠。"统治集团无力如东汉时那样，花费巨资奢侈地举行丧葬，玉衣这类耗费巨大的特殊殓服首当其冲地被废止，亦在情理之中。另一个重要原因，是曹魏统治集团在刚刚渡过的大动乱中，对所见前代厚葬的坟墓遭到毁灭性的破坏感触极深，于是引以为鉴。当时为了获取金宝以充军费，或为获取战争中所用的物资，曹魏军中将帅都是公开的盗墓者。陈琳为袁绍所作的檄文中，曾有深刻的揭露："操帅将吏士，亲临发掘，破棺裸尸，掠取金宝。"不仅如此，曹魏军中还专设掘墓的官员。檄文又说："操又特置发丘中郎将，摸金校尉，所过隳突，无骸不露。"② 金缕玉衣更是掘墓获取的主要目标之一。魏文帝曹丕所作《终制》曾说："丧乱以来，汉世诸陵无不发掘，至乃烧取玉匣金缕，骸骨并尽。"③ 除掠取金宝外，为制战具，也发墓取棺木等为用，魏将郝昭遗令中承认，"吾数发冢取其木以为攻战具，又知厚葬无益于死者也"④。曹魏帝王将帅对于发他人之冢记忆犹新，自然惧怕自己的冢墓日后遭同样下场。这也应是曹氏父子力主薄葬而且不封不树，"欲使易代之后不知其处"的主要原因。

---

① 《三国志·魏书·荀彧传》注引《曹瞒传》，第309～310页。
② 《文选》卷四四陈孔璋《为袁绍檄豫州》一首，中华书局影印胡刻本，1977年，第617页。
③ 《三国志·魏书·文帝纪》，第82页。
④ 《太平御览》卷五五四引《魏略》，中华书局影印本，第2507页。

魏武帝曹操力主薄葬。早在建安十年（205年）正月平冀州后，他就下令禁厚葬①，并禁立碑②。据《三国志·魏书·武帝纪》，建安二十三年（218年），曹操又为自己死后做了安排。"六月，令曰：古之葬者，必居瘠薄之地。其规西门豹祠西原上为寿陵，因高为基，不封不树。"到建安二十五年（220年），曹操遗令埋葬时，"敛以时服，无藏金玉珍宝"③。《晋书·礼志》也记有曹操"以礼送终之制，袭称之数，繁而无益，俗又过之，豫自制送终衣服四箧，题识其上，春秋冬夏，日有不讳，随时以敛，金珥珠玉铜铁之物，一不得送"④。其子曹丕尊奉其命埋葬，随葬物无所增加。甚至他取代汉朝称帝以后，为曹操刻金玺、追加封号，也"不敢开埏，乃为石室，藏玺埏首，以示陵中无金银诸物也"。从此以后，"汉礼明器甚多，自是皆省矣"⑤。曹丕承袭曹操薄葬主张，在所作《终制》中进一步指明："自古及今，未有不亡之国，亦无不掘之墓也。"他以史为鉴，反复叮嘱："夫葬也者，藏也，欲人之不得见也。"故"寿陵因山为体，无为封树，无立寝殿，造园邑，通神道"。目的是"欲使易代之后不知其处"。墓内"无藏金银铜铁，一以瓦器……饭含无以珠玉，无施珠襦玉匣，诸愚俗所为也"⑥。

魏武帝高陵曾依汉制，立陵上祭殿。黄初三年（222年）祭殿毁坏，文帝诏令："先帝躬履节俭，遗诏省约。子以述父为孝，臣以系事为忠。古不墓祭，皆设于庙。高陵上殿皆毁坏，车马还厩，衣服藏府，以从先帝俭德之志。"此后终魏之世，"园邑寝殿遂绝"⑦。曹氏父子历经战乱，感于亲身经历，识厚葬之害，又困于经济凋敝，所以力主节葬，不封不树，不立寝殿神道，后世不识其陵寝所在，以致民间流传所谓曹操作疑冢，衍生

---

① 《三国志·魏书·武帝纪》，第27页。
② 《宋书·礼志》，第407页。
③ 《三国志·魏书·武帝纪》，第53页。
④ 《晋书·礼志》，第632页。
⑤ 《晋书·礼志》，第632页。
⑥ 《三国志·魏书·武帝纪》，第81页。
⑦ 《晋书·礼志》，第634页。

出许多传奇故事①。

　　皇帝主节葬，曹魏时贵戚官员将帅同样感于亲身经历，遵从曹魏法制，多主薄葬。文帝郭后姐子孟武欲厚葬其母，起祠堂，郭后止之曰："自丧乱以来，坟墓无不发掘，皆由厚葬也，首阳陵可以为法。"② 郝昭因战中多发冢取木为攻战具，故病亡前遗令儿子郝凯，厚葬无益于死者也，"没必敛以时服，死复何在耶?! 令去本墓远，东西南北在汝而已矣"③。有关官员遗令俭葬的记录更多，如裴潜"遗令俭葬，墓中惟置一坐，瓦器数枚，其余一无所设"④。《三国志·魏书》诸传中，记有遗命薄葬、敛以时服的官员，尚有司马朗、贾逵、徐晃、徐宣、韩暨、王观、高堂隆等人⑤。因此到曹魏时，盛行于东汉时的皇帝和高级贵族的特殊殓服玉衣被彻底废弃，而豪华的大型多室砖墓、奢侈的随葬器物群，以及满布墓室的壁画和画像石刻等也随之绝迹，节葬之风盛行一时。不仅曹魏如此，蜀汉和孙吴的一些名臣也主节葬⑥，但全社会厚葬陋习仍流行⑦，

① 邺城遗址附近多大冢，分布于今河北磁县境内，历来民间传为曹操所修七十二疑冢。陶宗仪《南村辍耕录》卷二六《疑冢》条记："曹操疑冢七十二，在漳河上。"又引宋俞应符诗："人言疑冢我不疑，我有一法君未知，直须尽发疑冢七十二，必有一冢藏君尸。"《元明史料笔记丛刊》本，中华书局，1980年，第324页。陶宗仪甚赞俞诗，认为是"诗之斧钺也"。不过如有人按诗人误导，尽发漳河诸冢，并无法寻及曹操之尸，因为疑冢云云只是乡人误传，其实那些大冢与曹操无关，皆为东魏、北齐时大墓，参看马忠理《磁县北朝墓群——东魏北齐陵墓兆域考》，《文物》1994年第11期。曹操疑冢传说历来是文学作品的题材，著名的如蒲松龄《聊斋志异》卷十《曹操冢》，人民文学出版社《中国古典文学读本丛书》，1992年，第1393页。
② 《三国志·魏书·文德郭皇后传》，第166页。
③ 《太平御览》卷五五四引《魏略》，中华书局影印本，第2507页。
④ 《三国志·魏书·裴潜传》，第673页。
⑤ 参看《三国志·魏书》的《司马朗传》，第468页；《贾逵传》，第484页；《徐晃传》，第530页；《徐宣传》，第646页；《韩暨传》，第678页；《王观传》，第694页；《高堂隆传》，第717页。
⑥ 蜀汉如诸葛亮。"亮遗命葬汉中定军山，因山为坟，冢足容棺，敛以时服，不须器物。"见《三国志·蜀书·诸葛亮传》，第927页。孙吴如张昭。"嘉禾五年卒。遗令幅巾素棺，敛以时服。"见《三国志·吴书·张昭传》，第1223页。
⑦ 孙吴时仍厚葬成风，从安徽马鞍山发现的右军师、左大司马朱然墓可见一斑。该墓虽早遭盗扰，残存的随葬遗物尚有精美的漆器以及木器、青瓷器、陶器、铜器等百余件，还有多达6000枚铜钱。见安徽省文物考古研究所、马鞍山市文化局《安徽马鞍山东吴朱然墓发掘简报》，《文物》1986年第3期。有关厚葬的记载更不乏例，如孙吴亡国之君孙皓左夫人张氏死，"皓哀愍思念，葬于苑中，大作冢，使工匠刻柏作木人，内冢中以为兵卫，以金银珍玩之物送葬，不可称计。"见《三国志·吴书·孙和何姬传》注引《江表传》，第1202页。且吴大帝孙权还主以人殉葬，陈武死时，"权命以其爱妾殉葬，"见《三国志·吴书·陈武传》注引《江表传》，第1289页。

与曹魏皇帝倡导薄葬有别。

曹魏后期，世家大族的代表司马氏逐渐取得控制朝政大权，嘉平三年（251 年）司马懿死时，他仍遵曹魏节葬之制，死前"预作终制，于首阳山为土藏，不坟不树，作《顾命》三篇，敛以时服，不设明器，后终者不得合葬"①。正元二年（255 年），司马师死，营葬全依其父司马懿丧事制度②。西晋王朝建立后，皇陵仍遵节葬之制，所以惠帝时裴頠表文中说："大晋垂制，深惟经远，山陵不封，园邑不饰，墓而不坟，同乎山壤，是以丘阪存其陈草，使齐乎中原矣。"③ 同时，魏武帝时，革除汉时作石室、石兽、碑铭旧习，严禁立碑④。西晋仍依曹魏之制，咸宁四年（278 年）晋武帝司马炎再次诏令："此石兽碑表，既私褒美，兴长虚伪，伤财害人，莫大于此。一禁断之。其犯者虽会赦令，皆当毁坏。"⑤ 正是由于西晋帝陵不封不树，墓而不坟，又无碑兽石刻等物，而且有关文献对西晋帝陵记录极简略，所以后世难知其所在，遂成当今考古学难解之谜。1982～1983年，经仔细勘察，在邙山南麓探查出应为晋武帝司马炎峻阳陵的峻阳陵墓地，以及晋文帝司马昭崇阳陵的枕头山墓地，两处墓地的地表均无任何痕迹，经铲探，在峻阳陵墓地探出 23 座排列有序的坐北面南的土洞墓，均有既长且宽的斜坡底墓道，周围未见任何陵垣痕迹。枕头山墓地共探出 5 座墓，亦坐北面南，其形制、布局同峻阳陵墓地，但墓地周围残存陵垣遗迹，还有两处可能与陵区守卫有关的建筑遗迹⑥。又在枕头山墓地试掘 2 座墓，都是带有长斜坡底墓道的土洞墓，墓室只就原生土挖成拱形顶土洞，周

① 《晋书·宣帝纪》，第 30 页。
② 《宋书·礼志》："（晋）景帝崩，丧事制度，又依宣帝故事。"第 405 页。
③ 《晋书·刑法志》，第 934 页。
④ 《宋书·礼志》："汉以后，天下送死奢靡，多作石室石兽碑铭等物。建安十年，魏武帝以天下雕弊，下令不得厚葬，又禁立碑。魏高贵乡公甘露二年，大将军参军太原王伦卒，伦兄俊作《表德论》，以述伦遗美，云'祇畏王典，不得为铭，乃撰录行事，就刊于墓之阴云尔'。此则碑禁尚严也。"第 407 页。
⑤ 《宋书·礼志》，第 407 页。
⑥ 中国社会科学院考古研究所洛阳汉魏故城工作队：《西晋帝陵勘察记》，《考古》1984 年第 12 期。

壁未作任何粉饰，仅地面铺砌青砖，墓门设素面石门。由于早经盗掘，仅存少量陶器及一些零星物品。总体看来，墓室构造尚称简朴，或显现西晋帝陵节葬风格。这次勘察使我们知道，彻底解开晋陵之谜不是没有希望的。

西晋初年，皇帝主节葬，一些名臣也力主薄葬。如王祥遗令子孙："气绝但洗手足，不须沐浴，勿缠尸，皆濯故衣，随时所服。所赐山玄玉珮，卫氏玉玦，绶笥皆勿以敛。西芒上土自坚贞，勿用甓石，勿起坟陇。穿深二丈，椁取容棺，勿作前堂，布几筵，置书箱镜奁之具，棺前但可施床榻而已。糒脯各一盘，玄酒一杯，为朝夕奠。"[①] 再如石苞，豫为《终制》："自今死亡者，皆敛以时服，不得兼重。又不得饭唅，为愚俗所为。又不得设床帐明器也。定窆之后，复土满坎，一不得起坟种树。"[②] 又如杜预，学郑大夫祭仲，遗令葬时"皆用洛水圆石，开隧道南向，仪制取法于郑大夫，欲以俭自完耳。棺器小敛之事，皆当称此"[③]。但是西晋统一全国以后，司马氏皇族和其所依靠的世家大族的势力极度膨胀，竞相奢侈，前述崇薄葬之石苞之子石崇，后来就是以奢靡相尚的代表人物[④]。奢靡之风盛行，又要凸显死者族第权势，表现在葬俗方面，自然改节俭之风，又转向厚葬。同时，西晋皇帝对重臣丧事给予厚赐，也起到鼓励厚葬的作用，更与提倡薄葬的政策相矛盾。例如，前举遗令节葬的王祥和石苞，得到皇帝赐秘器、朝服、衣一袭、钱三百万、布百匹的厚赐[⑤]。因此，有些重臣也恃功为己厚葬，比如平吴名将王濬，"葬柏谷山，大营茔域，葬垣周四十五里，面别开一门，松柏茂盛"[⑥]。即便如此，此时的厚葬很难复原已被

---

① 《晋书·王祥传》，第989页。
② 《晋书·石苞传》，第1003页。
③ 详见《晋书·杜预传》，遗令中说："吾往为台郎，尝以公事使过密县之邢山。山上有冢，问耕父，云是郑大夫祭仲，或云子产之冢也，遂率从者祭而观焉。其造冢居山之顶，四望周达，连山体南北之正而邪东北，向新郑城，意不忘本也。其隧道唯塞其后而空其前，不填之，示藏无珍宝，不取于重深也。山多美石不用，必集洧水自然之石以为冢藏，贵不劳工朽，而此石不入世用也。君子尚其有情，小人无利可动，历千载无毁，俭之致也。"所以杜预学此而营墓。第1032~1033页。
④ 《晋书·石苞传》，第1006~1008页。
⑤ 《晋书·王祥传》，第989页；《晋书·石苞传》，第1003页。
⑥ 《晋书·王濬传》，第1216页。

曹操革除的汉朝旧习，也不能明显违背司马懿已身体力行的节葬之制，因而就在摒弃汉时大型多室砖墓、珠襦玉匣、画像石刻以及地上的祠、碑、石兽等旧俗后，另辟新途，于是，西晋葬俗中出现以下新变化。

先看墓室结构。洛阳地区的曹魏时期墓，时代特征不明显，尚多沿袭东汉晚期旧制，1956 年在洛阳涧西发现葬有正始八年（247 年）铭铁帐构的墓葬①，为认识曹魏墓提供了依据，那是一座带有前堂（附左右耳室）和后室的砖墓，铁帐构放置在前堂后部中央，说明那一位置原本张有斗帐，帐前遗有玉杯、铜博山炉、陶灯盏等物。左耳室有庖厨明器和陶俑，应模拟庖厨；右耳室有带盖陶罐等，应模拟仓房。在前堂设奠的习俗，已初见于洛阳烧沟汉墓东汉时墓葬中，烧沟 M1026 前堂已陈放漆案，上置漆耳杯 4 件，案前后还有漆耳杯及酒樽，案上还置有鸡、肉②。当魏曹节葬禁于坟上立祠等后，对墓内设奠则更受人重视，并开始安置床帐。到西晋时，墓内多减去前堂，成为单室，但设床榻，放脯酒致奠习俗更为流行③，前引王祥遗令所述最具典型性。东晋时期，此俗仍承袭下来，比如南京象山王氏墓群中第 7 号墓（据考为王廙墓）中，当门安放有与实物等大的陶床一张，上置陶凭几、盘、耳杯、砚与瓷香熏、唾壶等物④。北园东晋墓中当门处也安放过一张与实物等大的陶床⑤，虽已残毁，但能复原。辽宁朝阳袁台子东晋时期的墓葬中，更发现有设帐致奠的遗存，在当门处安放有一平顶小帐，四角用鎏金铜帐构，帐柱下有方形石础。帐内放一张漆

---

① 李宗道、赵国璧：《洛阳 16 工区曹魏墓清理》，《考古通讯》1958 年第 7 期；洛阳市文物工作队：《洛阳曹魏正始八年墓发掘报告》，《考古》1989 年第 4 期。

② 洛阳区考古发掘队：《洛阳烧沟汉墓》，科学出版社，1959 年，第 45～46、241 页。

③ 洛阳地区已发掘的魏晋墓，多已遭严重盗扰，故难看出设床帐、设奠遗迹，但还能寻出一些曾设奠的迹象。例如，洛阳 52 号西晋墓室内当门处，残存陶多子槅等食器；又如洛阳西郊58LSM3088 号墓前堂残存多子槅、耳杯等食器。偃师杏园村的两座魏晋墓，M6 前堂遗有残陶案，M34 前堂残存 3 件陶多子槅。分别参看河南省文化局文物工作队第二队《洛阳晋墓的发掘》图四，《考古学报》1957 年第 1 期；考古研究所洛阳发掘队《洛阳西郊晋墓的发掘》，《考古》1959 年第 11 期；中国社会科学院考古研究所河南第二工作队《河南偃师杏园村的两座魏晋墓》，《考古》1985 年第 8 期。

④ 南京市博物馆：《南京象山 5 号、6 号、7 号墓清理简报》，《文物》1972 年第 11 期。

⑤ 南京大学历史系考古组：《南京大学北园东晋墓》，《文物》1973 年第 4 期。

案，案上放置瓷碗、钵和漆盒、勺等 14 件食具①。当时，这一地区处在十六国时后燕至北燕版图之中，更表明置帐设奠习俗影响之深远。

西晋时葬俗的另一新变化，是由于曹魏时严禁立碑，所以开始将地面树立的墓碑小型化而埋放墓中②。虽然东汉时已有墓内放置碑石的先例，如偃师南蔡庄建宁二年（169 年）肥致墓内的石碑③，但与神仙方术有关，应是较特殊的例子。到西晋时，放入墓中的小型化的碑石，所记内容主要是死者姓名家世和生平事迹，因此正合世家大族夸耀其家族门第和官阶声誉的目的。20 世纪 50 年代在河南洛阳西晋墓发掘中获得的元康九年（299 年）《晋贾皇后乳母美人徐氏之铭》，就是圭首石碑形，而且碑阴也满刻碑文，在墓中也是竖立于石座之上。另一墓中出土的太康八年（287 年）残志石亦为圭首碑形，圭首上还有一圆穿。除此以外的第三方是永宁二年（302 年）《晋前尚书郎北地傅宣故命妇士孙氏墓志》，志石作矩形，但无盖④。北京西郊八宝山西晋墓出土"晋使持节侍中都督幽州诸军事领护乌丸校尉幽州刺史骠骑大将军博陵公大原晋阳王公故夫人平原华氏之铭"，青石，矩形，正面、侧面和背面都刻有文字⑤。这表明，当时墓志尚处于未规范定型的时期。到东晋时，志石渐由碑形大致转为矩形，也有砖志，以象山王氏墓群出土的墓志最引人注意，有时墓志正背面都刻文字，放在墓中时，常是侧立靠在墓壁上，如王闰之砖志和夏金虎砖志⑥。

---

① 辽宁省博物馆文物队、朝阳地区博物馆文物队、朝阳县文化馆：《朝阳袁台子东晋壁画墓》，《文物》1984 年第 6 期。

② 罗振玉《石交录》曾云："晋人墓志皆为小碑，直立圹中，与后世墓志平放者不同，故无盖而有额。若徐君夫人管氏，若处士成君，若晋沛国张朗三石，额并经署某某之碑，其状圆首，与汉碑形制正同，惟小大异耳。"有关分析请看赵超《中国古代石刻概论》，文物出版社，1997 年，第 41 页。

③ 河南省偃师县文物管理委员会：《偃师县南蔡庄乡汉肥致墓发掘简报》，《文物》1992 年第 9 期。

④ 河南省文化局文物工作队第二队：《洛阳晋墓的发掘》，图六、图十四～十六，《考古学报》1957 年第 1 期。

⑤ 北京市文物工作队：《北京西郊西晋王浚妻华芳墓清理简报》，《文物》1965 年第 12 期。

⑥ 南京市博物馆：《南京象山 5 号、6 号、7 号墓清理简报》，《文物》1972 年第 11 期，第 25、27～28 页。

至南北朝时期，方形墓志石平放墓中、上加盝顶志盖已成为定制，一直沿袭到隋唐以后①。

除墓志外，西晋时期墓中随葬俑群的形貌和内容，都与两汉时期有了很大变化。由于晋朝高官豪门以乘牛车为贵，所以俑群的中心是墓内死者出行的牛车和具备鞍辔马具的乘马，还有男仆女侍，以及为镇墓除邪的镇墓甲胄武士俑和镇墓兽，附有家畜家禽和庖厨器物模型。俑的质料以陶质为主，且塑工颇显拙稚②，可以前举20世纪50年代自河南洛阳晋墓发掘获得的标本为代表③。在西晋俑群的基础上，到北朝时期有了很大发展，代表死者地位官阶、以牛车和鞍马为中心的出行仪卫的数量大增，明显成为显示死者身份地位的主要象征物，其规模和数量则随死者身份而增加，有的总数膨胀到超过千件。以从东魏、北齐时都城邺附近的王公显贵墓中出土俑群为例，东魏武定八年（550年）茹茹公主闾叱地连墓出土陶俑多达1064件④，主要是各类出行仪卫俑。又如河北磁县湾漳大墓，推测是北齐时的一座帝陵⑤，规制宏伟，壁画精湛，墓中出土陶俑超过1500件，还在墓的石门外两侧各置有体高142厘米的文吏俑，是目前在考古发掘中获得的最高大的北朝时期陶俑。

最后还应补充说明，魏晋时玉衣的消失，除经济原因和政治因素外，也应与人们信仰的变更有关。玉衣保存尸体以求不朽，前已提及是与汉代人们相信黄老神仙有联系。但自东汉时佛教传入中国以后⑥，人们由企望升仙转向更虔信来世转生及往生西方净土。而且，佛涅槃后尸骨火化。因此，对死后永久保存尸体不朽已不为人们所看重，迷信玉衣能保护尸体不

① 徐苹芳：《墓志》，《中国大百科全书·考古学》，中国大百科全书出版社，1986年，第341页。
② 杨泓：《美术考古半世纪——中国美术考古发现史》下编《俑的世界——中国独特的明器艺术》第四节《东汉魏晋俑的演变和艺术特征》，文物出版社，1997年，第327页。
③ 河南省文化局文物工作队第二队：《洛阳晋墓的发掘》，图版贰：7、8，叁：1～8。
④ 磁县文化馆：《河北磁县东魏茹茹公主墓发掘简报》，《文物》1984年第4期。
⑤ 中国社会科学院考古研究所、河北省文物研究所 邺城考古工作队：《河北磁县湾漳北朝墓》，《考古》1990年第7期。
⑥ 魏晋佛教在中国流行的情况，请参阅汤用彤《汉魏两晋南北朝佛教史》，中华书局，1955年。

朽的功能随之不受重视，统治者无意恢复这类特殊殓服，这也应是玉衣消失的思想因素之一。

　　以上简要回顾了三国两晋南北朝以来，葬俗方面与两汉时期不同的变化，到公元589年隋朝再次统一了古代中国，重新规定葬仪制度①，所依据的已是南北朝时变化的新葬仪。从考古发现来看，隋代墓葬中的随葬俑群，分别承袭自北方的北周和北齐的规制，也融入南朝的一些因素，在造型方面，保留着分别源于北周和北齐不同艺术风格的痕迹②。后经隋至唐初的发展，终于塑造出具有新的时代特征的新组合的唐代随葬俑群，其与汉俑相比，从内容到造型都呈现着完全不同的面貌。因此，从汉到唐之间的魏晋南北朝时期，正是中国古代葬俗由汉至唐的过渡阶段，值得今后深入探研。

（原载《文物》1999年第10期）

　　后记　这篇原是应当时在美国纳尔逊·阿特金斯艺术博物馆的杨晓能之约，为他策划的中国赴美文物展（1999）所编论文集而作，后因《文物》缺稿，决定先刊登于《文物》月刊。因美方文集不采用已发表的文稿，又重新为其写了《汉唐时期埋葬制度的变迁》一文，那篇文章只在美国发表过英文稿。

---

① 《隋书·礼仪志》："开皇初，高祖思定典礼。""其丧纪，上自王公，下逮庶人，著令皆为定制，无相差越。"第156～157页。
② 杨弘：《隋唐造型艺术渊源简论》，《唐研究》第4卷，北京大学出版社，1998年，第361～372页。

汉唐之间城市建筑、室内布置和社会生活习俗的变化

在中国古代，从城市布局、建筑技术乃至室内陈设的日用家具和室内的艺术装饰的较大变化，发生在汉唐之间。自东汉末年开始，由群雄割据后形成三国鼎立，中国历史进入了长期动荡混乱的局面。期间虽有西晋王朝短暂的统一，但随之而来的又是更加动荡混乱的东晋十六国至南北朝时期，直到隋朝统一全国，几乎经历了近四个世纪。连年战乱和政权更迭破坏了传统的礼俗，更导致大量人口长途迁徙。许多原居边陲的古代民族纷纷进入中原，并先后建立政权，形成空前的民族接触融会的新局面。中外文化的互动在这时期也进入新高潮。虽然战乱频繁，但是这时期的建筑技术及各种工艺的演进并未停止。所有这一切都影响着从城市布局、建筑技术乃至社会生活习俗的变化，也促使人们日常家居所使用家具和室内装饰艺术随之变化，呈现出与汉代不同的新面貌，改变着人们的生活情趣，进而影响绘画、书法等艺术的变迁，也使文学创作增添了新内容。从而汇聚成更加繁荣的隋唐文化。

一

自汉至唐，主要城市特别是都城的平面布局发生了很大的变化，概言之，是由西汉长安城那种缺乏统一规划的宫殿聚集而成的平面布局，演变成唐长安城那种具有统一规划的封闭式里坊制的平面布局。都城平面布局的变化，最明显的表现在宫殿占有面积的退缩和民居里坊的扩展，还有商

业区的发展和宗教寺院的兴盛，反映着自汉至唐社会经济乃至政治、文化诸方面的发展，导致城市的性质也在不断发生变化。

西汉营建长安时，先在秦旧宫兴乐宫处建长乐宫。据《史记·高祖本纪》，高祖八年（前199年），丞相萧何"营作未央宫，立东阙、北阙、前殿、武库、太仓"[①]。九年未央宫成，高祖大朝诸侯群臣，置酒未央宫前殿[②]。后又建北宫。到惠帝时方围筑长安四垣，惠帝三年（前192年）"方筑长安城，四年就半，五年六年城就"[③]。前后约计四年时间，修筑长安四面城墙的进程，大概是从城的西北方起，先筑西墙，然后依次筑南墙、东墙和北墙。目前经田野考古勘察和发掘，已明确了西汉长安城四面城墙和其上诸城门的位置[④]。在修筑城垣时，主要宫殿建筑群早已建成，且各宫的修筑亦缺乏整体规划，城垣必须将已筑成并已使用的诸宫殿均围护其中。同时在迁就已存在的诸宫位置时，又受到地形限制，所以长安城四面城墙走向并不规整，特别是南墙和北墙。南墙因迁就未央宫与长乐宫，出现多处折曲之处。北墙走向受地势与河道的限制，更是出现多处折曲、偏斜之处。设置城门和主要街道时，更要考虑与已建宫殿的关系，只能将城内南北的主要干道设在长乐与未央二宫之间，在南墙开安门；而东西的两条平行的主要大道，又只能自西沿未央宫北侧及北宫南侧东行，与安门大道呈"丁"字相交，但受长乐宫的阻挡而不能直接贯通到东墙，只能在长乐以北另开自东墙向西的大道，也与安门大道"丁"字相交。所以城垣筑成后，城内南半部是长乐宫与未央宫，北半部则是北宫及后建的桂宫和明光宫，诸宫殿总面积几占全城面积三分之二，且先后修建的宫殿布局并无规划，亦缺乏中轴线设计，城内中心区也缺乏横贯东西的大道。所以，汉长安城可以说是宫殿的组合体（图一），也表明西汉长安自建城之始即缺乏完备的整体城市规划。虽然城中也有一般居民的闾里，但所占比例极

---

① 《史记·高祖本纪》，第385页。
② 《史记·高祖本纪》，第386页。
③ 《史记·吕太后本纪》，第398页。
④ 参看王仲殊《汉代考古学概说》第一章，中华书局，1984年。

少，且因宫殿均选占高亢的地势，已占据了城内南侧大部分地区，所以只剩下偏居城东北角宣平门内低洼之处，据记载，闾里数多达 160 个。在城内虽设有"九市"，其中的西市在惠帝六年（前 189 年）建城时已存在。民居闾里和市虽纳入城中，但不占重要位置。不过，如果将西汉长安城与先秦时都城以宫庙为主的格局相比，已经发生很大变化。这时宫、庙已分离，原长安城中曾设太上皇庙和高祖庙，但自文帝以后，就在陵园附近建庙。同时将大型礼制建筑安置在城外南部，目前在那一地区已经考古发掘的大型礼制建筑遗址的数量超过 10 座。位于城南偏东处的一座大型礼制建筑遗址，可能是"辟雍"的遗迹。安门南面偏西处的那些遗址，或许是王莽当政时建立的"九庙"的遗迹①。可以看出，当时西汉都城内的建筑行业服务的对象是皇帝和皇族，为其建造宫殿，一般民居建筑不受重视。

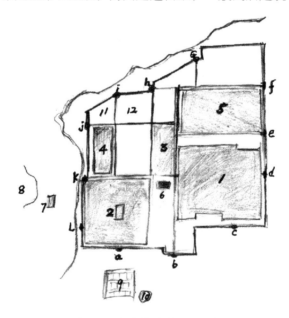

图一　汉长安城遗址平面示意图

1. 长乐宫　2. 未央宫　3. 北宫　4. 桂宫　5. 明光宫　6. 武库　7. 建章宫　8. 昆明池　9. 王莽九庙　10. 辟雍　11. 西市　12. 东市

a. 西安门　b. 安门　c. 覆盎门　d. 霸城门　e. 清明门　f. 宣平门　g. 洛城门　h. 厨城门　i. 横门　j. 雍门　k. 直城门　l. 章城门

① 黄展岳：《汉长安城南郊礼制建筑的位置及其有关问题》，《考古》1960 年第 9 期。

到东汉时期，都城雒阳仍是以宫殿为主的平面布局。主要的宫殿有南宫和北宫，其中南宫原为西汉旧宫，东汉光武帝定都雒阳后不断扩建。到明帝时，又在南宫北面营建北宫，规模宏大，宫内的德阳殿"周旋容万人，陛高二丈"。在北宫和南宫之间还筑有复道，将两宫连接起来，以保证皇帝往来时的安全。除南宫和北宫外，在北宫东北有永安宫，北宫西侧有皇家宫苑濯龙园。以上宫苑面积的总和虽然较西汉长安略有减少，但也占据了全城面积的二分之一以上，表明城市布局仍以宫殿为主。当时的中央衙署办公的地点在南宫东南，如太尉府、司徒府和司空府。在北宫东北设有武库和太仓（图二）。城内除上东门内有贵族高官居住区外，一般居民只能居住于城外，主要聚集在城门附近地区。

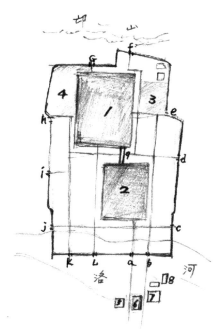

图二　东汉雒阳城遗址平面示意图

1. 北宫　2. 南宫　3. 永安宫　4. 濯龙园　5. 灵台　6. 明堂　7. 辟雍　8. 太学　9. 复道
a. 平城门　b. 开阳门　c. 耗门　d. 中东门　e. 上东门　f. 谷门　g. 夏门　h. 上西门　i. 雍门
j. 广阳门　k. 津门　l. 小雍门

到曹魏时，都城的平面布局发生了变化。曹操于建安九年（204 年）开始营建邺城，后为魏王都，遗址在今河北省临漳县，因其南有后来东魏、北齐时的邺城，故习惯称为"邺北城"。20世纪50年代已对邺北城遗址进行过踏查①。70年代以来，更对邺北城展开大规模考古勘察和发掘②，已完成对城墙、城门、城内道路及宫殿区的勘探和重点发掘，已确定四面城墙和7座城门中6座的位置。探明自东墙建春门有一条通往西墙金明门的大道，也探明由南墙中央的中阳门至宫殿区的中轴大道（图三），目前已可大致复原其平面布局③。可以看出，邺北城出现横贯全城的大路，将全城分为南北两个部分。路北为宫殿衙署，又自西向东纵向分为三区，分别相当于文献记载中的铜雀园、宫殿区和戚里，铜爵（雀）园内偏城西北侧筑有铜雀、金虎、冰井三台④，为全城制高点。可见城中宫殿面积明显减少，并退居城内北部中央。还出现居中纵贯全城的中轴线，从南墙正门直达宫城正门，入宫城直对正殿正门。在横贯全城大路以南则为居民里坊，约占全城一半面积，据《魏都赋》所记，里坊名称有长寿、吉阳、永平、思忠等⑤。可见，邺北城中除了宫殿园苑及中央衙署建筑外，民居建筑所占比重增大，这说明，民居在当时建筑行业中的重要性日渐凸显。

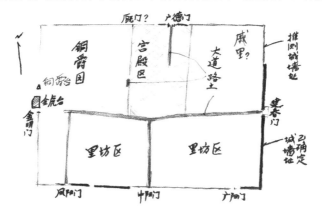

图三　三国时期魏王都邺城（邺北城）遗址考古勘探情况示意图

---

① 俞伟超：《邺城调查记》，《考古》1963年第1期。
② 中国社会科学院考古研究所、河北省文物研究所　邺城考古工作队：《河北临漳邺北城遗址勘探发掘简报》，《考古》1990年第7期。
③ 徐光冀：《曹魏邺城的平面复原研究》，载《中国考古学论丛——中国社会科学院考古研究所建所40年纪念》，科学出版社，1993年，第422~428页。
④ 三台中，铜爵台基仅存东南角部分遗迹，金虎台保存较好，尚高12米。冰井台已无存。
⑤ （西晋）左思：《魏都赋》，见中华书局影印胡刻本《文选》，1997年，第102页。

　　曹魏邺北城出现的这种将宫殿区与里坊区分开并出现中轴线的城市布局，在北魏洛阳和东魏、北齐邺城（邺南城）得到继承和发展①。自20世纪50年代以来，对北魏洛阳遗址不断进行考古勘察和重点发掘②。20世纪70年代以来，着重进行其外郭城以及郭城内主干道和水道系统的勘查③（图四），并重点发掘了宫城正门阊阖门遗址（图五）④、金墉城遗址⑤和永宁寺遗址⑥。由于北魏洛阳是在汉晋洛阳的基础上改建的，有一定的局限性，所以是将原来汉晋洛阳改为宫殿、宗庙和中央衙署所在的内城，并规划有主要佛寺的位置，还在城西北角修筑城防制高点的金墉城（图六）。又在内城以外扩建安置民居里坊的外郭城⑦，规划了320坊，每坊一里，坊开四门，坊内辟十字街，形成封闭式的坊制。

　　以后修筑的东魏、北齐邺城（邺南城），因为是新建城市，所以能按照预定的城市规划设计施工，平面布局更为规整。经过对遗址的全面勘探和部分发掘，已确定了该城的城墙。其北墙是沿用曹魏邺北城的南墙，探

---

① 北魏在迁都洛阳前曾以平城为都城，遗址在今山西省大同市，但至今尚缺少全面的考古勘查发掘工作，未能复原其城市平面布局。现只有城南的"明堂"遗址进行过部分发掘，参见王银田、曹臣明、韩生存《山西大同市北朝平城明堂遗址1995年的发掘》，《考古》2001年第3期。

② 洛阳市文物局、洛阳白马寺汉魏故城文物保管所编：《汉魏洛阳故城研究》，科学出版社，2000年。

③ 中国社会科学院考古研究所汉魏城工作队：《北魏洛阳外郭城和水道的勘查》，《考古》1993年第7期。

④ 钱国祥、刘瑞、郭晓涛：《汉魏洛阳故城宫城发掘获得重要发现》，《中国文物报》2002年6月28日第1版。

⑤ 过去多认为，金墉城一组三个小城同为魏晋时所筑，但经发掘可知，其中只有包容城内的丙城为魏晋时筑，其余向北突出的乙、甲二城为北魏迁洛时修筑。参见中国社会科学院考古研究所洛阳汉魏故城队《汉魏洛阳故城金墉城发掘简报》，《考古》1999年第3期。

⑥ 据《魏书·释老志》神龟元年（518年）任城王澄奏文，孝文帝迁洛时，"城内唯拟一永宁寺地"，这座皇家大寺规划在宫城以南御道西侧，位置重要，但直到孝明帝熙平元年（516年）才由灵太后胡氏主持修建，是以高耸的九层木塔为中心的平面布局。永熙三年（534年）即遭火灾毁废，遗址保存至今。自1979年以来经多次发掘，发掘报告见中国社会科学院考古研究所《北魏洛阳永宁寺——1979~1994年考古发掘报告》，中国大百科全书出版社，1996年。

⑦ 对北魏洛阳外郭城以及郭城内主干道和水道系统的考古勘察，详见《北魏洛阳外郭城和水道的勘查》。关于外郭城里坊的复原，参看宿白《北魏洛阳城和北邙陵墓——鲜卑遗迹辑录之三》，《文物》1978年第7期。

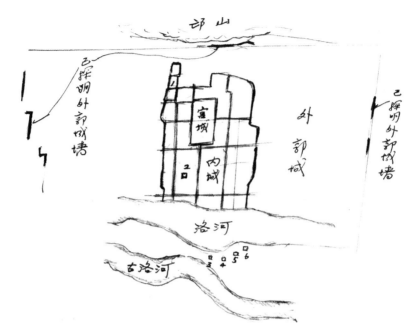

图四　北魏洛阳城遗址考古勘探发掘情况平面示意图
1. 金墉城　2. 永宁寺　3. 灵台　4. 明堂　5. 辟雍　6. 太学

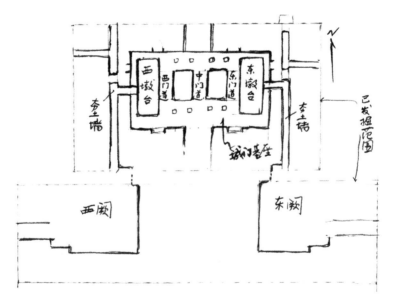

图五　北魏洛阳宫城阊阖门遗址平面示意图

明了南墙、西墙和两墙上诸城门的位置。东
墙因在现沙地与漳河道内，故只探明东墙南
侧一门，其余城门位置则难以确定①。还勘
探了城墙上的马面及护城河等遗迹（图七）。
并对南墙的朱明门遗址进行发掘，该门有三
个门道，门前左右两侧伸出双阙，这是在考
古发掘中首次揭露出带有双阙的城门遗址
（图八）②。还发掘了南城墙外的佛寺塔基遗
址③。可以看出，邺南城中宫城居城内北侧
中央，由南城墙居中的正门朱明门、朱明门
大道、宫城正南门至宫城内主要宫殿形成纵
贯全城的中轴线。城内三纵三横大道垂直交
错，使道路网络呈棋盘格状分布。可能在其
外还修筑外郭城④。

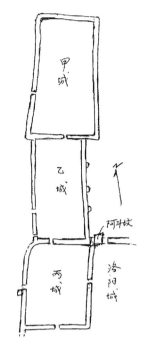

图六　北魏洛阳金墉城
遗址平面示意图

此后隋大兴唐长安城的平面布局，明显
承袭自邺南城，因此，邺南城在中国古代都
城平面布局的承上启下作用不容忽视。

综观自曹魏邺北城，经北魏洛阳到东魏、北齐邺南城等都城，其城市
布局的创新、发展与演变，其特征主要有下述几点。

第一，都城内宫殿面积在全城总面积中所占比例日渐减小，宫城逐渐
退缩到都城内北部居中部位。并且从曹魏时内朝与外朝并列，改为内朝诸
殿在后、外朝前置。出现纵贯城区的中轴线，从南墙正门直到宫城正门，

① 中国社会科学院考古研究所、河北省文物研究所　邺城考古工作队：《河北临漳县邺南城遗址
勘探与发掘》，《考古》1997 年第 3 期。
② 中国社会科学院考古研究所、河北省文物研究所　邺城考古工作队：《河北临漳县邺南城朱明
门遗址的发掘》《考古》1996 年第 1 期。
③ 朱岩石、何利群、艾力江：《邺南城遗址发现东魏北齐时期佛寺塔基遗迹》，《中国文物报》
2003 年 1 月 24 日第 1 版。
④ 朱岩石：《东魏、北齐都城邺南城之研究》，《汉唐之间的视觉文化与物质文化》，文物出版
社，2003 年。

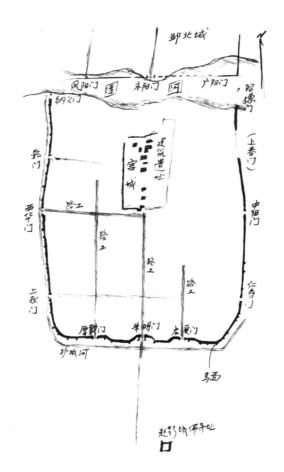

图七　河北临漳东魏—北齐邺城（邺南城）
遗址勘探发掘情况平面示意图

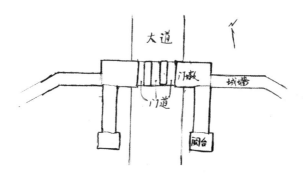

图八　邺南城朱明门遗址平面示意图

入宫城直对正殿，将都城一分为二。中央官署分置宫城前中轴线两侧。进一步显示了中央集权的皇帝的权威。都城内纵横大道垂直交错，道路网络呈棋盘格状分布，都城平面规划日益规整。

第二，一般官员居民所居住的里坊区日渐扩大，由曹魏邺北城占南半部近全城二分之一的面积，到北魏洛阳更增加外郭城 320 坊，开中国中古时期封闭式里坊制城市之先声。

第三，随着佛教的日益兴盛，都城中开始出现宗教寺庙。在北魏迁都洛阳时，已规划有皇家大寺的位置，位于宫城以南御道西侧，后来在此修建永宁寺。以后寺庙在城中大量涌现，居民宗教生活日趋繁荣，呈现出汉代都城没有的新景象。

第四，商业活动虽仍受官方严格控制，但商业区即"市"的重要性日益凸显。到隋唐时期，长安城中将东、西两市设在宫城前东西两侧，且各占地两坊。

第五，由于三国至北朝时战争不断，基于军事需要，城防工事更趋完备。当时特别注意城防制高点的控制，曹魏邺城西北角构筑的三台，不仅为园林观赏，更起着军事制高点的作用。北魏洛阳在西北角构筑小城，也具有同样的作用。

总的看来，宫殿的退缩和民居里坊的发展，宗教的兴盛和商业的繁荣，反映出自汉至唐时期城市性质正在发生变化，孕育出新的以隋大兴、唐长安城为代表的新的城市布局，形成封闭式里坊制典型城市（图九）①。唐长安宫城位于城内北侧居中处②，宫城前为皇城③，皇城内设置太庙、太社和中央官署。宫城、皇城和兴庆宫④所占面积仅接近全城总面积⑤的八分

---

① 请参看徐苹芳《中国古代城市考古与古史研究》，《中国历史考古论丛》，台北允晨文化，1995年，第89～104页。

② 唐长安宫城遗址实测南北长 1492.1、东西长 2820.3 米，详见《新中国的考古发现和研究》，文物出版社，1984年，第575页。

③ 唐长安皇城遗址实测南北长 1843.6、东西长 2820.3 米，见《新中国的考古发现和研究》第575页。

④ 唐长安兴庆宫遗址实测南北长 1250、东西长 1080 米，见《新中国的考古发现和研究》第576页。

⑤ 唐长安城外郭城遗址实测南北长 8651.7、东西长 9721 米，见《新中国的考古发现和研究》第574页。

之一左右。后来在城北外侧偏东新建大明宫，取代城内的太极宫成为政治中心。除宫城和皇城外，全城划分为 109 坊和两个市，坊市四周筑围墙。各坊四壁居中设门，四门向内成十字街。东西两市各占地两坊，故市内街呈"井"字形。坊市夜晚宵禁，故居民生活和商业活动都受官方控制，坊市仍为封闭状态。虽然如此，唐长安城的商业活动是汉长安城无法比拟的，而且占全城总面积近八分之七的官员府第、民居宅院、宗教寺院及商市店铺，已成一般建筑行业服务的主要对象。

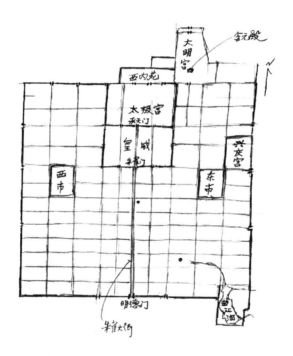

图九　唐长安城遗址平面示意图

二

　　魏晋至隋唐都城平面布局的变化，使得西汉时都城内建筑物主要为供帝王享用的宫殿群，转向在修建宫殿以外，大量的建筑物是适于居住的居民住宅院以及供人们进行宗教活动的寺庙，建筑功能的多样需求也促进了建筑技术的新进展。

自魏晋至隋唐，木构建筑技术日趋成熟的重要例证之一是斗栱的发展。至迟在北朝晚期在柱头铺作已经使用了五铺作的斗栱，虽然这时期的木构建筑实物没有保留至今的实例，但是在石窟的窟檐石雕尚保存有北齐时雕造的实例。近年重新揭露出的河北邯郸响堂山石窟第一窟的窟檐①，在两侧的束莲八角立柱的柱头所雕柱头铺作，为五铺作出双抄斗栱（图一〇），柱头施栌斗，斗口出二跳华栱，第一跳偷心，第二跳跳头之上托横栱（令栱），上承撩檐枋，横栱与外壁之间有枋子联结（衬方头），

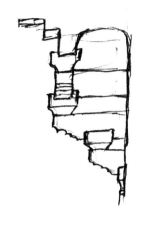

图一〇　河北邯郸响堂山石窟南响堂第 1 窟窟檐斗栱示意图

华栱和令栱栱头均作内𩄑式卷瓣。依据在南响堂窟檐雕刻所雕出的构件中没有出现阑额，因此有学者推断此檐柱构架应是前后对应的承重构架，是以排架为主的结构形式，这种形式的木构建筑南北朝时或曾流行于南方地区②。响堂山的发现使我们修正了过去认为类似的五铺作斗栱到唐代才出现的旧看法，表明南北朝晚期木构建筑已趋成熟。在此基础上，隋唐时期木构建筑的斗栱有进一步发展。目前中国尚存的最早的纪年明确的木构建筑，是山西五台山的两座晚唐的佛殿，即建于建中三年（782 年）的南禅寺大殿③

---

① 邯郸市峰峰矿区文管所、北京大学考古实习队：《南响堂石窟新发现窟檐遗迹及龛像》，《文物》1992 年第 5 期。

② 钟晓青指出，排架式结构形式的木构建筑"现在已无实例可寻，但我国南方流行的穿斗架民居，是与之十分接近的一种建筑样式，在浙闽一带的宋代建筑中，可以见到这一形式经数百年演变之后的情形；日本飞鸟时期（7 世纪）的木构建筑，如法隆寺三重塔、四天王寺金堂（重建）等，也有类似的柱头铺作形象，说明这种形式的木构建筑南北朝时或曾广泛流行于我国的南方地区"。详见钟晓青《响堂山石窟建筑略析》，《文物》1992 年第 5 期。关于日本飞鸟时期建筑与中国古代建筑的关系，参看傅熹年《日本飞鸟、奈良时期建筑中所反映出的中国南北朝、隋、唐建筑特点》，《傅熹年建筑史论文集》，文物出版社，1998 年，第 147～167 页。

③ 祁英涛等：《两年来山西省新发现的古建筑·壹、五台县——南禅寺》，《文物参考资料》1954 年第 11 期；祁英涛、柴泽俊《南禅寺大殿修复》，《文物》1980 年第 11 期。

和建于大中十一年（857 年）的佛光寺大殿①。南禅寺大殿较小，平面广深各三间，柱头斗栱为五铺作双抄偷心造（图一一）。佛光寺大殿较大，平面面阔七间、进深四间，柱头斗栱为七铺作双抄双下昂，每朵斗栱总高约为柱高的二分之一，因为出跳达四跳，故整个屋檐挑出约近 4 米（相当于檐口至台基面高度的二分之一），出檐颇为深远。而且这时斗栱更从简单的垫托和挑檐构件，发展成和横向的梁和纵向的柱头枋穿插交织、位于柱网之上的一圈井字格形复合梁，起到保持柱网稳定的作用②。总之，由南北朝至隋唐时期斗栱的发展，使殿堂屋宇出檐更深远，利于遮避风雨，改善了采光条件，室内举高增加，空间增大，极大地改善了人们生活起居的条件。

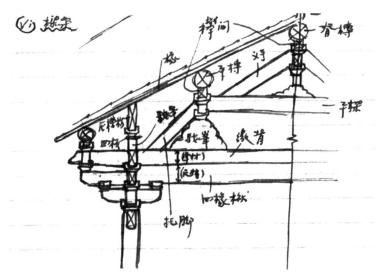

图一一　五台山唐南禅寺大殿斗栱结构示意图
（1957 年听宿白先生讲授《古代建筑》课堂笔记，图中的古建筑构件录文如下：梁架、椽、攀间、脊槫、平槫、叉手、压槽枋、皿板、驼峰、平梁、缴背、单材、足材、四椽栿、托脚）

城市布局的变化，城内里坊所占比例日益增大，宅第民居建筑数量日增，人们自然对建筑的质量和居住的舒适性不断提出新要求，在改善居住

---

① 梁思成：《记五台山佛光寺的建筑》，《文物参考资料》1953 年第 5、6 期。
② 傅熹年：《中国古代建筑概说》，《傅熹年建筑史论文集》，文物出版社，1998 年，第 11 页。

条件的同时，还注意居住环境的改善，构筑附属住宅的园林景观。这些都不断刺激建筑行业的发展，在当时的绘画和文学作品中均有所反映。在敦煌莫高窟的壁画中，常可看到有关由回廊连接的四合院布局的宅第图像，常常有两进以上的院落，大门有的采用乌头门形式，主要建筑多有斗栱结构，设有直棂窗，并悬挂垂帘或帷幕，回廊亦设有直棂窗，院内植有花草树木①。有些人还在住宅后部或宅旁修建园林，掘池造山，种花植树。著名诗人白居易就曾在洛阳履道坊宅后建园②，在今洛阳郊区安乐乡发掘的唐代遗址，发现接连水渠的大面积淤土，可能即为其遗迹③。

南北朝时期佛教的传播和兴盛，也对建筑的发展产生了深远的影响。中国佛寺建筑的发展是和佛教的中国化的进程同步进行的。早期的佛寺平面布局虽以佛塔为中心④，但佛塔的形貌则由原来印度的覆钵式改为中国传统的楼阁式，只把上树刹杆的覆钵保留在塔顶作为装饰，这也促进了高层楼阁式建筑技术的发展，特别在南北朝晚期南方和北方竞造高塔，其中以北魏洛阳永宁寺的九级木塔最为壮观⑤。永宁寺塔在公元534年遭火灾焚毁，遗迹保存至今，现塔基已经考古发掘，为由地下至地面的多层的巨大方形夯土台基。上层台基每边长38.2米，四周台壁包砌青石，其上有方形柱础124个，排列成内外五圈，原来中心建有三面开佛龛的夯土砌方柱，位于自外数第二圈柱础内，方柱北壁无佛龛，可能原设登塔木梯。由现存

---

① 参看刘敦桢主编《中国古代建筑史》，中国建筑工业出版社，1980年，第81~83、114~117页。

② 白居易：《池上篇并序》，《白氏长庆集》卷六〇，四部丛刊本。

③ 中国社会科学院考古研究所洛阳唐城队：《洛阳唐东都履道坊白居易故居发掘简报》，《考古》1994年第8期。

④ 关于早期以塔为中心的佛寺平面布局，请参看宿白《东汉魏晋南北朝佛寺布局初探》，《庆祝邓广铭教授九十华诞论文集》，河北教育出版社，1997年，第31~49页。

⑤ 据东魏杨衒之所著《洛阳伽蓝记》所记："（永宁寺）中有九层浮屠一所，架木为之，举高九十丈，有刹复高十丈，合去地一千尺。去京师百里已遥见之。……刹上有金宝瓶，容二十五石。宝瓶下有承露金盘三十重，周匝皆垂金铎，复有铁锁四道引刹向浮图四角，角皆悬金铎，合上下有一百二十铎。浮图有四面，面有三户六窗，户皆朱漆扉，上有五行金钉，合有五千四百枚，复有金环铺首。布殚土木之功，穷造形之巧，佛事精妙，不可思议。绣柱金铺，骇人心目。至于高风永夜，宝铎和鸣，铿锵之声，闻及十余里。"关于永宁寺塔高，《水经·谷水注》记为"浮图下基方十四丈，自金露盘下至地四十九丈"。《魏书·释老志》记为"永宁寺佛图九层高四十余丈"。后二者所记塔高较一致，而《洛阳伽蓝记》所记最高。

遗址尚可想见当年九层木塔的壮观景象①。在佛塔后还建有规模宏大的佛
殿，形如皇宫内的太极殿，形成以佛塔为中心前塔后殿的平面布局。另外
一座坐落在邺南城遗址城南赵彭城村的东魏北齐佛塔塔基遗迹也已经考古
发掘，同样是由地下和地上两部分构成的巨大方形夯土台基。地下基槽为
正方形，边长约 45 米；地上部分边长约 30 米，尚存三圈柱础遗迹，中央
发现刹柱础石，其下设砖函，可能原瘗藏舍利等，惜早遭盗掘一空。亦可
想见，原为略小于永宁寺塔的方形木塔②。但这座佛寺的平面布局尚不清
楚。在北魏洛阳城中，除以佛塔为中心的佛寺外，另有些佛寺就是由贵族
高官的宅院所改成，如西阳门内御道北的建中寺，据《洛阳伽蓝记》，原
为阉官司空刘腾的家宅，"屋宇奢侈，梁栋逾制，一里之间廊庑充溢。堂
比宣光殿，门匹乾明门，博敞宏丽，诸王莫及也。"改为佛寺后，"以前厅
为佛殿，后堂为讲室"。可见未建佛塔，仍是多层殿堂院落的平面布局。
北朝晚期以后，佛寺逐渐由以佛塔为中心的早期平面布局，改为以佛殿为
主的多层院落的佛寺平面布局，使佛寺建筑日益形成以殿堂门廊等组成的
以庭院为单元的组群形式，有时另建塔院，显示出佛教建筑逐渐融入中国
传统民族建筑形式，创造出具有特色的中国佛教建筑。

三

　　城市布局的变化导致民居所占总面积成倍增长，建筑技术的发展导致
居室内举高增加、空间增大。随着居室条件的改善，人们为了更舒适的生
活，自然对日用家具提出新的需求。原来汉魏时使用的供席地起居的家具
组合，本与先秦以来传统的礼俗紧密联系在一起的，但是自西晋覆亡以

---

① 永宁寺塔基发掘出土后，陆续有人据以进行推测复原。例如杨鸿勋《关于北魏洛阳永宁寺塔
　复原草图的说明》，《文物》1992 年第 9 期；钟晓青《北魏洛阳永宁寺塔复原探讨》，《文物》
　1998 年第 5 期。
② 朱岩石、何利群、艾力江：《邺南城遗址发现东魏北齐时期佛寺塔基遗迹》，《中国文物报》
　2003 年 1 月 24 日第 1 版。

后，许多古代民族入居中原，各民族文化和习俗不断碰撞、互动乃至融合，并不断接受自丝路传入的域外新风，特别是佛教的兴盛，佛教文化也对世间礼俗有深远影响。因而南北朝时期，能够突破汉魏的传统礼俗，形成新的礼俗。这也使得日用家具得以突破仅供席地起居的传统模式，开始进入新的发展阶段。

自先秦至汉魏，中原地区人民生活习俗席地起居，室内铺筵①，其上再铺席或设低矮的床、榻，供人们日常白昼时坐卧和夜间安眠。正确的坐姿是跪坐②，蹲坐箕踞皆属不恭，不合礼数。待人接物的许多礼节，也都与席地起居的习俗相联系，并进而形成制度。因此当通过"丝路"传来的高足的域外家具，仅能在新疆地区的遗址寻到一些踪迹③，但无法通过传统礼俗的关隘东传到中原地区④。

西晋以后，情况发生变化，一方面由于躲避战乱，出现移民高潮，许多北方大族举族南迁，另一些原居东北或西北的古代民族又向中原迁移，在动乱中迁徙，连皇帝的卤簿仪仗用具都丧失殆尽，东晋建立后，虽然力图恢复传统礼乐，但已难如愿⑤，自然也难于原封不动地维持汉魏传统礼

---

① "筵"同时也是先秦时计算宫室建筑面积的单位。据《周礼·考工记》记载："周人明堂，度九尺之筵，东西九筵，南北七筵，堂崇一筵，五室凡二筵。"如以周尺一尺为19.91厘米计，九尺之筵约为180厘米。

② 关于跪坐源于商朝礼俗，参看李济《跪坐蹲居与箕踞——殷墟石刻研究之一》，《李济考古学论文选集》，文物出版社，1990年，第943~961页。

③ 尼雅遗址曾出土过木椅，见〔英〕A. 斯坦因著、向达译《斯坦因西域考古记》，中华书局，1936年。

④ 在汉代由丝路东传的高足坐具，对中原并无影响，只有到东汉晚期，由西方传来的交足折叠凳——胡床才被灵帝喜爱，在宫廷贵戚中有流传，因不合礼术，备受当时正统舆论的指责。直到晋司马彪修《续汉书·五行志》时，还认为这是后来董卓拥胡兵入长安的先兆，谓"灵帝好胡服、胡帐、胡床、胡座、胡空侯、胡笛、胡舞，京都贵戚皆竞为之，此服妖也。"汉魏之际到南北朝时期，便于携带、易于张合的胡床为将帅行军作战时喜用的坐具，见杨泓《魏晋南北朝将领在战场上的轻便坐具——胡床》，载《中国古兵器论丛（增订本）》，文物出版社，1985年，第298~302页。

⑤ 西晋灭亡，卤簿仪仗皆陷于北方。东晋建立，"自过江之后，旧章多缺"（《晋书·舆服志》）。后来在重新定立礼制时，由诸臣议论。《宋书·礼志》："江左则荀菘、刁协缉理乖紊。其间名儒通学，诸所论叙，往往新出"。有些仪仗使用器，又在刘裕北伐由山东、陕西重新获得，如指南车、记里车等，《晋书·舆服志》："指南车，过江亡失，及义熙五年，刘裕屠广固，始复获焉，乃使工人张纲补缉周用。十三年，裕定关中，又获司南、记里诸车，制度始备。"又说"自晋过江，礼仪疏舛，王公以下，车服卑杂……而安帝为皇太子乘石山安车，制如金路，又不经见，事无所出。"

俗。同时，在各古代民族频繁相互接触中，不同民族的生活习俗也在相互渗透影响，特别是当有些古代民族进入中原建立政权成为统治民族后，其传统习俗更易与汉族传统礼俗逐渐融合，形成新的礼俗①。

新的礼俗形成的过程中，与传统的席地起居习俗相联系的跪坐坐姿受到的冲击最大。汉魏时被视为极不合礼法的蹲坐箕踞以及垂足跂坐，对惯于游牧生活的北方和西北的古代民族说来都属正常的坐姿，并不认为有什么失礼之处，不仅一般百姓如此认识，高官贵族甚至帝王也是如此，鲜卑拓跋氏建立北魏王朝统一北方后，南朝人士用传统眼光去看北魏宫廷中的生活习俗，有许多被视为不合礼数之处。《南齐书·魏虏传》记载："虏主及后妃常行，乘银镂羊车，不施帷幔，皆偏坐垂脚辕中；在殿上，亦跂据。"② 因此，在汉魏时难以流传到中原地区的供垂足高坐的椅凳等坐具，到十六国至北朝时期才得以流传。

高足坐具的流传也与佛教的流传有关，当佛像初传入中国时，只是被视为胡人的神仙，将其形象杂置于传统的神仙、羽人、神兽、仙禽乃至鳖、蟹等图像之中，装饰于一些铜镜、摇钱树、魂瓶乃至唾盂等器物上。而且选取的虽是趺坐像，但是膝足均遮隐于衣裾之内，看似与跪坐姿态的西王母等神仙坐姿近似，这才能为汉地百姓所接受③。只有到十六国时期，由于受到当时分据各地的政权的统治者的大力提倡，佛教才成为受到广大民众崇信的宗教，当时庙、塔中供养的佛像，才按佛教仪轨塑制，坐姿自然是不合汉人礼俗的结跏趺坐、垂足倚坐，甚至一腿下垂、一腿盘膝的思惟姿态，而且佛座皆为高坐具，与传统的席地起居无涉。十六国时佛教在中原地区获得空前发展，确与当时入主中原建立政权的古代少数民族统治者有关。例如在后赵石虎时，中书著作郎王度就上奏石虎，建议禁止百姓

---

① 《南齐书·魏虏传》："佛狸（即北魏太武帝拓跋焘）以来，稍僭华典，胡风国俗，杂相揉乱。"
② 《南齐书》卷五七《魏虏传》，第 985～986 页。
③ 有人误以为一看到佛的形象，就视为佛教的礼拜像，而分不清早期一些器物上出现的佛的形象，并不意味着佛教作为自帝王至广大百姓崇信的宗教已在中原汉地流传，仅是佛教初入中土，人们只将佛陀视为如西王母等的一个胡神，因此，那些装饰于各种器物上的佛的形象，并非作为独立宗教的礼拜像。参看杨泓《跋鄂州孙吴墓出土陶佛像》，《考古》1996 年第 11 期。

信佛，奏文说："佛出西域，外国之神，功不施民，非天子诸华所应祠奉。"他提出："今大赵受命，率由旧章，华戎制异，人神流别。外不同内，飨祭殊礼，华夏服祀，不宜杂错。国家可断赵人悉不听诣寺烧香礼拜，以遵典礼。其百辟卿士，下逮众隶，例皆禁之。其有犯者，与淫祀同罪。其赵人为沙门者，还从四民之服。"当时中书令王波同意王度所奏，但是遭到石虎驳斥。石虎下书说："度议云：佛是外国之神，非天子诸华所可宜奉。朕生自边壤，忝当期运，君临诸夏。至于飨祀，应兼从本俗，佛是戎神，正所应奉。"① 其实道理如此简单，胡人做了皇帝，自然崇拜胡神，佛教因而空前兴盛。人们顶礼膜拜的佛像的坐姿，自然被认为是合于礼法的，会对人们的日常生活习俗产生深远影响。目前我们能观察到的北朝时期描绘有高足坐具的图像资料，正是来自当时佛教的雕塑或绘画，特别是敦煌莫高窟等石窟寺内的雕塑和壁画（图一二）②。

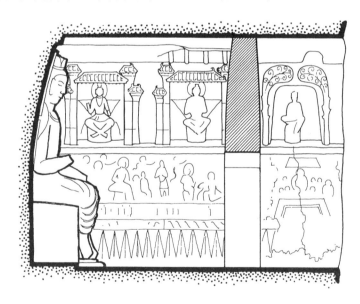

图一二　敦煌莫高窟第 275 窟主尊坐姿

① （梁）释慧皎：《高僧传》卷九神异上《晋邺中竺佛图澄》，汤用彤校注本，中华书局，1992年，第 352 页。
② 杨泓：《敦煌莫高窟与中国古代家具史研究之一——公元 5～6 世纪中国家具的演变》，《汉唐美术考古和佛教艺术》，科学出版社，2000 年，第 253～263 页。

在江南地区，东晋政权建立后，虽因战乱逃亡旧仪多已失传，"朝臣无习旧仪者"，但仍在力图恢复汉魏传统礼俗，只能由被认为"谙练旧事"的刁协、荀崧等"共定中兴礼仪"①。梁时沈约撰《宋书·礼志》时已指出，当时"诸所论叙，往往新出"。虽然朝廷礼仪已非汉魏旧制，但日常生活中仍维持席地起居的旧俗。传统习惯的阻力，使东晋南朝的上层人士极力排斥垂足坐姿和高足坐具，认为是不合礼数的"虏俗"。连佛教沙门可否踞食都引起辩论，甚至再三向皇帝上表②。当时墓室内拼镶砖画流行以竹林七贤和荣启期画像为题材，八人皆坐卧在铺于林木之间地面的席上，正是反映当时传统的席地起居习俗的艺术品③。只有轻便的折叠凳——胡床还在社会上层人士中流行，常在户外使用④。但是"虏俗"终于冲破了传统的藩篱。北朝降将侯景发动叛乱，夺取了梁朝的政权。"（侯景）自篡立后，时著白纱帽，而尚披青袍，或以牙梳插髻。床上常设胡床及筌蹄，著靴垂脚坐。"⑤ 甚至在乘辇时也在辇上置筌蹄而垂脚坐⑥。这也扩展了垂足坐姿和高足坐具在江南的影响。

四

东晋十六国至南北朝时期，在社会生活习俗发生变化的同时，文学艺术创作方面也有新的变化。绘画艺术有了空前的发展，首先表现在从事绘

---

① 《晋书·荀崧传》，第 1976 页。

② （梁）释僧祐撰《弘明集》卷十收有南朝宋的郑道子、范泰、释慧义等论沙门踞食书、表等 8 篇，按顺序分别为郑道子：《与沙门论踞食书》、范泰：《与王司徒诸公论沙门踞食书》、释慧义等《答范伯伦诸檀越书》、范泰《重答法师慧义等书》、范泰《与生观二法师书》、范泰《论沙门踞食表》三首。

③ 在南京地区六朝墓中，至少已发现四幅题材为竹林七贤和荣启期的拼镶砖画，参看姚迁、古兵《六朝艺术》，文物出版社，1981 年。

④ 《世说新语》中《容止》"庾太尉在武昌"条记庾秋夜"据胡床与诸人咏谑"。又《简傲》记谢万过吴郡访王恬，"坐少时，王便入门内，谢殊有欣色，以为厚待己。良久，乃沐头散发而出，亦不坐，乃据胡床，在中庭晒头，神气傲迈，了无相酬对意"。表明当时胡床使用的情况。

⑤ 《梁书·侯景传》，第 862 页。

⑥ 《梁书·侯景传》，第 859 页。

画艺术的画家身份的变化。从先秦直到西汉，画工的身份低下。先秦时除了传说的人物外，只在《庄子》和《说苑》中有关于画工的描述，前者是叙述宋元君召唤众画史绘画时，"众史皆至，受揖而立，舐笔和墨，在外者半。有一史后至者，儃儃然不趋，受揖不立，因之舍。公使人视之，则解衣般礴，裸。君曰，可矣，是真画者也。"这则寓言反映出当时画师地位卑下，因此，在先秦以衣冠作为身份等级标志的社会中，肯于当众裸体的人只能是社会地位低下的人，他那佯狂的形态，反映出企图摆脱处境低下现状的消极的发泄。后者讲述画师敬君为齐王绘画，后来受齐王钱财而卖掉妻子的故事，同样反映出画师地位的卑下。直到西汉时，画师地位仍不高。以《历代名画记》记述的"历代能画人名"为例，西汉时记有毛延寿、陈敞、刘白、龚宽、阳望、樊育共六人，"并永光、建昭中画手"①。可见其身份仍不高。

到东汉时期，情况有了变化。《历代名画记》记述的东汉能画人名亦六人，其中除刘旦、杨鲁两人是光和中待诏尚方的画手外，其余四人都是有官职的上层人士。赵岐官至太常卿；刘褒官至蜀郡太守；蔡邕为左中郎将，封高阳乡侯；张衡曾任太史令，后出为河间相。这几人虽善画，但囿于传统礼俗的束缚。当时绘画还没有被上层士大夫阶层视为专供观赏的艺术品，更缺乏以欣赏为目的的艺术创作。这一情况只有到社会大动乱后的东晋时期才发生变化。西晋覆亡，中原世家大族于荒乱中大举南迁，进一步将传统的中原汉晋文化带到江南，与那一地区自三国时已达到相当高度的孙吴文化相汇合，融成新的东晋文化。动乱和长途搬迁使传统礼俗遭极大破坏，也为突破汉晋文化的旧的藩篱提供了条件，与孙吴文化的融合又为其注入了新的养分。同时，随着佛教的兴盛而传播的佛教艺术，也日益对东晋的文化艺术产生深远影响。凡此种种，都特别为艺术领域的创新提供了有利的土壤，因此，东晋成为艺术创作的高峰时期，在书法、绘画和

---

① （唐）张彦远：《历代名画记》卷四引葛洪《西京杂记》，《中国美术论著丛刊》本，人民美术出版社，1963 年，第 100～101 页。

雕塑诸领域都呈现出与以前不同的新面貌，在各个领域都有引领时代潮流的代表人物，书法是王羲之，绘画是顾恺之，雕塑是戴逵、戴颙父子。王、顾都是支撑东晋王朝的世家大族，王羲之官至右军将军会稽内史。这表明，当时社会上层不仅有很高的欣赏艺术品的修养，而且积极参与艺术创作，于是绘画脱离了原由画师工匠制作的处境，使书画成为专供观赏的艺术品。

以东晋时绘画艺术的代表人物顾恺之（字长康，小字虎头）为例，首先他出身世家大族，父顾悦之任尚书左丞。顾恺之与谢安、桓玄①交往甚密，曾被桓温引为大司马参军，义熙初为散骑常侍。他博学有才气，善诗赋。《世说新语·言语》记："顾长康从会稽还，人问山川之美，顾云：千岩竞秀，万壑争流，草木蒙笼其上，若云兴霞蔚。"又"顾长康拜桓宣武墓，作诗云：山崩溟海竭，鱼鸟将何依。"②又据《世说新语·文学》，顾恺之曾作《筝赋》。"或问顾长康：君筝赋何如嵇康琴赋？顾曰：不赏者作后出相遗，深识者亦以高奇见贵。"从上述诸项，可见顾在文学创作方面的才华。正因为顾恺之有深厚的文学底蕴，所以他的画作与以前缺乏文化素养的画工不同，升华为真正的艺术品。顾恺之不仅是画家，他还从事绘画理论的研究，也是艺术批评家，目前他写的的《画云台山记》《魏晋胜流画赞》和《论画》等著作，尚保存在《历代名画记》中。顾恺之关于画人像着重点睛的"四体妍蚩本亡关于妙处，传神写照，正在阿堵之中"的主张，更是一直为人们所称道。所以，后人认为象人之美，顾得其神。

---

① 桓玄极好书画，《晋书·桓玄传》记其"性贪鄙，好奇异"，"人士有法书好画及佳园宅者，悉欲归己，犹难逼夺之，皆蒲博而取。"中华书局校点本第 2594 页。《晋书·文苑·顾恺之传》："恺之尝以一厨画糊题其前，寄桓玄，皆其深所珍惜者。玄乃发其厨后，窃取画，而缄闭如旧以还之，绐云未开。恺之见封题如初，但失其画，直云妙画通灵，变化而去，亦犹人之登仙，了无怪色。"第 2405 页。

② 《世说新语·言语》："顾长康拜桓宣武墓，作诗云：山崩溟海竭，鱼鸟将何依。人问之曰：卿凭重桓乃尔，哭之状其可见乎？顾曰：鼻如广莫长风，眼如悬河决溜。或曰：声如震雷破山，泪如倾河注海。"《世说新语校笺》，中华书局，1984 年，第 83～84 页。又："桓征西治江陵城甚丽，会宾僚出江津望之，云：若能目此城者有赏。顾长康时为客在坐，目曰：遥望层城，丹楼如霞。桓即赏以二婢。"《世说新语校笺》第 79 页。

在东晋时，他的画作已极受士大夫阶层的推崇，谢安就认为："顾长康画，有苍生来所无。"①

以顾恺之为代表的东晋画家，掀起了绘画创作的高潮。刘宋时期，绘画艺术继续向前发展，代表人物是陆探微。进入梁代，绘画艺术更有新发展，代表人物是张僧繇。论者认为他们绘画人像的特色，分别是：张得其肉，陆得其骨，顾得其神。江南绘画艺术的成就对北方也产生深远影响，使北朝的绘画艺术也达到新的高峰。当时绘画创作主要有三种表现形式：第一种是手卷②，第二种是在宫室或寺庙绘制的壁画，第三种是在屏障上的绘画。第三种即屏风画，六朝时已引起著名画家的重视，仅在《历代名画记》中，就记有孙吴时的曹不兴作屏风画时误落笔点素，因而画为蝇状，孙权误以为真蝇的故事。还记有东晋时荀勖有维摩诘像屏风、顾恺之有水鸟屏风、王廙有"村社齐屏风"等作品传世。著名画家参与屏风画的创作活动，促进了屏风画的繁荣和发展，屏风画成为六朝以来人们居室中陈设绘画艺术品的主要形式，对美化居室环境起着重要作用。

五

综上所述，随着人们社会习俗的变迁，东晋十六国至南北朝时供垂足高坐的家具开始进入社会生活之中，自此以后到隋唐五代时期，垂足高坐的家具的使用经历了三个发展阶段。

首先是东晋十六国时期，在当时的雕塑和绘画作品内，开始有供垂足高坐家具的图像。较早的作品多与佛教艺术有关，集中发现于佛教石窟寺内。在这类供垂足高坐的家具中，最常见的是一种束腰的圆凳。在新疆克

---

① 《世说新语·巧艺》："谢太傅云：顾长康画，有苍生来所无。"《世说新语校笺》第386页。《晋书·顾恺之传》作："谢安深重之，以为有苍生以来未之有也。"第2405页。《历代名画记》引作："刘义庆《世说》云，谢安谓长康曰：卿画自生人以来未有也。"

② 目前存世的顾恺之绘画的摹本，如《女史箴图》《列女仁智图》《洛神赋图》，都是手卷形式，均绢本设色，画纵约在25～27厘米左右、长度均超过340厘米，适于放置几案上边展边卷边看。

孜尔石窟，在一些作菱形格布局的本生故事壁画中，经常可以看到这种以植物枝条编成的束腰圆凳，有的圆凳外面还包束有纺织品①。在这种坐具传入中国后，因其形状类似竹编的捕鱼用的筌，故人们借用了筌的名称，称其为"筌蹄"。在云冈石窟中也可以看到束腰圆凳的浮雕图像，例如第十窟前室西壁屋形龛的两侧雕出的树下思惟菩萨，都是作一腿下垂、一腿盘膝姿态坐在束腰圆凳上。又如第六窟佛本行浮雕中，太子出四门遇到的病人，也是双手扶杖坐于这种束腰圆凳上②。在敦煌莫高窟的壁画中，也可以见到束腰圆凳的图像（图一三）。如第275窟《月光王本生》故事画中，月光王赤身只着短裤坐于绘有直条纹的束腰圆凳上（图一三：1）。又如第285窟《五百强盗成佛》故事画中，受刑后的强盗听佛说法时，佛的坐具也是上覆白色织物的束腰圆凳，佛垂双足坐于凳上（图一三：2）③。除束腰圆凳外，在敦煌壁画中还有供垂足高坐的方凳的图像。如第257窟《沙门守戒自杀品》故事画中，可以看到两种方凳，一种是约与人的小腿高度相近的四足方凳（图一三：4）；另一种形如立方体的方墩，或可称为实体方凳④。特别是在第285窟的西魏壁画中，出现了一例椅子的图像，在该窟顶部北披下部草庐禅修人像中，有一禅修者跌坐于一张椅子上，绘出的椅子形体清晰，四足，后有高靠背，两侧设扶手，这是中国目前发现的时代最早的椅子壁画⑤。除了佛教艺术品中出现有高足坐具的图像外，在描绘世俗生活的墓室画像中也有发现，例如山东青州北齐石椁线雕画中，也有一幅画出墓主垂足坐在束腰圆凳上的图像⑥。至于东汉末已传入的

---

① 北京大学考古学系、克孜尔千佛洞文物保管所编著：《新疆克孜尔石窟考古报告》（第一卷），彩色图版二一、二五第14窟壁画，文物出版社，1997年。

② 山西省文物工作委员会、山西云冈石窟文物保管所编：《云冈石窟》，图版53、22，文物出版社，1977年。

③ 敦煌文物研究所编：《中国石窟·敦煌莫高窟》（一），图版14、132，文物出版社、［日］平凡社，1987年。

④ 敦煌文物研究所编：《中国石窟·敦煌莫高窟》（一），图版43。

⑤ 承杨晓能见告，在美国堪萨斯的纳尔逊·阿特金斯艺术博物馆藏有一件北朝造像碑，也有一件浮雕的椅子图像，其时代大致与敦煌壁画出现椅子图像相当。

⑥ 夏名采：《益都北齐石室墓线刻画像》，《文物》1985年第10期。

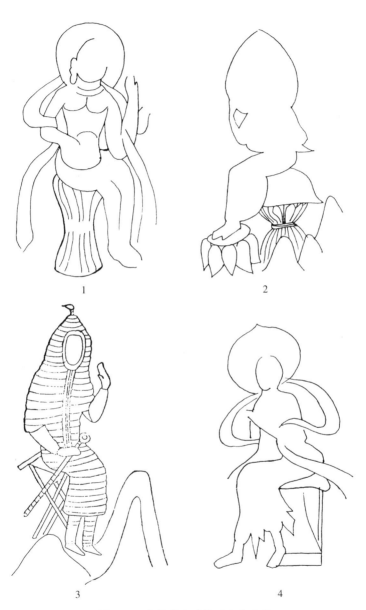

图一三　敦煌莫高窟壁画中的坐具

1. 敦煌莫高窟第 275 窟《月光王本生》壁画中的坐具　2. 敦煌莫高窟第 285 窟《五百强盗成佛》壁画中的束腰圆凳形坐具　3. 敦煌莫高窟第 420 窟《法华经变》壁画中的胡床　4. 敦煌莫高窟第 257 窟《沙弥守戒自杀品》壁画中的坐具

交足折叠凳——胡床（图一三：3），这时使用更加普遍，甚至村中妇女也用为坐具①。邺城地区东魏武定五年（547 年）墓出土的女侍俑，就有携带胡床的塑像，墓内所葬死者赵胡仁就是一位妇女②。

以上列举的图像清楚地表明，在十六国至北朝时期，随着佛教的传播，高足坐具已经在北方开始使用。但是当时传统的家具所占比重仍很大。大同北魏司马金龙墓出土的屏风漆画中，所绘家具全是传统的席、床、榻和与之配合的低矮的屏风③。在敦煌壁画中，大量出现的还是传统的席、床、榻等家具。但是有两点值得注意，其一是坐具虽是传统的床、榻，但人的坐姿则常与传统的跪坐姿态有很大变化。宁夏固原雷祖庙村北魏墓出土漆棺前挡，绘有鲜卑装人物坐于床上，坐姿则是交脚垂足的姿态④。云冈石窟第六窟所雕维摩、文殊对坐中的维摩和文殊，都坐于四足的榻上，其坐姿都是垂足而坐。其二是传统的床、榻等坐具也有由矮变高的趋向。洛阳出土的北魏孝子石棺画像中的郭巨掘地得金后侍奉母亲时，郭母所坐大床四足颇高，约当立姿人像小腿的高度⑤，明显高于先秦至汉魏床榻的高度⑥。因此可以看出，十六国至南北朝时期，新出现的高足家具和垂足坐姿，显示出社会习俗变化的势头日渐增强，传统家具也不得不增加足高以迎合时代潮流，使中国古代家具的发展进入一个新时期。

继而进入隋唐时期，新式的垂足高坐家具发展的势头更猛，日益排挤传统的供席地起居的旧式家具。从目前获得的有关隋唐高足家具的图像和

---

① 北魏末年，尔朱敞逃避追骑，"遂入一村，见长孙氏媪踞胡床而坐。敞再拜求哀，长孙氏愍之，藏于复壁。"见《隋书·尔朱敞传》，第 1375 页。

② 磁县文化馆：《河北磁县东陈村东魏墓》，《考古》1977 年第 6 期。

③ 山西省大同市博物馆、山西省文物工作委员会：《山西大同石家寨北魏司马金龙墓》，《文物》1972 年第 3 期。

④ 固原县文物工作站：《宁夏固原北魏墓清理简报》，《文物》1984 年第 6 期。

⑤ 黄明兰：《洛阳北魏世俗石刻线画集》图 8，人民美术出版社，1987 年。

⑥ 先秦时的床高，如河南信阳楚墓出土大木床，足高仅 17 厘米。见河南省文物研究所《信阳楚墓》，文物出版社，1986 年。汉代的榻高，如河南郸城发现的"汉故博士常山太傅王君坐榻"，高仅 19 厘米。见曹桂岑《河南郸城发现汉代石坐榻》，《考古》1965 年第 5 期。

模型器来看，与前一时期相比，有一点特别值得注意。南北朝时的家具图像多出于佛教美术品，特别是石窟寺的绘画和雕塑；而隋唐时的家具图像，除出于佛教美术品外，很多重要资料得自世俗美术品，不仅有墓室壁画和随葬俑群的资料，还有的来自描述世俗生活的传世绘画，许多是描绘宫廷生活的画卷。这表明，那一时期新式的高足家具和垂足坐姿，已经深入人们的社会生活，普遍流行于宫廷和民间。以椅子为例，继敦煌西魏禅僧坐椅子的画像，唐代壁画中更是不乏高僧坐于椅上的画面①。表明椅子进入高官的日常生活的实例，则是陕西发现的天宝十五年（756 年）高元珪墓内墓室正壁墓主坐在椅子上的图像②。高元珪是宦官高力士之弟，官阶为明威将军，从四品，这与敦煌壁画中的高僧坐椅不同，表明当时较高级的官员家中确已使用了这种新式高足坐具。反映宫廷生活的绘画作品，如唐章怀太子李贤墓的壁画③和传为周昉绘《挥扇仕女图》④ 等（图一四：5、6），所绘出的家具有方凳和扶手矮圈椅等。在陕西长安县南里王村韦氏家族墓的壁画上，有屏面绘树下妇女的六曲屏风画，屏面画坐姿妇女的坐具是方凳。同墓壁画还有坐在长桌旁长凳上宴饮的画面⑤。西安一带唐墓出土的陶俑和三彩俑中，有坐在束腰圆凳上照镜的仕女⑥，还有垂足坐在凳上的说唱艺人（图一四：1~4）⑦。凡此种种，都反映着新式家具在一般家庭中使用的情况。

最后到五代时，新式高足家具逐渐形成较完备的组合。在当时的墓室壁画中，如河北曲阳王处直墓壁画⑧，可以看到桌、凳、大床、屏风等各种

① 杨泓：《敦煌莫高窟与中国古代家具史研究之二——公元 7~8 世纪中国家具的演变》，《汉唐美术考古和佛教艺术》，第 264~269 页。

② 贺梓城：《唐墓壁画》，《文物》1959 年第 8 期。

③ 陕西省博物馆、陕西省文物管理委员会：《唐李贤墓壁画》，文物出版社，1974 年。

④ 中国历代艺术编辑委员会编：《中国历代艺术·绘画编》（上），图版 120，人民美术出版社，1994 年。

⑤ 陕西省博物馆编：《隋唐文化》，第 98~99、201 页。

⑥ 陕西省文物管理委员会：《西安王家坟村第 90 号唐墓清理简报》，《文物参考资料》1956 年第 8 期。

⑦ 陕西省博物馆编：《隋唐文化》，第 255 页。

⑧ 河北省文物研究所、保定市文物管理处：《五代王处直墓》，文物出版社，1998 年。

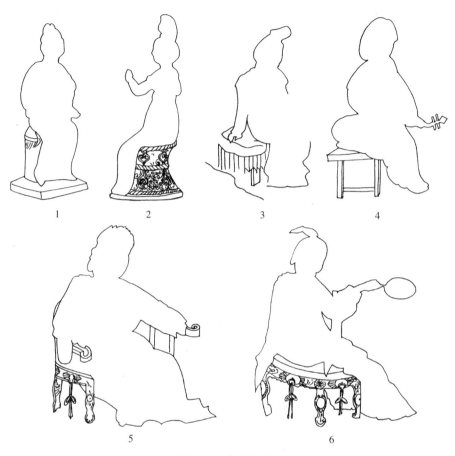

图一四　唐代坐具

1. 西安西郊唐墓彩绘陶说唱俑所坐方凳　2. 西安王家坟唐墓出土三彩持镜女俑所坐束腰圆凳
3. 陕西唐章怀太子李贤墓壁画中的四足方凳　4. 陕西长安南里王村唐墓壁画中的四足方凳　5. 传唐周昉《挥扇仕女图》中的扶手矮圈椅　6. 传唐周昉《挥扇仕女图》中的四足圆凳

家具。在传世的绘画作品中，如传南唐画家周文矩绘《重屏会棋图》和传顾闳中绘《韩熙载夜宴图》①，也都绘出这时的高足家具，如椅、桌、凳、坐榻、大床和各式屏风等，不但品种增多，而且不同品种家具的功能的区别日趋明显，形成颇为完备的组合，陈设方式更转向相对固定的格局，已摒除了旧式的与席地起居相联系的家具组合，为北宋时期高足家具的进一

① 中国历代艺术编辑委员会编：《中国历代艺术·绘画编》（上），图版185、187，上海人民美术出版社，1994年。

步完备奠定了基础。以此与汉魏时相比，室内面貌已焕然一新，人们的生活质量也随着日用家具的发展而提高到新的水平。

六

　　与家具的发展相适应，室内装饰艺术也有了新变化。本文仅论及汉魏至隋唐时期与家具有关的室内装饰艺术的主要变化。

　　自先秦至汉魏，与席地起居相联系的家具，除家具本身造型外，在室内起美化装饰作用主要靠家具的纹饰和附属于家具的物品。当时室内家具主要以坐卧的床、席为中心，席除了本身编织工艺力求精致外，还要在边缘包锦①，并在四角放置造型各异、制工精美的席镇②。床和独坐的榻，主要附属的物品是张施其上的帐和围护左右及后部的低矮屏风。因此，色彩鲜明的帐和工艺精美的帐构，以及帐顶及四角装饰的华饰与流苏③，都是在室内起着美化装饰作用。其余几、案、隐几（凭几）等多为木胎髹漆，故常施以精致的漆画，实用而美观，也起着室内装饰作用。一直到三国时期，还使用图纹精美的大型漆案，如安徽马鞍山孙吴朱然墓中出土有蜀郡制作的大漆案④，案面彩绘人物众多的宫廷宴乐漆画，极为精美。除了附属于床榻的低矮围屏外，也有单独使用的屏风，一般家庭使用的较小，亦多木制髹漆，马王堆一号墓出土有一面屏面绘云龙、另一面绘谷纹璧的彩绘木屏风⑤。宫廷中则有巨大的饰有鎏金铜饰件的屏风，广州西汉南越王墓出土一件，现已作复原研究⑥。屏风屏面的绘画也起着美化室内的作用。

---

① 长沙马王堆一号西汉墓出土莞席外包以青绢，见湖南省博物馆、中国科学院考古研究所《长沙马王堆一号汉墓》，文物出版社，1973年，第121页，图版二三三。
② 孙机：《汉镇》，孙机、杨泓《文物丛谈》，文物出版社，1991年，第125～134页。
③ 杨泓：《帐和帐构》，《文物丛谈》，第244～253页。
④ 安徽省文物考古研究所、马鞍山市文化局：《安徽马鞍山东吴朱然墓发掘简报》，《文物》1986年第3期。
⑤ 湖南省博物馆、中国科学院考古研究所：《长沙马王堆一号汉墓》，图版一九二，文物出版社，1973年，第93～94页。
⑥ 广州市文物管理委员会、中国社会科学院考古研究所、广东省博物馆：《西汉南越王墓》，文物出版社，1991年。

当垂足高坐的家具组合逐渐取代了供席地起居的家具组合以后，在一般人家居生活中，供席地坐卧的席已不再使用，床则退居为卧具①，其所施张的帐只能用于寝室装饰，再也不出现于厅堂之中。除了桌椅等高足家具本身的艺术造型外，屏风成为起到室内艺术装饰作用的主要家具。为配合高足家具形成组合，屏风本身的造型也有新变化，主要是形体增高，像马王堆一号汉墓出土的高仅62厘米的低矮屏风，仅能供席地起居使用，无法与高足桌椅配合。北魏司马金龙墓出土漆画木屏风的屏板高度已超过80厘米，加上边框及高16.5厘米的石屏础，总高在1米以上（图一五）②。山东临朐北齐崔芬墓壁画屏风画，已与墓壁等高③，即约与真人体高相当，可以屏蔽人们在室内直立或走动，正可与高足家具配合使用。屏风又发展成多曲的形制，一般以六曲为多，增大了屏蔽的面积，也是为了与高足家具配合而作的改进措施。另一项大的变化，是自先秦到汉代，屏板上的绘画都是画工所绘的装饰性图像。而到六朝时期，许多绘画艺术名家都参加了屏风画的创作活动，前已述及荀勖、顾恺之等绘画大师所作屏风画一直

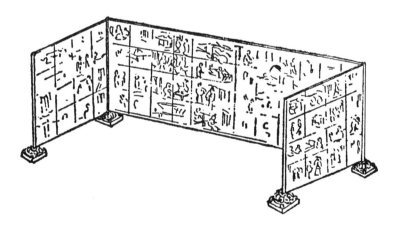

图一五　司马金龙墓漆屏风想象复原图

---

① 承孙机见告，明清时皇宫中的背后设立屏的宝座，应是源自古代大床与屏风的组合家具。
② 山西省大同市博物馆、山西省文物工作委员会：《山西大同石家寨北魏司马金龙墓》，《文物》1972年第3期。
③ 临朐县博物馆：《北齐崔芬壁画墓》，文物出版社，2002年。

流传到唐代。著名画家参与屏风画创作，极大地提高了屏风画的艺术价值，也提高了人们的欣赏品位，这应是这一时期屏风画成为室内的主要艺术装饰的一个主要原因。从有关画史的记述和考古发现的资料可以看出，当时的屏风画的题材已很丰富，仍以人物为主，如列女图、七贤图等，也有舞乐、人马以及水鸟、山石、树木，等等。

到隋唐时期，屏风画更加发展①，名画家也都经常参与屏风画的创作活动，名家的屏风画价值万金以上。据《历代名画记》卷二《论名价品第》："董伯仁、展子虔、郑法士、杨子华、孙尚子、阎立本、吴道玄屏风一片，值金二万，次者售一万五千（自隋以前多画屏风，未知有画幛，故以屏风为准也）。其杨契丹、田僧亮、郑法轮、乙僧、阎立德一扇，值金一万。"书中记述上列有关画家流传下来的屏风画，有顾恺之"水鸟屏风"、杨子华"宫苑人物屏风"、郑法士"贵戚屏风"等。又记董伯仁"屏幛一种，亡愧前贤"。还记张彦远曾有阎立本"田舍屏风十二扇，位置经略，冠绝古今，元和十三年彦远大父相国镇太原，诏取之。"由此可见当时朝野对屏风画的喜好。近年来的考古发现，也有许多有关屏风的资料，其中的实物有新疆阿斯塔那唐墓出土的木骨绢面屏风，尚存的屏面绢画有仕女、人马图等②。同一墓地许多墓室内有模拟屏风的壁画，多为六曲，屏面画有人物、花鸟等题材。在都城长安附近的唐墓中，也发现有许多模拟屏风的壁画，自玄宗天宝年间开始盛行，多六曲屏风，屏面画题材有树下人物，有老人，也有树下盛装仕女，到晚唐时屏风画的内容多以云鹤、翎毛取代了人物，特别是云鹤题材更为盛行③。在陕西富平发现的唐墓中，还有六曲山水画屏风壁画④。据当时人的诗文，以骏马图制作屏幛也是一时的时尚，屏面也流行以法书作品

---

① 李力：《从考古发现看中国古代的屏风画》，《艺术史研究》第一辑，中山大学出版社，1999年，第277～294页。
② 李征：《新疆阿斯塔那三座唐墓出土珍贵绢画及文书等文物》，《文物》1975年第10期；金维诺、卫边：《唐代西州墓中的绢画》，《文物》1975年第10期。
③ 宿白：《西安地区唐墓壁画的布局和内容》，《考古学报》1982年第2期。
④ 井增利、王小蒙：《富平县新发现的唐墓壁画》，《考古与文物》1997年第4期。

代替绘画装饰屏面①。到五代时，屏风更日趋成为室内的主要装饰艺术品，在传世绘画和墓室壁画中，除多曲屏风外，更流行高大的立屏，其上以巨幅山水画为主。《韩熙载夜宴图》中就绘有屏面画山林树石的巨大立屏。王处直墓中也有一幅模拟大立屏的壁画，上绘墨绘山水，风格已近董源等成熟的山水画风格，对研究中国绘画史是重要资料②。

七

汉唐之间，在日常生活中使用的日用器皿也有较大的变化，主要表现在两个方面。一方面是源于中国国内新工艺的发明和发展，主要是表现在瓷器的普遍使用；另一方面是随着中外文化互动输入的物品，主要是金银器和玻璃器。

在中国古代，制瓷工艺出现于东汉③。到三国孙吴时期，随着青瓷工艺技术的提高，江南的制瓷业出现空前繁荣的情景。大量制作的美观而实用的瓷器，迅速进入人们的日常生活中，不仅取代了陶器，而且也取代了汉代流行的昂贵的漆器。日用瓷器的普及，不仅影响到日用器皿外貌的改观，也改变着人们的审美情趣。到南北朝时期，不仅江南地区，北方的制瓷业也日趋兴盛。青瓷的制作日趋精美，出现点彩和釉下彩④等新的装饰手法。也已生产黑釉、白釉等瓷器。这些都为隋唐时期制瓷业的新发展奠定了基础。

两晋南北朝时期，随着中西商路的畅通，西方的金银器皿不断东输，深受当时上层人物的喜爱，成为他们追求的豪华用具。近年的考古发掘中曾出土不少罕见的西方金银器皿，有些发现于贵族高官的坟墓中，有些发现于遗址或窖藏中。在贵族高官墓中的出土品，有北魏正始元年（504 年）屯骑校尉建威将军洛州刺史封和突墓出土的波斯萨珊贵族猎野猪图像金花

---

① 参看杨泓《屏风》和《屏风周昉画纤腰——漫话唐代六曲画屏》，《文物丛谈》，文物出版社，1991 年。
② 罗世平：《略论曲阳五代墓山水壁画的美术价值》，《文物》1996 年第 9 期。
③ 中国硅酸盐学会编：《中国陶瓷史》，文物出版社，1982 年，第 127～133 页。
④ 易家胜：《南京出土的六朝早期青瓷釉下彩盘口壶》，《文物》1988 年第 6 期。

银盘①，东魏武定二年（544 年）司空李希宗墓出土的波纹银碗②，以及北周天和四年（569 年）柱国大将军河西公李贤墓出土鎏金人物图像银胡瓶（图一六）③，还有大同南郊北魏墓 M107 出土的鎏金刻花碗④。遗址和窖藏出土的西方金银器，如山西大同北魏遗址出土的多曲长银杯⑤，甘肃靖远出土的纹饰精美的拜占庭鎏金银盘⑥，再如广东遂溪南朝窖藏出土的鎏金银杯⑦。对西方金银器的需求，也刺激了中国金银器制造业的发展，到隋唐时期出现了金银器制造的高峰，从器形到纹饰均仿照西方制品，最后生产出具有唐文化特色的金银器皿⑧。

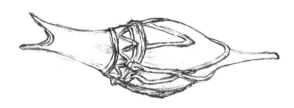

图一六　北周李贤墓出土　　　图一七　北燕冯素弗墓出土罗马玻璃鸭形器
　　　　金花银胡瓶

① 马玉基：《大同市小站村花圪塔台北魏墓清理简报》，《文物》1983 年第 8 期。另见夏鼐《北魏封和突墓出土萨珊银盘考》，《文物》1983 年第 8 期，本文收入《夏鼐文集》（下），社会科学文献出版社，2000 年。
② 石家庄地区革委会文化局文物发掘组：《河北赞皇李希宗墓》，《考古》1977 年第 6 期。
③ 宁夏回族自治区博物馆、宁夏固原博物馆：《宁夏固原北周李贤夫妇墓发掘简报》，《文物》1985 年第 11 期。
④ 山西省考古研究所、大同博物馆：《大同南郊北魏墓群发掘简报》，《文物》1992 年第 8 期。
⑤ 《无产阶级"文化大革命"期间出土文物展简介·大同南郊北魏遗址》，《文物》1972 年第 1 期。
⑥ 初世宾：《甘肃靖远新出东罗马鎏金银盘考略》，《文物》1990 年第 5 期。
⑦ 遂溪县博物馆：《广东遂溪县发现南朝窖藏金银器》，《考古》1986 年第 3 期。
⑧ 齐东方：《唐代金银器研究》，中国社会科学出版社，1999 年。

西方输入的玻璃器皿，不论是罗马玻璃器、波斯萨珊玻璃器还是伊斯兰玻璃器，输入中国后同样为人们喜爱。在已发现的玻璃器中，也多是出土于贵族高官的坟墓中。如北燕冯素弗墓出土的罗马玻璃鸭形器（图一七）①，是无模自由吹制成型的工艺品，制工精湛。在南京象山王氏墓也发现有罗马黄绿色磨花圜底筒形玻璃杯（图一八）②。在固原北周李贤墓，出土腹部有上下两周椭圆形凸饰的波斯萨珊朝玻璃碗（图一九）③。由于人们喜爱西方玻璃器，在中国亦开始仿制，促进了中国国产玻璃器的生产。又由于西方输入的玻璃器价值昂贵，非一般平民能享有，所以，北魏时甚至制作各种廉价的模拟品，以供一般平民使用。北魏洛阳城遗址发掘中，就出土有模拟波斯萨珊玻璃碗形貌的釉陶碗④。

图一八　南京象山 7 号东晋
墓出土罗马玻璃杯

图一九　北周李贤墓出土
波斯萨珊玻璃碗

综上所述，在汉唐之间，从三国至南北朝，不论是城市的布局规划，还是建筑结构和室内布置，当时人们社会生活的各个方面，都在不断发生

① 黎瑶渤：《辽宁北票县西官营子北燕冯素弗墓》，《文物》1973 年第 3 期。
② 安家瑶：《中国的早期玻璃器皿》，《考古学报》1984 年第 4 期。
③ 安家瑶：《北周李贤墓出土的玻璃碗——萨珊玻璃的发现与研究》，《考古》1986 年第 2 期。
④ 中国社会科学院考古研究所洛阳汉魏城队：《北魏洛阳城内出土的瓷器与釉陶器》，《考古》1991 年第 12 期。

偏离汉代传统的变化，日渐呈现出新面貌，最后形成更加丰富多彩的隋唐城市文化，其代表就是当时的都城隋大兴唐长安城。

（原载《汉唐之间的视觉文化与物质文化》，文物出版社，2003年）

后记　本篇原为我准备赴美国芝加哥大学参加"汉唐之间"研究项目第三次研讨会准备的发言稿。"汉唐之间"研究项目由美国芝加哥大学教授巫鸿发起，由美国的芝加哥大学、哈佛大学建筑和美术史系和中国的北京大学文博学院、中国社会科学院考古研究所第三研究室、中央美术学院美术史系共同参加的大型学术研究项目。其主要目的"是通过中外学者的合作，为这一复杂历史时期中美术和考古的研究打下一个新的基础。这个基础的一个因素是对考古材料的介绍、使用和不断综合，另一个因素是对新的研究方法的讨论和在考古材料基础上对习用历史概念的反思"。原定从1999年至2001年轮流在中国和美国召开三次研讨会，会后并将有关发言整理成文，出版三个论文集。第一次会在美国芝加哥大学举行，2000年的第二次会在中国北京大学举行，均很顺利。第三次会在美国芝加哥大学举行，但会前恰遇"九一一"事件，以致我和大多数中国学者均无法赴美与会，但会后的论文集仍按期完成。三次会议的论文集分别是《汉唐之间的宗教艺术与考古》《汉唐之间文化艺术的互动与交融》和《汉唐之间的视觉文化与物质文化》，均由巫鸿主编，张小舟、李力编辑，分别于2000年、2001年和2003年由文物出版社出版。本文收入《汉唐之间的视觉文化与物质文化》文集中。后来于2018年将此文收入《束禾集》中，并重新改附手绘插图。

北朝到隋唐从西域来华人士墓葬概说

在北朝隋唐时期，许多从西域来华的民族人士寓居华土，融入中华社会，甚至后来融入中华民族大家庭之中。在中国的正史中，是将远自地中海沿岸古国，到古波斯、中亚乃至今中国新疆地区西部诸古代民族建立的大小政权，均列入《西域传》或《西域诸国传》《西戎传》《西北诸戎传》，故本文所言"西域"，即包括上列地域。自20世纪50年代以来，随着田野考古的开展，一些寓居关中和关东的西域来华人士的墓葬逐渐被发现。

1955年，西安袄教徒苏谅妻马氏（849～874年）墓被发现，虽然墓葬遭破坏，但墓内随葬的墓志保存了下来。这件汉文和中古波斯文合璧的墓志，引起中外学者的极大兴趣。经初步研究，认为墓志使用的书体是"婆罗钵行走体"[①]。后来又将其改释为巴列维文，即以一种阿拉美字母拼写的中古波斯文[②]。原来，萨珊朝被阿拉伯人灭亡后，有些王室或贵族等流寓长安，后来有的编入左右神策军中，马氏的丈夫苏谅就是那些人的子孙。这方墓志的出土，也使人重新注意唐长安城中的火袄祠宇等问题。同时，陆续在唐代两京（长安和洛阳）附近发现有西域来华人士在唐朝为官者的墓葬，比如突厥人阿史那忠、安国人安菩、安国人安元寿等墓。

20世纪90年代以来，又在北周都城长安附近发现一些曾担任萨保的人士的墓葬，包括北周的安伽墓、史君墓，最近又发现了北周康业墓。还

---

① ［日］伊藤义教：《西安出土汉、婆合璧墓志婆文语言学的试释》，《考古学报》1964年第2期。

② 刘迎胜：《唐苏谅妻马氏汉、巴列维文墓志再研究》，《考古学报》1990年第3期。

在隋唐晋阳附近发现隋朝的虞弘墓。在安伽、史君、虞弘墓内的石葬具上都雕有西域色彩浓郁的图像，于是，一些学者的目光投向其中显示有关火祆的所谓粟特文化特征，从而无法全面地去观察这些墓葬的完整信息，甚至去其他北朝墓中去搜寻火祆教的影响。另外，有的学者依据石葬具图像进行类比和考证，对此有人指出，应规避"以图证史"的陷阱①。因此，对这些西域来华民族墓葬进行考古学的考察是十分必要的。

一　从西域来华人士墓葬的葬制

目前所知经正式清理发掘的西域来华人士的墓葬形制，除了形制不明的苏谅妻马氏墓等墓，都是当时中国墓葬的一般形制。关于西域诸国原有的葬制，史书记载颇简略。以康国为例，《隋书·西域·康国传》谓康国"婚姻丧制与突厥同"。同书《北狄·突厥传》记突厥丧俗为"有死者，停尸帐中，家人亲属多杀牛马而祭之，绕帐号呼，以刀划面，血泪交下，七度而止。于是择日置尸马上而焚之，取灰而葬。表木为茔，立屋其中，图画死者形仪及其生时所经战阵之状。尝杀一人，则立一石，有至千百者。"《隋书》记述的内容，因该书作者自未曾身临康国，仅转录他人著述，故不明所记葬俗流行的确切时期，是民族古俗还是隋代近俗不得而知。又《通典》引韦节《西蕃记》云，康国"国城外别有二百余户，专知丧事。别筑一院，其院内养狗。每有人死，即往取尸置此院内，令狗食之，肉尽收骸骨，埋瘗无棺椁"②。无论何说，总表明西域诸国的埋葬习俗与汉地有较大的区别。遗憾的是，在那些古代民族居住和生活的中亚地区，目前缺乏较全面的考古勘察和发掘工作。有些人在文章中所提的"粟特人葬俗"的典型墓例到底什么样，在哪一地点有经科学考古发掘获得的典型标本，并可用来与在华"粟特人墓葬"进行类型学对比研究，至今仍然缺乏实证。

---

① 缪哲：《以图证史的陷阱》，《读书》2005 年第 2 期。
② 《通典》卷一九三《西戎五·康居》。

目前经考古发掘见到的来华西域人士的坟墓，无一例外地都是构筑成当时中国普遍流行的形制，不论死者先祖是突厥人还是"昭武九姓"中人，概莫例外。现将上举诸墓例按下葬年代为序分列于下①。

图一　北周康业墓发掘情况

北周天和六年（571 年）康业墓，面南坐北，前有斜坡墓道，已被破坏，长度不详，推测应有天井（图一）。甬道南窄北宽，顶已塌毁，长 2.16 米，甬道前口用砖封砌，后设石门。穹隆顶土洞墓室，平面近方形，边长3.3～3.4、壁高1.6 米。在甬道和墓室壁面原绘壁画，但发掘时仅能见到每屏画面的界线（图二）②。

北周大象元年（579 年）安伽墓，面南坐北，前有带 5 个天井、5 个过洞的长斜坡墓道，长 8.1 米。甬道平面呈长方形，砖砌甬道，拱顶，前设石门，门外封砖两重，长 2.56 米。墓室砖砌，穹隆顶，平面近方形，边长3.64～3.68 米，顶高 3.3 米。在墓道第 1 至第 4 天井两侧壁，过洞、甬道进口上方原均有壁画，天井两侧绘挂剑武士，过洞上方绘莲花等图案。现多已残毁（图三）③。

---

① 本文使用的墓例选自北朝晚期和隋唐都城，即今陕西西安、河南洛阳地区，以及晋阳即今山西太原地区的正式考古发掘资料。在其他地区也有许多重要发现，如宁夏固原地区发掘的史氏家族墓，本文从略。
② 西安市文物保护考古所：《西安北周康业墓发掘简报》，《文物》2008 年第 6 期。
③ 陕西省考古研究所：《西安发现的北周安伽墓》，《文物》2001 年第 1 期。

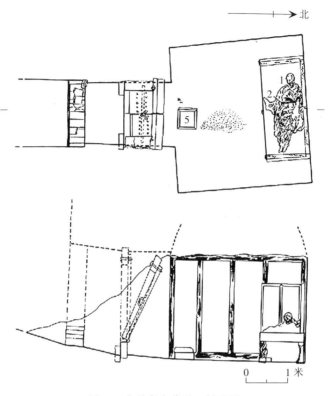

图二　北周康业墓平、剖面图

　　北周大象二年（580 年）史君墓，方向面南坐北，前有带 5 个天井、5 个过洞的长斜坡墓道，长 16.3 米。甬道平面呈长方形，拱顶，设石门，门前封砖，长 2.8 米。土洞墓室，平面方形，顶已塌毁，边长 3.5～3.7 米。在墓道过洞上方和侧壁、墓室壁面原有壁画，均已残损，仅见分栏残迹（图四）①。

　　隋开皇十二年（592 年）虞弘墓（据虞弘墓志，葬于开皇十二年，即该墓筑成于该年。又据虞弘夫人残志，其夫人死于开皇十七年，合葬于"□八年"，推测应为开皇十八年），方向偏向东北，为205°，前有残斜坡墓道，残长 8.5 米。甬道砖砌，顶已残，长 1.25 米。墓室砖砌，顶残，平

---

①　西安市文物保护考古所：《西安北周凉州萨保史君墓发掘简报》，《文物》2005 年第 3 期。

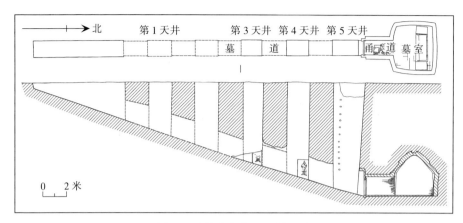

图三 北周安伽墓平、剖面图

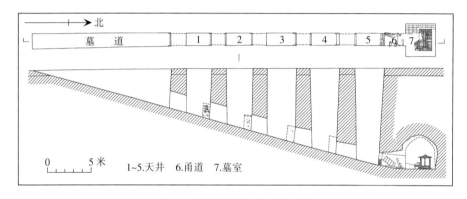

图四 北周史君墓平、剖面图

面呈弧边方形，内边长 3.8～3.9 米（图五）①。

唐永徽四年（653 年）至上元二年（675 年）阿史那忠墓。阿史那忠之妻定襄县主死于永徽四年，葬于昭陵之下，阿史那忠死于上元二年，同年迁葬于昭陵。方向基本面南坐北，前有带 5 个天井、5 个过洞的长斜坡墓道，长 19 米。其中第 1、2、3 过洞为砖筑，第 4 天井两侧各有一小龛。甬道砖砌，平面呈长方形，顶残。墓室砖筑，平面近方形，边长 3.7 米，顶残（图六）。墓道、天井、过洞两壁均有壁画，自墓道口向内依次绘龙或虎，马、驼或牛车以及步行仪卫。第 1 天井绘门戟，每侧 6 戟。第 1 过

---

① 山西省考古研究所等：《太原隋代虞弘墓清理简报》，《文物》2001 年第 1 期。

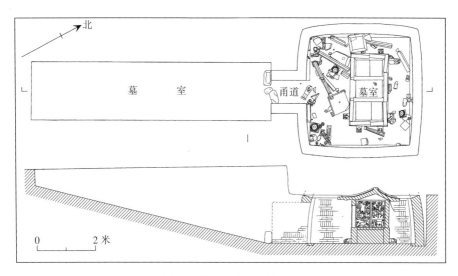

图五　隋虞弘墓平、剖面图

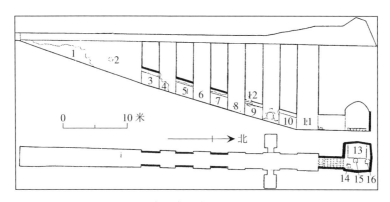

图六　唐阿史那忠墓平、剖面图

洞上方绘门楼建筑，其余天井、过洞两壁均绘男女侍从。门戟壁画从残缺处可看出，有上下两重壁画，其他地方亦多处发现两重壁画。这说明，上元二年阿史那忠下葬时重绘过壁画，列戟 12 戟，正与其死后赠镇军大将军、荆州大都督、上柱国官职相符①。

唐光宅元年（684 年）安元寿墓（夫人翟氏六娘，开元十五年合葬于

① 陕西省文物管理委员会、礼泉县昭陵文管所：《唐阿史那忠墓发掘简报》，《考古》1977 年第 2 期。

安元寿墓内），大致面南坐北，方向172°。前有带5个天井的长斜坡墓道，长17米。甬道平面长方形，前段为土洞，长1.82米；后段砌砖，长2.15米，在距甬道北口1.35米处设石门。墓室砖筑，有前后两室，中间以长5.96米的砖砌通道相连。前室平面近方形，穹隆顶，四壁微向外弧，边长2.64～2.74米。后室亦近方形，边长4.1～4.4米，顶已塌陷（图七）。墓内壁画残损较甚，仅第5过洞和甬道两侧尚有保存，均绘男、女侍从①。

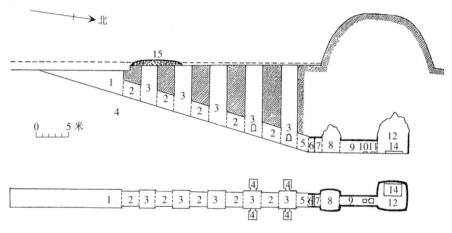

图七　唐安元寿墓平、剖面图

唐景龙三年（709年）安菩墓，方向168°。墓道已遭破坏，可能为斜坡墓道。甬道土洞，顶残，前设石门，长0.94米。土洞墓室，弧顶，平面近方形，边长2.95～3.55米（图八）②。

从上列诸墓例可以清晰地看出，不论所葬死者原来的民族为何，不论是来自突厥还是昭武九姓中的康国、安国、史国，或是还不知其地理位置的"鱼国"，所有的墓葬形制均是北朝至唐时中国的典型样式。主要是前设带有天井和过洞的长斜坡墓道，设有石门的甬道，基本是方形的砖筑和土洞墓室，死者身份或官职较高的墓内绘有壁画。北周时规制不严，而到唐代规制严格，更是按官品绘制符合规制的画面，阿史那忠墓列戟图像是

---

① 昭陵博物馆：《唐安元寿夫妇墓发掘简报》，《文物》1988年第12期。
② 洛阳市文物工作队：《洛阳龙门唐安菩夫妇墓》，《中原文物》1982年第3期。

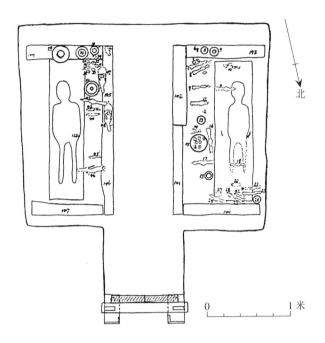

图八　唐安菩墓平面图

典型标本。在墓葬最重要的墓葬形制方面，丝毫看不到这些原来自西域的
不同古代民族的死者，在构筑墓葬时显示出表明族属特征的任何暗示。这
也表明，他们力图融入主体社会。

二　从西域来华人士的葬具

如前所述，文献中记载的突厥及昭武九姓诸国死葬不具棺椁，也没有
用任何石质葬具的记录。而且对尸体的处理，最后烧骨成灰，不存遗骸，
自然不需构筑宏大的墓室和设置大型葬具。但前引诸墓例，除构筑宏大的
中国样式的墓室外，还均安置有大型的石质葬具或棺椁，有的尸体还保存
得颇完好。分述于下。

北周天和六年（571 年）康业墓，在墓室内横设青石质的石床，床的
左、后、右以石立屏围护。石床的床面呈长方形，长 2.38、宽 1.07、厚
0.16 米，下设 5 足，前沿三足蹲狮形，后沿两足靴形。石屏板共 4 块围

成，后部 2 块，左右两侧各 1 块，宽与床面齐，高 82~83.5 厘米。屏面共线刻 10 幅屏板画，左右各 2 幅、后面 6 幅。床上陈放康业尸体，仰身直肢，面朝上，头西足东，骨骸保存完好，所着丝绸衣物尚存（图九）。

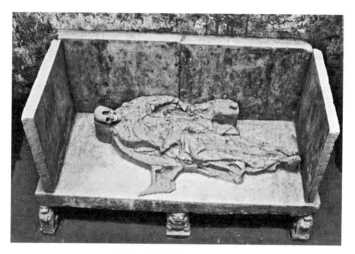

图九　北周康业墓石棺床

北周大象元年（579 年）安伽墓，在墓室内横设青石质的石床，床的左、后、右以石立屏围护（图一〇）。床面呈长方形，长 2.28、宽 1.03、厚 0.14 米。石床下沿与床足呈壶门状，前沿 4 足，后沿 3 足，前沿呈 3 个

图一〇　北周安伽墓围屏石棺床

壶门，左右两侧各呈 1 个壶门，足高 0.34 米。石屏板共 3 块围成，左、后、右各 1 块，宽各与床面齐，高 0.68 米。屏面共浮雕 12 幅屏板画，左右两侧各 3 幅，后面 6 幅。床上未见死者遗骨，而在甬道中墓志东侧和后部有杂乱的遗骨，局部遗有火烧烟熏痕，但无明显的动物牙齿咬痕，经鉴定属一老年男性个体，死亡时超过 50 岁。

北周大象二年（580 年）史君墓，在墓室内横置歇山顶殿堂状石棺，面阔五间、进深三间，由屋顶、四壁和底座三部分构成，东西面阔 2.5、南北进深 1.55、通高 1.58 米。在南壁门楣上有汉文、粟特文合璧题铭，石棺自铭"石堂"（图一一）。石棺屋顶为一整石，四壁用 12 块石板构成，底座以 2 块石板拼合。石棺外壁满布浮雕图像，并施彩贴金（图一二）。内壁原绘壁画，现仅见朱砂分栏及图案残迹。因遭盗扰，在石棺内外有散乱骸骨，杂有人骨、兽骨，人骨可分辨出男女两个个体，无火烧痕迹。

图一一　北周史君墓石堂出土情况

隋开皇十二年（592 年）虞弘墓，在墓室内横置汉白玉质歇山顶殿堂状石棺，面阔三间，通高 2.17 米，由屋顶、四壁和底座三部分构成（图一三）。屋顶由 3 块石材拼成，面阔 2.95、进深 2.2、高 0.51 米。四壁高 0.96 米，共用 9 石。底座由 4 块壁板组成边框，上架 2 石梁，其上再铺 6 块面板，座下有 8 个卧狮座垫。在四壁外壁有浮雕和彩绘图像，内壁左、后、右壁有浮雕图像 7 幅，左右各 2 幅，后壁 3 幅。因遭盗掘，人骨散于

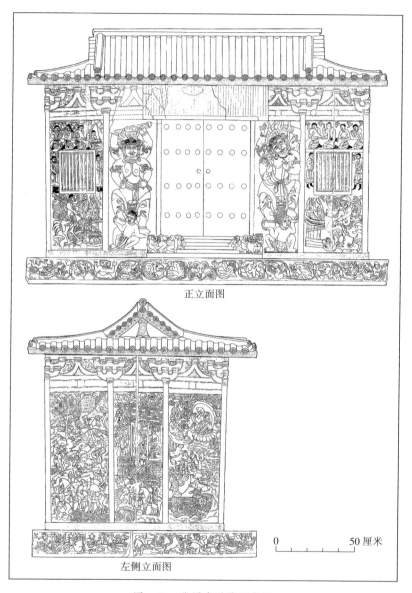

正立面图

左侧立面图

0　　　　　　　　50 厘米

图一二　北周史君墓石堂图

墓内各处，经鉴定，分属男女两个个体。

　　唐永徽四年（653 年）阿史那忠墓，在墓室西侧纵置砖砌棺床，正
（东）侧壁砖刻壸门，长 3、宽 2.1、高 0.3 米。棺床上原安葬木棺，因遭
盗扰，棺木已毁，仅余铁棺钉。

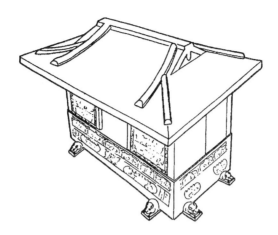

图一三　隋虞弘墓石棺图

　　唐光宅元年（684年）安元寿墓，在该墓后室西侧纵置砖砌棺床，长2.7、宽1.8、高0.3米。棺床上原安葬木棺，因遭严重盗扰，仅余棺灰和零碎人骨。

　　唐景龙三年（709年）安菩墓，在墓室东、西两侧各纵置石条包边土棺床，各长2.4、宽约1.3、高0.35米。棺床上原均安葬木棺，但棺木已朽，仅余铁棺钉。尸骨已朽，但仍可看出头向朝南。

　　综上所述，唐以前葬仪规制不严格，所以多用石质葬具，带围屏石床和殿堂形石棺各两例。入唐以后，全国一统，中央集权更盛，葬仪规制严格，使用石质葬具必须具有特殊身份，或皇帝特赐，因此，所举三墓均按规制，筑棺床安葬木棺。

　　带围屏石床和殿堂形石棺都属中国传统葬具。至迟在北朝早期，已在墓室内安置带围屏的石床。例如北魏太和八年（公元484年）琅琊康王司马金龙墓①，据墓内司马金龙夫人姬辰墓铭，姬辰死于延兴四年，公元474年，早司马金龙10年，应为该墓初建时间。在该墓的后室西侧纵置石棺床（图一四），由6块浅灰色细砂岩石板组成，即四侧各1块侧板，上平托2块床板，正（东）侧板雕纹精致，床下正侧有三足承托，浮雕作承托姿态

_____

① 山西省大同市博物馆、山西省文物管理委员会：《山西大同石家寨北魏司马金龙墓》，《文物》1972年第3期。

图一四　北魏司马金龙墓石床出土情况

图一五　北魏司马金龙墓木板漆屏风画

的力士像，足间雕成壶门形状，床长 2.14、宽 1.33、高 0.51 米。原在石床三侧用石础漆画木屏风围护，因遭盗扰，木屏风已散乱，抛于墓内各处，但 4 个石础中的 1 个还保留在床面上。木屏板较完好的尚存 5 块，高约 0.8、宽约 0.2 米，厚约 2.5 厘米。板面以朱漆为底色，上下分栏以彩漆绘图，并有黄底墨书榜题，绘图内容为列女孝子等故事（图一五），画风颇近传世东晋顾恺之画作摹本，明显是受江南绘画新风影响的作品。司马金龙系北逃的东晋皇族司马楚之嗣子，带围屏石床或亦为受南方影响之葬具。

北朝时，带围屏石棺床的围屏也用石材制作，图像改用浮雕或线刻，河南沁阳北朝晚期墓的墓室中，横置有石棺床，正面下设三足，形制沿袭司马金龙墓石床，床面上左、后、右围护由 4 块石材组成的屏风，屏面及床侧、床足分别线雕墓主画像及持如意、环首刀等物的男、女侍从，以及飞天、神兽、博山炉等图像。北周康业墓带围屏石棺床及围屏上线刻图像，正是沿袭司马金龙墓带围屏石棺床以来传统的中国式葬具。北周安伽墓带围屏石棺床，其形制及围屏屏板画的分栏布局，也是沿袭司马金龙墓带围屏石棺床以来传统的中国式葬具。屏板画所用粉本应源于西来作品，但是经中国化改造。

殿堂形石棺，从其模拟的建筑物形制，比如屋顶、斗栱、窗、门等，均为典型的中国建筑。自魏晋以来，北方墓葬多有殿堂形石棺出土。北京石景山八角村魏晋墓的屋形石棺，内壁彩绘墓主坐像、牛车、牛耕等图像，

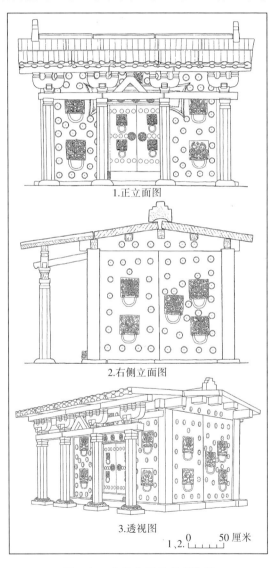

1.正立面图

2.右侧立面图

3.透视图

1、2. 0　　　　50厘米

图一六　北魏宋绍祖墓石棺图

是其中年代较早的标本①。进入北朝时期,至迟在北魏建都于平城(今山西大同)时期,墓葬中已使用殿堂形石棺。大同曹夫楼村北魏太和元年(477 年)宋绍祖墓的殿堂形石棺(图一六),是其中较早的实物②。还有缺乏纪年的大同智家堡北魏屋形石棺③。宋绍祖墓殿堂形石棺,面阔三间、进深两间,前有由 4 檐柱上托一斗三升斗栱承托的前廊。石棺顶东西长3.48、南北长 3.38 米,石棺自底座至棺顶鸱尾通高 2.34～2.4 米。石棺外壁满饰乳钉和衔环铺首,内壁左、后、右壁都有壁画,可看到后壁绘高士弹琴画像。在棺内有倒凹形石床,上有两个陈尸的石灰枕。因墓遭盗扰,尸骨散见于棺顶及墓室内。与之近似的北魏屋形石雕,还有过去在洛阳被盗掘出土的永安二年(529 年)宁懋石室(图一七)④。

图一七　北魏宁懋石室

在北朝墓中,除石质的殿堂形棺外,也有的殿堂形棺用木材制作,可以说是一座微缩的木构建筑物,由于极易腐朽,不如石质品能保存下来,

---

① 石景山区文物管理所:《北京市石景山区八角村魏晋墓》,《文物》2001 年第 4 期。
② 山西省考古研究所、大同市考古研究所:《大同市北魏宋绍祖墓发掘简报》,《文物》2001 年第 7 期。
③ 王银田、刘俊喜:《大同智家堡北魏墓石椁壁画》,《文物》2001 年第 7 期。
④ 郭建邦:《北魏宁懋石室和墓志》,《中原文物》1980 年第 2 期。

只有山西寿阳贾家庄北齐厍狄迴洛墓①保存殿堂形木椁残迹，经复原，亦为面阔三间、进深两间的歇山顶殿堂建筑形貌，其内置有内殓三人的木棺。

迟至隋代的标本，有西安梁家庄发掘的大业四年（608 年）李静训（李小孩）墓②，墓室内中央纵置由 17 块青灰色石材构成的长方形石椁，椁内安置殿堂形石棺（图一八），长 1.92、宽 0.89、通高 1.22 米，由底座、四壁和棺盖组成，底座用整石板构成，四壁共用 6 石，棺盖用整石雕成九脊歇山顶，顶脊两端雕出鸱尾，中央雕宝珠。棺正面当心间雕两扇板门，左右次间雕直棂窗（图一九）。左壁亦雕有门，门两侧各线雕男侍。右壁及后壁没有雕门。棺内壁原彩绘女侍及花卉图像，已残漶不清。李静训尸体安葬石棺内，头南足北。

图一八　隋李静训墓石椁、石棺出土情况

进入唐代，使用殿堂形石葬具的规制日益严格，一般官员也无权使用，所以，安元寿为右威卫将军上柱国，阿史那忠为右骁卫大将军赠荆州大都督上柱国薛国公，均获陪葬昭陵，但不能使用石质葬具，只按常规，

①　王克林：《北齐厍狄迴洛墓》，《考古学报》1979 年第 3 期。
②　唐金裕：《西安西郊隋李静训墓发掘简报》，《考古》1959 年第 9 期。

图一九　隋李静训墓石棺

在棺台上置木棺。

　　总之，上列西域来华人士的葬具形制，一概为中国传统的葬具，无任何域外色彩。

三　从西域来华人士的墓志或墓铭

　　在墓中放置墓志，盛于西晋，北朝时已形成较固定的规制，一般是方形志石，上覆盝顶志盖。这是中国特有的葬俗，并非西域来华人士所固有的礼俗。令人感兴趣的是，上举西域来华人士的墓中，均按当时葬仪习俗在墓中有用汉字书写的墓志或墓铭，而且，康业、安伽（图二〇）、虞弘、阿史那忠（图二一）、安元寿、安菩诸墓中所葬入的墓志，从形制到志文内容和写刻规范，完全按中国墓志通例。这些志文虽追述其祖先的国别和族属、家世，但志文中最强调的还是当时中国朝廷授与的官职，并且以之为荣。这足以显示他们融入中国主体社会的势头和期望。只有史君的墓铭有些特殊，没有采用中国墓志的规范形制，而是刻于殿堂形石棺正壁门楣上，并且是汉文、粟特文合璧，较多反映出对故国的回忆。

　　除上述墓例外，其余地区发现的西域来华人士墓葬中，同样放置中国

图二〇　北周安伽墓墓志拓片

规制的石墓志。宁夏固原发掘的隋唐时期的史射勿①、史诃耽②、史铁棒和史索岩、史道德两支来自史国的史氏墓地，五墓均有墓志，并有史索岩妻安娘墓志。均为方形志石、盝顶志盖，汉字志文，志文并不强调其原来国别族属，甚至籍贯只记在中国的居住地，而着重叙述在北朝隋唐的官阶地位。而固原史氏家族诸墓的形制、壁画内容和葬具，皆依中国规制。

---

① 宁夏文物考古研究所、宁夏固原博物馆：《宁夏固原隋史射勿墓发掘简报》，《文物》1992 年第 10 期。

② 宁夏回族自治区固原博物馆罗丰编著：《固原南郊隋唐墓地》，文物出版社，1996 年。史诃耽、史铁棒、史索岩、史道德墓均见该书。

图二一　唐阿史那忠墓志盖拓片

此外，从过去被盗掘出土的唐代墓志的拓本中，人们也辨识出一些属昭武九姓康、安、石、米等国人士的墓志，在《从撒马尔干到长安——粟特人在中国的文化遗迹》一书中即收录有近30方①，可惜已无法得知这些志主的墓葬形制和葬具等情况，十分遗憾。

四　从西域来华人士石葬具图像学问题

发掘西域来华人士墓葬出土石葬具中，康业墓、安伽墓出土带围屏石棺床，史君墓、虞弘墓出土殿堂形石棺，都浮雕或阴线刻有图像。在这四人中，安伽、史君、虞弘生前均曾任萨保官职。康业原为康居国王后裔，出身最高，曾历任车骑大将军、大天主等职，但未任萨保（萨宝），因此其葬具图像与其余三个曾担任过萨保者不同，人物皆中国装，其内容与通

① 荣新江、张志清主编：《从撒马尔干到长安——粟特人在中国的文化遗迹》，北京图书出版社，2004年。

常北朝石葬具图像相同（图二二）。安伽、史君、虞弘诸墓石葬具图像则明显带有西域图像特征，但是三墓显示的程度和特征又各不相同。

图二二　北周康业墓石床屏画像拓片

安伽墓的石棺床的围屏上的浮雕，共 12 立幅，其中左壁 3 幅、后壁 6 幅、右壁 3 幅。每幅画面多上下分为两栏，其内容反映日常生活内容的图像，包括出行、狩猎、野宴、乐舞、家居宴饮、宾主相会、商旅等，所绘人物从面貌须发看多为胡人面貌，也有汉族面貌。服装多胡服，也有中华装束者。建筑物有帐篷穹幕，也有中国木构殿堂及小桥园林，可谓中西合璧。石床板侧则分栏内雕联珠纹圆环，环中雕各种动物头像，据云"与墓主人的宗教信仰有关"。床足均雕肩带羽焰的神兽。除石葬具雕刻的图像外，最富宗教色彩的图像雕在墓的石门额上，中央是三立驼背承仰覆莲形火坛，两侧各雕鸟体人躯袄教祭司及放祭品的三足圆案。其上方各有持乐器供养的飞天，鸟体祭司后下侧各跪一胡装供养人（图二三）。

图二三　北周安伽墓石门额画像

史君墓殿堂形石棺表面雕刻的图像，简报作者概括为"四臂守护神、袄神、狩猎、宴饮、出行、商队、祭祀和升天"。"雕刻内容与风格带有十分明显的西域色彩"。石棺前壁中央为两扇设四列门钉的石门，门两侧各有地鬼承托的四臂守护神立像（图二四），外侧各雕直棂窗，窗以上雕坐姿伎乐，窗以下各雕方形火坛、旁立鸟体人躯袄教祭司（图二五）。四臂神像明显不是袄教神像。在左右两侧的画像中，也有一些明显与袄教神像不同的图像，如坐于莲台上有背光的老者像、背生巨大翅膀的飞仙、带翼的飞马等，都足以引起研究者的重视，去探寻根源。

虞弘墓殿堂形石棺的浮雕，将袄教火坛雕在前壁门的下面居中处，火坛是下有覆碗形座，上有细柄承托的仰莲座，再上托两重仰莲瓣坛体，上燃火焰。两侧各立有鸟体人躯袄教祭司（图二六）。对于其余图像，或认为

1.石椁南壁门左侧　　　　　2.石椁南壁门右侧

图二四　北周史君墓石堂四臂守护神图

图二五　北周史君墓石堂上的火坛和祭司图像

图二六　隋虞弘墓石棺上的火坛和祭司图像

表现墓主人坐帐宴饮观舞乐（图二七）、乘马出行、乘驼骑象猎狮，还有酿酒的图像（图二八）。但姜伯勤考定图像全是祆教神祇，例如，以密特

1.石椁壁第 5 幅(局部)

2.石椁座(局部)　　　　　　3.石椁座(局部)

图二七　隋虞弘墓墓主夫妇对坐宴饮图

拉神为主审人员的"最后审判"、手持石榴之密特拉神、二天神接引正信者入天国、张弓的胜利之神瓦赫拉姆、草原部族与胜利之神、与萨珊波斯阿胡拉·玛兹达神乘骑像的比较、飞鹅下的祖尔万神出行图、飞鹅下的祖尔万神接受供养图①。但不论如何解读，我们观看虞弘石棺图像时，可以明显地看出波斯萨珊艺术的影响。

上面所见三位曾任职萨宝的西域来华人士死后，为其办理丧事的家人为其中国式样的

图二八　隋虞弘墓酿酒图

石葬具选用的装饰图像，分别用了完全不同的粉本，除祆教祭司形貌相同外，连火坛造型皆无共遵的规范（图二九），其余主体图像都互无关联。只能认为这些图像依据的粉本各有各的来源，而且有的在雕造时经匠师改造，或重新组合，并在局部增入中国的图像因素。由于我们目前难以辨明其本源，也就不知道原粉本创作的真正时间，因此将某些图像认为是现实生活的写照，态度恐怕是不够严肃的。究其原因，恐怕所谓昭武九姓诸国合成一个文化统一的粟特民族的假定并不符合历史事实。那些小的政权和居民本来就没有统一的民族文化，也不是一说"粟特人"就是祆教徒。既便都拜火，也不像世界著名的大宗教那样，有成熟的系统宗教理论以及规范的宗教仪轨。所以，这些墓所雕出的圣火坛的样式五花八门，没有统一的规制。

综上所述，考古学所见西域来华人士的墓葬资料，其主流显示的是

① 姜伯勤：《中国祆教艺术研究》，生活·读书·新知三联书店，2004 年。

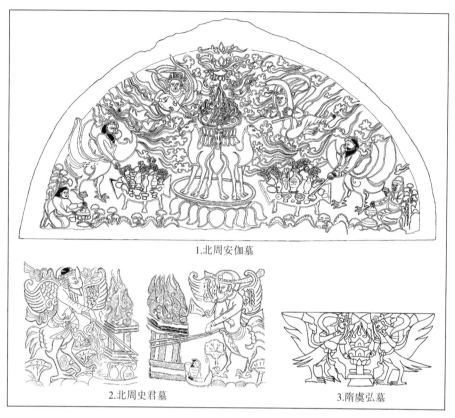

1.北周安伽墓

2.北周史君墓

3.隋虞弘墓

图二九　安伽、史君、虞弘三墓火坛和祭司比较图

他们力图融入中华大家庭的势头，虽然一些被中国朝廷命为管宗教兼管社区民众的小官，还要在中国式葬具上依一些外来的粉本制作装饰图像，但在墓葬形制、葬具规制、墓志设置等方面，都与中华文明保持一致，这也是这些从西域来华人士的后裔迅速融于多元一体的中华民族大家庭的原因。

（原载《华学》第 8 辑，紫禁城出版社，2006 年）

后记　撰写本文的缘起，是因为那两年有一股风潮，夸大一些外来文化对中国传统文明的影响，忽视从西域来华人士当年本意是力图融入中华传统文明、成为中华大家庭之一员。因而不是全面分析墓葬显示的特征，只在石质葬具的装饰图纹中去搜寻合于他们观点的局部图像，以偏代全。当时正为外国留学生授课，因此选取已发掘的北朝至隋唐从西域来华人士墓葬标本，按考古学研究方法，教他们如何从墓葬规制、墓志规制、葬具特征以及葬具装饰图像去全面探研，从而还原历史真相。后将讲稿整理成文，本拟送《文物》月刊，但未获关注。乃改交李缙云，刊登于《华学》。在将给研究生授课的讲稿整理成《中国汉唐考古学九讲》时，又将该文收为书中的第九讲，由文物出版社于2015年出版。

冬寿墓再研究

一 冬寿墓的发现和冬寿墓资料在中国的介绍

1949 年春天，在朝鲜安岳有一项重要的田野考古发现，在对俗称"河丘垡"（河坟）的丘台进行考古发掘时，发现一座高句丽时期的大型壁画石墓，编号为安岳 3 号墓。据墓内的墨书铭记，墓内所葬死者是辽东平郭人冬寿，埋葬的时间是东晋永和十三年，即升平元年（357 年）。

冬寿墓被发现以后，朝鲜的老一辈考古学家都宥浩曾在朝鲜《文化遗产》创刊号撰文介绍，后该文由李启烈译成中文，刊登于《文物参考资料》1952 年第 1 期。同一期还刊出宿季庚师所著《朝鲜安岳所发现的冬寿墓》一文①，文中据有关文献，考证出该墓墨书铭记中的冬寿，即东晋咸康二年（336 年）投奔高句丽的前燕慕容皝的司马冬寿，并补述其事迹大略。现转录于下。

冬寿是前燕慕容皝的司马，后来投降了慕容仁，仁兵败，寿奔高句丽。《晋书》无寿传，《慕容皝载记》也只记了冬寿事迹的前段：

（慕容）仁杀（慕容）皝使，东归平郭，皝遣其弟建武（将军慕容）幼、司马佟寿等讨之，仁尽众拒战，幼等大败，皆没于仁……仁于是尽有辽左之地，自称车骑将军平州刺史辽东公……咸康初……皝将乘海讨仁……乃率三军从昌黎践凌而进……仁狼狈出战，为皝所擒，杀仁而还。

---

① 该文已收入宿白《魏晋南北朝唐宋考古文稿辑丛》，文物出版社，2011 年，第 415～420 页。

《通鉴》卷九十五咸和八年（333 年）所记比较详细：

（咸和八年）闰月……（慕容皝）遣军祭酒封奕慰抚辽东，以高诩为
广武将军，将兵五千，与庶弟建武将军幼、稚、广威将军军、宁辽将军
汗、司马辽东佟寿共讨（慕容）仁，与仁战于汶城北，皝兵大败，幼、
稚、军皆为仁所获，寿尝为仁司马，遂降于仁……（九年三月）慕容仁自
称平州刺史辽东公……（咸康二年［336 年］春正月）慕容皝将讨慕容
仁……轻兵取平郭……大破之，仁走，其帐下皆叛，遂擒之。皝先为斩其
帐下之叛者，然后赐仁死。丁衡、游毅、孙机等，皆仁所信用也，皝执而
斩之。王冰自杀，慕容幼、慕容稚、佟寿、郭充、翟楷、庞鉴皆东走，幼
中道而还，皝兵追及楷、鉴，斩之。寿、充奔高丽。

冬寿《晋书》《通鉴》都作佟寿，这是传写或刻传之误，因为《广
韵》《姓解》两书中，都有慕容皝司马冬寿的记载。《广韵》卷一冬字注：

前燕慕容皝左司马冬寿。

《姓解》卷三，丨部冬字注：

前燕慕容皝有司马冬寿。

咸康二年（336 年）冬寿奔高句丽，永和十三年（357 年）卒，计寿
留高句丽共二十二年。至于铭记上所列举的职衔，史无可考，但我们由铭
记中使用东晋穆帝的纪元一项，似乎可以推测可能是东晋所命①。

到了 1958 年，在朝鲜《文化遗产》又刊登出多篇关于安岳 3 号墓的
文章，披露了更多的关于该墓的测图和壁画的线描图。为了将更多的关于
冬寿墓的资料介绍给中国学者，经夏鼐先生同意，请当时在中国科学院考
古研究所工作的朝鲜族学者洪晴玉将有关文章作综合整理。后经洪晴玉口
译，徐苹芳记录并归纳整理，写成文稿，由我复制有关图片，最后形成
《关于冬寿墓的发现和研究》一文。经夏鼐先生审定后，由洪晴玉署名，

---

① 宿白：《魏晋南北朝唐宋考古文稿辑丛》，第 418～419 页。

刊登于改版后的《考古》杂志①，将这座对研究魏晋南北朝时期考古具有重要意义的高句丽时期墓葬以及当时中国和朝鲜学者的有关研究，在中国概要地进行了介绍。以后在编写《中国大百科全书·考古学》卷时，又收入安志敏先生执笔的条目《安岳3号墓》②。

二　冬寿墓的形制和壁画

冬寿墓地面存有封土，地下墓室方向坐北朝南，为多室石墓，由甬道、前室、左侧室、右侧室、后室和回廊组成，全长近10米（图一）。甬道前有没有墓道不十分清楚。甬道平面长方形，长约2.4、宽约2.25米，入口两侧各立石柱，后接前室墓门。前室呈横长方形，进深约1.7、宽约3.2米，高约2米，前壁开墓门，设两扇石门，门内有门砧石。左、右两壁居中各设门通往左、右耳室，门的两侧各立一根剖面呈四角形的石柱。西侧室长约3.2、宽约1.7米，东侧室长约2.9、宽约1.3米。在前室与后室之间，隔以3根剖面呈八角形的石柱；在东侧与回廊的隔墙前，又有一根剖面呈四角形的石柱。与前室两耳室的门柱相同，应为回廊的门柱。后室平面亦呈横长方形，进深3.5、宽约3.9米，高约1.75米。在后室东侧和北侧有宽约0.9米的曲尺形回廊。在后室后壁与回廊之间，亦设有3根剖面呈八角形的石柱。八角形石柱的顶部略施卷杀，其上置栌斗以承条石。四角柱的柱顶亦置栌斗，栌斗上托栱，栱两端各托小斗，斗上承条石。各室的顶部结构大致相同，其砌法系用条石向内砌出叠涩，然后用石板抹角错叠两重，再以方形石板封盖成藻井。

墓内壁画除甬道外，都是直接绘制在石壁之上。只有甬道因所用石板

---

① 洪晴玉：《关于冬寿墓的发现和研究》，《考古》1959年第1期。当时在编图时有一幅人物图没有弄清是否为冬寿墓壁画，所以只得将其编为图十五，附于文末，后查明该图并非冬寿墓壁画，而是平壤车站古坟的壁画，特此更正。

② 安志敏：《安岳3号墓》，《中国大百科全书·考古学》，中国大百科全书出版社，1986年，第20页。

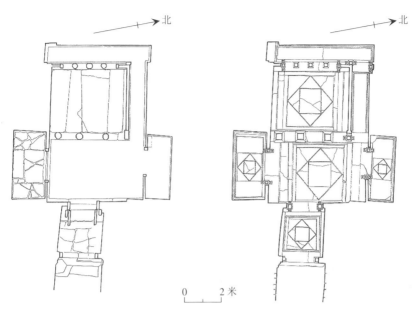

图一　冬寿墓平面图（左）和仰视图

体积较小，所以是先抹灰，再绘制壁画。墓室建筑上的彩画装饰，主要是
在八角石柱的栌斗上，正面彩绘兽面，侧面则绘仰莲纹（图二）。在回廊
的四角石柱的栌斗上，也彩绘兽面。栌斗上承的条石亦绘彩画，为穿璧双
龙，龙体修长舒卷，点缀以禽鸟。墓内前室藻井绘有日象和月象。在后室
及右耳室藻井中央盖顶石上，用朱红绘出大幅莲花，莲实为芯，周绕八瓣
宽肥的重瓣莲瓣（图三）。

图二　冬寿墓斗栱上的兽面纹和莲花纹

图三　冬寿墓后室藻井及所绘仰莲纹

甬道、墓室和回廊的墙面均彩绘壁画，内容为现实生活题材。甬道两侧壁的壁画保存不好，仅在西壁保存有部分壁画，可以看清至少有4件竖立的长戟，其前下侧立置有盾牌。很可能是模拟门前插放兵器的兵兰。

前室四壁，除后壁为立柱而无壁画外，其余三壁均有壁画。前壁（南壁）墓门西侧绘伎乐，分为上下两栏。其中上栏仅保存右侧一立姿吹角伎乐；下栏保存较好，为坐姿伎乐，前一人击建鼓，第二人吹排箫。前壁墓门东侧绘仪卫，也分上下两栏。其中上栏存立姿仪卫七人，前四人似执旗，后三人分执节、幡、伞盖；下栏前部已漶漫不清，后部绘有立姿执斧仪卫四人（图四）。

前室东壁在东侧室门的南侧绘壁画，上栏是两个赤体着犊鼻裈的角抵人物，下栏是立姿执斧仪卫六人。东侧室门北侧是回廊的长幅出行图的尾部。前室西壁的壁画绘于西侧室的门外两侧，分别绘有面向室门、恭敬侍立的双手按刀的人像，像旁有朱书榜题"帐下督"（图五）。二像身高明显高于仪卫人像。因为墓主画像绘于西侧室，模拟墓主冬寿的宅第居室或办公场所，

图四　冬寿墓前室墓门东侧的持旗仪卫壁画

所以门前的门吏身份也较高。冬寿的墨书题铭也安排在右侧"帐下督"上方的壁面上。

进入前室西侧室，正对着门的西壁上，绘有冬寿正面坐帐像，居中设榻，榻后设左折曲尺形矮屏风，上面张着顶饰莲花的坐帐，冬寿凭几端坐榻上，右手执上面装饰长角兽面的麈尾（图六）。帐左立一节，其旁侍有二吏，分别榜题"省事""门下拜"；帐右亦侍有二吏，分别榜题"记室""小吏"。西侧室南壁绘有冬寿夫人坐帐像，夫人面朝冬寿（图七）。其身前有躬身持物的侍婢，身后也侍有二婢。西侧室的门内也绘有侍立的"帐下督"。

图五　冬寿墓西侧室门旁的
"帐下督"壁画

与西侧室相对的是东侧室，模拟墓主的庖厨和车库、马厩、牛棚。东侧室南半部所绘为马、牛和车。进门左侧壁绘有马厩，饲马四匹。接下来绘牛棚，畜牛三头。再转至后壁左半，绘有车库，前后放车两辆（图八）。后壁右半部转右壁至室门右侧，是庖厨壁画。其中后壁绘肉库和厨房，肉库内悬有猪和狗肉。厨房里灶后、案旁

图六　西侧室西壁的冬寿像壁画

图七　西侧室南壁的冬寿夫人壁画

各有一婢操作，灶后婢榜题"阿婢"。厨房门外还有二犬（图九）。右壁绘井栏，榜题"井"字，旁设提水的桔槔。二婢在井旁洗物，其一榜题"阿光"。东侧室门内右侧壁绘有碓房，房内一婢用足踏碓，另一婢在碓臼旁操作，碓旁榜题"碓"字。

后室只以三根石柱与前室相隔，故无壁画。后壁石柱下有矮墙，上绘殿阁图。后室西壁无画。东壁壁画保存不好，尚能看到绘有伎乐。其中三人坐姿奏乐，乐器似为琴、阮和箫；另一人双腿交叉，拍手起舞。

墓内画幅最长的壁画，绘在从回廊后壁（北壁）折向东壁的曲尺形壁面上，为墓主冬寿出行图（图一○），场景浩大，绘出的人物数量超过250

图八　东侧室车库中的轺车壁画

图九　东侧室的庖厨壁画

图一〇　冬寿出行壁画中的冬寿像

图一一　冬寿出行图摹本，引自《安岳3号坟发掘报告》

人（图一一）①。

可惜冬寿墓早遭盗扰，所以没有多少遗物被保存下来，据知出土有铁矛、铁棺钉、陶器等。

三　冬寿墓的时代背景

安岳3号墓中墨书题铭，共七行②（图一二），录文如下：

永和十三年十月戊子朔二十六日

□［丑］使持节都督诸军事

平东将军护抚夷校尉乐浪

［旧］［昌］［黎］玄菟带方太守都

［乡］□侯幽州辽东平郭

［郡］乡敬上里冬寿字

□［安］年六十九薨官

说明所葬死者为冬寿，纪年为永和十三年，即升平元年（357年）。可知自咸康二年慕容仁兵败，冬寿奔高句丽已有22年之久，但他仍奉东晋穆帝年号，因路远，不知在永和十二年后已改元升平，仍用永和十三年，这在边远之地也是常有的事，不足为怪。而且，所记职衔亦非高句丽官名，由铭记中使用东晋穆帝的纪元一项，似可推测亦为东晋所命。在魏晋时期，豪族高官多拥众多部曲，出逃亦常携部曲，比如冬寿之奔高句丽。墓中壁画反映出，冬寿到逝世前仍拥有相当大的军事力量，部曲众多，而且对高句丽政权似有相对的独立性。这与当时高句丽政权内

---

① 关于冬寿墓的出行图像对照西晋大驾卤簿进行的分析，本文不拟叙述，可参看苏哲《魏晋南北朝壁画墓的世界》第二章，［日］白帝社，2007年，第48～67页。又见［日］菅谷文则：《晋の威仪と武器について》，《古代武器研究》，2000年第1期，第31～37页。本图系引用朝鲜民主主义人民共和国科学院考古学及民俗学研究所《安岳3号坟发掘报告》，科学院出版社，1957年，平壤，图版XXVII。

② 冬寿墓墨书题铭释文依季庚先生，见《魏晋南北朝唐宋考古文稿辑丛》，第418页。

图一二　冬寿墓里的墨书铭记

部的情况分不开。

高句丽政权建立之初，王对各部的控制能力有限，大官分十三等，其中最高的一等称"大对卢"，并非由王任命。据《周书·异域上》："其大对卢，则以强弱相陵，夺而自为之，不由王之署置也。"① 《旧唐书》所记更清楚些："其官大者号大对卢，比一品，总知国事，三年一代，若称职者，不拘年限。交替之日，或不相祗服，皆勒兵相攻，胜者为之。其王但闭宫自守，不能制御。"② 高句丽各部分权，也不利于高句丽王对外征战。随着高句丽政权日益巩固和发展，王的权力日增，逐渐完善了中央集权的政权，大约已到广开土好太王时期。从在平壤地区获得的墓葬资料中，也可寻到一些线索。

1976 年，在朝鲜平安南道大安市德兴里发现一座有封土的壁画石墓③，该墓由甬道、前堂与后室组成，前堂与后室之间以通道连通，墓室顶用石条叠砌收成穹隆状。前堂、通道、后室均绘壁画。前堂画像主题是表现墓主衙署会见下属官员及出行，过道为仪卫侍婢车马，后室为墓主家居宴饮

---

① 《周书·异域上·高句丽传》，第 885 页。
② 《旧唐书·东夷·高丽传》，第 5319 页。
③ 安志敏：《德兴里壁画墓》，《中国大百科全书·考古学》，第 89 页。

等。墓顶是天象，绘有日、月、星宿、仙人、异兽等。许多图像旁都有汉字榜题。在前堂后壁（北壁）通道上方，有墨书铭记十四行：

　　□□郡信都 ［］ 都乡□甘里
　　释加文佛弟子□□氏镇仕
　　建威将军 ［国］ 大小兄左将军
　　龙骧将军辽东太守使持
　　节东夷校尉幽州刺史镇
　　年七十七岁薨 ［焉］ 以永乐十八年
　　太岁在戊申十二月辛酉朔廿五日
　　乙酉成迁移玉枢周公相地
　　孔子择日武王 ［选］ 时岁使一
　　良葬送之 ［后］ 富及七世子孙
　　番昌仕宦日迁位至侯王
　　造藏万工日煞牛羊酒宍米集粲
　　不可尽 ［扫］ 旦食盐豉食一 ［掠］ 记
　　［之］［后］ 世寓寄无 ［绝］

墨铭基本保存完好，只是墓主姓氏残泐，纪年为永乐十八年，高句丽广开土王生前称"永乐太王"，故为好太王在位 18 年，即东晋安帝义熙四年（408 年）。这座墓的前堂和后室均绘有墓主坐帐画像，其中前堂的墓主画像在后壁右侧（图一三）。右壁则绘面向墓主进见的下属官员，上下两列计 13 人，各有榜题，并有一总榜题，共三行：

　　此十三郡属幽州部　七十五州
　　治广蓟今治燕国去洛阳
　　二千三百里都尉一部并十三郡

安志敏先生认为，魏晋时幽州、平州时有分合。据洪亮吉《十六国疆域志》，后燕时幽平二州正好治十三郡七十五县，正与榜题中幽州部十三

图一三　□镇墓前堂的墓主壁画

郡七十五州相合①。所以，壁画所绘正是墓主任幽州刺史时所辖各郡来拜会他的场景。墓中壁画的内容、服制与艺术风格均近于冬寿墓壁画。表明所葬墓主也与冬寿一样，是出于政治原因而由燕地引家族部曲出奔高句丽的官员。

冬寿墓葬于 357 年，□镇墓葬于 408 年，两者相距 51 年。比较两墓的墨书题铭，有两个显著的不同。一是冬寿至死仍奉东晋正朔，墨铭为东晋纪年，虽将升平元年仍称永和十三年，不知时已改元，这只是因相距遥远，通信不便而产生的误差，不足为怪；而□镇墓墨铭中纪年，已改奉高句丽广开土好太王的纪年，书为永乐十八年。二是冬寿墨铭中的官职，均为中原官职；而□镇墓墨铭所书官职，虽大多为中原官职，但其中显著地列出高句丽王所授官职"国大小兄"。据《周书·异域上·高句丽传》，高

---

① 安志敏：《朝鲜德兴里壁画墓及其有关问题》，《东亚考古论集》，香港中文大学中国考古艺术研究中心，1998 年，第 227～231 页。本文中德兴里壁画墓墨铭，依安志敏先生释文。

句丽大官分十三等，大兄为三等，小兄为四等①，这里大、小兄连称。两墓墨铭这两点显著不同，表明经过半个世纪，由燕地出奔到高句丽的官员的处境已有很大不同。冬寿时，因高句丽还未形成中央集权的专制政权，所以他能具有较大的独立性；而到好太王时期，高句丽王的权威日增，国力日盛，□镇当时虽仍有一定的独立性，尚能保留原燕地官职，自拥部曲，但已必须遵奉高句丽王，用永乐太王纪年，受其所授官职，死后在墓铭中也要特别写清楚。

冬寿在慕容仁兵败后出逃高句丽后，并没有到当时高句丽都城所在的今吉林集安地区，而是过鸭绿江，定居于原汉乐浪郡所在区域。后来□镇同样逃往乐浪故地，这并非巧合。其原因或许是当时高句丽王并不想将拥有军事实力的降将安置在都城地区，以防在与慕容燕发生冲突时危及其统治地位。同时，冬寿等人也愿意定居在具有汉文化传统的乐浪地区。在平壤地区发现过一座具有前堂和后室的穹隆顶砖室墓，砖铭为"永和九年三月十日辽东韩玄菟太守领佟利造"②。可见，佟（冬）姓族人在当地保有相当实力，并可能与他们心目中正统的晋政权依旧保持联系。1959 年徐苹芳将《关于冬寿墓的发现和研究》整理成文时，他对冬寿和东晋的关系曾作如下推测：

在墨书铭记中，冬寿用了东晋穆帝的纪元，他的官职是"使持节都督诸军事平东将军护抚夷校尉乐浪［旧］昌黎玄菟带方太守都乡侯"。按慕容皝于咸康三年（公元 337 年）自称燕王，名义上仍尊奉东晋。永和四年（公元 348 年）皝死，其子慕容儁继位，于永和九年（公元 353 年）自称皇帝，建元元玺，对东晋的使臣说："汝还白汝天子，我承人乏，为中国所推，已为帝矣。"（晋书慕容儁载记）和东晋完全成敌对的了。此间高句丽曾先后于咸康二年二月、建元元年（公元 343 年）十二月遣使东晋。当

---

① 《周书·异域上·高句丽传》，第 885 页。
② ［日］榧本龟次郎、野守健：《永和九年在铭塼》，昭和七年《古蹟調查報告》第一册，［日］出版科学綜合研究所，1937 年。

时冬寿在高句丽，尚有一部分势力，东晋为了牵制前燕，很可能命官于冬寿，封其为侯（都乡侯），拜为乐浪、昌黎、玄菟、带方四郡太守，及"使持节都督诸军事、平东将军、护抚夷校尉"，这些官职既不是高句丽的，又不会是前燕的，却是东晋所常见的，而且也合乎冬寿的身份，因此冬寿仍奉东晋纪元。这还是我个人的一种推测，没有其他史料可以证明，即使不是东晋所命，而是冬寿自封的话，他也是自臣于东晋的①。

由于冬寿定居在远离当时高句丽都城的原乐浪地区，因而没有被卷入此后高句丽与前燕的重大冲突的漩涡之中。当咸康二年（336 年）冬寿到高句丽以后，咸康七年，前燕慕容皝大举进攻高句丽，当时高句丽王钊因没有弄清前燕的主要攻击方向，因而惨败。

（慕容皝）率劲卒四万，入自南陕，以伐宇文、高句丽，又使翰及子垂为前锋，遣长史王寓等勒众万五千，从北置而进。高句丽王钊谓皝军从北路也，乃遣其弟武统精锐五万距北置，躬率弱卒以防南陕。翰与钊战于木底，大败之，乘胜遂入丸都，钊单马而遁。皝掘钊父利墓，载其尸并其母妻珍宝，掠男女五万余口，焚其宫室，毁丸都而归。明年，钊遣使称臣于皝，贡其方物，乃归其父尸②。

高句丽王钊即《三国史记》所称"故国原王"，其父利为"美川王"。自这次大败后，高句丽王钊无力与慕容皝抗衡，臣服于前燕，此后两国关系相对稳定。高句丽遂改变原来与前燕和百济两线作战，逐渐将领土扩张向南，专注于实力较弱的百济，战争不断，高句丽王钊最后还因与百济作战，中流矢而亡。在这段时间，战乱很少波及原乐浪地区，聚集生活在那里的原燕地人士，生活情况比较稳定，能够保持原有习俗。所以，冬寿虽居留在高句丽管辖的地区几近四分之一个世纪，但原俗未改，到死还修筑了承袭辽东汉魏葬俗的前燕系统的壁画石墓。

---

① 洪晴玉：《关于冬寿墓的发现和研究》，《考古》1959 年第 1 期，第 35 页。
② 《晋书·慕容皝载记》，第 2822 页。

冬寿墓的纪年为357年，表明在公元4世纪上半叶，前燕系统的壁画石墓在原东汉乐浪地区已经出现。德兴里□镇墓的纪年为408年，又表明这类壁画石墓在这一地延续已达半个世纪。与德兴里墓相近似的壁画石墓，这里还有发现，如日本占领朝鲜时发现的龛神、双楹等墓，墓中都有类似的墓主正面坐帐像等壁画。在高句丽领域内的原乐浪地区，从4世纪上半叶开始流行的承袭辽东汉魏葬俗的前燕系统壁画石墓，对高句丽墓仪制度的改变具有深远的影响。季庚先生早已指明，冬寿墓"应该划归我国墓葬系统之内，这样也就明白了高句丽中期为什么突然放弃了他们以前的'冢上石墓'的做法而兴建了壁画石墓的缘故"①。

四　汉末魏晋北方墓葬与冬寿墓

季庚先生在1952年分析了冬寿墓的墓室结构和壁画后已指明："由于以上这二项，我们可以很清楚地看出：冬寿墓是如何的上承着我国的汉墓，如何的下衔着我国六朝时期的佛教艺术。因此，尽管在国内还没有发现和冬寿墓类似的六朝壁画石墓，但我们有理由相信它应该划归我国墓葬系统之内。"② 到今天，又经过半个世纪的田野考古工作，获得了更多可以与冬寿墓进行对比研究的资料，进一步证实，它确应划归在我国墓葬系统之内，并且对冬寿墓与汉末魏晋北方墓葬的承袭关系，以及它下衔北朝墓葬的情况，有了进一步的认识。

先考察冬寿墓与汉末、魏晋北方墓葬的承袭关系。冬寿墓是保存有地面封土的石室壁画墓。从墓葬的平面、结构到墓室壁画布局，都保留着汉魏墓葬的传统。

冬寿墓的平面布局是前置甬道，墓室具有前堂、后室，并在前堂

---

① 宿白：《魏晋南北朝唐宋考古文稿辑丛》，文物出版社，2011年，第418页。
② 宿白：《魏晋南北朝唐宋考古文稿辑丛》，文物出版社，2011年，第418页。

左、右各设一侧室。在中原地区的汉魏墓中，这样平面布局的砖室墓在东汉末年可以见到。而且，当墓内所葬死者身份较高时，在后室两侧也各设一侧室。例如河南安阳西高穴 M2①，有人将该墓推测为东汉建安二十五年（220 年）去世的魏王曹操的陵墓②。到曹魏建国以后，墓葬具有前堂、后室，并在前堂左、右各设侧室，成为颇具时代特征的墓葬平面布局，代表的墓例是洛阳涧西发掘的 16 工区 M2035 砖室墓③。墓内随葬有魏正始八年铭铁帐构，因此确定，这座墓下葬的年代应在曹魏齐王芳正始八年（247 年）或稍迟。类似平面布局的曹魏时期砖室墓，在偃师杏园村也发现过④。16 工区 M2035，包括水平长 23.5 米的阶梯形墓道以及前甬道、前堂、后甬道、后室（总长 9.22 米），加上墓道，全长近 33 米。而且，前甬道通往前堂的墓门装有石门。因此有人推测，它是曹魏时期陵墓之一⑤。近年在洛阳发掘了连霍 ZM44⑥，清理时发现了一方印文为"曹休"的铜印，得知该墓为大司马、壮侯曹休墓。该墓的平面布局亦是前有水平长 35 米的墓道，有甬道、前堂和后室（总长 10.6 米），前堂设左、右侧室（右侧室有两个），并在门侧有一耳室。以之与 16 工区 M2035 相比，规模略大，死者生前身份应相近似。再将其与西高穴 M2 相比，规制近似。或者可以认为，三国时期⑦中原墓葬的平面布局，王公高官的坟墓通常包括甬道、前堂与后室，在前堂左右各设侧室，有的墓在后室左右也设侧室。

---

① 河南省文物考古研究所、安阳县文化局：《河南安阳市西高穴曹操高陵》，《考古》2010 年第 8 期。
② 河南省文物考古研究所编：《曹魏高陵考古发现与研究》，文物出版社，2010 年。
③ 李宗道、赵国璧：《洛阳 16 工区曹魏墓清理》，《考古通讯》1958 年第 7 期；洛阳市文物工作队：《洛阳曹魏正始八年墓发掘报告》，《考古》1989 年第 4 期。
④ 中国社会科学院考古研究所河南第二工作队：《河南偃师杏园村的两座魏晋墓》，《考古》1985 年第 8 期。
⑤ 罗宗真：《魏晋南北朝考古》，文物出版社，2001 年，第 77 页。
⑥ 洛阳市第二文物工作队：《洛阳孟津大汉冢曹魏贵族墓》，《文物》2011 年第 9 期。
⑦ 本文所称"三国时期墓葬"，指开始于东汉末建安年间曹操、孙权、刘备分别控制的政权实际形成时，直到孙吴被西晋所灭为止，这一历史时期的墓葬。"曹魏墓"则专指曹丕代汉称帝、建立魏（220 年）以后的墓葬。

三国时期中原墓葬的平面布局,随着孙吴政权接受曹魏封号等因素,其影响扩展到江南。湖北鄂州发掘的孙将军墓,其平面已具备甬道、前堂和后室,并在前堂两侧设左、右侧室,全长 9.03 米①。南京江宁上坊2006NJSM1 被推测为孙吴帝王陵墓,其平面布局包括甬道、前堂和后室,在前堂和后室两侧皆设有左、右侧室,全长达 20.16 米②。这表明,当时孙吴墓的平面布局亦遵曹魏规制。

东汉末年公孙氏割据辽东,以襄平(今辽宁辽阳)为中心。据《三国志·魏书·公孙度传》:"始度以中平六年据辽东,至渊三世,凡五十年而灭。"③ 从汉中平六年(189 年)到魏景初二年(238 年),时间长达半个世纪。曹操当政时,曾于建安九年(204 年)"表度为武威将军,封永宁乡侯,度曰:'我王辽东,何永宁也!'藏印绶武库。"他当时"乘鸾路,九旒,旄头羽骑",以帝王自居④。目前在辽阳地区发现的汉魏之际的墓葬,死者身份较高的多为壁画石墓。以北园墓⑤与棒台子 1 号墓⑥的平面布局为例,墓室全部用石灰板岩砌筑,中部建棺室,四周环绕回廊,前端两侧筑左、右侧室,还在回廊左右和后部设有小室。这样的墓室平面明显模拟中原等地东汉时的王陵,比如河南淮阳北关 1 号墓⑦、河北定县北庄汉墓⑧、山东济宁普育小学汉墓⑨等。淮阳墓和定县墓都是砖石结构,外面是近方形的石砌外墙,内为回廊,回廊内居中设甬道、前堂和后室。淮阳墓还设有左、右侧室。济宁墓为石墓,具横前堂和后室,前堂两侧设左、右侧室,在后室左右和后侧设回廊。值得注意的是,该墓后室顶部用

---

① 鄂城县博物馆:《鄂城东吴孙将军墓》,《考古》1978 年第 3 期。

② 南京市博物馆、南京市江宁区博物馆:《南京江宁上坊孙吴墓发掘简报》,《文物》2008 年第 12 期。

③ 《三国志·魏书·公孙度传》,第 260~261 页。

④ 《三国志·魏书·公孙度传》,第 252~253 页。

⑤ 李文信:《辽阳北园壁画古墓记略》,《国立沈阳博物馆筹备委员会会刊》第 1 期,1947 年。

⑥ 李文信:《辽阳发现的三座壁画古墓》,《文物参考资料》1955 年第 5 期。

⑦ 周口地区文物工作队、淮阳县博物馆:《河南淮阳北关一号汉墓》,《文物》1991 年第 4 期。

⑧ 河北省文化局文物工作队:《河北定县北庄汉墓发掘报告》,《考古学报》1964 年第 2 期;河北省文化局文物工作队:《定县北庄汉墓出土文物简报》,《文物》1964 年第 12 期。

⑨ 济宁市博物馆:《山东济宁发现一座东汉墓》,《考古》1994 年第 2 期。

石材抹角叠涩砌成藻井，并刻有星象图案。可以看出，公孙氏领有辽东时的大型石室墓，除石材为当地取材外，其平面布局仍是模拟中原北方东汉王陵。

魏明帝景初二年（238 年）辽东归入曹魏版图以后，辽东墓葬仍沿袭公孙氏统治时壁画石墓的旧制，现知的墓例只有 1953 年清理的辽阳三道壕令支令张君墓①。墓室题铭有"［巍］令支令张□□"，"巍"同"魏"，应为曹魏时墓葬。该墓仍是石灰板岩砌筑的壁画石墓，但平面布局为前堂、后室，前堂两侧各设侧室，与中原地区官员的墓室平面近同，只是后室被纵隔成三间。

西晋时期，都城洛阳的墓葬平面已经变成前有长墓道的单室，并辐射影响周边地区。但是晋祚短暂，边远地区常循曹魏旧制。例如山东邹城永康二年（301 年）使持节安北大将军领护乌丸校尉都督幽并州诸军事刘宝墓②，仍保持甬道、石墓门、前堂、后室以及前堂两侧设左、右侧室的平面布局。辽阳地区的晋墓，比如辽阳上王家村晋墓，平面仍与曹魏令支令墓近同，具有前堂、后室，前堂两侧各设侧室，后室也纵隔成两间。墓顶除用石材平铺外，前堂顶部是用四行石板互相抹角叠压，形成平顶方形天井。发掘者指出，这在辽阳地区墓葬中还是首次发现③。

冬寿墓中的壁画，主题是墓主家居生活和出行，藻井布置天象，还在柱头栌斗及梁枋绘装饰图案。墓主夫妇坐帐画像安排在前堂的右侧室，侧室门前两侧侍立着手扶仪刀的"帐下督"。左侧室壁画表现家中庖厨和牲畜、车辆。墓室前堂应是下葬时张帐置案、陈设祭品进行祭奠的场所。冬寿墓因多遭盗扰，已无遗物，其南壁绘有伎乐以及仪卫。出行的画像布置在回廊北、东两壁，以墓主乘坐的牛车为中心，人马众多，规模宏大。

---

① 李文信：《辽阳发现的三座壁画古墓》，《文物参考资料》1955 年第 5 期。
② 山东邹城市文物局：《山东邹城西晋刘宝墓》，《文物》2005 年第 1 期。
③ 李庆发：《辽阳上王家村晋代壁画墓清理简报》，《文物》1959 年第 7 期。

　　墓主正面端坐于帐中的画像，目前所知出现于东汉晚期北方地区的高官墓葬中，典型的墓例是河北安平逯家庄东汉墓①，纪年为灵帝熹平五年（176年）。该墓是在中轴线上布置有前后四重墓室和多个侧室的多室砖墓，仅在前室右侧室、中室四壁和中室右侧室绘有壁画。前室右侧室绘墓主的属吏，中室四壁分上下四栏连续绘车马出行，中室右侧室绘墓主家居图像。墓主端坐帐中的正面画像，布置在中室右侧室右（南）壁，面对室门。其右侧为躬身谒见的属吏，左侧是伎乐表演，对面（北）壁上绘坞堡，有高耸的望楼。在该室左（东）侧壁，有门通往绘着属吏的前室右侧室。

　　将墓主所在的位置暗示在墓室的右侧，在西汉时期的壁画墓中已有发现。陕西西安曲江翠竹园M1的墓室中，在右壁绘有一矩形大立屏，两侧侍婢持杯、奁等朝向立屏，作侍奉姿态，明显暗示她们所侍奉的主人就在立屏后的室内②。汉魏之际的辽阳壁画墓也是沿袭北方东汉墓室壁画，与河北安平逯家庄熹平五年墓相同，将墓主坐帐图像绘于前堂的右侧室中。在棒台子墓内，右侧室和左侧室均有坐在后置曲尺形矮屏床上宴饮的墓主像，而将伎乐百戏表演的画像布置在前堂前壁墓门两侧。稍迟的曹魏令支令张君墓中，墓主夫妇像仍是绘于前堂的右侧室。更晚的上王家村晋墓中，墓主画像在前堂的右侧室内，并且是正面的坐帐形态，惜只存残画的线描图，但能看清坐帐顶部装饰仰莲，角饰龙衔流苏，墓主身后是左折的曲尺形矮屏。

　　东汉晚期壁画墓中的墓主出行图，依汉制以车骑伍伯为主。又常按墓主生前官职升迁，车骑的数量不断增多，以连续画面予以表示，并加有榜题，例如内蒙古和林格尔护乌桓校尉墓③所绘。河北安平熹平五年（176年）墓中，车骑出行安排在中室四壁，分上下四栏连续排列。汉魏之际的辽阳壁画墓，在设有回廊的墓内，则将车马出行绘于

---

①　河北省文物研究所：《安平东汉壁画墓》，文物出版社，1990年。

②　西安市文物保护考古所：《西安曲江翠园西汉壁画墓发掘简报》，《文物》2010年第1期。

③　内蒙古自治区博物馆文物工作队：《和林格尔汉墓壁画》，文物出版社，1978年。

回廊周壁，如棒台子墓，具有地域特色，这与中原北方东汉壁画墓不同，值得注意。

到东晋十六国时期，昌黎棘城鲜卑人慕容廆建立前燕，《晋书·慕容廆载记》称其"法制同于上国"。"时二京倾覆，幽冀沦陷，廆刑政修明，虚怀引纳，流亡士庶多襁负归之。廆乃立郡以统流人，冀州人为冀阳郡，豫州人为成周郡，青州人为营丘郡，并州人为唐国郡，于是推举贤才，委以庶政……于是路有颂声，礼兴矣。"① 慕容廆还多次遣使东晋，并接受东晋官爵。八年慕容廆卒，东晋"遣使者策赠大将军、开府仪同三司，谥曰襄"②。可以想见，前燕虽是由鲜卑族慕容氏建立的地方割据政权，但最高统治集团在理政和礼制上仍然保持晋朝传统，在墓仪规制方面也应如此。但是由于辽东地区民族关系复杂，且前燕政权的统治民族又是鲜卑族，其军队的核心力量是鲜卑等族骠悍的骑兵，主力更是骑士和战马都披铠甲的重装骑兵——甲骑具装，所以，沿袭鲜卑族葬俗的墓葬在朝阳、北票一带大量存在，其特征之一就是随葬有大量马具与钢铁兵器，特别是铁铠甲与马具装③。目前还缺乏有关前燕帝王陵墓的考古发现，但是在魏晋旧制影响之下的高官的墓葬，已有一些发掘资料，例如辽阳地区袁台子壁画石墓④。纪年与墓主都明确的墓，就是亡命高句丽的原慕容皝司马冬寿的墓葬，以及葬于公元 408 年的辽东太守□镇墓⑤。而以冬寿墓最具

---

① 《晋书·慕容廆载记》，第 2804、2806 页。

② 《晋书·慕容廆载记》，第 2811 页。

③ 田立坤：《三燕文化墓葬的类型与分期》，载《汉唐之间文化艺术的互动与交融》，文物出版社，2001 年，第 205～230 页。有关考古简报，参见辽宁省文物考古研究所、朝阳市博物馆《朝阳十二台乡砖厂 88M1 发掘简报》，《文物》1997 年第 11 期；《辽宁北票喇嘛洞墓地》，《1998 中国重要考古发现》，文物出版社，2000 年，第 71～75 页；辽宁省文物考古研究所、朝阳市博物馆、北票市文物管理所《辽宁北票喇嘛洞墓地 1998 年发掘报告》，《考古学报》2004 年第 2 期。有关出土铁铠甲的复原，参见白荣金等《辽宁北票喇嘛洞十六国墓葬出土铁甲复原研究》，《文物》2008 年第 3 期。

④ 据田立坤考证，袁台子墓应葬于永和十年（354 年），墓主为辽东大姓上层人物。参见田立坤《袁台子壁画墓的再认识》，《文物》2002 年第 9 期。

⑤ 安志敏：《德兴里壁画墓》，《中国大百科全书·考古学》，中国大百科全书出版社，1986 年，第 89 页。

典型性。可以看出，冬寿墓有以下特点。

第一，冬寿墓的平面布局明显承袭魏晋，其特征是具有甬道、前堂、后室，并在前堂两侧设左、右两个侧室。采用石材抹角叠涩上置方形顶石的藻井。在墓室壁画的布置上，将正面端坐的墓主坐帐像绘在前堂左侧室正壁，旁侍属吏。前堂前壁绘伎乐。前堂藻井绘天象。墓室内柱头栌斗正面绘兽面。这些都承袭着中原北方汉末魏晋墓葬传统。

第二，冬寿墓采用石材构筑，在后室设回廊，将出行画面布置在回廊壁面。墓主像旁的面朝墓主的夫人坐帐像，则具有公孙氏以来辽东墓葬的地方特色。

第三，在冬寿墓中，特别是在壁画的题材和细部描绘方面，也呈现出东晋十六国时期的时代特征。最突出的是出行的画面，摒弃了东汉直到魏晋之际流行的以墓主所乘马车为中心的车、骑、伍伯的组合，改以墓主所乘牛车为中心，前后设鼓吹和骑吹、仪仗、属吏，两侧以刀盾步卒和甲骑具装列阵夹侍的盛大行列，这应是遵照晋朝卤簿制度最高军事长官出行的规制。特别是大量重装骑兵——甲骑具装（图一四）的出现，更具有十六国时期的时代特征。

同时，拿冬寿墓的墓主坐帐像与安平东汉熹平五年（176 年）墓的墓主坐帐像相比较，虽然前者明显承袭自后者，但在细部描绘上又有很多不同。例如，安平汉墓所绘坐帐为盝顶，冬寿墓坐帐则为四角攒尖顶，与洛阳曹魏正始铭铁帐构复原后的坐帐形制相同，但顶端饰有一朵仰莲；安平墓墓主前凭长几，而冬寿墓墓主前凭曲面三兽爪状足隐几（凭几）；安平墓墓主右手执黄色便面，而冬寿墓墓主右手执饰有长角兽面饰的麈尾。这些均具十六国时期的时代特征。季庚师多年前已指出："比安平墓晚了近二百年的冬寿墓壁画确实出现了不少新因素。""这两座类似规模的墓室内部布局的变化，应是不同时代、不同地区社会情况出现鲜明差异的反映。"①

---

① 宿白：《关于河北四处古墓的札记》，《魏晋南北朝唐宋考古文稿辑丛》，文物出版社，2011年，第 179 页。

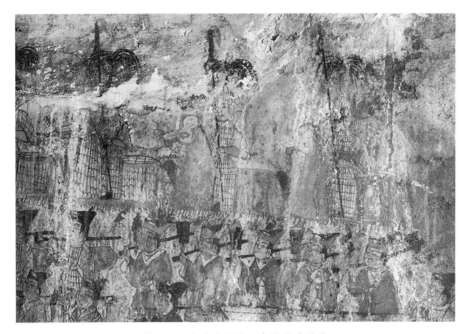

图一四　冬寿出行壁画中的甲骑具装

五　冬寿墓壁画与北魏平城时期墓室壁画

进入 21 世纪以后，在北魏前期都城平城所在的山西大同地区，陆续发现了一些北魏时期的壁画墓。2005 年，在大同沙岭发掘 12 座北魏墓，其中 M7 是砖室壁画墓，据出土残漆皮铭文纪年推知，为太延元年（435 年）①。2008 年，在大同南郊富乔垃圾焚烧发电厂工地发掘 10 座北魏墓，其中 M9 为壁画墓，有和平二年（461 年）纪年铭文②。这两座墓都是前设甬道的单室穹隆顶砖墓，在甬道和墓室四壁均绘有壁画，画像题材近同，都是在墓室正壁（后壁）绘墓主正面坐帐像，其两侧布置伎乐、出行、狩猎、帷帐、庖厨等画面，甬道及墓门处是辟邪的神怪和守卫的武士。

① 大同市考古研究所：《山西大同沙岭北魏壁画墓发掘简报》，《文物》2006 年第 10 期。
② 张庆捷：《大同南郊北魏墓考古新发现》，《2009 中国重要考古发现》，文物出版社，2010 年，第 106 ~ 111 页。

这些壁画墓的出现表明，公元 5 世纪初，北魏的墓仪规制正随着当时社会政治、经济的发展变化，基本舍弃了原来以游牧生活为基础的拓跋鲜卑的墓葬习俗，改而沿袭中原旧制，封土墓冢的砖室墓开始在社会上层流行开来，有的墓室中也开始绘制壁画。其社会背景缘于自道武帝拓跋珪当政时，拓跋鲜卑的实力日趋强盛。天兴元年（398 年）"秋七月，迁都平城，始营宫室，建宗庙，立社稷"①。"（天兴）六年，又诏有司制冠服，随品秩各有差。"② 这标志着拓跋魏已由原来的氏族酋长制，向统一的多民族中央集权专治主义国家转化。同时，自道武帝以后，经太武帝拓跋焘到文成帝拓跋濬时，北魏已东灭后燕和北燕，西并大夏和北凉，统一了北方，与江东的刘宋王朝对峙，形成南北朝的局面。在统一北方的过程中，北魏不断将各地平民、士族乃至百工大规模迁居平城，也带来了留存于东西各地的汉魏传统文化和地方特色文化，同时汲取异域文明的精华，如佛教艺术。在此基础上，与拓跋鲜卑的传统相结合，形成当时平城文化艺术的特色。不过正如《魏书·礼志》评论天兴六年（403 年）改服制时的评论，当时"时事未暇，多失古礼。世祖经营四方，未能留意，仍世以武力为事，取于便习而已。"③ 实际上，很多仍依鲜卑旧俗，特别是日常服饰，更是流行戴毡帽的窄袖鲜卑装。因此，这一时期北魏的墓室壁画，虽说沿袭中原旧制，亦取于便习，多失古礼。

检视大同沙岭和南郊这两座墓的壁画，它们应是依据不同的壁画粉本组合而成，究其来源，自是来自东、西的影响。

首先是来自东边的影响。先是来自原后燕的山东六州，然后是北燕的辽西地区。道武帝拓跋珪趁着后燕主慕容垂新死，一举灭亡后燕，于天兴元年（398 年）正月"徙山东六州民吏及徒何、高丽杂夷三十六万，百工伎巧十万余口，以充京师"④。同年"十有二月……徙六州二十二郡守宰、

---

① 《魏书·太祖纪》，第 33 页。
② 《魏书·礼志》，第 2817 页。
③ 《魏书·礼志》，第 2817 页。
④ 《魏书·太祖纪》，第 32 页。

豪杰、吏民二千家于代都"①。建立后燕的慕容垂本是前燕慕容皝之第五子，他称帝后延续前燕的传统，所以，后燕六州的百工伎巧迁至平城，自然带来有关营建工艺和造型艺术，对北魏都城的营建起到很大作用。其中应包括了墓葬的营建与墓室壁画绘制的技术，获得了有关自前燕至后燕的壁画粉本。以后又于太延二年（436 年）灭北燕，领有以龙城（今辽宁朝阳）为中心的辽西地区。龙城曾是前燕慕容皝的都城，那里应保有源自辽东的汉魏文化传统。北燕冯氏虽然崇尚鲜卑风俗（例如已发掘的冯素弗夫妇墓②），不筑墓室而用石椁，但石椁内仿墓室，绘制壁画。其中 1 号墓石椁顶残存日、月、星象；2 号墓除椁顶星象，四壁保存有人物、出行、家居、建筑等图像，从人物形貌来看，仍遵前燕传统。因此，来自前燕、后燕、北燕的墓室壁画粉本，应对北魏平城时期墓室壁画影响深远，而目前最具有代表性的墓例要数冬寿墓。

其次是来自西边的影响。北魏灭赫连昌后，关中地区并入北魏版图，不断将长安工巧迁往平城。如太平真君七年（446 年）三月，"徙长安城工巧二千家于京师"③。因此受到了长安地区文化艺术的影响。在墓葬方面，在长安地区前秦墓中流行的模拟甲骑具装的陶俑，以及牛车、鞍马为中心的出行俑群④，都直接影响到北魏平城地区。墓中开始出现随葬俑群，也以出行队列为主，并出现模拟重装骑兵的甲骑具装俑。长安地区的十六国时期墓中也应绘有壁画，但目前发现的资料极少，仅于2010 年在咸阳底张 M298 甬道和墓室发现一些残迹，可以看出有挂戟武士和女侍⑤。因此，尚难说明长安十六国时期墓室壁画对北魏影响的具体情

---

① 《魏书·太祖纪》，第 34 页。

② 黎瑶渤：《辽宁北票县西官营子北燕冯素弗墓》，《文物》1973 年第 3 期。

③ 《魏书·世祖纪下》，第 100 页。

④ 长安地区十六国时期的墓葬资料，在 20 世纪 50 年代已有发现，如西安草场坡 1 号墓，但简报发表时误定为北朝早期，见陕西省文物管理委员会《西安南郊草厂（场）坡村北朝墓的发掘》，《考古》1959 年第 8 期。近年在咸阳已发现纪年明确的十六国时期墓葬，参见咸阳市文物考古研究所《咸阳十六国墓》，文物出版社，2006 年。

⑤ 刘呆运、李明、尚爱红：《陕西咸阳底张十六国至唐代墓葬》，《2010 中国重要考古发现》，文物出版社，2011 年，第 136 ~ 140 页。

况。此后，北魏灭北凉，领有河西走廊的凉州地区，并于太延五年（439年）"冬十月辛酉……徙凉州民三万余家于京师"①。由此接受了来自凉州的文化艺术影响，最突出的是凉州模式佛教造型艺术，对北魏石窟艺术的发展影响深远②。

当然，北魏墓在采取从西边或东边传来的壁画粉本时，还要结合拓跋鲜卑的实际社会生活进行再创作，特别是将墓主夫妇所着的服饰改成戴着鲜卑毡帽的鲜卑族服饰，前引大同沙岭太延元年（435年）墓与南郊和平二年（461年）墓均如此。这在宁夏固原雷祖庙村北魏漆棺画像中表现得更为明显，除了墓主像身着鲜卑装，所绘中原传统孝子故事中的人物（如舜、郭巨等）都画成了鲜卑装③，而且加入了当时拓跋鲜卑习用的毡帐等图像。

将沙岭太延元年墓与南郊和平二年墓的壁画与冬寿墓壁画进行比较，可以看出，墓主正面坐帐、墓主乘车统军出行、大规模山林狩猎等场景，从构图到一些细部描绘都有近似的特征。尤其是沙岭墓右壁的出行图（图一五），虽然其规模无法与冬寿墓出行图相比，但墓主乘车前有鼓吹仪仗和持物侍从，后随骑从，两侧布列执矟等兵器的步卒与骑兵，其基本构图

图一五　大同沙岭北魏太延元年墓的出行壁画

① 《魏书·世祖纪上》，第90页。
② 请参看宿白《平城实力的集聚和"云冈模式"的形成与发展》，《中国石窟寺研究》，文物出版社，1996年，第114～144页。
③ 宁夏固原博物馆：《固原北魏墓漆棺画》，宁夏人民出版社，1988年。

与冬寿出行图近似；一些具体器物如两人前后扛抬着上具伞盖的大鼓，形制与冬寿墓壁画相同。南郊墓的山林狩猎画面则近于□镇墓。这都表明，其所据粉本应源于辽东地区，只是随着时间与地域等的变迁，壁画的布局和内容有所变化。

沙岭墓是单室墓，并无侧室，墓主正面坐帐移至室内正壁（后壁），而且为墓主夫妇并坐于同一帐下。因无回廊，出行图也改绘于侧壁，与宴饮、庖厨、毡帐相对应。这都显示出北魏平城时期墓室壁画的时代特征。沙岭墓中也有一些壁画题材与冬寿墓不同，比如甬道顶部绘有蛇躯交尾紧缠的伏羲、女娲像，应源于河西地区。

将冬寿墓壁画与北魏平城时期墓室壁画进行对比可以看出，以冬寿墓为代表的十六国前期前燕的壁画艺术，在中国古代墓室壁画发展中起到了承上启下的作用，也充分表明，冬寿墓壁画具有较高的历史和艺术价值。

（原载《中国考古学会第十四次年会论文集（2011）》，文物出版社，2012 年）

后记 宿季庚先生九十华诞时，考古界出版了两本纪念文集，一本是中国考古学会所编，将《中国考古学会第十四次年会论文集》编为宿先生九十华诞论文集。当时是由徐光冀代表考古学会向我约稿，因为是纪念老师华诞的论文，按传统习惯，其选题要与老师对学生的授课或他过去的研究有关，我就选了他过去关注过的冬寿墓，写了这篇《冬寿墓再研究》，先送请他审阅后，再送交徐光冀编入文集。但在徐光冀约稿后，郭大顺又来约稿，告知沈阳方面也要出宿先生九十华诞文集，这样我又另写了《北朝铠马骑俑——甲骑具装研究》一文，这次因交稿时间紧迫，未送宿先生审阅，即送沈阳，收入中国考古学会、沈阳市文物考古研究所编《庆祝宿白先生九十华诞文集》，由科学出版社于 2012 年出版。该文已另收入《杨泓文集》的古代兵器卷中。

邺城规制初论

中国历史的南北朝时期，始自南方刘宋取代东晋的公元420年，其时北方正是北魏都平城时期，虽北方尚未统一，但已基本形成南北对峙的格局。此后，北魏于孝文帝太和十八年（494年）迁都洛阳，进行汉化改革，开启了典章文物规制的划时代的变革。但迁洛仅数年后孝文帝逝世（499年），宣武帝"宽以摄下"，朝政趋于腐败，此后皇室内部争斗不断，外部"六镇"乱起，终致皇权旁落，权臣掌权，王朝分裂。高欢拥立孝静帝元善见迁都邺，史称"东魏"；宇文泰拥立元宝炬迁都长安，史称"西魏"。与西魏利用汉时旧都长安不同，东魏邺都系新建，因位于东汉末曹操所建魏王都城邺城以南，故习称"邺南城"。修建时"上则宪章前代，下则模写洛京"①，还拆取洛阳宫殿建筑木料，运邺用于修建，更将原洛阳官民40万户迁到邺城，直接承袭北魏的传统。在典章文物规制方面，也是承袭北魏而更进一步规范化。所以陈寅恪认为，"凡江左承袭汉、魏、西晋之礼乐政刑典章文物，自东晋至南齐其间所发展变迁，而为北魏孝文帝及其子孙摹仿采用，传至北齐成一大结集者是也"②。因此，举凡考古学所见都城、建筑、墓葬、佛寺、造像诸方面的遗迹和遗物，都显示出明显的时代规制，或可用"邺城规制"予以概括。

20世纪末，在郑岩准备他的博士论文时，为了能够总结北朝晚期以邺南城为中心分布的墓葬中壁画的特点，考虑如何进行概括，就用了"邺城

---

① 《魏书·李业兴传》，第1862页。
② 陈寅恪：《隋唐制度渊源略论稿》，中华书局，1963年，第1页。

规制"一词①。当时我也曾考虑到高齐一代在中国历史发展长河中的位置，想用时代冠名称"高齐规制"，但因北齐的规制与东魏分不开，虽东魏时实际是高氏实际掌权，但终究未去掉魏的年号，如用东魏—北齐规制，则显累赘，后来还是采用东魏和北齐的都城——邺（邺南城）来命名更可概括。

邺城规制对后世曾产生深远影响。陈寅恪在分析隋唐制度的渊源时，曾指出："隋唐制度虽极广博纷复，然究析其因素，不出三源：一曰（北）魏、（北）齐，二曰梁、陈，三曰（西）魏、周。"又说，在三源之中，（西）魏、周之源远不如其他二源之重要②。可见史学家对魏齐之源（即邺城规制）对隋唐制度影响之重视。

随着对邺城遗址等的田野考古工作的新收获，目前除墓室壁画外，对邺城规制的认识日渐丰富，已有可能进行较全面的概括的叙述。因此，本文将从田野考古发掘中获得的有关邺城规制的考古遗迹和考古标本，按都城遗址、建筑遗迹、墓葬遗存、佛教遗迹等项，分别简述于下。

一　都城规制

北魏分裂以后，东魏将都城由洛阳迁到邺，以后北齐继续以邺为都城。由于曹操所建邺北城本为东汉末建安年间的魏王都（图一），规制低于帝都，范围狭小，又遭战乱破坏，故在其南另筑新都。以邺北城的南墙为北墙，向南另筑新城（邺南城）。

对邺南城遗址已进行了全面勘探和部分发掘③。邺南城最宽处东西2800、南北3460米，大致呈长方形。现已确定了四周城墙、马面、护城河

① 郑岩：《魏晋南北朝壁画墓研究》，文物出版社，2002年，第199~203页。
② 陈寅恪：《隋唐制度渊源略论稿》，中华书局，1963年，第1~2页。
③ 中国社会科学院考古研究所、河北省文物研究所　邺城考古工作队：《河北临漳县邺南城遗址勘探与发掘》，《考古》1997年第3期。

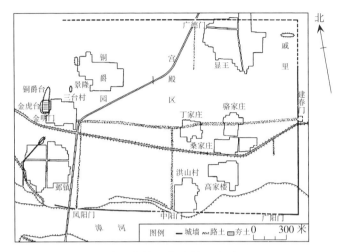

图一　曹魏邺城（邺北城）遗址平面图

等遗迹，探明了南墙、西墙和墙上诸门的位置，东墙因在现沙地与漳河河道内，故只能探出南侧一门，其余城门位置难以确定（图二）。

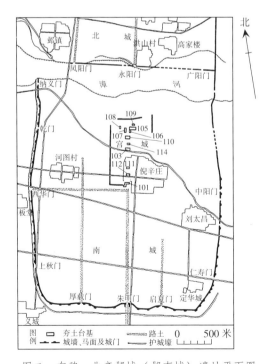

图二　东魏—北齐邺城（邺南城）遗址平面图

这些城门除北墙三门为邺北城南墙三门外，其余诸门的名称，据文献记载："十一门。南面三门，东曰启夏门，中曰朱明门，西曰厚载门。东面四门，南曰仁寿门，次曰中阳门，次北曰上春门，北曰昭德门。西面四门，南曰上秋门，次曰西华门，次北曰乾门，北曰纳义门。"还确定了3条纵向的南北大道（暂名厚载门大道、朱明门大道、启夏门大道）和3条横向的东西大道（乾门大道、西华门大道、上秋门大道）的位置，其中朱明门大道存长1920米，宽38.5米，路土厚0.2~0.4米。并探明宫城在城内中央偏北，东西约620、南北970米，四周有宫墙遗迹。宫城内及其附近探出主要宫殿基址15座（图三）。还对南城正中的朱明门遗址进行了发

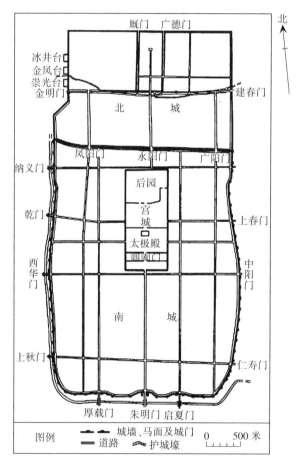

图三　东魏—北齐邺城（邺南城）平面复原图

掘（图四）。该门有 3 个门道，门前左右两侧伸出双阙，门墩长 84、进深
20.3 米，中央门道宽 5.4 米，两旁门道宽 4.8 米，门道之间隔墙均宽 6
米。门墩向南伸出东西两道短墙，两墙内侧相距 56.6 米。墙南端接方形的
阙，东阙边长 14.68 米，西阙边长 14.8 米（图五）①。

图四　邺南城朱明门遗址

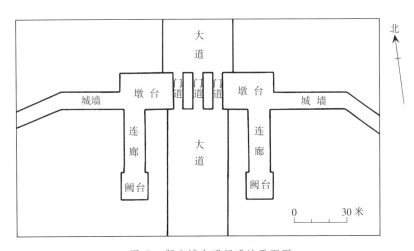

图五　邺南城朱明门遗址平面图

① 中国社会科学院考古研究所、河北省文物研究所　邺城考古工作队：《河北临漳县邺南城朱明
门遗址的发掘》，《考古》1996 年第 1 期。

为了防御的需要，邺南城的城墙附加的马面设置较为密集，现共探出50座之多，各门之间设置数量不等，少的5～6座，多的9～10座。马面呈长方形，宽18米左右，伸出城墙12米左右。同时还将东、南、西三面城墙修筑成为舒展的曲线，且东南、西南两城角还修筑成圆角①。在城外修掘护城河，护城河基本与城墙平行，东、南墙与护城河约距120米，西墙较近，相距约28米。护城河一般宽20、深约1.8米，东南、西南两城角外的护城河内岸也呈弧形圆角，但外岸为直角，使河面更显宽阔，增强防御效能。在朱明门外的护城河中，曾发掘出部分战争中遗留的甲胄②、兵器等遗物。此外，还发掘了南城墙外的佛寺塔基遗址③。经研究，上述邺南城遗址应是内城，即如唐长安的皇城，应与北魏洛阳一样，在城外修筑有外郭城④。目前，对外郭城的考古勘察正在持续进行中（图六）。

邺南城延续北魏都城的传统，也修筑有规模宏大的佛寺，已经在南城朱明门外东侧发现并部分发掘了一处大型佛寺遗址。佛寺总平面大致呈方形，东西长552～453、南北宽433～435米，占地面积达19万平方米，四周筑有围壕，壕宽（上口）5～6米，濠深约3米，南面围壕居中辟有通道，应系佛寺正门位置（图七）。从南围壕通道向内，可达佛寺居中的大型方塔，现仅存塔基。在方塔两侧邻近围壕的西南角和东南角，各有一处院落，布局对称。

西南院落平面近方形，边长约110米，是四周以回廊式建筑围护的封闭式院落，院内偏北保存有坐北朝南的一座大型夯土建筑遗迹，面阔38、进深约20米，原应建有佛殿。东南院落平面亦近方形，边长约117米，也是四周以回廊式建筑围护的封闭式院落。院内偏北亦建有坐北朝南的大型

① （明）崔铣《嘉靖彰德府志》卷八记载，筑邺南城时"掘得神龟，大逾方丈，其堵堞之状，咸以龟象焉"。这可能是后人见邺南城圆城角呈"龟象"之附会。
② 中国社会科学院考古研究所考古科技实验研究中心：《邺南城出土的北朝铁甲胄》，《考古》1996年第1期。
③ 中国社会科学院考古研究所、河北省文物研究所　邺城考古队：《河北临漳县邺城遗址东魏北齐佛寺塔基的发现与发掘》，《考古》2003年第10期。
④ 朱岩石：《东魏北齐邺南城内城之研究》，《汉唐之间的视觉文化与物质文化》，文物出版社，2003年，第97～114页。

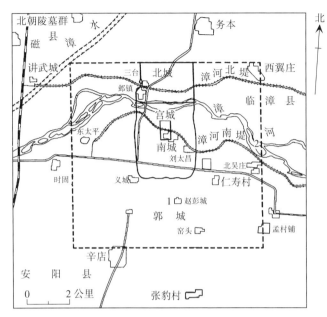

图六　东魏—北齐邺城（邺南城）郭城平面示意图
1. 赵彭城佛寺遗址　2. 北吴庄佛教造像埋藏坑

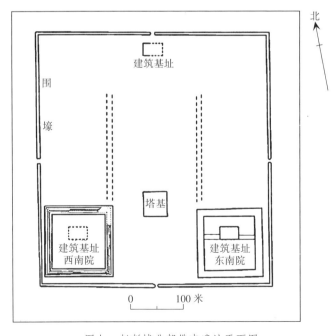

图七　赵彭城北朝佛寺遗址平面图

建筑，亦仅存夯土基址，面阔 36.6、进深 23.4 米。其东西两侧各筑有廊道，与两侧回廊相连。在中央方塔两侧有墙，塔后靠近北面围壕处也发现有大型建筑遗址。

虽然对这座佛寺的发掘工作还在继续进行，但从已出土的遗迹可以看出其总体布局。中轴线上仍沿袭早期以佛塔为中心、前塔后殿的基本格局，但在两侧增设以佛殿为中心的院落，布局对称。或许这是与北魏洛阳永宁寺类似的东魏—北齐时的一座重要的皇家佛寺。在这座佛寺的东侧，还发现另一座前有佛塔、后设多重佛殿的佛寺遗址。

综观自曹魏邺北城经北魏洛阳到东魏—北齐邺南城等都城布局的变化，明显与之前两汉的长安与雒阳不同。以西汉长安城为例，营建前缺乏规划，而是先筑宫殿，再于诸宫外围筑城墙①。到东魏—北齐修建邺都（邺南城）时，能够继承邺北城到北魏洛阳都城平面布局的创新、发展与演变，而且进行了新的规划。因为是新建的城市，所以能按照预定的城市规划设计施工，故其平面布局更为规整，宫城位置居中偏北，设置中轴线，三纵三横大道垂直相交，路网呈棋盘格状分布。可以看出，以后隋大兴唐长安城的平面布局，明显承袭自邺南城，因此，邺南城在中国古代都城平面布局具有承上启下的作用。总体来看，邺南城显示的都城规制主要有下述几点。

第一，在全城总面积中，都城内宫殿面积虽然所占比例比汉代减小，但是高度集中，规整地布列于宫城之中，形成外朝前置、内朝诸殿在后的格局，前朝后寝成为以后的封建王朝宫殿布局的传统规制。宫城被设置在都城内最重要的北部居中部位。纵贯城区的中轴线，从南墙正门（朱明门）直到宫城南墙正门（阊阖门），入宫城直对正殿（太极殿），中央官署分置宫城前中轴线两侧，进一步显示了中央集权的皇帝的权威。

第二，中轴线将都城纵分为二。由四垣诸城门通向城内的三纵三横大道，垂直交错，形成道路网络，呈棋盘格状分布，都城平面规划日益规整。

---

① 杨泓：《汉唐之间城市建筑、室内布置和社会生活习俗的变化》，《汉唐之间的视觉文化与物质文化》，文物出版社，2003 年，第 3～30 页。

第三，一般官员居民所居住的里坊区日渐扩大。曹魏邺北城中，里坊区在南半部占全城近二分之一的面积，到北魏洛阳更增加外郭城 320 坊。邺南城延续北魏洛阳的规制，开中国中古时期封闭式里坊制城市之先声。

第四，随着佛教的日益兴盛，在北魏平城时期，都城中已出现佛教寺庙。迁都洛阳时，更按规划预留有皇家大寺的位置，后来在那里修建了皇家寺院永宁寺。以后寺庙在洛阳城中大量涌现，居民宗教生活日趋繁荣。邺南城沿袭北魏洛阳，同样修建有大量寺庙。宗教寺庙大量涌现，呈现出汉代都城没有的新景象。

第五，商业活动虽仍受官方严格控制，但商业区（即"市"）的重要性日益凸显。后来到隋唐时期，长安城中将东、西两市设在宫城前东西两侧，且各占地两坊。

第六，由于北朝时期战争不断，基于军事需要，城防工事更趋完备，尤其注意对城防制高点的控制。三国时期，邺北城在西北侧构筑三台，形成制高点，后来它仍然是邺南城外郭的军事制高点。邺南城更形成了由弧曲的城墙走向、圆城角、马面、护城河构成的城防体系。

总体来看，宫殿的集中、民居里坊的发展和宗教的兴盛，商业日趋繁荣，官员府第、居民宅院、宗教寺院以及商市店铺所占面积日益增加，并且成为一般建筑行业服务的主要对象，都反映出自汉至北朝时城市性质正在发生变化。邺南城集其大成，从而孕育出以隋大兴、唐长安城为代表的新的都城布局，形成封闭式里坊制典型城市。

二 建 筑 创 新

南北朝时期，中国古代建筑结构发生了变革，简言之，就是土木混合结构的衰落和木结构的发展①。这一变革的势头，南朝领先于北朝。在北

---

① 傅熹年主编：《中国古代建筑史》第二卷《两晋、南北朝、隋唐、五代建筑》，中国建筑工业出版社，2001 年，第 277～301 页。

朝的石窟中，全木结构图像见于北魏末到东魏时期的龙门石窟的路洞之中。但是到东魏—北齐时期，北方建筑变革势头很猛，木结构建筑已经不比南方逊色。而且从东魏—北齐时期考古资料中，还可以观察到目前在南方的考古资料中尚未发现的表明建筑结构变革的实物标本。

北魏迁都洛阳，是在原东汉、曹魏至西晋洛阳城的基础上改建，特别是宫城，限于沿用晋时旧址。而且孝文帝以后，北魏宫廷内斗严重，除宗教建筑外，缺乏大规模兴建工作。反之，东魏—北齐邺南城是按规划重新修建，而且控制政权的高氏家族统治稳固，有能力组织新都的建设，因此在充分承袭北魏洛阳改建获得的建筑经验的基础上，借鉴南方新的建筑技术，还有所创新发展。在宫殿建筑结构方面，从有关文献如《嘉靖彰德府志》中已可看到，邺南城宫中外朝正殿——太极殿周回一百二十柱，通过制图，可知为面阔十三间、进深八间的大建筑。又载宫中内廷正殿——昭阳殿周回七十二柱，约为面阔十间、进深六间（或面阔九间进深七间）的大殿。二殿沿殿身四周分别有四圈和三圈柱网，是分内、外槽而且外有副阶回廊的全木构建筑，其柱网布置已和唐代无殊[1]。

在探究邺南城建筑技术时，有两个考古发现值得特别关注。第一个考古发现是朱明门外东侧赵彭城佛寺遗址中塔基的发掘。塔基的地下基槽为正方形，边长约 45 米。地面的夯土塔基实体，平面亦正方形，边长约 30 米（图八）。夯土塔基上残存有柱础石、承础石、础石坑等遗物、遗痕，可以推知原分布有三圈柱网，在中心处下深约 3.5 米有刹柱础石（图九）。将此塔基与北魏洛阳永宁寺塔相比，虽然赵彭城寺塔的规模略逊于永宁寺塔（永宁寺塔的地上部分边长 38.2 米，比赵彭城寺塔为大），但是永宁寺塔基址的中心部分是巨大的实心土坯砌体，没有发现有关塔刹的遗迹。塔身自外向内第二圈柱础之内为方形土坯砌体，每面宽 20 米，将第三圈以内

---

[1] 傅熹年主编：《中国古代建筑史》第二卷《两晋、南北朝、隋唐、五代建筑》，中国建筑工业出版社，2001 年，第 289 页。

的柱包砌其中，在土坯砌体内，还有水平絍木。所以，永宁寺塔仍属土木混合结构①。用来稳固塔身的夯土砌体，可能高达数层以上。学者对永宁寺塔进行复原研究，多认为夯土砌体一直筑到塔的第六层或第七层②，其上是立于夯土砌体之上的木质刹柱。而在当时的南朝佛塔，应是全木构建筑，塔身方形，中有贯通上下的木制刹柱，柱外围以木构的多层塔身，刹顶装宝瓶、露盘③。邺南城赵彭城寺塔的塔基已不再砌造巨大的实心土坯砌体，并已出现中心刹柱的础石，应已采用与南朝佛塔相同的全木构建筑。这表明，相比北魏洛阳时期的建筑技术，邺南城时期建筑缩小了与南朝的差距，有了长足的进步。

图八　赵彭城北朝佛寺木塔塔基遗址

① 傅熹年主编：《中国古代建筑史》第二卷《两晋、南北朝、隋唐、五代建筑》，中国建筑工业出版社，2001年，第292页。

② 杨鸿勋对永宁寺塔进行复原，夯土砌体向上逐层收缩，直达第六层，参见杨鸿勋《关于北魏洛阳永宁寺塔复原草图的说明》，《文物》1992年第9期。钟晓青对永宁寺塔进行复原，夯土砌体高达第七层，且推测中心有刹柱上下贯通，夯土把刹柱包砌在内，但缺乏考古发掘证据。参见钟晓青《北魏洛阳永宁寺塔复原探讨》，《文物》1998年第5期。

③ 南朝木塔目前还没有保留下来的遗迹。除文献的记述外，日本现存飞鸟时代遗构法隆寺五重塔和法起寺三重塔可资参考。参见傅熹年主编《中国古代建筑史》第二卷《两晋、南北朝、隋唐、五代建筑》，第297页。

图九　赵彭城北朝佛寺木塔塔基刹柱础石

第二个考古发现是拆除后代修筑于南响堂山石窟的建筑后，重新揭露第 1 窟和第 2 窟的石雕窟檐①。两窟前的窟檐都是面阔三间，设四柱，柱头置斗，上托斗栱，上承瓦檐。虽然正面的柱头斗栱和瓦檐均已残毁，但两侧立柱的柱头所雕柱头铺作尚有保存，为五铺作出双抄斗栱（图一〇）。柱头施栌斗，斗口前出二跳华栱，第一跳偷心，第二跳跳头之上托横栱（令栱），上承撩檐枋，横栱与外壁之间有枋子联结（衬方头），华栱和令栱栱头均作内凹式卷瓣。由于在南响堂窟檐雕刻所雕出的构件中没有出现阑额，因此研究者推断，此檐柱构架应是前后对应的承重构架，是以排架为主的结构形式，这种形式的木构架建筑，南北朝时或曾流行于南方地区②。响堂山石窟的发现，使我们修正了过去认为类似的五铺作斗栱到唐代才出现的看法，表明北朝晚期木构架建筑已趋成熟。斗栱的发展，使殿堂屋宇出檐更深远，利于遮避风雨，改善了采光条件，室内举高增加，空间增大，极大地改改善了人们生活起居的条件。这一实例反映出东魏—北齐邺南城建筑技术的进步。

由上举考古实例可以窥知，东魏—北齐邺南城时期，建筑技术比北魏洛阳时期有了长足进展，不再落后于南朝，已能代表时代潮流，直接影响着其后隋大兴城的兴建。

---

① 邯郸市峰峰矿区文管所、北京大学考古实习队：《南响堂石窟新发现窟檐遗迹及龛像》，《文物》1992 年第 5 期。

② 钟晓青指出，排架式结构形式的木构架建筑"现在已无实例可寻，但我国南方流行的穿斗架民居，是与之十分接近的一种建筑样式，在浙闽一带的宋代建筑中，可以见到这一形式经数百年演变之后的情形；日本飞鸟时期（7 世纪）的木构建筑，如法隆寺三重塔、四天王寺金堂（重建）等，也有类似的柱头铺作形象，说明这种形式的木构建筑南北朝时或曾广泛流行于我国的南方地区。"参见钟晓青《响堂山石窟建筑略析》，《文物》1992 年第 5 期。关于日本飞鸟时期建筑与中国古代建筑的关系，参见傅熹年《傅熹年建筑史论文集》，文物出版社，1998 年，第 147～167 页。

通过田野考古发掘，还可以看到在邺南城的修建中，特别是在赵彭城佛寺等佛殿建筑遗址中，夯土基址多采用"条形夯"，而非全基址整体平夯。"条形夯"的采用可能会提高工程进度，减少工时。或许因为修筑邺南城要求在短期完成，故而采用相应的措施；又或显示一种时代风尚，均未可知。只是这种建筑技术对后世缺乏影响，修建隋大兴城的大型建筑时，夯土基址仍采用费工时但更牢固的整体平夯。

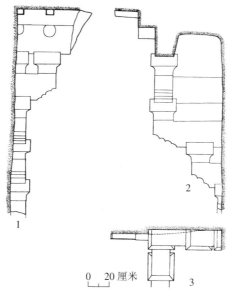

图一〇　南响堂山石窟第 1 窟窟檐斗栱
1. 正视　2. 侧视　3. 仰视

三　墓葬规制

北魏建国前期，墓葬还缺乏规制。在平城时期，拓跋鲜卑原有的葬俗与中原北方原存的汉魏葬俗并存；一些由于南方政权变更而北逃的东晋皇族显贵，也带来了南方葬俗的影响，以致于各种因素相互碰撞、融会。同时，在北魏统一北方的过程中，又将凉州和辽东等地官民大量迁至平城，各地传统的葬俗也随之影响到平城。这些因素相互影响交融，在变革中逐渐形成新的葬俗。

从近年山西大同北魏墓的考古新发现可以看出，当时社会上层人士的墓葬，逐渐形成具有新的时代特征的形制，比如前设长斜坡墓道、内绘壁画的方形单室墓，随葬包括镇墓俑、出行仪卫（以鞍马和牛车为中心）的绘彩陶俑群，以房屋形貌的石棺（图一一）或屏风围护的大床作为葬具，等等。

图一一　北魏平城宋绍祖墓殿堂形石棺

前设长斜坡墓道的方形单室砖墓的最高典范，是在方山安葬的文明皇太后的永固陵（图一二）和原为孝文帝营建的"万年堂"，只是室内未绘壁画，可能是沿袭汉魏帝陵的传统，但永固陵设有雕饰精美的石门。孝文帝开始汉化改革并迁都洛阳以后，葬于洛阳的贵族高官的墓葬日渐形成新规制，只是随着孝文帝后北魏皇权衰落、宫廷政变和权臣当政，导致政权分裂、北魏衰亡，有关新规制尚不够成熟。但从已发现的王族墓葬，如正光六年（525 年）元怿墓①、孝昌二年（526 年）元乂墓②、建义元年（528 年）元邵墓③等墓来看，北魏洛阳时期，贵族高官墓葬的规制大致是前设长斜坡墓道的方形单室砖墓，内施壁画，甬道绘仪卫，墓室内顶绘天象。有可能四壁绘有四神及墓主坐帐等画像。放置方形石质墓志，上覆石

---

① 徐婵菲：《洛阳北魏元怿墓壁画》，《文物》2002 年第 2 期。
② 洛阳博物馆：《河南洛阳北魏元乂墓调查》，《文物》1974 年第 12 期。
③ 洛阳博物馆：《洛阳北魏元邵墓》，《考古》1973 年第 4 期。

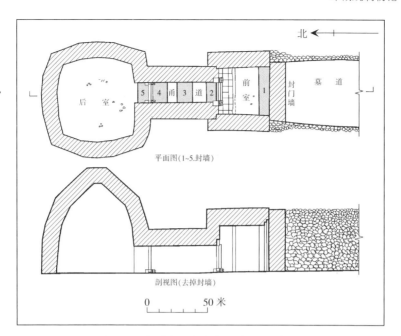

图一二 大同方山北魏永固陵平、剖面图

质盝顶墓志盖。随葬俑群包括镇墓俑（形体大于其他陶俑，包括甲胄武士形貌的镇墓俑和镇墓兽），以甲骑具装和骑马鼓吹等为前导、以鞍马和牛车为中心的出行仪卫，家内婢仆和庖厨、畜禽模型。其中身份最高的一座是宣武帝景陵①，为一座平面呈方形的大型单室砖墓（图一三），墓壁涂黑色，不绘壁画②。棺床纵置，建于右壁偏后位置。因遭盗劫，遗物多已无存。地面神道石刻尚存有一尊侍臣立像。

北魏分裂以后，东魏至北齐时期的墓葬直接承袭了北魏洛阳时期初步形成的规制，并且有所巩固和发展，形成更具时代特征的"邺城规制"。在以邺城为中心的冀南、豫北一带发现的东魏—北齐墓中，纪年最早的是东魏天平四年（537年）元祜墓③，这是一座前设带天井的长斜坡墓道的

---

① 中国社会科学院考古研究所汉魏洛阳城队、洛阳古墓博物馆：《北魏宣武帝景陵发掘报告》，《考古》1994年第9期。

② 有报道说，永安三年（530年）孝庄帝静陵绘有壁画，"静陵发掘工作中途停工，但已确知墓道、墓室中有壁画。"参见徐婵菲：《洛阳北魏元怿墓壁画》，《文物》2002年第2期，第91页。

③ 中国社会科学院考古研究所河北工作队：《河北磁县北朝墓群发现东魏皇族元祜墓》，《考古》2007年第11期。

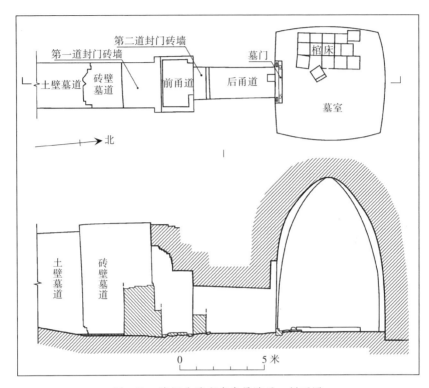

第二道封门砖墙

第一道封门砖墙

墓门

土壁墓道

砖壁墓道

前甬道

后甬道

北

棺床

墓室

土壁墓道

砖壁墓道

0   5 米

图一三　洛阳北魏宣武帝景陵平、剖面图

单室土洞墓（图一四），绘有壁画，放置墓志，有随葬俑群。已发现的重要的东魏壁画墓，有武定五年（547 年）高长命墓①、武定八年（550 年）茹茹公主闾叱地连墓②；北齐壁画墓有天统三年（567 年）尧峻墓③、武平七年（576 年）高润墓④和颜玉光墓⑤，还有重要的湾漳大型壁画墓⑥。目前所知东魏—北齐时期死者身份最高的几座墓都集中在这一地区，其纪年从东魏天平四年（537 年）至北齐武平七年（576 年）。其中规模最大的属

① 河北省文管处：《河北景县北魏高氏墓发掘简报》，《文物》1979 年第 3 期。
② 磁县文化馆：《河北磁县东魏茹茹公主墓发掘简报》，《文物》1984 年第 4 期。
③ 磁县文化馆：《河北磁县东陈村北齐尧峻墓》，《文物》1984 年第 4 期。
④ 磁县文化馆：《河北磁县北齐高润墓》，《考古》1979 年第 3 期。
⑤ 安阳县文教局：《河南安阳县清理一座北齐墓》，《考古》1973 年第 2 期。
⑥ 中国社会科学院考古研究所、河北省文物研究所　邺城考古工作队：《河北磁县湾漳北朝墓》，《考古》1990 年第 7 期；中国社会科学院考古研究所、河北省文物研究所：《磁县湾漳北朝壁画墓》，科学出版社，2003 年。

图一四 河北磁县东魏元祜墓发掘情况

湾漳大墓，虽缺乏纪年资料，但可推知是北齐的帝陵之一，其次是闾叱地连和高润两座墓。

从上列典型墓例分析，墓葬的"邺城规制"有以下特点。

第一，墓葬形制均为平面呈方形的单室墓，依所葬死者身份，有大小之分和砖构、土洞之分。室前设甬道，前接长斜坡墓道。棺床纵置于室内右壁偏后位置（图一五）。

第二，墓内安置方形石质墓志，上覆石质盝顶志盖。

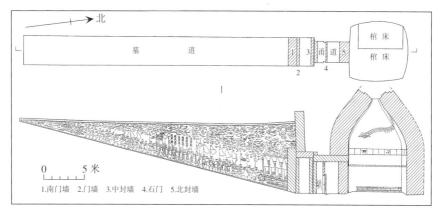

图一五 河北磁县湾漳北朝壁画墓平、剖面图

第三，在墓道两侧壁、墓门上部、甬道两壁和墓室，均施彩绘壁画，内容如下。

（1）墓道壁画将巨大的龙、虎布置在最前端，青龙和白虎面向墓外，衬以流云、忍冬，有时附有凤鸟和神兽。

（2）墓道两侧中段绘出行仪仗（图一六），间叱地连墓出现廊屋内的列戟，湾漳大墓仅存廊屋。墓道地面绘有莲花、忍冬、花卉等图案，或认为是模拟地毯。

图一六　湾漳北朝墓墓道仪卫壁画（局部）

（3）帝王和皇族等墓门上方多绘正面的朱雀（图一七），两侧有神兽等图像。湾漳大墓、间叱地连和尧峻墓保存较好，高长命墓仅存神兽及火焰。也有在墓门上方绘出门楼图像。门侧多绘着甲门吏。

（4）甬道侧壁为侍卫人像。

（5）墓室内壁画，在正壁（后壁）绘墓主正面像，旁列侍仆仪卫。侧壁分绘牛车、鞍马，随从有男吏、女侍。墓主绘作端坐帐中的传统姿态，

图一七　河北磁县闾叱地连墓墓门朱雀壁画

图一八　湾漳北朝墓墓室中陶俑出土情况

如高润墓。室顶绘天象，其下墓壁上栏分方位绘有四神图像，闾叱地连墓保存较完整。

第四，随葬有数量众多的绘彩陶俑群。在死者身份最高的三座墓中，湾漳大墓尚存能复原的陶俑 1805 件（图一八），闾叱地连墓尚存有 1064 件陶俑。保存较少的如高润墓，也出土 381 件陶俑。

湾漳大墓俑群的组合关系具有典型性。其内容如下。

（1）镇墓俑。体积较其余俑高大，由武士形镇墓俑和镇墓兽组成。武士形镇墓俑立姿，头戴前有冲角、两侧垂多重耳护的兜鍪，身披明光铠，手按带纵脊的金花狮子盾（图一九）。镇墓兽呈蹲坐状，背竖三朵鬃毛，头顶戴戟，一件人面（图二〇），另一件狮面（图二一）。

（2）以鞍马和牛车为中心的仪卫卤簿行列。前导的仪卫中有甲骑具装，具装的面帘是套在马头上的全面帘（图二二）。还有骑马的军乐——骑吹，乐器由鼓和角组成。也有骑士披铠、马不披具装的轻装骑兵和大量步兵，持仪仗的和随从的步行吏卒，以及步行的乐队——鼓吹。还随行有驮运物品的驮马和骆驼（图二三）。

图一九　湾漳北朝墓陶镇墓俑

图二〇　湾漳北朝墓陶人面镇墓兽

图二一　湾漳北朝墓陶狮面镇墓兽

图二二　湾漳北朝墓陶甲骑具装俑

图二三　湾漳北朝墓陶骆驼

（3）舞乐侍从。有女舞伎，坐姿乐队，还发现有编钟、编磬模型，应是帝王身份的墓中才能随葬的宫廷礼乐。

（4）庖厨和牲畜模型。庖厨模型一般包括灶、井、碓、磨、仓等，还有持盆操作的女俑。牲畜模型有羊、猪、鸡、犬等，常常是牝、牡成双放置。

此外，湾漳大墓中在墓门处有两件体高142.5厘米的着两当铠的门吏俑（图二四），其形体是目前北朝墓俑中最高大的，其余墓中不见出土，应系皇帝陵墓中独有的随葬明器。

图二四　湾漳北朝墓大型陶门吏俑

四　佛教艺术

东魏—北齐时期，沿袭元魏，佛教兴盛。据有关文献记述，当时邺都为北方佛学、译经中心[①]。田野考古调查发掘所获遗迹和考古学标本表明，邺城地区在石窟规制、寺院构建、造像模式诸方面，都呈现出与元魏时期不同的新的时代特征。

东魏—北齐时期，皇室贵胄在邺城附近凿建大规模石窟寺院，就是位于今河北邯郸的响堂山石窟。综观响堂山石窟的形制，包括北响堂、南响堂和小响堂（水浴寺石窟）诸窟，与洛阳龙门石窟和巩县石窟的北魏洞窟相比，在外貌上完全改观。

响堂山诸窟均采用仿效单层方塔的外观，前沿雕出四柱三开间的塔体，中心间开门，两侧次间或辟明窗，或开龛造护法等像（图二五）。塔体上檐雕出横枋瓦檐，在檐枋下柱头或雕出斗栱。在窟檐上方的壁面，一

---

① 汤用彤：《汉魏两晋南北朝佛教史》第十四、十九、二十章，中华书局，1955 年。

般以高浮雕手法雕出塔顶覆钵，其上雕塔刹，并常饰以山花蕉叶及宝珠柱等装饰，颇显华美。窟内平面近方形，早期大窟雕中心塔柱，开龛造像；稍后形制较小的洞窟，多采用沿后壁和两侧壁三面设坛造像。这种将洞窟外观雕成佛塔形貌的石窟造型，此前未见，在北齐以后也不再出现，是显示佛教石窟邺城规制的显著特征。

图二五　南响堂山石窟第 7 窟外观

　　由于响堂山石窟曾遭严重盗凿，主要造像几乎无一完好，头部多遭损毁无存，所以较难观察其造像规制。北响堂山石窟北洞中心柱正龛主尊像上，还存有厚厚的后代泥塑涂妆。1957 年我们去调查时，还能通过佛体上后代涂妆的衣饰残破处，窥知原雕衣纹的情况，可知肩部衣纹间距颇大，呈浅阶梯状，显示原衣纹应疏朗下垂，与东魏承袭的北魏洛阳时期造像衣纹不同。胁侍菩萨虽头部损毁，但其裸上体、斜饰细璎珞的造型（图二六），也与北魏像不同。两侧壁塔形龛的华饰（图二七），以及装饰纹样中缠枝忍冬改瘦尖为过分宽肥（图二八），凡此种种，均显示着北齐造像新风[1]。

　　邺南城的佛寺遗址正在持续发掘中，尚难对其布局规制进行全面分析。但从已发表的赵彭城佛寺遗址的前期考古简报来看，不筑围墙而环以壕沟以及佛寺前部以佛塔为中心、左右两院（院中建殿）的布局，已显示出与北魏洛阳佛

---

[1]　关于响堂山石窟的叙述，源于 1957 年宿白先生指导我和刘勋、孙国璋在响堂山石窟调查测绘时观察的记忆。

寺的不同之处，这是否代表邺城佛寺规制的特征？有待后续工作予以确定。

图二六　北响堂山石窟
第 3 窟胁侍菩萨
（作者 1957 年素描）

图二七　北响堂山
石窟第 1 窟塔形龛

图二八　北响堂山
石窟第 3 窟窟门
忍冬纹边饰

　　20 世纪 50 年代以来，田野考古发现的东魏—北齐时期的单体佛教造像，特别是出土石刻造像数量较多的埋藏坑，主要发现于当时的定州地区（今河北曲阳、定县、藁城一带）[①] 和青州地区（今山东青州一带）[②]。因

① 定州北朝石造像，较集中出土的一批获得于曲阳修德寺的埋藏坑中，参见罗福颐《河北曲阳县出土石像清理工作简报》，《考古通讯》1955 年第 3 期。后该批造像被分散藏于故宫博物院、国家博物馆和河北等处，自发现至今也没能出版正式发掘报告，供广大学术界研究，只是由可以接触到的有关收藏单位的个人，利用收藏资料写自己署名的文章，例如杨伯达《曲阳修德寺出土纪年造像的艺术风格与特征》，《故宫博物院院刊》1960 年总第 2 期。将来如有可能，将各单位收藏的原曲阳修德寺造像整合在一起予以全部刊出，对学界将是功德无量的事。
② 关于青州北朝石造像，较集中的一批获得于青州龙兴寺的埋藏坑中，详见山东省青州市博物馆《青州龙兴寺佛教造像窖藏清理简报》，《文物》1998 年第 2 期。正式发掘报告还在整理中，令人期待。但因不断在国内外展出部分造像，故已出版多种展览图录。

图二九　北吴庄佛教造像埋藏坑
出土北朝塔形石佛龛

此，对这一历史时期的佛教石造像的分析探研，主要以定州造像和青州造像为基础，且更关注两地造像呈现的不同之处，常认为它们是地方特征。但是学界也一直在寻找规律性的造像特征。在不同历史时期，都城都是当时的文化艺术中心，也是佛教造像艺术新风的源头。例如，北魏洛阳的佛教造像接受南朝影响后兴起的艺术新风，对周边州郡辐射影响，在定州等处明显地显示出来。因此，东魏—北齐时，特别是北齐时期，具有时代新风的佛教造像应源于当时文化艺术中心的邺都，所以，有些地方造像的特征可能是受邺都辐射影响而来。遗憾的是，多年来，虽然在邺城遗址也有一些佛教石造像被发现①，但资料零散，难以进行系统探究。

令人欣喜的是，2012 年，在河北临漳习文乡北吴庄北地发现了一处佛教造像埋藏坑，经初步清理，编号的佛教造像共 2895 件（块），另有大量造像碎片，总数量近 3000 块（片）②。据初步观察，出土造像中有纪年题记的约占十分之一，绝大部分属东魏—北齐时期（图二九），此外有少

---

① 河北省临漳县文物保管所：《河北邺南城附近出土北朝石造像》，《文物》1980 年第 9 期；郑绍宗：《河北临漳出土石刻造像记》，《邺城考古发现与研究》，文物出版社，2014 年，第 77 ~ 82 页。

② 中国社会科学院考古研究所、河北省文物研究所　邺城考古队：《河北邺城遗址赵彭城北朝佛寺与北吴庄佛教造像埋藏坑》，《考古》2013 年第 7 期。

量北魏、北周和隋唐时造像，埋入的时期不早于唐代。虽然这个埋藏坑的位置偏居邺南城外郭边缘处，且出土东魏—北齐的标本多为小型的造像，尚难代表邺都佛教造像的最高规制，但依据对这些造像的全面研究，当能得到东魏—北齐造像较完整的编年体系，从而对佛教造像邺城规制有进一步认识，也能对邺城规制对周边地区的影响有更清晰的了解。由于现在对造像的修整还在进行中，正式发掘报告的编著尚需时日，因此我们只能期待这些工作早日完成，以满足学界进一步了解佛教造像邺城规制的需要。

综上所述，依据现已获得的考古遗迹和考古标本，可以极粗略地从物质文化诸方面勾画出邺城规制的初步轮廓。能够做到这一步，应该感谢半个世纪以来在邺南城遗址辛勤工作的诸位考古同事。特别是中国社会科学院考古研究所和河北省文物研究所合组的邺城考古队的考古同事，由于他们不断及时地公布所获得的考古新成果，对邺城规制的认识才得以日趋深入。相信随着田野考古不断获得新发现，对邺城规制的认识也会不断深入，这将有利于深入探研邺城规制对隋唐文化的影响，以及对相邻的海东诸古代国家的影响。

（原载《新世纪的中国考古学（续）——王仲殊先生九十华诞纪念论文集》，科学出版社，2015年）

后记　本文原是为参加邺城考古队成立 30 周年纪念会准备的发言稿，因那次会议本着精简原则，精简了安排大家发言的环节，就一直留置而未曾刊出。有一次在考古所七楼走廊遇到王仲殊，问候之后，他问我是否收到过为纪念他九十岁论文集的征稿通知，因为他们给他看的那些已收到的文稿中没有我的文稿。我告诉他，确实没有人通知过我，我不知纪念论文集的事。于是他对我说，现在你知道了，一定要为我写一篇，因书已发稿，要尽快交给编辑室小顾。我就告诉他，我正好有一篇基本写好的关于邺城的文稿，并扼要向他讲了文稿的内容。他说就用这篇即可。于是我匆忙将文稿整理好，交给顾智界，后编入《新世纪的中国考古学（续）——王仲殊先生九十华诞纪念论文集》。那次走廊谈话，也是王仲殊生前我与他最后一次谈话。该文在纪念文集中刊出时，没有配图，这次引用了《中国考古学·三国两晋南北朝卷》中的若干插图，为本文配了插图。

三国两晋南北朝考古学

一　三国两晋南北朝考古研究概况

三国两晋南北朝考古田野调查发掘和研究工作的大规模开展，始于中华人民共和国成立以后的 20 世纪 50 年代。此前，自 20 世纪初，曾有不少外国的探险家或学者进入新疆、甘肃等地，对这一时期的城址、墓葬区、石窟寺等进行调查和盗掘，掠去大量古代遗物。以后，在日本帝国主义入侵中国时被日军占领的东北、华北地区的一些城址、墓葬区、石窟寺，也遭日本人的调查或发掘。中国学者对三国两晋南北朝时期遗迹的考古勘察和发掘，始于 20 世纪 20 年代，较重要的有中瑞科学考察团黄文弼在新疆对有关城址、墓葬区、石窟寺等遗迹的考古勘察①。到抗日战争时期，处于大后方的考古学者，在艰苦的条件下，仍在四川、甘肃等地开展田野考古发掘工作，"中央研究院"等单位的西北科学考察团在甘肃敦煌发掘了魏晋墓②，勘测了敦煌莫高窟③。上述局限于少数省区的考古调查发掘项目，当然难与 20 世纪 50 年代以后，随着新中国文物考古事业的蓬勃发展，三国两晋南北朝考古田野考古调查发掘得以大规模开展相比。

现将中华人民共和国成立以来三国两晋南北朝考古学研究，分城址、

---

① 黄文弼：《吐鲁番考古记》，科学出版社，1958 年；黄文弼：《罗布淖尔考古记》，北平研究院史学研究所中国西北科学考查团理事会，1948 年；黄文弼：《塔里木盆地考古记》，科学出版社，1958 年。

② 夏鼐：《敦煌考古漫记》（一），《考古通讯》1955 年第 1 期；《敦煌考古漫记（二）》，《考古通讯》1955 年第 2 期。

③ 石璋如：《莫高窟形》，"中央研究院"历史语言研究所田野工作报告之三，1983 年。

墓葬、宗教遗迹和中国境内发现的外国文物等项分别概述于下。

（一）三国两晋南北朝时期城市考古

对三国两晋南北朝时期城市的考古研究，自 20 世纪 50 年代初开始。考古工作者在各地进行了有关城市遗址的普查，并在河南、陕西、新疆等省区对重要的都城遗址等作重点勘察。当时以勘察地面尚存的城垣等遗迹为主，然后结合有关文献初加考定。如 1954 年对汉魏洛阳城址的踏勘①，从而粗略地确定了城址的平面轮廓。有关三国两晋南北朝时期其他都城的考古工作，当时还没有开展，仅在 1957 年对河北临漳三国时期邺北城遗址进行了踏勘，并对邺北城的城垣作了推测复原②。此外，还对当时周边地区一些少数民族政权的都城遗址进行过勘察，例如坐落在今陕西靖边的十六国时期大夏赫连勃勃的都城统万城址③。

20 世纪 50 年代末期，考古工作者开始在汉唐其他都城遗址如汉长安、唐长安等遗址，除踏勘地面尚存的遗迹外，还广泛利用钻探技术，探寻保存在地下的遗存，以准确地测绘出古代城址城垣的平面图。进而确定城门的位置，以及通过城门向内延伸的主要街道。并结合古代文献、地图、石刻等资料，在今时测绘的地图上，标出古代城市的探测复原图④。但对三国两晋南北朝都城遗址的上述工作，则迟到 20 世纪 70 年代以后。考古工作者依据田野考古收获，结合历史文献，探究中国三国两晋南北朝至隋唐城市特别是都城发展的历史。其中，以对河北临漳邺北城遗址的勘探和发掘最为重要。邺北城是东汉建安年间曹操封魏王时的王都，于 1983 年开始由中国社会科学院考古研究所和河北省文物研究所共组邺城考古工作队进行勘探和发掘，至 1986 年已完成对邺北城的城垣、城门、城内道路及宫殿区的勘探和重点发掘，勘明了邺北城的平面布局，已能确定四面城垣和 7

---

① 阎文儒：《洛阳汉魏隋唐城址勘查记》，《考古学报》第 9 册，1955 年。
② 俞伟超：《邺城调查记》，《考古》1963 年第 1 期。
③ 陕北文物调查征集组：《统万城遗址调查》，《文物参考资料》1957 年第 10 期。
④ 宿白：《现代城市中古代城址的初步考查》，《文物》2001 年第 1 期。

座城门中 6 座的位置①。由东垣建春门通往西垣金明门的东西大道将全城分成南北两部分，道南为里坊区，道北部分又自西向东纵向分为三区，分别相当于文献记载中的铜爵园、宫殿区和戚里。还探明了由南城垣中央的中阳门至宫殿区的中轴大道。这种将宫殿区与里坊区分开并出现中轴线的城市布局，表明这是由秦汉时期城市逐步发展成为完备的封闭式里坊制城市的开始，在中国古代都城发展史上具有重要意义②。对北魏时期的洛阳城遗址的考古勘察，从 1985 年开始进行其郭城以及郭城内主干道和水道系统的勘察③，这一考古成果证明北魏洛阳城规模的扩大，东至西、南至北俱已达到 10 公里；又表明随着城市扩大，城内布局有新变化，原来汉晋洛阳城变成了内城，是宫城、宗庙和中央衙署的所在，扩大出的外郭城内则成为主要居民里坊区和工商市场所在地。因而内城已具有如同后来隋唐都城内皇城的性质。同时，还对北魏洛阳城的一些遗迹进行了重点发掘，相继发掘了永宁寺④和东城垣的建春门⑤、西北角的金墉城⑥等遗址。进入 21 世纪以后，考古工作者对北魏洛阳的考古发掘有新进展。主要发掘工作集中在宫城范围内，先后发掘了宫城正门闾阖门⑦，还有宫城内的二号建筑遗址⑧、

---

① 中国社会科学院考古研究所、河北省文物研究所 邺城考古工作队：《河北临漳邺北城遗址勘探发掘简报》，《考古》1990 年第 7 期。

② 徐苹芳：《中国古代城市考古与古史研究》，《中国历史考古学论丛》，台北允晨文化实业股份有限公司，1995 年，第 89～104 页；徐光冀：《曹魏邺城的平面复原研究》，《中国考古学论丛——中国社会科学院考古研究所建所 40 年纪念》，科学出版社，1993 年，第 422～428 页。

③ 中国社会科学院考古研究所洛阳汉魏城工作队：《北魏洛阳外郭城和水道的勘查》，《考古》1993 年第 7 期。

④ 中国社会科学院考古研究所：《北魏洛阳永宁寺——1979～1994 年考古发掘报告》，中国大百科全书出版社，1996 年。

⑤ 中国社会科学院考古研究所洛阳汉魏城工作队：《汉魏洛阳城北魏建春门遗址的发掘》，《考古》1988 年第 9 期。

⑥ 中国社会科学院考古研究所洛阳汉魏故城队：《汉魏洛阳故城金墉城址发掘简报》，《考古》1999 年第 3 期。

⑦ 中国社会科学院考古研究所洛阳汉魏故城队：《河南洛阳汉魏故城北魏宫城闾阖门遗址》，《考古》2003 年第 7 期。

⑧ 中国社会科学院考古研究所、日本独立行政法人国立文化财机构奈良文化财研究所 联合考古队：《河南洛阳市汉魏故城新发现北魏宫城二号建筑遗址》《考古》2009 年第 5 期。

三号建筑遗址①和五号建筑遗址②。北魏分裂为东魏和西魏以后，分别以邺和长安为都城。东魏自洛阳迁于邺，在原曹魏所建邺城（习称为"邺北城"）以南另建新城（习称为"邺南城"），以后延续为北齐的都城。自1983 年以来，在勘察发掘邺北城遗址的同时，对与之相连接的邺南城遗址也进行了全面勘探和部分发掘。已经确定了四周城垣、马面、护城河等遗迹，探明了南垣、西垣和垣上诸门的位置。东垣因在现沙地与漳河道内，故只能探明南侧一门，其余城门位置难以确定。北垣则沿用邺北城的南垣③。还对南垣的朱明门遗址进行了发掘，该门有三个门道，门前左、右两侧伸出双阙，这是在考古发掘中首次揭露出带有前出双阙的城门遗址④。经探查，还确定了城内 3 条南北大道和 3 条东西大道的位置，以及宫城和宫城内主要宫殿基址的位置。表明邺南城已具有以朱明门、朱明门大道、宫城正南门至宫城主要宫殿形成的中轴线，纵横大道垂直交错，道路网络呈棋盘格状分布，显示它是沿袭北魏洛阳对都城布局的成功规划，也是后来隋唐都城规划的直接渊源。西魏迁都长安，是沿用十六国时期在汉长安旧址营建的都城，后亦为北周都城。在发掘汉长安直城门、宣平门等门址时，就发现过十六国时期仍使用的遗迹⑤。进入 21 世纪以后，更在原汉长安城内东北发掘了十六国至北朝时期的宫城遗址⑥，揭开了全面探究十六国至北朝时期的长安城的序幕。此外，对于在山西大同的北魏前期都城平城城址，考古工作者进行过局部试掘，发现了位于南郊的一处大规模的礼

---

① 中国社会科学院考古研究所、日本独立行政法人国立文化财机构奈良文化财研究所联合考古队：《河南洛阳市汉魏故城发现北魏三号建筑遗址》《考古》2010 年第 6 期。
② 中国社会科学院考古研究所、日本独立行政法人国立文化财机构奈良文化财研究所 联合考古队：《河南洛阳市汉魏故城发现北魏宫城五号建筑遗址》，《考古》2012 年第 1 期。
③ 中国社会科学院考古研究所、河北省文物研究所 邺城考古工作队：《河北临漳县邺南城遗址勘探与发掘》，《考古》1997 年第 3 期。
④ 中国社会科学院考古研究所、河北省文物研究所 邺城考古工作队：《河北临漳县邺南城朱明门遗址的发掘》，《考古》1996 年第 1 期。
⑤ 王仲殊：《汉长安城考古工作的初步收获》，《考古通讯》1957 年第 5 期；王仲殊：《汉长安城考古工作收获续记》，《考古通讯》1958 年第 4 期。
⑥ 中国社会科学院考古研究所汉长安城工作队：《西安市十六国至北朝时期长安城宫城遗址的钻探与试掘》，《考古》2008 年第 9 期。

制建筑基址，保留有夯土台基及直径超过 300 米的石砌圆形水沟等遗迹，可能是太和初所建明堂的遗址①。

在南方的六朝时期都城遗址，经过考古勘察可以明确城的平面布局的，有湖北鄂州境内的孙吴时期的武昌城②，该城遗址尚存有平面呈矩形的夯土城垣，城内北部原似有子城，大约是武昌宫的所在，城西有郭城遗迹，再西为武昌港口樊口。武昌故城形势险要，又有良港，是当时控制长江中游的军事重镇。孙吴时的长沙郡址在今湖南长沙，1996 年在长沙市中心走马楼发现了窖藏竹、木简牍约数万枚③，为东汉献帝建安二十五年（220 年）至吴大帝孙权嘉禾六年（237 年）长沙郡的部分档案，涉及政治、经济、军事、文化、租税、户籍、司法、职官等多方面的内容，为研究孙吴的历史提供了重要资料。

自 20 世纪 70 年代以来，依据田野考古资料结合历史文献，考古工作者已经可以对曹操魏王都邺城（邺北城）、北魏后期都城洛阳城、东魏至北齐的都城邺城（邺南城）等各代都城的平面布局，进行较准确的复原研究，在此基础上更推进了对这一时期都城发展的历史的研究。曹操邺北城城市规划的特点是：魏王宫的宫城在城内北部中央，西为铜爵园和金虎、铜爵（雀）、冰井三台，东为贵族居住区戚里，中央官署集中于宫城前司马门外。东起建春门、西至金明门的一条横街，将全城分为南北两部分，横街以北是宫苑、戚里和中央官署，横街以南是里坊。宫苑区与里坊在全城面积中的比例为 1/2 强比 1/2 弱。城市规划中出现了中轴线，从南城垣中央城门中阳门经止车门、端门至文昌殿，这是外朝；内朝的听政殿在其东侧，内外朝东西并列④。铜爵园中的三台，不仅是游乐之地，也带有军

① 王银田、曹臣明、韩生存：《山西大同市北魏平城明堂遗址 1995 年的发掘》，《考古》2001 年第 3 期。
② 蒋赞初、熊海堂、贺中香：《湖北鄂城六朝考古的主要收获》，《中国考古学会第四次年会论文集》，文物出版社，1985 年，第 285～294 页。
③ 长沙市文物工作队、长沙市文物考古研究所：《长沙走马楼 J22 发掘简报》，《文物》1999 年第 5 期。
④ 徐光冀：《曹魏邺城的平面复原研究》，《中国考古学论丛——中国社会科学院考古研究所建所 40 年纪念》，科学出版社，1993 年。

事性质，是全城的制高点。这样的平面布局，与汉长安城是宫殿的组合体很不相同，开隋唐时封闭式里坊制城市之先河。此后北魏迁都于洛阳时，虽然利用东汉以来的旧城改建为内城，但其城市规划则仿效邺北城又有所发展，废弃原东汉洛阳的南宫，重新改建北宫，但由邺北城将内朝与外朝并列改为前后布置，外朝太极殿置于前，中隔横街，其后布置内朝诸殿，故宫城向纵深发展。城中的中轴线虽因旧城改造而略偏西，但设置更为明确，由南垣的宣阳门经铜驼街、阊阖门至太极殿，将中央官署和太庙、太社布置在铜驼街两侧，还在中轴线旁为皇家大寺预留了位置（后在此建永宁寺）。更应注意的是在内城外围修建了外郭城，在外郭城内规划了 320 坊，每坊一里，坊开四门，坊内辟十字街，这是目前了解的封闭式坊制的最早的材料。随后修筑的东魏、北齐时邺南城，它的形制基本上是延续着北魏洛阳，但设计更为规整，宫城正居全城中央，城内纵横道路网络呈棋盘格状分布，均衡对称，外有廓城，是后来隋唐都城规划的直接渊源，在中国古代都城发展史上具有承上启下的过渡作用。

（二）三国两晋南北朝时期墓葬考古

对三国两晋南北朝时期墓葬的考古研究，自 20 世纪 50 年代至今，大致可以 70 年代为界分为两个阶段。

20 世纪 50 年代至 60 年代是第一阶段。

自 20 世纪 50 年代开始，随着各地的文物考古工作普遍开展，三国两晋南北朝时期的墓葬不断被发现，使学术界开始对这一时期的墓葬有了初步了解。50 年代以前，缺乏对三国时期墓葬的认识；50 年代以后，对北方的曹魏墓和南方的孙吴墓都有所认识。洛阳地区的曹魏时期墓葬，多沿袭东汉晚期旧制，时代特征不明显。1956 年在洛阳涧西发现葬有正始八年（247 年）铭铁帐构的墓葬①，为认识曹魏墓提供了依据。还在山东东阿鱼

---

① 洛阳市文物工作队：《洛阳曹魏正始八年墓发掘报告》，《考古》1989 年第 4 期。

山发现了曹植的坟墓，墓砖铭有魏明帝太和七年（233 年）纪年及"陈王陵"等，是所发现的曹魏墓中死者身份最高的一座①。在江苏省南京地区，通过对墓中出土的纪年铭瓷器等遗物，如赤乌十四年（251 年）铭虎子、甘露元年（265 年）铭熊灯等的研究，对孙吴时的墓葬有了初步认识②。在湖北武汉武昌区的孙吴墓中，又发现有黄武六年（227 年）、永安五年（262 年）铅买地券③。以后，又不断在江西等省发现孙吴时的墓葬④。这些发现为研究孙吴时期的物质文化，特别是青瓷工艺的发展提供了大量实物资料。对西晋时期墓葬的认识，也是开始于 20 世纪 50 年代，在洛阳市基建工程中，发掘了元康九年（299 年）晋惠帝贾皇后乳母美人徐义等墓葬，获得了石墓志、随葬陶俑、青瓷器、铜镜等遗物⑤。在江南也发现重要的西晋墓群，1953 年对江苏省宜兴周墓墩西晋周氏家族墓进行第一次发掘⑥，清理了平西将军周处和他亲族的两座坟墓，获得青瓷器、铜器、银带饰等遗物，周处墓砖铭有"周前将军砖""议曹朱选""将工吏杨春""工杨普作"等字样，可见这些砖是地方官工特为营建周处墓而烧造的。在湖南省长沙地区西晋墓的发掘⑦，获得了大批造型古拙生动而具有地方特色的青釉俑，其中永宁二年（302 年）墓出土骑俑塑出马镫，对研究马镫起源极为重要⑧。

西晋覆亡，琅琊王司马睿以建业（今江苏南京）为都城建立东晋，形成南北对峙的格局。自 1958 年在南京老虎山发现颜含家族墓地⑨以后，

---

① 刘玉新：《山东省东阿县曹植墓的发掘》，《华夏考古》1999 年第 1 期。
② 江苏省文物管理委员会：《南京近郊六朝墓的清理》，《考古学报》1957 年第 1 期。
③ 武汉市文物管理委员会：《武昌任家湾六朝初期墓葬清理简报》，《文物参考资料》1955 年第 12 期；湖北省文物管理委员会：《武昌莲溪寺东吴墓清理简报》，《考古》1959 年第 4 期；程欣人：《武汉出土的两块东吴铅券释文》，《考古》1965 年第 10 期。
④ 秦光杰：《江西南昌市郊吴永安六年墓》，《考古》1965 年第 5 期。
⑤ 河南省文化局文物工作队第二队：《洛阳晋墓的发掘》，《考古学报》1957 年第 1 期。
⑥ 罗宗真：《江苏宜兴晋墓发掘报告——兼论出土的青瓷器》，《考古学报》1957 年第 4 期。
⑦ 湖南省博物馆：《长沙两晋南朝隋墓发掘报告》，《考古学报》1959 年第 3 期。
⑧ 杨泓：《关于铁甲、马铠和马镫问题》，《考古》1961 年第 12 期。
⑨ 南京市文物保管委员会：《南京老虎山晋墓》，《考古》1959 年第 6 期。

20 世纪 60 年代又在象山发现王氏家族墓地①，在戚家山发现谢氏墓地②。这类大族墓葬多为大中型砖室墓，并常放置有石质或砖质的墓志。这些大族都是东晋政权统治的主要支柱，对研究当时士族门阀制度、丧葬制度等具有重要价值。有人还据墓志文字的书体，挑起所谓兰亭序文字真伪的论辩③。东晋南朝时期的帝王陵墓，在南京和丹阳地区也有发现。1964 年南京富贵山发现的大型砖室墓，附近曾发现晋恭帝玄宫石碣④。1965 年至 1968 年，丹阳的胡桥和建山又发现几座大型砖墓，前设安置双重石门的长甬道，墓室内两侧壁面拼嵌多幅大型砖画，画面包括日月、狮子、龙虎、仪卫及竹林七贤和荣启期的画像⑤。其中艺术水平最高的是竹林七贤和荣启期的画像，每壁一幅，各绘四人坐像，每幅长度达到 240 厘米，人物造型生动，是了解东晋南朝绘画艺术的重要资料⑥。

北方十六国时期的墓葬也有发现，以 1965 年辽宁省北票西官营子发现的冯素弗夫妇墓最为重要⑦，该墓同茔异穴，设内壁绘彩色壁画的石椁。冯素弗为北燕天王冯跋之弟，该墓的发现对了解当时中原与北方民族的文化关系颇为重要。关中地区的十六国时期的墓葬，有西安草场坡 1 号墓⑧，出土陶俑中出现骑马鼓吹和甲骑具装俑，显示出时代特色。北朝时期的墓葬，在山西、河北等地不断被发现，1965 年在山西大同发掘的北魏孝文帝延兴四年（474 年）至太和八年（484 年）琅琊王司马金龙夫妇合葬墓⑨，

---

① 南京市文物保管委员会：《南京人台山东晋兴之夫妇墓发掘报告》，《文物》1965 年第 6 期；《南京象山东晋王丹虎墓和二、四号墓发掘简报》，《文物》1965 年第 10 期。

② 南京市文物保管委员会：《南京戚家山东晋谢鲲墓简报》，《文物》1965 年第 6 期。

③ 郭沫若等：《兰亭论辩》，文物出版社，1977 年。

④ 南京博物院：《南京富贵山东晋墓发掘报告》，《考古》1966 年第 4 期；李蔚然：《南京富贵山发现晋恭帝玄宫石碣》，《考古》1961 年第 5 期。

⑤ 南京博物院：《江苏丹阳胡桥南朝大墓及砖刻壁画》，《文物》1972 年第 2 期；《江苏丹阳县胡桥、建山两座南朝墓葬》，《文物》1980 年第 2 期；姚迁、古兵：《六朝艺术》，文物出版社，1981 年。

⑥ 南京博物院：《试谈"竹林七贤及荣启期"砖印壁画问题》，《文物》1980 年第 2 期。

⑦ 黎瑶渤：《辽宁北票县西官营子北燕冯素弗墓》，《文物》1973 年第 3 期。

⑧ 陕西省文物管理委员会：《西安南郊草厂（场）坡村北朝墓的发掘》，《考古》1959 年第 6 期。该墓应为十六国时期墓葬，简报断代有误。

⑨ 山西省大同市博物馆、山西省文物工作委员会：《山西大同石家寨北魏司马金龙墓》，《文物》1972 年第 3 期。

出土遗物丰富，其墓的形制和室内布置，继承了魏晋时中原地区传统，但随葬俑群中大量甲骑具装俑和马、驼模型，以及部分陶俑的胡人面型和鲜卑族服饰，又显示出游牧经济和北方民族军队的特色。墓中出土木屏风上的彩色漆画，更是少见的艺术珍品，可以看到东晋顾恺之画风对北方的影响。同一年在河南洛阳清理的常山王元邵墓①，随葬陶俑塑制精细，是迁都洛阳后北魏晚期墓葬的代表。北魏分裂为东魏（后为北齐取代）和西魏（后为北周取代）以后的墓葬，20世纪50年代在邺城附近民间传为曹操七十二疑冢中发掘了两座，均为北齐墓，一座为太宁二年（562年）比丘尼垣墓，另一座为佚名北齐壁画墓②。在山西太原发现了天保十年（559年）张肃俗墓③。在陕西咸阳底张湾发现了北周建德元年（572年）壁画墓④。这些发现有助于对北朝晚期墓葬制度的进一步了解。

在这一阶段，也曾对已发现的三国两晋南北朝墓葬资料进行梳理，在《新中国的考古收获》中，对魏晋南北朝做了初步分析。指出三国两晋南北朝时豪门士族的族葬及墓葬形制、随葬遗物的变迁⑤。

20世纪70年代以后，进入对三国两晋南北朝墓葬考古研究的第二阶段。

在这一阶段，对北方西晋和北朝帝陵的勘察发掘有重大进展。对西晋帝陵的探寻，到了20世纪80年代有了重要的线索。经考古勘察，认定坐落在洛阳以南的南蔡庄以北邙山上的峻阳陵墓地，应是晋武帝峻阳陵；认定南蔡庄以东杜楼村北邙山上的枕头山墓地，应为晋文帝崇阳陵。两座墓地东西相距数公里，处于同一高程，墓地内的墓葬排列有序。崇阳陵墓地周围还残存有陵垣及建筑遗迹，曾对墓地中的两座被认定是陪葬墓的墓葬

① 洛阳博物馆：《洛阳北魏元邵墓》，《考古》1973年第4期。
② 河北省文物管理委员会：《河北磁县讲武城古墓清理简报》，《考古》1959年第1期。
③ 见山西省博物馆《太原圹坡北齐张肃墓文物图录》，中国古典艺术出版社，1958年。该书将"张肃俗"误为"张肃"，应更正。
④ 全国基本建设工程中出土文物展览工作委员会：《全国基本建设工程中出土文物展览图录》，中国古典艺术出版社，1955年。
⑤ 中国科学院考古研究所：《新中国的考古收获》，文物出版社，1961年，第92~95页。

进行了试掘①。通过枕头山墓地和峻阳陵墓地的勘察,对过去困扰不明的西晋诸陵位置问题,寻得初步线索。对北魏帝陵的勘察和清理,有山西大同方山的永固陵和万年堂②,以及河南洛阳邙山的宣武帝景陵③。永固陵是文成帝文明皇后冯氏的陵墓,保留有高度超过22米的坟丘,墓室石门两侧龛柱雕有口衔宝珠的朱雀和手捧莲蕾的赤足童子,是北魏石雕的精品。宣武帝景陵是洛阳北魏诸陵中唯一被发掘的陵墓,可惜墓内遗物被盗扰,墓道保持素土壁,甬道、后室砖筑,甬道北口建石门。墓砖全部为青掍砖,表面涂有一层黑彩,整个墓室充溢着庄严肃穆的气氛。在墓冢前还清理出一件石翁仲。景陵的发掘,对研究北魏陵墓制度提供了实物资料。北朝晚期的帝陵也有发现,在河北磁县湾漳发掘的佚名北朝大墓④,规制宏伟,壁画精湛,陶俑众多,应是北齐的一座帝陵。陕西咸阳底张镇陈马村发现了北周孝陵,是北周武帝宇文邕和皇后阿史那氏合葬的陵墓⑤,为带有长斜坡墓道五个天井的土洞单室墓,出土有帝后陵志、十三环玉带、大玉璧等以及数量众多的随葬陶俑群,对研究北朝陵墓制度十分重要。此外,还分别在河北、山西、河南、山东等东部地区以及陕西、宁夏等西部地区发掘清理过多座东魏、北齐或西魏、北周时期王公和高官的坟墓⑥,许多墓中有精美的壁画,人物、牲畜均写实生动,其中以河北省磁县湾漳佚名大墓、山西省太原北齐娄叡墓⑦和山东省临朐北齐崔芬墓⑧的壁画绘制得最为

---

① 中国社会科学院考古研究所洛阳汉魏故城工作队:《西晋帝陵勘察记》,《考古》1984 年第 12 期。

② 大同市博物馆、山西省文物工作委员会:《大同方山北魏永固陵》,《文物》1978 年第 7 期。

③ 中国社会科学院考古研究所洛阳汉魏故城工作队、洛阳古墓博物馆:《北魏宣武帝景陵发掘报告》,《考古》1994 年第 9 期。

④ 中国社会科学院考古研究所、河北省文物研究所:《磁县湾漳北朝壁画墓》,科学出版社,2003 年。

⑤ 陕西省考古研究所、咸阳市考古研究所:《北周武帝孝陵发掘简报》,《考古与文物》1997 年第 2 期。

⑥ 段鹏琦:《河北、山西、河南的东魏、北齐墓》,《新中国的考古发现和研究》,文物出版社,1984 年,第 539~541 页。

⑦ 山西省考古研究所、太原市文物管理委员会:《太原市北齐娄叡墓发掘简报》,《文物》1983 年第 10 期;山西省考古研究所、太原市文物考古研究所:《北齐东安王娄睿墓》,文物出版社,2006 年。

⑧ 吴文祺:《临朐县海浮山北齐崔芬墓》,《中国考古学年鉴(1987)》,第 174 页,文物出版社,1988 年。

出色，是研究北朝绘画历史的珍贵资料。江南的孙吴、西晋、东晋及南朝时期的墓葬也有新发现。孙吴时期的墓葬不断在江苏、湖北、江西、安徽等省境内被发现和发掘，其中所葬死者身份最高的一座，是安徽马鞍山发现的孙吴右军师、左大司马朱然的坟墓①，出土物中最引人注意的是大批蜀郡产绘彩漆器，制工精美，反映出三国时制漆工艺的水平和时代风尚。对江苏省宜兴周墓墩周处家族墓，1976年又进行了第二次发掘②。1991年在湖南省安乡发现镇南将军刘弘墓③，出土的玉器、金器制工精美，其中墓室前壁右侧放置的璧、佩、璜等成组玉饰，有助于研究当时官服佩玉的组合情况。南京地区的东晋墓继续有新发现。象山王氏家族墓在1970年和1998年又经两次发掘④，发掘墓葬达到10座。1984年至1987年，在司家山发掘了谢氏家族墓，已发掘其中东晋至南朝墓葬7座⑤。此外，还在仙鹤观发掘高氏家族墓⑥和在吕家山发掘李氏家族墓⑦。获得更多的石质或砖质墓志、金银器、青瓷器等，墓志书体除隶书外，有的隶书体带篆意，有的隶书体中带有楷风，可见当时书法为各种风格并存。

　　20世纪70年代以后，对三国两晋南北朝时期墓葬的研究步入新阶段。1974年在北京大学三国两晋南北朝考古讲义⑧中，开始对这一时期的墓葬进行分区和分期研究。分为中原地区、南方地区、东北地区、北方地区和新疆地区共5区。在每区中选取标准器物进行分期。以中原地区为例，选取的分期的标准器物有罐、樽、多子槅、灶、男俑、女俑、武士俑和镇墓

---

① 安徽省文物考古研究所、马鞍山市文化局：《安徽马鞍山东吴朱然墓发掘简报》，《文物》1986年第3期。

② 南京博物院：《江苏宜兴晋墓的第二次发掘》，《考古》1977年第2期。

③ 安乡县文物管理所：《湖南安乡西晋刘弘墓》，《文物》1993年第11期。

④ 南京市博物馆：《南京象山5号、6号、7号墓清理简报》，《文物》1972年第11期；《南京象山8号、9号、10号墓发掘简报》，《文物》2000年第7期。

⑤ 南京市博物馆、雨花区文化局：《南京南郊六朝谢珫墓》，《文物》1998年第5期；南京市博物馆、雨花区文化局：《南京南郊六朝谢温墓》，《文物》1998年第5期；南京市博物馆、雨花区文化局：《南京司家山东晋、南朝谢氏家族墓》，《文物》2000年第7期。

⑥ 南京市博物馆：《江苏南京仙鹤观东晋墓》，《文物》2001年第3期。

⑦ 南京市博物馆：《南京吕家山东晋李氏家族墓》，《文物》2000年第7期。

⑧ 宿白：《三国—宋元考古》（上），北京大学历史系考古教研室铅印讲义，1974年。

兽等 8 种，据其形制演变分期，再主要靠有绝对年代的随葬器物（有纪年铭的器物、墓志、买地券等）进一步推定该期年代；然后在各期中，依据墓室结构和大小、随葬品种类和数量等进行分型。因此将以河南洛阳为重心的中原地区墓葬分为四期四型。第一期为魏末晋初，约当公元 3 世纪；第二期为西晋，约起于 3 世纪末，迄于 4 世纪初；第三期约当十六国至北魏迁洛以前，即自 4 世纪初迄于 5 世纪末；第四期为北魏迁洛以后的北朝时期，即自 5 世纪末迄于 6 世纪中。从而廓明从曹魏至北朝晚期中原地区墓葬形制和随葬物品的发展演变规律，反映出当时社会政治、经济各方面的情况，即曹魏为了重建封建体制严禁厚葬、西晋严格的等级制度的发展、拓跋鲜卑上层进入汉族集居区以后的急骤汉族士族化并在文化形态上同汉族发生融合。通过初步的类型工作，又反映了在这时期的前半（三国两晋），保存着一定的东汉传统，后半段（南北朝）又孕育了隋唐大一统的因素。说明三国两晋南北朝在考古学方面，是汉唐两大时代的过渡时期。对北方地区墓葬研究的重点是鲜卑族的墓葬，特别是从黑龙江上游额尔古纳河畔以迄内蒙古河套东部有关拓跋鲜卑墓葬的考古发现，从呼伦贝尔盟陈巴尔虎旗完工墓群、新巴尔虎右旗札赉诺尔墓群、巴林左旗南杨家营子墓群等拓跋鲜卑早期墓群，到和林格尔北的盛乐城遗址，将上述鲜卑遗迹连成的路线，正好重现《魏书·帝纪·序记》记述的拓跋鲜卑由其发源地自东北向西南迁徙的路线。接续下来是呼和浩特美岱村北魏初期墓葬，山西大同北魏迁洛以前的墓葬，其中的典型墓例是司马金龙墓。再发展下去就是迁洛后的北魏墓，即前述中原地区第四期墓葬。以此为基础，结合有关城市遗迹等方面进一步研究，在 1977 年到 1978 年，宿白以鲜卑遗迹辑录为题连续发表了 3 篇论文，分别是《东北、内蒙古地区的鲜卑遗迹》和《盛乐、平城一带的拓跋鲜卑——北魏遗迹》以及《北魏洛阳城和北邙陵墓》①。他依据考古学遗迹，与文献相结合，全面研讨了鲜卑族主要

---

① 宿白：《东北、内蒙古地区的鲜卑遗迹——鲜卑遗迹辑录之一》，《文物》1977 年第 5 期；《盛乐、平城一带的拓跋鲜卑——北魏遗迹——鲜卑遗迹辑录之二》，《文物》1977 年第 11 期；《北魏洛阳城和北邙陵墓——鲜卑遗迹辑录之三》，《文物》1978 年第 7 期。

是拓跋鲜卑南迁，由部落联盟迅速进入封建制，直至建立统一中国北方的北魏王朝。指出魏晋以来，原住边远地区的少数民族陆续内迁，十六国以后迄整个北朝时期达到了高潮。这个高潮前后连续将近 3 个世纪，其间各族人民相互影响、融合，较为曲折地发展了汉魏时期的封建制，出现了不少和以前不甚相同的新的制度和习俗。这些新的制度和习俗，从考古遗迹方面观察，以汉族为主的各民族和逐步南迁的鲜卑民族在相互影响、融合的过程中所形成的内容，应是其中的重要来源之一。这个来源，至少在形式上还影响了其后隋唐的某些制度和习俗，如都城设计、里坊制度、陵墓布局、衣冠服制等。对鲜卑遗迹的考古工作和进一步分析整理，可以使我们从考古与文献相结合来对于中国多民族历史的形成，以及汉族是长时期内许多民族混血形成的历史特征加深认识。这不仅是研究鲜卑民族历史所必需，也是研究三国两晋南北朝隋唐时期中华民族历史的一个重要方面。

20 世纪 80 年代，在编写《中国大百科全书·考古学》的分支学科"三国两晋南北朝至明考古"时，通过条目的框架结构全面梳理了三国两晋南北朝考古的发现和研究，在《三国两晋南北朝考古》[①] 中再次确定了综述三国两晋南北朝考古，采取分区组织的方式是可行的。中原和南方是两个主要地区；北方和东北、新疆也各具特点；青藏高原和四川西部应另分一区，但因考古发现较少，个别遗址暂附南方地区。考古学者对中原地区墓葬分期作了调整，将原分四期改为三期，即将原第一、二两期合并为一期。第一期为魏西晋（即公元 3 世纪至 4 世纪初），第二期为十六国迄北魏迁洛以前（即公元 4 世纪初至 5 世纪末），第三期为北魏迁洛以后迄北齐北周（即公元 5 世纪末至 6 世纪 80 年代）。南方地区墓葬，因地域辽阔，经济发展不平衡，所以地方特点比中原地区突出，依据墓葬形制和随葬器物的不同，可分长江中下游、闽广和川滇三区。其中长江中下游一直是南方地区的政治、经济、文化的中心，墓葬资料多，系统清楚，具有一

---

① 宿白：《三国两晋南北朝考古》，《中国大百科全书·考古学》，中国大百科全书出版社，1986 年，第 418 ~ 429 页。

定的典型意义。长江中下游墓葬，可分四期，第一期为东汉末至吴初（即公元3世纪初至3世纪中），第二期为吴中期至东晋初（即公元3世纪中至4世纪初），第三期为东晋至刘宋（即公元4世纪初至5世纪中），第四期为齐、梁、陈三朝（即公元5世纪中至6世纪）。与中原地区墓葬分期对应，第一期与第二期相当于中原第一期；第三期相当于中原第二期，但结束时间略早；第四期相当于中原第三期，但开始年代较早，这或许是当时南方在文化艺术方面的发展领先于北方的反映。对三国两晋南北朝墓葬全面的分区分期研究，为研究这一时期墓葬制度的演变、等级制度和社会生活的变化奠定了基础。

除了对三国两晋南北朝墓葬全面的分区分期研究外，20世纪80年代以后也对墓中出土遗物及墓室壁画等分专题进行探研。对三国两晋南北朝的铜镜进行了分区分期研究①，从地区上可以划分为南方和北方两个不同的系统，分期则与中原墓葬分期相同。第一期是三国至西晋，南方铸镜业兴盛，流行神兽镜和画像镜，铸镜中心在吴地的山阴（今浙江绍兴）和武昌（今湖北鄂州），也生产东汉以来的旧式镜，有方格规矩镜、夔凤镜、盘龙镜等。北方铸镜业衰微，除生产东汉以来的旧式镜，还流行"位至三公镜"，因铜镜衰落以致铁镜流行。第二期东晋、十六国至南北朝前期，南方与一期同，但图纹趋减，工艺渐粗糙，出现铁镜。北方铜镜衰落到几近绝迹。第三期是南北朝后期，不仅北方，连南方的铜镜铸造业也处在全面退化的状态之中。还对东晋、南朝墓拼镶砖画和北朝墓壁画的源流及演变，北朝陶俑的源流、演变及其影响，均进行了系统研究②。并据北朝墓和隋至唐初墓中壁画、随葬俑群等的比较研究，探讨隋唐造型艺术的渊源③。

---

① 徐苹芳：《三国两晋南北朝的铜镜》，《考古》1984年第6期。
② 杨泓：《东晋、南朝拼镶砖画的源流及演变》，《文物与考古论文集》，文物出版社，1986年，第217～227页；杨泓：《南北朝墓的壁画和拼镶砖画》，《中国考古学论丛——中国社会科学院考古研究所建所40年纪念》，科学出版社，1993年，第429～437页；杨泓：《北朝陶俑的源流、演变及其影响》，《中国考古学研究——夏鼐先生考古五十年纪念文集》，文物出版社，1986年，第268～276页。
③ 杨泓：《隋唐造型艺术渊源简论》，《唐研究》第4卷，北京大学出版社，1998年。

（三）三国两晋南北朝时期宗教遗迹考古

对三国两晋南北朝时期宗教遗迹的考古工作，主要是对佛教遗迹的勘察、发掘和研究，已进行的工作有下列三项：第一，寺院遗址和佛塔塔基地宫的考古发掘；第二，石窟寺院的调查、勘测和发掘；第三，废弃佛像窖藏的发掘。分述于下。

佛教在两晋南北朝时期极为兴盛，东晋十六国至南北朝时期各代都城中佛寺林立，在当时人的社会生活中占有重要位置，对文化艺术发展影响深远，历史文献多有记述。但是在近半个世纪的田野考古发掘中，佛教寺院遗址并未得到应有的重视，几乎找不到一处经全面揭露的古代寺院的实例，目前只有对北魏洛阳城中永宁寺遗迹的发掘，揭露面积较大，已大致了解寺院的平面布局。永宁寺坐落在北魏洛阳宫城以南御道西侧，始建于北魏孝明帝熙平元年（516 年），是由灵太后胡氏主持修建的皇家大寺，永熙三年（534 年）遭火灾毁废。自 1979 年以来，经中国社会科学院考古研究所多次发掘[①]，究明全寺平面呈规整的长方形，以著名的九层木塔为中心，塔后建殿，周绕围墙，四垣设门，显示出以塔为主、前塔后殿的时代特征。木塔的塔基大致保存完好，是由地下至地面的多层的巨大夯土台基，上层台基四面包砌青石，台基之上保存分五圈排列的方形柱础，总计124 个。在自外数第二圈柱础内，用土坯垒砌实心方柱体，方柱体的南、东、西三面各有 5 座弧形佛龛，北壁不设龛，或许原设登塔木梯。在对永宁寺塔基的发掘中，获得数量多达 1560 余件塑制精美的彩塑残件，是探研北魏晚期佛教造型艺术风格源流的珍贵资料。此外，在东魏北齐邺南城遗址，也已发现有规模较大的佛寺遗址，对赵彭城北朝佛寺遗址的勘察和发掘目前还在进行中[②]，已发现环绕寺院的围沟，发掘了中央的塔基和东南

① 中国社会科学院考古研究所：《北魏洛阳永宁寺——1979～1994 年考古发掘报告》，中国大百科全书出版社，1996 年。
② 中国社会科学院考古研究所、河北省文物研究所 邺城考古队：《河北邺城遗址赵彭城北朝佛寺与北吴庄佛教造像埋藏坑》，《考古》2013 年第 7 期。

角、西南角的两座院落。北魏建都平城时在文明太皇太后冯氏永固陵前的
"思远灵图"遗址，1976 年被重新进行调查。遗址为周绕长方形院墙的方
形佛塔，现存塔基中部可看出方形塔柱，塔柱附近出有影塑佛像和菩萨像
残体①，但院墙内没有其他殿堂遗址。比思远灵图略迟修建于龙城的"思
燕佛图"的基址，1989 年在勘察朝阳北塔的塔基时被发现，揭露出夯土台
基和两圈础石②，估计也应如思远灵图之例，其主要建置即此方塔。这些
以塔为中心或前塔后殿的平面布局，结合当时的石窟寺院与有关文献，已
能初步探明当时佛寺布局的主要形制③。有关南北朝时期佛塔塔基的考古
发现，目前只有河北定县北魏太和五年（481 年）塔基，在塔基夯土中埋
藏装有舍利等的刻铭大石函④。这也是目前发现的纪年明确、时代最早的
瘗埋舍利的塔基遗迹。

有关石窟寺的考古发现和中国石窟寺考古的创建，是两晋南北朝考古
的一项重要成就。自 20 世纪 50 年代以来，中国石窟寺考古研究可分为前
后两大阶段。前一阶段由 20 世纪 50 年代至 1966 年，主要进行了对全国各
大石窟的初步普查和重点复查，并开始用考古学方法全面考察石窟寺。早
在 1950 年，就分别调查了山西大同云冈石窟⑤和辽宁义县万佛堂石窟⑥。
以后又于 1951 年全面勘察了甘肃敦煌莫高窟的损毁等情况⑦，并勘察了甘
肃永靖的炳灵寺石窟⑧，1953 年勘察了甘肃天水麦积山石窟⑨。此后，四
川、云南、河南、河北、山西、山东、江苏、浙江、内蒙古、新疆等省和

---

① 北京大学考古学系所藏平城思远灵图采集的泥塑残件，曾于 1995 年在日本出光美术馆展出
（1995《中国の考古学展：北京大学考古学系发掘成果》图版 118，出光美術館）。

② 张剑波、王晶辰、董高：《朝阳北塔的结构勘察与修建历史》，《文物》1992 年第 7 期。

③ 宿白：《东汉魏晋南北朝佛寺布局初探》，《庆祝邓广铭教授九十华诞论文集》，河北教育出版
社，1997 年，第 31～49 页。

④ 河北省文化局文物工作队：《河北定县出土北魏石函》，《考古》1966 年第 5 期。

⑤ 《雁北文物勘查团报告》，中央人民政府文化部文物局，1951 年。

⑥ 阎文儒：《辽宁义县万佛堂石窟调查及其研究》，《文物参考资料》1951 年第 9 期。

⑦ 勘察工作者赵正之、莫宗江、宿白、余鸣谦，报告整理执笔者陈明达：《敦煌石窟勘察报告》，
《文物参考资料》1955 年第 2 期。

⑧ 《炳灵寺石窟》，中央人民政府文化部社会文化事业管理局，1953 年。

⑨ 文化部社会文化事业管理局：《麦积山石窟》，文物出版社，1954 年。

自治区，也都展开了对本地区石窟及摩崖龛像的普遍勘察①。20 世纪 50 年代末至 60 年代初，又对一些重点石窟进行复查，其中的新收获，如在炳灵寺石窟第 169 窟发现西秦建弘元年（420 年）的墨书题记②，它是目前中国境内各石窟寺中已知年代最早的题记。也是从 20 世纪 50 年代末开始，将考古学的方法用来研究石窟寺遗迹。在宿白的指导下，北京大学考古专业师生先是在河北响堂山石窟③，继之在敦煌石窟，开始了石窟寺考古学方法的实验。宿白在对石窟的历史、分期和题材研究方面，主要是通过校注《大金西京武州山重修大石窟寺碑》对云冈石窟历史材料进行整理研究④，依据对敦煌石窟第 285 窟的考古勘察进行敦煌魏洞的分期⑤。刘慧达还对北魏石窟中的"三佛"题材⑥及石窟与禅⑦进行了研究。此外，中国科学院考古研究所在工作人员业务学习教材中，还组织学者编写了学习石窟寺知识的教材⑧。

20 世纪 70 年代以后，中国石窟寺考古学进一步发展，先后完成了对云冈石窟的分期研究⑨，对凉州模式进行探讨⑩，对南朝龛像进行考察⑪等

---

① 段鹏琦：《石窟寺考古的新发现和研究》，《新中国的考古发现和研究》，文物出版社，1984 年，第 542 ~ 554 页。

② 甘肃省文化局文物工作队：《调查炳灵寺石窟的新收获——第二次调查（1963 年）简报》，《文物》1963 年第 10 期。

③ 1957 年对响堂山石窟的考古勘察，是宿白指导北京大学历史系考古专业 53 班学生（刘勋、孙国璋、杨泓）进行的，考古报告由刘慧达编写，后刘慧达去世，资料因故流失。

④ 宿白的《〈大金西京武州山重修大石窟寺碑〉校注——新发现的大同云冈石窟寺历史材料的初步整理》，原刊于《北京大学学报》（人文科学版）1956 年第 1 期。后经作者校注，收入《中国石窟寺研究》第 275 页，文物出版社，1996 年。

⑤ 宿白：《参观敦煌第 285 号窟札记》，《文物参考资料》1956 年第 2 期。

⑥ 刘慧达：《北魏石窟中的"三佛"》，《考古学报》1958 年第 4 期。

⑦ 刘慧达的《北魏石窟与禅》（《考古学报》1978 年第 3 期）于"文化大革命"前送交《考古学报》编辑部，因故未刊出，后按审查意见修改，1978 年刊出时，作者已去世。1996 年，重补 5 处引文后，收入宿白的《中国石窟寺研究》附录一，文物出版社，1996 年，第 331 ~ 348 页。

⑧ 阎文儒：《石窟寺艺术》，《考古学基础——中国科学院考古研究所工作人员业务学习教材》，科学出版社，1958 年，第 167 ~ 203 页。

⑨ 宿白：《云冈石窟分期试论》，《考古学报》1978 年第 1 期。

⑩ 宿白：《凉州石窟遗迹和"凉州模式"》，《考古学报》1986 年第 4 期。

⑪ 宿白：《南朝龛像遗迹初探》，《考古学报》1989 年第 4 期。

考古勘察和研究，并将 ^{14}C 年代测定应用于石窟寺年代的断定，编写出版了新疆克孜尔石窟考古报告的第一卷①。江南的南朝佛教石窟遗存，最重要的是南京栖霞山千佛崖，已对一区第 13 窟进行了考古勘察，从而观察到南北龛像相互影响的重要现象②。在这阶段，中国石窟寺考古学的内容和方法已趋于完备。它有四个研究程序：一为考古学的清理和记录，二为洞窟、造像和壁画的类型组合与题材的研究，三为分期分区的研究，四为关于社会历史的、佛教史的和艺术史的综合研究。因此，是否把中国石窟寺纳入考古学的范畴，便成了现代中国石窟寺研究是否符合科学的唯一标准③。

被废弃的佛教石造像埋藏坑，常发现于古代佛寺遗址，多与中国历史上诸次毁佛事件有关。20 世纪 50 年代以来，不断有南北朝隋唐时期的废弃佛教石造像埋藏坑被发现，最早引起学者注意的是 1954 年"全国基本建设工程中出土文物展览"展出的两处，一处是河北曲阳修德寺废址出土的石造像，另一处是四川成都万佛寺废址出土的石造像④。曲阳修德寺废弃石造像埋藏坑经过 1953 年和 1954 年两次清理⑤，获得残损石造像总数超过 2200 件，其中有纪年铭记的有 247 件，以北魏晚期、东魏、北齐的数量最多，也有隋唐造像，纪年最早的一件为北魏神龟三年（520 年），最迟的一件为唐天宝九年（750 年）。对这批造像的艺术风格与特征做过分析⑥。曲阳为古定州地域，20 世纪 50 年代后，又陆续在定州地域发现石造像埋藏坑，较重要的有 1978 年在河北藁城建忠（中）寺旧址出土的造像⑦，多

---

① 北京大学考古学系、克孜尔千佛洞文物保管所：《新疆克孜尔石窟考古报告》（第一卷），文物出版社，1997 年。

② 林蔚：《栖霞山千佛崖第 13 窟的新发现》，《文物》1996 年第 4 期。

③ 徐苹芳：《中国石窟寺考古学的创建历程——读宿白先生〈中国石窟寺研究〉》，《文物》1998 年第 2 期。

④ 宿白：《展览会中的一部分美术史料》，《文物参考资料》1954 年第 9 期。

⑤ 罗福颐：《河北曲阳县出土石像清理工作简报》，《考古通讯》1955 年第 3 期；李锡经：《河北曲阳修德寺遗址发掘记》，《考古通讯》1955 年第 3 期。

⑥ 杨伯达：《曲阳修德寺出土纪年造像的艺术风格和特征》，《故宫博物院院刊》总第 2 期，1960 年。

⑦ 程纪中：《河北藁城县发现一批北齐石造像》，《考古》1980 年第 3 期。

有纪年铭记，包括东魏武定和北齐天保、皇建、河清、天统、武平等年号，有些像保存大致完好，镂雕精细，绘彩贴金犹存，是比曲阳修德寺窖藏佛像更精美的雕刻作品。此外，还在定州市、正定县、行唐县出土有石造像①，有的有东魏、北齐纪年。通过上述发现，大致可以了解北朝晚期定州地区佛教石造像的概貌。成都万佛寺废址自清末即有造像出土，到20世纪30~50年代又陆续有发现，多被收藏于四川省博物馆，总数超过200件②，造像纪年铭刻多见南朝梁武帝普通、中大通、大同、中大同等年号，还有益州归入北周后出现的北周天和二年（567年）等铭记，也有晚至唐代开元、大中等纪年造像③。20世纪50年代以后，成都地区又陆续发现造像埋藏坑，1995年在成都市西安路埋藏坑出土了南齐永明八年（490年）弥勒成佛像，还有梁天监、中大通、大同等纪年造像，其中太清五年（551年）阿育王像是较罕见的标本④。此外，在20世纪80~90年代，还对刻于四川绵阳平杨府君阙（或称平阳府君阙、杨府君阙）的佛教造像小龛进行实测记录，其中有南朝梁大通等年号题记⑤。综合上述考古发现，可以对南北朝晚期益州地区佛教石造像有概括了解。除上述两个地区有多批废弃佛教石造像埋藏坑被发现外，20世纪80~90年代，在以山东青州市为中心的古青州地区，不断在一些古代佛寺废址发现废弃佛教石造像埋藏坑，最重要的一处是1996年在青州市龙兴寺遗址中轴线北部大殿后的埋藏坑⑥，出土造像400余件，其中主要是北朝北魏晚期至东魏、北齐的石造像，贴金绘彩保存较好，少数有纪年铭记，最早的是北魏永安二年（529年）韩小华造弥勒像。此前已在青州市原兴国寺废址、七级寺废址等

---

① 夏长生：《中国全臂维纳斯——定州发现一批东魏石造像》，《文物天地》1994年第4期；王巧莲、刘友恒：《正定收藏的部分北朝佛教石造像》，《文物》1998年第5期。
② 冯汉骥：《成都万佛寺石刻造像》，《文物参考资料》1954年第9期。
③ 刘志远、刘廷壁：《成都万佛寺石刻艺术》，中国古典艺术出版社，1958年。
④ 成都市文物考古工作队、成都市文物考古研究所：《成都市西安路南朝石刻造像清理简报》，《文物》1998年第11期。
⑤ 孙华：《四川绵阳平杨府君阙阙身造像——兼谈四川地区南北朝佛道龛像的几个问题》，《汉唐之间的宗教艺术与考古》，文物出版社，2000年，第89~137页。
⑥ 山东青州市博物馆：《青州龙兴寺佛教造像窖藏清理简报》，《文物》1998年第2期。

处发现过贴金绘彩的北朝石造像①，也有一些青州造像流失出中国大陆②。此外，在临朐、诸城、博兴、广饶、高青等县也不断发现过北朝造像③，其中以 1988～1990 年诸城兴修体育中心时发现的废弃佛教石造像埋藏坑最重要④，先后出土石造像残体超过 300 件，有的像上残存贴金绘彩，有的像上有纪年铭记，分别为东魏武定和北齐天保年间所雕刻。综合上述发现，已能初步了解北朝晚期青州地区佛教石造像的概貌。2012 年河北邺城遗址北吴庄佛教造像埋藏坑的发掘⑤，获得近 3000 件（块）造像，其中有许多纪年造像，时代以东魏北齐时期的为主，也有北魏、北周和隋唐时期的造像。除此之外，在山西、陕西、宁夏、河南等地也有佛教石造像被发现，但或为零散出土或缺乏较正式的报告，难与上述资料相比。

曲阳修德寺造像埋藏坑于 20 世纪 50 年代被发现后，由于其中出土有数量较多的纪年造像，据以进行标型排比，得以较清楚地认识了自北魏晚期经东魏、北齐至隋定州一带佛教石造像造型特征及发展演变规律，但当时对这组造像显示出的地方特征尚认识不足。当 20 世纪 80 年代在山东青州一带大量发现佛教石造像后，开始对北朝晚期造像有了更全面的了解，既可以看出北朝晚期造像共有的时代特征，也可以从材质、技法到题材等方面看出当时青州地区和定州地区的地方特征⑥。对于青州造像的研究⑦，全面揭示了青州城和龙兴寺的历史，指出青州造像到北齐时佛衣贴身、质

---

① 夏名采、庄明军：《山东青州兴国寺故址出土石造像》，《文物》1996 年第 5 期；青州市博物馆　夏名采、刘华国、杨华胜：《山东青州出土两件北朝彩绘石造像》，《文物》1997 年第 2 期；青州博物馆：《山东青州发现北魏彩绘造像》，《文物》1996 年第 5 期。

② 台北故宫博物院编辑委员会编：《雕塑别藏——宗教编特展图录》，1997 年。

③ 杨泓：《关于南北朝时青州考古的思考》，《文物》1998 年第 2 期。

④ 诸城市博物馆：《山东诸城发现北朝造像》，《考古》1990 年第 8 期；杜在忠、韩岗：《山东诸城佛教石造像》，《考古学报》1994 年第 2 期。

⑤ 中国社会科学院考古研究所、河北省文物研究所　邺城考古队：《河北邺城遗址赵彭城北朝佛寺与北吴庄佛教造像埋藏坑》，《考古》2013 年第 7 期。

⑥ 杨泓：《论定州北朝石造像》，《保利藏珍——石刻佛教造像精品选》，岭南美术出版社，2000 年，第 182～185 页。

⑦ 宿白：《青州城考略——青州城与龙兴寺之一》，《文物》1999 年第 8 期；宿白：《龙兴寺沿革——青州城与龙兴寺之二》，《文物》1999 年第 9 期；宿白：《青州龙兴寺窖藏所出佛像的几个问题——青州城与龙兴寺之三》，《文物》1999 年第 10 期。

薄透体、衣纹简疏、肌体隐现的造像新风，明显带有中印度秣菟罗艺术风格。这种风格的造像于 5 世纪前期曾一度影响到河西走廊，到 5 世纪中叶才出现于甘肃以东诸石窟和散存的铜石造像中，但是北魏孝文帝中后期就逐步消失，为褒衣博带服饰的造像所取代。在沉寂了近半个世纪以后，6 世纪中叶薄衣佛像却又以多种样式普遍地再现于东方。看来高齐佛像的新趋势，大约不是简单的前此出现的薄衣形象的恢复，而与 6 世纪天竺佛像一再直接东传，高齐重视中亚诸胡伎艺以及高齐对北魏汉化的某种抵制等似皆有关。6 世纪初叶再次迎奉天竺佛像之风源自南朝，与梁武帝大力倡导更关联密切，北朝青州地区薄身佛像盛行，或与青州地区的地理位置及历史文化背景有关[1]，可以与南方通过水路等渠道进行密切的文化交往。

（四）三国两晋南北朝时期遗迹中的外国物品

随着丝绸之路等古代国际商路的畅通，许多外国的货币以及物品流传入中国。20 世纪 50 年代以来，在中国各地两晋南北朝时期的遗址或墓葬中，常可发现由中亚、西亚及至地中海地区传入的金属铸币和各种质料的工艺品，也有些物品来自古代东亚诸国，都是古代中国与世界交往的实物例证。

在三国两晋南北朝时期的遗址或墓葬中出土的外国金属铸币，主要来自西方的波斯萨珊朝和罗马—拜占庭（东罗马）帝国。在中国境内出土的萨珊式货币，都是银币。这种银币的单位是"德拉克麦"（drachm），平均重量每枚约 4 克左右。20 世纪一二十年代，在新疆吐鲁番的高昌古城和阿斯塔那墓地零星发现过波斯萨珊银币，50 年代以后陆续在新疆地区的城址和墓区发现萨珊银币，在青海西宁也有发现[2]，并在陕西西安、山西太原、河南洛阳和陕县等地的隋唐墓中出土有萨珊银币，其中以在新疆乌恰山中发现的一批数量最多，达 947 枚[3]。20 世纪 60 年代到 70 年代初，在新疆

---

① 杨泓：《关于南北朝时青州考古的思考》，《文物》1998 年第 2 期。
② 王不考：《青海西宁波斯萨珊朝银币出土情况》，《考古》1962 年第 9 期。
③ 李遇春：《新疆乌恰县发现金条和大批波斯银币》，《考古》1959 年第 9 期。

等地有所发现，特别是在河北、陕西等省发掘的北朝隋唐时期舍利塔基中，常有作为宝物随舍利瘗藏的波斯萨珊银币，河北定县北魏塔基出土舍利石函中瘗藏的萨珊银币多达 41 枚①。同时，出土地区也从西北和北方地区扩展到东南沿海一带，在广东英德、曲江等地南朝墓②中都有波斯萨珊银币出土。据 20 世纪 70 年代初统计，全国各地共出土波斯萨珊银币 33 批，达 1174 枚之多③。70 年代以后，全国各地陆续有波斯萨珊银币出土，在南方除广东遂溪又有新发现外④，在江苏南京也有波斯萨珊银币出土⑤。西北地区除新疆等地外，又在宁夏固原的北朝墓中发现波斯萨珊银币，以及波斯银币的仿制品⑥。夏鼐对于中国境内出土的波斯萨珊银币的研究⑦，已指出波斯萨珊银币的出土地点，绝大多数在"丝路"沿线和当时各代的都城附近。"丝路"在我国境内的路线，从前一般认为是由兰州经过河西走廊而进入今日新疆的。由于青海西宁发现一批和金条共藏于岩石缝的共计 76 枚波斯萨珊卑路斯银币，仔细研究这一发现，再查考中国史书上的记载，认为由 4 世纪末至第 7 世纪初，西宁是在中西交通的通道上。这条比较靠南的交通路线，它的重要性有一时期（公元 5 世纪）可能不低于河西走廊。同时在广东公元 5 世纪南朝墓中发现的萨珊朝波斯银币，表明波斯人与阿拉伯人记载的当时波斯曾控制波斯湾至锡兰岛（今斯里兰卡）之间的贸易，并通过锡兰至中国东南沿海的古代商路的存在。特别是这些银币

---

① 河北省文化局文物工作队：《河北定县出土北魏石函》，《考古》1966 年第 5 期。
② 广东省文物管理委员会、华南师范学院历史系：《广东英德、连阳南齐和隋唐古墓的发掘》，《考古》1961 年第 3 期。
③ 夏鼐：《综述中国出土的波斯萨珊朝银币》，《考古学报》1974 年第 1 期。
④ 遂溪县博物馆：《广东遂溪县发现南朝窖藏金银器》，《考古》1986 年第 3 期。
⑤ 《南京文物精华》编委会：《南京文物精华·器物编》，上海人民美术出版社，2000 年，第 223 页。
⑥ 宁夏回族自治区固原博物馆、中日原州联合考古队：《原州古墓集成》，文物出版社，1999 年。
⑦ 夏鼐的《中国最近发现的波斯萨珊朝银币》（《考古学报》1957 年第 2 期）、《青海西宁出土的波斯萨珊朝银币》（《考古学报》1958 年第 1 期）、《新疆吐鲁番最近出土的波斯萨珊朝银币》（《考古》1966 年第 4 期）、《河北定县塔基舍利函中波斯萨珊朝银币》（《考古》1966 年第 5 期），收在《夏鼐文集》（下），其中前两篇据作者自存校正本进行过校正，社会科学文献出版社，2000 年，第 18~50 页。

中，有些入藏的年代上距铸币的年代仅有 10 年左右，例如定县北魏塔基的舍利函是太和五年（481 年）埋入的，函中放置的波斯萨珊银币中有一枚是卑路斯在位十四年（470 年）的铸币，其间相距仅 10 年，这种情况更说明两国交往的密切程度，也可以推想当年两国之间贸易往来的频繁和广泛。在发现的一枚耶斯提泽德二世的银币边缘，压印有一行嚈哒文字的戳记，故有些银币可能是经由嚈哒而流传到中国来的，反映出当时波斯、嚈哒和中国三者的关系。至于在中国境内发现的波斯银币的用途，在当时某些地区（例如高昌）曾流通使用过。

中国境内出土的拜占庭金币及其仿制品，其数量无法与波斯萨珊银币相比，因为没有发现过成批窖藏出土的，常是单枚、至多两三枚被放置于墓葬内，多是穿孔后作为装饰品佩饰的。中国出土的拜占庭金币，也是中西交通和文化交流的重要物证。在河北赞皇东魏李希宗夫妇墓出土的 3 枚拜占庭金币中[1]，1 枚是狄奥多西斯二世（408～450 年在位）的金币，另 2 枚是查士丁一世和查士丁尼一世舅甥共治时（527 年）金币，这 3 枚金币是在李希宗妻崔氏尸骨旁发现的，崔氏入葬的时间是北齐武平六年（575 年），证明在 6 世纪时中国和拜占庭两国交通往来频繁，其中查士丁一世舅甥共治的公元 527 年的两枚铸币，下距埋入年代还不到 50 年。

自中亚、西亚及至地中海地区传入的精美工艺品，主要是玻璃制品和金银器皿。早在 20 世纪 50 年代，人们已注意到河北景县封氏墓群出土的淡绿色波纹玻璃碗[2]。以后陆续在河北、陕西、辽宁、湖北、江苏、宁夏等省区获得两晋南北朝时期的玻璃器，其中 1965 年辽宁北票西官营子北燕冯素弗墓出土的一组玻璃器特别引人注意，包括造型奇特的鸭形器以及碗、杯、钵和残器座[3]。学者对中国出土的早期玻璃器皿进行过分析[4]，指

---

① 夏鼐的《赞皇李希宗墓出土的拜占庭金币》（《考古》1977 年第 6 期）收在《夏鼐文集》（下），社会科学文献出版社，2000 年，第 94～98 页。

② 张季：《河北景县封氏墓群调查记》，《考古通讯》1957 年第 3 期。

③ 黎瑶渤：《辽宁北票县西官营子北燕冯素弗墓》，《文物》1973 年第 3 期。

④ 安家瑶：《中国的早期玻璃器皿》，《考古学报》1984 年第 4 期；建筑材料研究院、清华大学、中国社会科学院考古研究所：《中国早期玻璃器检验报告》，《考古学报》1984 年第 4 期。

出北燕冯素弗墓出土的无模自由吹制成形的鸭形器、南京象山东晋王氏墓出土的磨花圈底筒形杯、景县封氏墓出土的波纹碗等是典型的罗马钠钙玻璃器。湖北鄂城五里墩西晋墓出土磨花碗、宁夏固原北周李贤墓出土腹部有上下两周椭圆形凸饰的碗①，是波斯萨珊玻璃器皿。外国玻璃器的输入，与外国金银铸币一样，为东西交通的路线提供了可靠的证据。同时西亚玻璃技术通过丝绸之路传入中国，也对中国的玻璃制造业发生了一定影响。

20 世纪 50 年代以来，不断在三国两晋南北朝时期的遗址和墓葬中发现金银器，多为由中国西方输入的金银器。其中的精品有山西大同北魏遗址出土的罗马—拜占庭产品鎏金铜高足杯②、甘肃靖远出土的拜占庭金花银盘③、山西大同北魏封和突墓出土波斯萨珊狩猎野猪图像金花银盘④和宁夏固原北周李贤墓出土人物图像金花银胡瓶⑤，青海上孙家寨晋墓出土粟特银壶⑥等物。这些金银器显示了与粟特、波斯萨珊、罗马—拜占庭的交往。

二　三国两晋南北朝考古学的时代特征

三国两晋南北朝考古，属于历史考古学范畴。所研究的历史时期跨越了近 4 个世纪，上起公元 3 世纪初三国鼎峙时，经西晋、东晋十六国至南北朝，止于隋开皇九年（589 年）灭陈，中国重归统一。东汉末年由黄巾起义引致的社会大动乱，导致东汉王朝覆亡，也标志着中国古代历史上高度兴盛的秦汉文化的终结。此后，出现魏、蜀、吴三个分立的政权鼎峙的

---

① 安家瑶：《北周李贤墓出土的玻璃碗——萨珊玻璃器的发现与研究》，《考古》1986 年第 2 期。
② 《无产阶级"文化大革命"期间出土文物展览简介·山西省·大同南郊北魏遗址》，《文物》1972 年第 1 期。
③ 甘肃省博物馆　初师宾：《甘肃靖远新出东罗马鎏金银盘略考》，《文物》1990 年第 5 期。
④ 马玉基：《大同市小站村花圪塔台北魏墓清理简报》，《文物》1983 年第 8 期。夏鼐的《北魏封和突墓出土萨珊银盘考》（《文物》1983 年第 8 期）收在《夏鼐文集》（下），社会科学文献出版社，2000 年，第 71 ~ 74 页。
⑤ 宁夏回族自治区博物馆、宁夏固原博物馆：《宁夏固原北周李贤夫妇墓发掘简报》，《文物》1985 年第 11 期。
⑥ 青海省考古研究所：《上孙家寨汉晋墓》，文物出版社，1993 年。

政治格局，中国历史开始进入大分裂、大动荡的时期，其间虽有西晋王朝短暂的统一，但接着迎来的是更加动荡混乱的东晋十六国时期，以后是长期的南北对峙，一直延续到隋朝统一方告结束。连年战乱和政权不断更迭，使社会经济屡遭破坏，传统的礼制也遭到极大破坏，并掀起了空前的移民高潮，引起不同地区、不同民族间文化的不断流动、碰撞乃至融合。同时，这一时期又是中外文化互动的高峰期，特别是伴随着域外宗教的传入和扩散，许多新的域外文化艺术在中国产生深远影响。所有这一切都导致这一时期社会物质文化不断发生变化，文化的交融互动孕育着新的文化高峰的来临。也可以说三国两晋南北朝时期正是由汉文明，向更加辉煌的隋唐文明的漫长的过渡时期。因此，三国两晋南北朝考古学的研究，不仅对中国考古学具有重要意义，丰富了史学研究的内容，而且在世界文化史上也占有一定的位置。反映着上述时代特征，三国两晋南北朝考古学显示出以下特点。

（一）开启具有宫城、皇城、郭城的里坊制都城平面布局

对历史时期的都城的考古研究，特别是对于都城的平面布局方面研究，三国两晋南北朝时期的都城平面布局具有重要位置。自秦汉至隋唐，主要城市特别是都城的平面布局发生了很大变化。秦都咸阳、西汉都城长安和东汉都城雒阳，都以宫殿群为主。以西汉长安为例，是先筑宫殿，各宫的修筑缺乏整体规划，大略说来以未央宫为中心，然后才修建城垣[①]，将已筑成并已使用的各座宫殿均围护其中，城内总面积的 2/3 都为宫殿所占据，同时为了迁就已存在的宫殿群，又碍于地形地貌的限制，所以四面城垣走向并不规整[②]。

[①] 西汉初建长安，以秦时旧宫兴乐宫建长乐宫。据《史记·高祖本纪》，高祖八年（前 199 年）"萧丞相营作未央宫，立东阙、北阙、前殿、武库、太仓"。次年未央宫建成。以后又在未央宫北建北宫。到惠帝三年（前 192 年）"方筑长安城，四年就半，五年六年城就"。前后约计四年时间。见《史记·吕太后本纪》，第 398 页。

[②] 西汉长安城四面城垣的修筑进程，大概是从城的西北方起，先筑西垣，然后依次筑南垣、东垣和北垣，受已存在的宫殿和地貌影响，四垣走向不规整，特别是南垣和北垣出现多处折曲之处，汉代以后曾被认为像星斗。见王仲殊《汉代考古学概说》第一章，中华书局，1984 年。

虽然已将一般民居的闾里和经商的市场包容在城垣内①，但所占面积很少，除贵胄的住宅外，一般民居多偏居城东北角低洼之处②。城内的各类建筑和设施，从设计到使用功能，主要都是为皇帝和皇室贵族高官服务的。东汉都城雒阳，宫殿所占面积较西汉长安略有减少，主要有以西汉旧宫扩建的南宫，以及明帝时营建的北宫，其间还连以复道，还有北宫北面的永安宫和北宫西侧的濯龙园，以上宫苑总面积已占全城面积的一半。城内还有中央的衙署，除上东门内有贵族高官居住区外，一般居民多只能居住在城外，常聚集在城门附近地区。

到东汉末三国时期，都城的平面布局发生变化。从目前已经考古勘探发掘的三国两晋南北朝时期的几座都城遗址——三国时期邺城（邺北城）③、北魏洛阳城④、东魏北齐邺城（邺南城）⑤来看，城市平面布局的变化日趋明显。三国时期的邺城（邺北城），是曹操被封魏王后营建的魏王都，其平面布局与两汉都城明显不同之处是城中宫殿由分散到集中，面积明显减少，坐落在城内北部居中位置，首次出现居中纵贯全城的中轴线，同时出现横贯全城的大路，将全城分为南北两区，路北为宫殿衙署，路南为居民里坊，里坊区约占全城一

① 徐苹芳：《中国古代城市考古与古史研究》，《中国历史考古学论集》，台北允晨文化，1995年，第89～104页。
② 关于西汉长安城内闾里问题，据何清谷撰《三辅黄图校释》（中华书局，2005年）："长安闾里一百六十，室居栉比。门巷修直。有宣明、建阳、昌阴、尚冠、修城、黄棘、北焕、南平、大昌、戚里。"此外，据云未央宫北阙附近多贵族甲第。但目前对长安城的考古勘察尚难弄清闾里情况，又在有关平面图如《中国大百科全书·考古学》（中国大百科全书出版社，1986年）第159页"西汉长安城平面图"上北阙南为未央宫，北为桂宫、北宫，无可容贵族甲第处。目前这些问题均有待新的考古工作予以解决。
③ 中国社会科学院考古研究所、河北省文物研究所　邺城考古工作队：《河北临漳邺北城遗址勘探发掘简报》，《考古》1990年第7期。
④ 洛阳市文物局、洛阳白马寺汉魏故城文物保管所编：《汉魏洛阳故城研究》，科学出版社，2000年。
⑤ 中国社会科学院考古研究所、河北省文物研究所　邺城考古工作队：《河北临漳县邺南城遗址勘探与发掘》，《考古》1997年第3期；中国社会科学院考古研究所、河北省文物研究所　邺城考古工作队：《河北临漳县邺南城朱明门遗址的发掘》，《考古》1996年第1期。

半面积①。邺城的平面布局特点，对曹魏改建东汉洛阳为都城时，产生了深远影响。后来北魏迁都洛阳，更在魏晋洛阳的基础上，加强了宫城的规制，并修建了郭城，安排民居里坊。还在城内大规模修建宗教寺院。东魏修筑邺南城时，更延续北魏洛阳传统，且因系新建城市，故设计更为规整，宫城居城内北侧中央，由南城墙居中的正门朱明门、朱明门大道、宫城正南门至宫城内主要宫殿形成纵贯全城的中轴线。城内三纵三横大道垂直交错，使道路网络呈棋盘格状分布。

综观自三国时期邺城（邺北城），经北魏洛阳到东魏、北齐邺城（邺南城）的城市布局的创新、发展与演变，其特征主要有下述诸项。

其一是都城内宫殿所占比例日渐减小，宫城坐落在都城内北部居中的重要位置。曹操时内朝与外朝并列，北朝时改为内朝诸殿在后，外朝前置。出现纵贯城区的中轴线，从南垣正门直达宫城正门，入宫城直对正殿，将都城纵分为二。中央官署逐渐集中分置宫城前中轴线两侧。

其二是一般官员和居民所居住的里坊面积日增，由三国时期邺城占南半部近全城 1/2 面积，到北魏洛阳更增设外郭城 320 坊，开中国中古时期封闭式里坊制城市之先声。城内纵横大道垂直交错，道路网络呈棋盘格状分布，再划分方正整齐的里坊，都市平面规划日益规整。

其三是随着佛教的日益兴盛，都城中开始营建宗教寺庙。在北魏迁都洛阳时，已规划有皇家大寺的位置，地当宫城以南御道西侧，后来在此修筑永宁寺②。以后宗教寺庙在城中大量涌现，居民宗教生活日趋繁荣，呈现出汉代都城没有的新景象。

其四是商业活动虽仍受官方控制，但商业区即"市"的重要性日益凸显。

---

① 徐光冀：《曹魏邺城的平面复原研究》，《中国考古学论丛——中国社会科学院考古研究所建所40年纪念》，科学出版社，1993年，第422～428页。关于邺北城的平面复原，有学者认为中阳门大道应直对司马门，直至听政殿，为城市的中轴线，见傅熹年主编的《中国古代建筑史》第二卷《两晋、南北朝、隋唐、五代建筑》，中国建筑工业出版社，2001年，第2～5页。

② 中国社会科学院考古研究所：《北魏洛阳永宁寺——1979～1994年考古发掘报告》，中国大百科全书出版社，1996年。

其五是三国至北朝战争不断，基于军事需要，城防工事更趋完备，特别注意城防制高点的控制。三国时期邺城西北角构筑的三台，不只为观赏园林，更在发生战事时起着制高点的作用。北魏洛阳在西北角构筑金墉城①，具有同样的作用。

总体来看，宫殿的退缩和民居里坊的发展，宗教的兴盛和商业的繁荣，反映出自秦汉至隋唐城市的性质正在发生变化。宫殿所占城市总面积的比例大幅度缩减，但集中后的宫殿，以其在城市布局中所据有的重要位置，加上皇城与民居里坊的严格分界以及中轴线的设置，反而凸显出皇权的威严。三国至南北朝都城平面布局的变迁，最终发展成为隋大兴和唐长安的平面布局，成为典型的封闭式里坊制城市，并对以后中国历代都城的平面布局有着深远的影响。

不过，由于受到此前田野考古勘察发掘工作的局限，三国两晋南北朝时期重要的都城遗址的考古工作还未能深入进行，更有多座都城遗址的工作尚待进一步开展，包括六朝故都的建业—建康城，北魏的平城，西魏、北周的长安等，都为今后三国两晋南北朝考古工作留下了困难的重要课题。

（二）三国两晋南北朝时期葬俗的三次变化

自秦汉至隋唐，埋葬习俗发生了很大的变化。在三国两晋南北朝时期，中国的埋葬习俗至少发生三次大的变化。

首先是曹魏时期发生的埋葬习俗的大变化，突出表现是帝王力主薄葬，代表人物是曹操和曹丕父子，不仅下令薄葬，而且他们自己也是身体力行。早在曹魏建国之前，曹操于公元205年已下令禁止厚葬②，并禁立碑③。曹操生前选瘠薄之地为寿陵，不封不树④。死前遗令埋葬时"敛以时

---

① 中国社会科学院考古研究所洛阳汉魏故城队：《汉魏洛阳故城金墉城址发掘简报》，《考古》1999年第3期。
② 《三国志·魏书·武帝纪》：建安十年（205年）春正月，"令民不得复私仇，禁厚葬"。第27页。
③ 《宋书·礼志》："建安十年，魏武帝以天下雕弊，下令不得厚葬，又禁立碑。"第407页。
④ 《三国志·魏书·武帝纪》：建安二十三年（218年）"六月，令曰：古之葬者，必居瘠薄之地，其规西门豹祠西原上为寿陵，因高为基，不封不树"。第51页。

服，无藏金玉珍宝。"① 当时曹操改革秦汉厚葬礼制，实行薄葬，主要原因有二：一是经汉末大动乱及群雄混战，社会经济凋弊，统治集团无力如东汉时花费巨资经营丧事。二是曹魏统治集团在亲历的战乱中，见到前代厚葬的陵墓遭到毁灭性的破坏②，感触极深，总结历史教训，引以为戒。对此，魏文帝曹丕在"终制"中曾详加论述："自古及今，未有不亡之国，亦无不掘之墓也。丧乱以来，汉氏诸陵无不发掘，至乃烧取玉匣金缕，骸骨并尽，是焚如之刑，岂不重痛哉！祸由乎厚葬封树。'桑、霍为我戒'，不亦明乎？"所以他规定"寿陵因山为体，无为封树，无立寝殿、造园邑、通神道。……无施苇炭，无藏金银铜铁，一以瓦器，合古涂车、刍灵之义。棺但漆会三过，饭含无以珠玉，无施珠襦玉匣，诸愚俗所为也。"他特别强调葬后应不被后人发现，说"夫葬也者，藏也，欲人之不得见也。……故吾营此丘墟不食之地，欲使易代之后不知其处"③。皇帝主节葬，贵戚官员将帅也同样有感于亲身经历以及遵从曹魏法制，多行薄葬④。正由于薄葬，不封不树，因此

---

① 《三国志·魏书·武帝纪》，第53页。又，《晋书·礼志》："魏武以礼送终之制，袭称之数，繁而无益，俗又过之，豫自制送终衣服四箧，题识其上，春秋冬夏，日有不讳，随时以敛，金珥珠玉铜铁之物，一不得送。文帝遵奉，无所增加。及受禅，刻金玺，追加尊号，不敢开埏，乃为石室，藏玺埏首，以示陵中无金银诸物也。汉礼明器甚多，自是皆省矣。"第632页。

② 当时为了从陵墓中获取金宝以充军费，或为获取战争中有用的物资，群雄军队都公开盗墓，曹操也不例外。陈琳为袁绍所作檄文中，曾对曹操盗掘汉王陵予以揭露："操帅将吏士，亲临发掘，破棺裸尸，掠取金宝。"不仅如此，曹魏军中还设专职掘墓的官员，檄文又说："操又特置发丘中郎将、摸金校尉，所过隳突，无骸不露。"（《文选》卷四四载陈孔璋《为袁绍檄豫州》一首，中华书局影印胡刻本，1977年，第617页）军队掘墓，除掠取珍宝，还为取棺椁充制攻战具的木料。魏将郝昭遗令薄葬，原因为："吾数发冢取其木以为攻战具，又知厚葬无益于死者也。"（《太平御览》卷五五四引《魏略》，中华书局影印本，1960年，第2507页）

③ 《三国志·魏书·文帝纪》，第81~82页。

④ 魏文帝郭后之姐去世，姐子孟武欲厚葬其母起祠堂，郭后止之曰："自丧乱以来，坟墓无不发掘，皆由厚葬也，首阳陵可以为法。"见《三国志·魏书·文德郭皇后传》，第166页。《三国志·魏书》中多记诸臣死前遗命薄葬，如司马朗、贾逵、徐晃、裴潜、徐宣、韩暨、王观、高堂隆等，参看中华书局校点本第468、484、530、673、646、678、694、717页。

后世确实难于勘察到曹氏父子的陵墓所在地点①。曹魏薄葬，中止了东汉末年社会上普遍流行的丧葬豪华奢侈的风气，东汉时皇帝和皇室勋贵享用的特殊殓服"玉衣"被彻底废弃，地面上的石碑、神道石刻及石祠，地下修筑的豪华的大型多室砖墓，以及满布墓室壁面的壁画或画像石，还有大量贵重的随葬品，都从曹魏统治中心的中原地区消失②。目前在曹魏都城洛阳近郊发现的曹魏墓，砖筑墓室只具前堂（或左右带侧室）和后室（棺室），因禁止坟上立祠，因之出现在墓室前堂设帐放脯酒致奠的习俗③。

其次是西晋时期，埋葬习俗发生了第二次变化。创立西晋王朝的司马懿和司马炎父子仍主薄葬④，正因西晋帝陵不坟不树，又无碑兽石刻，且有关文献记录又颇简略，所以与曹魏帝陵一样，西晋帝陵所在也是考古难题。现经仔细勘察，已在洛阳邙山南麓探查到两处墓地——峻阳陵墓地和枕头山墓地⑤，发现了探寻晋陵的新线索。两处墓地探出的都是排列有序的带有长斜坡墓道的土洞墓，在枕头山试掘的两座墓，原生土挖出的墓室

---

① 民间多传今河北磁县分布的大土冢，邻近曹操邺城遗址，为曹操疑冢。陶宗仪《南村辍耕录》卷二六"疑冢"条，已认为"曹操疑冢七十二，在漳河上"。又引宋俞应符诗："人言疑冢我不疑，我有一法君未知，直须尽发疑冢七十二，必有一冢藏君尸。"（中华书局《元明史料笔记丛刊》本，1980 年，第 324 页）陶宗仪甚赞俞诗，认为是"诗之斧钺也"。实际上该诗人缺乏历史常识，因为疑冢云云只是乡人误传，那些大冢与曹魏无关，皆东魏北齐时大墓，参看马忠理《磁县北朝墓群——东魏北齐陵墓兆域考》（《文物》1994 年第 11 期）。曹操疑冢传说也是历来文学作品的题材，著名的如蒲松龄《聊斋志异》卷十《曹操冢》，人民文学出版社《中国古典文学读本丛书》，1992 年，第 1393 页。

② 三国时除曹魏外，蜀汉和孙吴厚葬陋习仍未改变，但一些名臣如蜀汉诸葛亮，"遗命葬汉中定军山，因山为坟，冢足容棺，敛以时服，不须器物"。见《三国志·蜀书·诸葛亮传》，第 927 页。又如孙吴张昭，"遗令幅巾素棺，敛以时服"。见《三国志·吴书·张昭传》，第 1223 页。

③ 洛阳随葬曹魏正始八年（247 年）铁帐构墓，见李宗道、赵国璧《洛阳 16 工区曹魏墓清理》，《考古通讯》1958 年第 7 期；洛阳市文物工作队：《洛阳曹魏正始八年墓发掘报告》，《考古》1989 年第 4 期。

④ 《晋书·宣帝纪》："预作终制，于首阳山为土藏，不坟不树；作顾命三篇，敛以时服，不设明器，后终者不得合葬。一如遗命。"第 20 页。又《宋书·礼志》："晋武帝咸宁四年，又诏曰：'此石兽碑表，既私褒美，兴长虚伪，伤财害人，莫大于此。一禁断之。其犯者虽会赦令，皆当毁坏。'"第 407 页。

⑤ 中国社会科学院考古研究所洛阳汉魏故城工作队：《西晋帝陵勘察记》，《考古》1984 年第 12 期。

周壁未加任何粉饰，仅地面铺砌青砖，安装素面石门。枕头山墓地还发现了陵垣残迹。由这些土洞墓，确可显示出西晋时期节葬之风。西晋初皇帝主节葬，故当时一些名臣也随之主张节葬①，但当全国统一以后，西晋上层统治集团生活奢靡之风日盛，自然也影响到丧葬习俗方面。同时，西晋皇帝虽主节葬，但对重臣去世时却予厚赐②，自然助长厚葬之风的重新抬头。不过西晋再次出现的厚葬之风，并非恢复东汉旧俗，而是依照曹魏薄葬规制产生的新变化，概言之有下列几项。第一是在墓室形制方面，并未恢复豪华的大型多室墓，而是单室（少数为双室，具前堂和棺室），但为表示身份，常采取增大墓室，加砌砖室，并在四隅砌砖柱，还加长甬道，更增长墓道，有的斜坡墓道长度超过 37 米③。实际并不需要如此长的墓道，据估计有的墓道所用工程量超过墓室工程 10 倍之多④，明显是为表现身份地位的奢侈行为。第二是因禁止立碑，所以将原竖在地面的墓碑小型化而埋放于墓室内。其上铭刻死者姓名家世和生平事迹，开墓内安放墓志之先河⑤。第三是出现了新的随葬俑群的组合内容，与两汉俑群有较大差异。反映了晋时高官豪门出行以乘牛车为贵的时代风习，俑群的中心是供墓内死者出行的牛车和具备鞍辔马具的乘马，还有男女侍仆，以及庖厨用器和家禽家畜模型，此外有为镇墓除邪的镇墓甲胄武士和牛状镇

---

① 《晋书·石苞传》，石苞曾豫为《终制》："自今死亡者，皆敛以时服，不得兼重，又不得饭晗，为愚俗所为。又不得设床帐明器也。定茔之后，复土满坎，一不得起坟种树。"第 1003 页。又，王祥、杜预等亦均遗命节葬，见《晋书》本传，第 989、1032~1033 页。

② 王祥和石苞死后，晋帝均厚赐秘器、朝服一具、衣一袭、钱三百万、布百匹。见《晋书》本传，第 989、1003 页。

③ 河南省文化局文物工作队第二队：《洛阳晋墓的发掘》，《考古学报》1957 年第 1 期。

④ 如洛阳发掘的元康九年（299 年）美人徐义墓，墓道长达 37.36 米，上口宽 5.1 米，深 12.2 米，两侧自上而下递减五层，形成台级，估计土方量约达 1000 立方米，大于墓室工程的 10 倍以上。见蒋若是、郭文轩《洛阳晋墓的发掘》，《考古学报》1957 年第 1 期。

⑤ 洛阳出土元康九年（299 年）美人徐义石墓志为圭首碑形，两面刻铭。太康八年（287 年）残志亦圭首碑形，且碑额有圆穿。永宁二年（302 年）士孙松墓志则为长方形。均见《洛阳晋墓的发掘》（《考古学报》1957 年第 1 期）。又，罗振玉《石交录》云："晋人墓志皆为小碑，直立圹中，与后世墓志平放者不同，故无盖面有额。若徐君夫人管氏，若处士成君，若晋沛国张朗三石，额并经署某某之碑，其状圆首，与汉碑形制正同，惟大小异耳。"有关分析请参看赵超《中国古代石刻概论》，文物出版社，1997 年，第 41 页。

墓兽①。墓内放置的明器概以陶质为主②，依曹魏以来"一以瓦器"之规定。不过西晋的埋葬习俗的新变化，因为西晋王朝的短命而中断。北方情况混乱，只有江南东晋的墓葬还保留部分西晋旧制。

最后是到南北朝时埋葬习俗发生第三次变化。在南方，南朝政权重新恢复了由碑、柱、神兽组合的神道石刻③，但是造型与两汉有极大不同。地下墓室虽仍为单室，但大量装饰代替壁画的拼镶砖画，同时出现有时代特征的"竹林七贤"等新题材④。在北方，拓跋鲜卑统一了北方后加速了汉化的进程，融汉魏传统、民族习俗、南方新风于一体，在迁都洛阳后形成了埋葬习俗的新规制，当北魏分裂为东魏—北齐和西魏—北周以后，虽然分别在一些局部出现地方特色——特别是在陶俑的具体造型方面，但基本规制相同，其特征有以下几项。

第一是墓葬形制，仍沿袭西晋以来长斜坡墓道单室墓的基本形制，但在墓道上开始设置天井⑤，形成多天井多过洞的形制。设有石门。在墓道和甬道两侧和墓室内绘制彩色壁画。在地面上起高大的封土，冢前神道石刻仅存石人立像⑥。第二是随葬有数量众多的陶俑，有的墓内超过千件。

---

① 杨泓：《北朝陶俑的源流、演变及其影响》，《汉唐美术考古和佛教艺术》，科学出版社，2000年，第126页。

② （晋）贺循记明器，除漆屏风、屦、屐、手巾等外，唾壶、樽、杯盘、烛盘、奁、灶、香炉、釜、甑、盥盘等皆瓦器。见《通典》卷八六礼四六引文，中华书局影印十通本，1984年，第463~464页。

③ 现存南朝神道石刻，年代最早的是宋武帝刘裕初宁陵前一对石神兽，见姚迁、古兵编《六朝艺术》图版一三，文物出版社，1981年。

④ 杨泓：《东晋、南朝拼镶砖画的源流及演变》，《汉唐美术考古和佛教艺术》，科学出版社，2000年，第56~83页。

⑤ 洛阳北魏建义元年（528年）元邵墓的斜坡墓道长10.35米，设1个天井，见洛阳博物馆《洛阳北魏元邵墓》，《考古》1973年第4期。到北周建德七年（578年），武帝孝陵的斜坡墓道长31.5米，设5个天井，见陕西省考古研究所、咸阳市考古研究所《北周武帝孝陵发掘简报》，《考古与文物》1997年第2期。

⑥ 在洛阳北魏宣武帝景陵和孝庄帝静陵前都存有石人立像，见中国社会科学院考古研究所洛阳汉魏城队、洛阳古墓博物馆《北魏宣武帝景陵发掘报告》，《考古》1994年第9期；黄明兰《洛阳北魏景陵位置的确定和静陵位置的推测》，《文物》1978年第7期。河北磁县湾漳北朝大墓前也存有石人立像。见中国社会科学院考古研究所、河北省文物研究所　邺城考古工作队《河北磁县湾漳北朝墓》，《考古》1990年第7期。

俑群基本沿袭西晋俑群的四组内容，但有较大发展。第一组，一对铠甲武士形貌镇墓俑（常左手按长盾）和一对镇墓兽（一人面、一兽面），其体高明显高于其余陶俑。第二组，以牛车和鞍马为中心的出行仪卫俑群，具有时代特征的是大量的甲骑具装俑，以及负物的驴和骆驼。第三组，男女侍仆及舞乐俑。第四组，庖厨用具和操作俑，以及家畜家禽模型。不同地区的俑，形体和细部刻划有些差异，但基本组合相同①。北朝随葬俑群的组合和造型特征，对隋唐时期的随葬俑群影响深远。第三是在墓室内放置墓志已成定制。墓志以石材刻制，志石平面近正方形，志文竖刻，上盖覆斗形志盖，盖心刻铭，四杀和立沿刻装饰纹样②。第四是墓内葬具以木棺为主，有的有画像石棺或房屋形状的石椁。时见朝服葬，遗存有佩玉。第五是常将西来的金银器、玻璃器随葬墓中，还有西方的贵金属铸币，主要是拜占庭金币和波斯萨珊朝银币。这些金银币或含于口，或穿孔成为装饰品，多未作货币使用。

三国两晋南北朝时期埋葬习俗的三次变化，也正标示出埋葬习俗由秦汉向隋唐演变的三个阶段，最终孕育出隋唐时期新的埋葬制度。

（三）佛教建筑和佛教艺术的发展

宗教遗迹，主要是佛教遗迹的大量涌现，是三国两晋南北朝考古学的又一特点。虽然佛教早在东汉末年已传入中国内地③，也发现一些受到佛教艺术影响的遗物④，但是佛教真正成为在社会上广泛传播的宗教，获得从皇帝贵胄到平民百姓虔诚崇信，还是在这一历史时期。现已经过考古勘察和发掘的南北朝时期的佛教遗迹，主要是北朝的遗迹，包括寺院遗址、舍利塔基和石窟寺，还有在寺院遗址中发现的窖藏埋藏坑。田野考古勘察

---

① 杨泓：《北朝陶俑的源流、演变及其影响》，《汉唐美术考古和佛教艺术》，科学出版社，2000年，第126～139页。
② 赵超：《中国古代石刻概论》，文物出版社，1997年。
③ 任继愈主编：《中国佛教史》第一卷第二章，中国社会科学出版社，1981年。
④ 关于受佛教艺术影响的遗物的论述，见杨泓《四川早期佛教造像》，《汉唐美术考古和佛教艺术》，科学出版社，2000年，第283～290页。

发掘中获得大量北朝佛教遗迹和遗物，应与佛教北统重在宗教行为有关[1]。也与十六国以来各古代少数民族先后进入中原北方建立政权，成为统治民族密切相关[2]。目前保留下来的山西大同云冈石窟、河南洛阳龙门石窟、河北邯郸响堂山石窟等处重要的大型北朝洞窟，其凿建均与皇室有关[3]。皇帝虔信佛教，更助长了佛教在中国的发展。同时，佛教在中国传播发展的过程，也是这一外来宗教逐渐中国化的过程，从已被勘察和发掘的有关佛教遗迹和遗物可以清楚地反映出来。中国早期佛寺的平面布局，以佛塔为中心[4]，但佛塔并非印度佛教原有的覆钵式样的塔，而是中国的重楼阁道形貌[5]。已发掘的北魏洛阳永宁寺遗址，正是以塔为中心的平面布局，寺庙遗址中心尚保存巨大的塔基[6]，原为高九级的方形楼阁式木塔。建塔瘗埋舍利的习俗，传入中国后最迟在北朝时也开始中国化[7]，目前已发掘的纪年最早的舍利塔基，是河北定州北魏孝文帝于太和五年（481 年）修建的五级舍利塔基遗迹，塔基夯土中瘗埋的舍利已置放于中国式的刻铭盝

---

① 汤用彤指出："及至晋末宋初，拓跋氏自代北入主中原。秦凉佛教颇受兵残。自后政治上形成南北之对立，而佛教亦且南北各异其趣。于是南方偏尚玄学义理，上承魏晋以来之系统。北方重存宗教行为，下接隋唐以后之宗派。"见《汉魏两晋南北朝佛教史》第十四章《佛教之北统》，中华书局，1955 年，第 487 页。

② 当时一些古代少数民族的统治者，比汉族上层更容易接受外来的佛教。汤用彤校注本《高僧传·晋邺中竺佛图澄》记载，后赵石虎时，以中书著作郎王度为代表的大臣认为，"佛出西域，外国之神，功不施民，非天子诸华所应祠奉"，并以"华戎制异"为由要求禁止佛教。石虎下书曰："度议云：佛是外国之神，非天子诸华所可宜奉。朕生自边壤，忝当期运，君临诸夏。至于飨祀，应兼从本俗。佛是戎神，正所应奉。"中华书局，1992 年，第 352 页。

③ 云冈石窟即是沙门统昙曜为皇室所开。《魏书·释老志》："昙曜白帝，于京城西武州塞，凿山石壁，开窟五所。镌建佛像各一。高者七十尺，次六十尺，雕饰奇伟，冠于一世。"又，龙门石窟宾阳三洞，原亦北魏皇室所开凿。《魏书·释老志》："景明初……于洛南伊阙山，为高祖、文昭皇太后营石窟二所。……永平中，中尹刘腾奏为世宗复造石窟一，凡为三所。从景明元年至正光四年已前，用功八十万二千三百六十六。"（第 3037、3043 页）但除中洞外，工程未完工。

④ 宿白：《东汉魏晋南北朝佛寺布局初探》，《庆祝邓广铭教授九十华诞论文集》，河北教育出版社，1997 年，第 31～49 页。

⑤ 目前所知中国最早的楼阁式佛塔，见《三国志·吴书·刘繇传》，笮融大起浮屠祠，"以铜为人，黄金涂身，衣以锦采，垂铜槃九重，下为重楼阁道，可容三千余人"。第 1185 页。

⑥ 中国社会科学院考古研究所：《北魏洛阳永宁寺——1979～1994 年考古发掘报告》，中国大百科全书出版社，1996 年。

⑦ 徐苹芳：《中国舍利塔基考述》，《中国历史考古学论集》，上海古籍出版社，2012 年。

顶石函之中①。石窟的窟形和佛像造型，也从较多效仿外来样式逐渐中国化，窟形从效仿印度草庐式的马蹄形平面、穹隆顶②，逐渐改为仿效佛殿佛坛的样式，窟外崖面也雕成门廊或庑殿顶佛殿的形貌③。佛像也由较多仿效印度原貌，改向中国褒衣博带服制④，明显接受当时江南流行的艺术造型新风的影响⑤。

（四）绘画和雕塑艺术迅猛发展

从考古勘察和发掘所获得的三国两晋南北朝时期遗迹和遗物，反映出绘画和雕塑艺术在这一历史时期的发展势头迅猛，出现划时代的新成就，其中以东晋南朝时期最为突出，并对当时北方和以后隋唐时期造型艺术有深远影响。自西晋覆亡，中原汉族大量南迁，促进了南方经济的开发。南渡的中原世族，也进一步带去了传统的汉晋文化。江南地区在三国时已达到相当高度的孙吴文化，在西晋短暂统一江南时仍然保持着持续发展的势头，这时就与南渡的传统的汉晋文化相会合，融成新的东晋文化。持续的动乱和长途搬移，又为突破汉晋文化的一些陈旧保守的藩篱提供了条件。现实社会政治条件的险恶，经学衰微，玄学勃兴，随之崇尚自然，反抗名教，乃至避世颓废，放浪纵欲之风蔓延于世族文人之间。从北方长途迁徙到江南，新的地区的自然景观的刺激，同样能激起人们艺术创作的激情。通过中西文化互动引入的域外文化艺术，特别是随着佛教的传播，佛教文化和造型艺术又为中国传统文化注入新的养分。凡此种种，均为艺术领域的创新提供了有利的土壤。加之到东汉末年，上层社会人士已经从事绘画

---

① 河北省文化局文物工作队：《河北定县出土北魏石函》，《考古》1966 年第 5 期。
② 仿效印度草庐作穹隆顶、平面马蹄形的窟形，以云冈石窟昙曜五窟（第 16 ~ 20 窟）为代表。见宿白《云冈石窟分期试论》，《中国石窟寺研究》，文物出版社，1996 年，第 76 ~ 88 页。
③ 杨泓：《中国古代佛教石窟的窟前建筑》，《汉唐美术考古和佛教艺术》，科学出版社，2000 年，第 328 ~ 344 页。
④ 杨泓：《试论南北朝前期佛像服饰的主要变化》，《考古》1963 年第 3 期。
⑤ 宿白：《北朝造型艺术中人物形象的变化》，《中国石窟寺研究》附录二，文物出版社，1996 年，第 349 ~ 354 页。

活动①，到东晋南朝时期，出身世家大族的文人进行书画创作已蔚然成风，出现了专为艺术欣赏的绘画作品，同时出现对绘画的创作理论的探讨，以及对画家和绘画的评论②。绘画创作的繁荣，同样带动了雕塑艺术和书法艺术的发展，出现了在中国古代艺术史中的一些划时代的代表人物，如绘画领域的顾恺之，书法领域的王羲之、王献之父子，雕塑领域的戴逵、戴颙兄弟，由于他们对艺术的贡献，顾恺之、王羲之被后人尊为"画圣"和"书圣"。以后自刘宋至萧梁，南方的画风不断变化，其代表人物由陆探微转为张僧繇，画法用笔由密转疏，所绘人像也由"瘦骨清像"转向丰腴得体。南方绘画新风迅速北传，对北朝艺术创作影响深远。虽然自唐代以来画史中对东晋南北朝的画家及其作品多有记述，但除少数后代模本外，并无当时真迹传世③，因此近年来的有关考古发现，才让人们得以从一个侧面窥知当时绘画艺术的真貌。南京、丹阳等地南朝大墓中的"竹林七贤和荣启期"拼镶砖画④，北魏墓屏风漆画⑤和北齐墓壁画高士屏风画⑥，不仅反映出当时的画风，而且说明了南方画风对北方的影响。在佛教雕塑方面，北魏洛阳永宁寺塔基出土泥塑残像⑦，更表明萧梁初年兴起的艺术新风迅速北渐的情景⑧。凡此种种，从有关的考古发现可以进一步探究两晋

---

① 据张彦远《历代名画记》所记历代能画人名，西汉六人皆为画工，东汉六人仅刘旦、杨鲁二人为画工，余皆官员文人，为赵岐、刘褒、蔡邕、张衡。俞剑华注释本，江苏美术出版社，2007年。

② 《历代名画记》尚保存有顾恺之有关绘画的的三篇论述，即《论画》《魏晋胜流画赞》和《画云台山记》，以后南齐谢赫的"画有六法"，更对古代绘画创作有深远影响。俞剑华注释本，江苏美术出版社，2007年。

③ 以顾恺之为例，除传为其画作的后代摹本外，并无真迹传世。有学者指出，今日人们通常对顾恺之的整体认识，实是明代后期鉴藏家们构筑的"知识"。请参阅尹吉男《明代后期鉴藏家关于六朝绘画知识的生成与作用——以"顾恺之"的概念为线索》，《文物》2002年第7期。

④ 杨泓：《东晋、南朝拼镶砖画的源流及演变》，《汉唐美术考古和佛教艺术》，科学出版社，2000年，第56~83页。

⑤ 山西省大同市博物馆、山西省文物工作委员会：《山西大同石家寨北魏司马金龙墓》，《文物》1972年第3期。

⑥ 杨泓：《山东北朝墓人物屏风壁画的新启示》，《文物天地》1991年第3期。

⑦ 中国社会科学院考古研究所：《北魏洛阳永宁寺——1979~1994年考古发掘报告》，中国大百科全书出版社，1996年。

⑧ 宿白：《北朝造型艺术中人物形象的变化》，《中国石窟寺研究》附录二，文物出版社，1996年，第349~354页。

南北朝时中国美术发展的历史原貌。

（五）中西文化交流引致社会生活习俗的变化

两晋南北朝时期，虽然政权更迭频繁，战乱不断，但是通过丝路的中西文化互动从未停息，其中对中国文化影响最为深远的是佛教文化的传播，前已述明。此外，祆教（拜火教）也随着一些原居中亚的民族流寓中原而有所传播，在这一时期的考古发现中也可看到有关祆教的艺术品，如陕西西安北周安伽墓门楣彩绘和石棺床围屏彩绘石雕①，还有曾任职于北齐而死于隋初的虞弘墓中的石棺雕刻②，显示了祆教美术的特色，对当时中国绘画艺术产生影响③，但其文化影响自难与佛教文化相比。同时自中亚、西亚及至地中海地区传入的生活用品，也影响着当时人们的社会生活，甚至改变了固有的生活习俗。在东传的生活用品中，最受当时社会上层人士垂青的是精美的金银制品和玻璃制品，主要是产自波斯萨珊朝和罗马—拜占庭（东罗马）等地，它们有的被发现于当时的遗址中，如大同北魏遗址出土的鎏金铜高足杯和银八曲长杯④，更多的是因受物主生前喜爱遂于死后随葬墓中，如东晋南京象山王氏墓随葬有罗马玻璃黄绿色磨花圈底筒形杯⑤，北燕冯素弗墓随葬的无模自由吹制成型罗马玻璃鸭形器、碗、杯和钵⑥，北魏封和突墓随葬波斯萨珊狩猎野猪图像金花银盘⑦，北周李贤

① 陕西省考古研究所：《西安北周安伽墓》，文物出版社，2003 年。
② 山西省考古研究所、太原市文物考古研究所、太原市晋源区文物旅游局：《太原隋虞弘墓》，文物出版社，2005 年。
③ 荣新江：《粟特祆教美术东传过程中的转化——从粟特到中国》，《汉唐之间文化艺术的互动与交融》，文物出版社，2001 年，第 51 ~ 72 页；郑岩：《青州北齐画像石与入华粟特人美术——虞弘墓等考古新发现的启示》，《汉唐之间文化艺术的互动与交融》，文物出版社，2001 年，第 73 ~ 109 页。
④ 《无产阶级"文化大革命"期间出土文物展览简介·山西·大同南郊北魏遗址》，《文物》1972 年第 1 期。
⑤ 南京市博物馆：《南京象山 5 号、6 号、7 号墓清理简报》，《文物》1972 年第 11 期；安家瑶：《中国早期玻璃器皿》，《考古学报》1984 年第 4 期。
⑥ 黎瑶渤：《辽宁北票县西官营子北燕冯素弗墓》，《文物》1972 年第 3 期。
⑦ 马玉基：《大同市小站村花圪塔台北魏墓清理简报》，《文物》1983 年第 8 期；夏鼐：《北魏封和突墓出土萨珊银盘考》，《文物》1983 年第 8 期。

墓随葬和人物图像金花银胡瓶和圆形凸饰玻璃碗①，等等。此外，在南北朝遗存和墓葬中也常见拜占庭和波斯萨珊朝的金银铸币，但看来它们并不是作为货币，而是被视为珍宝或穿孔作装饰品。与上述被社会上层视为珍奇的奢侈品的金银制品和玻璃制品不同，对广大民众日常生活习俗产生深远影响的则是日用家具中西来的高足坐具，它们可能是伴随着佛教文化传入中国内地的。在敦煌莫高窟北朝洞窟壁画中，已可看到椅子和方凳、束腰圆凳（筌蹄）、胡床（折叠凳）等高足坐具的画像②。高足坐具进入人们日用家具的行列，除西来的影响外，也与连年战乱和少数民族不断建立政权，改变传统的风俗习惯，使汉魏以来的传统席地起居习俗和礼制受到极大冲击有关，从而萌生出新的社会习俗。高足坐具的使用和普及，最终导致席地起居习俗被垂足高坐所取代。南北朝以后，以桌椅为代表的高足家具日渐成为中国家具的主流，促使中国古代生活习俗发生了全新的变更。

（原载《中国考古学·三国两晋南北朝卷》，中国社会科学出版社，2018年）

后记　编写《中国考古学》，是我在考古研究所参加的最后一项集体写作项目。1996年，在时任考古所党委书记王立邦同志积极推动和组织下，《中国考古学》的编写工作步入正轨，先由张长寿和我编撰全书写作提纲初稿（汉代以前部分由张长寿撰写，汉代以后部分由我撰写），然后召开全所研究人员座谈会进行讨论，写作提纲确定后，所里成立了由所长、副所长、党委书记以及张长寿和我组成的编写小组，确定了各卷主

---

① 宁夏回族自治区博物馆、宁夏固原博物馆：《宁夏固原北周李贤夫妇墓发掘简报》，《文物》1985年第11期；安家瑶：《北周李贤墓出土的玻璃碗——萨珊玻璃器的发现与研究》，《考古》1986年第2期。

② 杨泓：《敦煌莫高窟与中国古代家具史研究之一——公元5～6世纪中国家具的演变》，《汉唐美术考古和佛教艺术》，科学出版社，2000年，第253～263页。

编，由各研究室分别安排参加写作的人员，编著工作正式开始。当时确定除旧石器时代卷外，所有编写人员皆由所内在职的研究人员承担，目的是通过这部书的编写，同时达到培养干部的目的。又选定《夏商卷》先行编出，以取得经验。就在集中全所精力编写的关键时刻，王立邦书记退休，全书的编写工作大部陷于停顿。等到齐肇业同志接任考古所党委书记以后，组成了新的编委会，《中国考古学》的编写工作重又受到重视，但因其他工作任务繁忙，已无法再集中全所精力来进行，只好哪一卷编写成熟，就先行出版，于2003年首先出版了《夏商卷》。新的编委会也不再坚持作者全由所内人员承担，可以约请所外专家共同参与编写。考古所在经历了四任所长和五任党委书记以后，到目前为止，《中国考古学》已出版了《新石器时代卷》《夏商卷》《两周卷》《秦汉卷》和《三国两晋南北朝卷》。其中《三国两晋南北朝卷》由朱岩石与我共同主编，本文是由我执笔写成的该卷的"绪言"。

读《史记·李将军列传》兼谈两汉"莫府"图像和模型

秦时明月汉时关，
万里长征人未还。
但使龙城飞将在，
不教胡马度阴山。

（唐·王昌龄《出塞》）

诗中"飞将"即"飞将军"，用典出自太史公司马迁所著《史记》的《李将军列传》，李将军为西汉名将李广。"广居右北平，匈奴闻之，号曰'汉之飞将军'，避之数岁，不敢入右北平。"[1]

一

李广是陇西成纪人，为秦将李信后裔。在汉文帝前元十四年（前166年），他"以良家子从军击胡"，开启了其军旅生涯，当时他仅有十余岁。李广"用善骑射，杀首虏多，为汉中郎将"。汉景帝时，先从太尉周亚夫击吴楚军，后任上谷太守，徙上郡太守，接着先后转任陇西、北地、雁门、代郡、云中等地，一直任边郡太守，抵御匈奴，"皆以力战为名"。汉武帝继位后，"左右以为广名将也，于是广以上郡太守为未央卫尉"。但李

---

[1] 《史记·李将军列传》，第2871页。以下本文中引文未注明出处者，皆引自《史记·李将军列传》。

广并非在每次参与对匈奴作战时都能取胜。元光二年（前133年）汉武帝在马邑伏兵诱匈奴单于时，李广为骁骑将军，领属护军将军。"是时单于觉之，走，汉军皆无功。"更大的失败是在元光六年（前129年），"广以卫尉为将军，出雁门击匈奴，匈奴兵多，破败广军，生得广。"虽然李广在被俘后逃回，"汉下广吏，吏当广所失亡多，为虏所生得，当斩，赎为庶人"。李广家居数岁后，"匈奴入杀辽西太守，败韩将军。后韩将军徙右北平。于是天子乃召拜广为右北平太守"。就是在右北平时，匈奴畏惧李广，称他为"汉之飞将军"，避之数岁。右北平太守任后，汉召广为郎中令。元朔六年（前123年），"广复为后将军，从大将军军出定襄，击匈奴，诸将多中首虏率，以功为侯者，独广军无功"。过了两年，元狩二年（前121年），"广以郎中令将四千骑出右北平，博望侯张骞将万骑与广俱，异道"。结果广军与匈奴左贤王所率四万骑兵相遇，以寡敌众，力战两天，张骞军终于赶到，匈奴军才解去。"汉法，博望侯留迟后期，当死，赎为庶人。广军功自如，无赏。"

李广征战多年，一直"不得爵邑，官不过九卿"。与他从弟李蔡相比，"蔡为人存在下中，名声出广下甚远"。元朔五年（前124年）李蔡为轻车将军，从大将军卫青击匈奴右贤王，有功而封为乐安侯，后又代公孙宏为丞相。而且"诸广之军吏及士卒或取封侯"，李广却始终"无功"而未得封侯。李广心有不甘，元狩四年（前119年）他已年过六十，仍力请从大将军卫青击匈奴。原本期望这次可以满足他建功封侯的夙愿。但天违人愿，因所领军失道迷路，未能及时与大军会合，当被大将军簿责后，他愤而自杀。为汉廷征战长达47年的一代将星，殒命疆场。李广自杀后，"广军士大夫一军皆哭。百姓闻之，知与不知，无老壮皆为垂涕"。此后，西北边郡人民一直怀念这位为民保边拒敌的"飞将军"，直至魏晋时期，河西地区的壁画中还绘有他的画像。

李广长得什么模样？他生时没有留下画像。《史记·李将军列传》中只简单地记述了他的体貌特征："广为人长，猿臂，其善射亦天性也。"而且"广讷口少言"。据此记述很难画出他的形像。西晋距李广生活的年代又过了三四个世纪，但是因为西北边郡的民众一直怀念他，就按他们心目中善射的骑士的形貌为他画像。1992 年，甘肃敦煌佛爷庙湾西晋墓中出土了一方砖画①，画面上有一位骑在马上、返身张弓射箭的骑士，骑士右方墨书榜题"李广"名字（图一）。这就是人们仍在追忆的"汉飞将军"李广，也是目前发现的年代最早的李广画像。

图一　甘肃敦煌晋墓"李广"铭砖画

《史记·李将军列传》中对李广失期自刭的描述十分生动具体，录文如下：

（元狩四年春）广既从大将军青击匈奴，既出塞，青捕虏知匈奴单于所居，乃自以精兵走之，而令广并于右将军（注：赵食其）军，出东道。东道少回远，而大军行水草少，其势不屯行。广自请曰："臣部为前将军，今大将军乃徙令臣出东道，且臣结发与匈奴战，今乃一得当单于，臣愿居前，先死单于。"大将军青亦阴受上诫，以为李广老，数奇，毋令当单于，恐不得所欲。而是时公孙敖新失侯，为中将军从大将军，大将军亦欲使敖与俱当单于，故徙前将军广，广时知之，故自辞于大将军，大将军不听，令长史封书与广之莫府，曰："急诣部，如书。"广不谢大将军而起行，意

---

① 《中国文物精华》编辑委员会：《中国文物精华·1997》，图版 119，文物出版社，1997 年。

甚愠怒而就部，引兵与右将军食其，合军出东道。军亡导，或失道，后大将军。大将军与匈奴接战，单于遁走，弗能得而还。南绝幕，遇前将军、右将军。广已见大将军，还入军。大将军使长史持糒醪遗广，因问广、食其失道状，青欲上书报天子军曲折。广未对，大将军使长史急责广之幕府对簿。广曰："诸校尉无罪，乃我自失道，吾今自上簿。"……至莫府，广谓其麾下曰："广结发与匈奴大小七十余战，今幸从大将军出接单于兵，而大将军又徙广部行回远，而又迷失道，岂非天哉！且广年六十余矣，终不能复对刀笔之吏。"遂引刀自刭。

二

在《史记·李将军列传》对李广失期自刭的叙述中，"莫府"或"幕府"一词凡三见。"莫""幕"同，即帐幕，将军行军，宿于帐幕，其办公场所也在帐幕之内，故称"莫府"或"幕府"。《汉书·李广苏建传》唐颜师古注，对莫府解释甚明："莫府者，以军幕为义，古字通单用耳。军旅无常居止，故以帐幕言之。廉颇、李牧市租皆入幕府，此则非因卫青始有其号。"① 这说明，莫府之名源自先秦②。元狩四年（前 119 年）征匈奴时，大将军、前将军自然都设有莫府，也都设在驻地帐幕之中。西汉时行军使用的帐幕及营地布防情况，目前还缺乏考古学图像标本。现在已发现的汉魏宿营画像中，只是在甘肃嘉峪关魏晋墓内有小幅画面。1972 年清理的嘉峪关第三号墓内，在前室前壁墓门两侧上方分画两幅壁画，右为宿营画面，左为统军出行画面③。宿营画面中央绘一大型帐幕，其两侧和前后整齐地排列着许多小型帐幕，在各小帐前地面上都竖立有戟和盾。居中

---

① 《汉书·李广苏建列传》，第 2442 页。
② 据《史记》记载："李牧者，赵之北边良将也。常居代雁门，备匈奴。以便宜置吏，市租皆输入莫府，为士卒费。"《史记·廉颇蔺相如列传》，第 2447 页。
③ 甘肃省文物队、甘肃省博物馆、嘉峪关市文物管理所：《嘉峪关壁画墓发掘报告》，文物出版社，1985 年。

图二　甘肃嘉峪关魏晋墓营帐壁画

的大帐中，领兵的将领端坐在正对帐门的榻上，手执便面。帐外左右两侧各侍立一军吏（图二）。这处营地规模不大，看来那些小帐每帐只供一个士兵住宿，因为帐前只竖有一支戟和一面盾。将长柄的格斗兵器戟和体量较大的盾竖在帐外，只将短的刀、剑和铠甲带入帐内，是汉晋时宿营的一般习惯。晋将祖逖宿营时，曾遭樊雅夜袭。"祖逖军大饥，进据食犬丘城。樊雅遣六十余人入逖营，拔戟盾大呼向逖，逖军人夜不知何贼之多少，皆欲散走。"① 正是因为军中宿营时士兵皆将戟、盾竖于帐前，夜袭者才可随手拔戟盾大呼。可见，当时宿营一如嘉峪关壁画所示，仍沿袭汉魏习惯。嘉峪关壁画所绘，仅是一位领有数十士兵的低级将领的营帐，但小中见大，可以由此推想更大规模的营地，想到那"夜深千帐灯"的大军宿营情景。从魏晋时营帐的形貌，可以反推所沿袭的汉时军营帐形貌。

行军时将军办公在幕帐中，称"莫府"即"幕府"，所以当军队回驻都邑城市时，将军的办公地点也习惯称为"莫府"。由于带有浓烈的军事

---

① 《太平御览》卷三五二引王隐《晋书》，中华书局，1963 年，第 1670 页。《晋书·祖逖传》所记文字略有不同："军中大饥。进据太丘。樊雅遣众夜袭逖，遂入垒，拔戟大呼，直趋逖幕，军士大乱。"第 1695 页。

色彩，故与民职官员办公的衙署有着明显的区别。

关于两汉时期的"莫府"的形象资料，最早的考古发现是 1962 年发掘的内蒙古和林格尔东汉墓①，墓内所绘壁画中，描绘墓内所葬死者生前官宦历程的题材占据了大部分壁面，而且，墓主所任官位最高的是护乌桓校尉。《续汉书·百官志》："护乌桓校尉一人，比二千石。本注曰：主乌桓胡。"应劭《汉官》："拥节。长史一人，司马二人，皆六百石，并领鲜卑。客赐质子，岁时胡市焉。"② 所以，护乌桓校尉莫府的图像是该墓壁画的重点。

该墓不但有描绘护乌桓校尉所在的宁城图像，还有莫府东门等莫府建筑的局部图像。在前室中层左方一直延续东、北、西三壁画，有护乌桓校尉出行画面。中室东壁下半部绘有一幅"宁城图"，城中绘出了护乌桓校尉莫府的图像（图三、四）。此外，在墓门甬道的两壁上，画有"幕府门"；

图三　内蒙古和林格尔东汉墓"宁城图"壁画（局部）

---

① 内蒙古自治区博物馆文物工作队：《和林格尔汉墓壁画》，文物出版社，1978 年。
② 《后汉书·百官志》，第 3626 页。

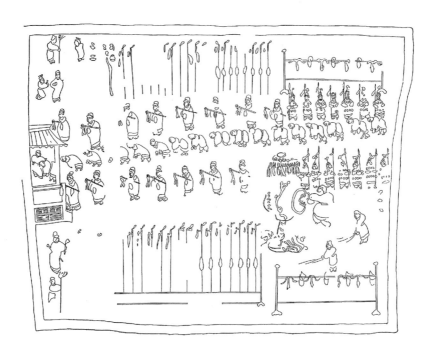

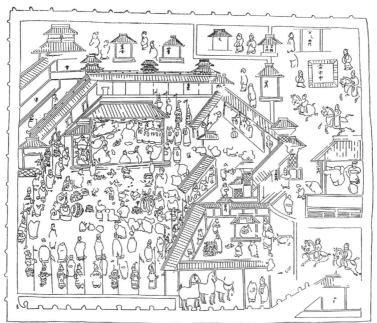

图四 和林格尔东汉墓"宁城图"线描图

前室东壁转角处画面，榜题"幕府东门"（图五）；在前室南壁，绘有榜题"功曹"等的府舍。这些都可以补充因宁城图画幅有限而没有绘出的一些具体建筑。如果将这些内容补充到宁城护乌桓莫府图中，就能基本弄清护乌桓校尉莫府的全貌。

图五　和林格尔东汉墓莫府东门壁画

　　在和林格尔东汉墓的宁城护乌桓莫府图中，入城门向内，到达莫府南。画师在绘画时，随意按他的需要而改变不同建筑的视角和透视（图六），先是将宁城的四面城墙按平面图画成方形，又将宁城南门画成正投影的侧立面图。进入城内，又把莫府门画成带透视角度的立体图像，于是，本来正对着的两座门变成一侧面、一斜面，很不协调。画师想把本应坐北朝南的正厅绘在画面的正面，因此在进入宁城南门后，他将本应正对城门的莫府门改绘成侧斜状，入内后，前院也呈侧斜状。从前院进入正院后，画面再度扭曲，将南北向的正厅扭成正对画面前方的正面像。如此随意变化，自然是为了突出坐于厅内的主人，让其正对画面前方，以凸显他

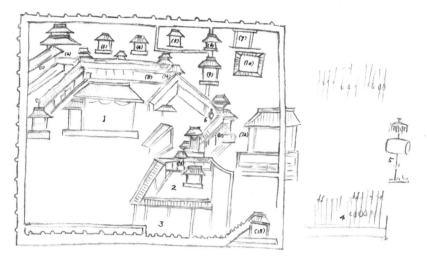

图六　和林格尔东汉墓莫府示意图

1. 正厅　2. 庖厨　3. 马厩　4. 门前兵兰　5. 建鼓

榜题：（1）库　　（2）仓　　（3）营曹　　（4）司马舍　　（5）〔史〕〔舍〕　　（6）宁县东门
（7）宁城东门　　（8）齐室　　（9）营门　　（10）宁市中　　（11）莫府南门　　（12）宁城南门
（13）共官门　　（14）东府门　　（15）西门

在莫府中的权势。但是如此随意改变透视方位，把原本方正的中国传统厅堂庭院格局绘得歪斜奇特，不仔细分析，难知其庐山原貌。当我们认真考察后，可以得到较为完整的东汉晚期护乌桓校尉莫府的平面图（图七）。

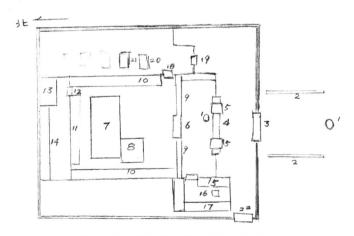

图七　护乌桓校尉莫府平面想象复厚图

1. 建鼓　2. 兵兰　3. 宁城南门　4. 莫府正门　5. 东、西门阙　6. 正厅院门　7. 正厅　8. 侧室
9. 前院廊房　10. 正院两侧廊房　11. 齐室　12. 后院门　13. 仓　14. 库　15. 庖厨　16. 井　17.
马厩　18. 莫府东门　19. 营门　20. 司马舍　21. 史舍　22. 西门

简言之，护乌桓校尉莫府是一座有三进院落的建筑，整体平面呈长方形，坐落在宁城内居中处，占据了城内的大部分面积。概括说来，莫府与宁城在画面上已经结合为一个整体。莫府前陈设兵器的兵兰，就排列在宁城的城门之外道路两侧，插置的兵器分别是矛和戟。兵兰间当道竖立建鼓。在壁画中，将来谒见的乌桓等族人士，列队匍匐拜于城门前。宁城南门（正门）正对着莫府南门（正门）。

由壁画图像可知，莫府门两侧立双阙，门扇分饰青龙、白虎图像，并设有建鼓。在莫府门西侧建有平面近方形的院落，这组建筑包括马厩和庖厨，东墙有门通向前院，马厩西侧也可直接出到大街。入莫府门后，是一个平面呈横长方形的前院，北墙居中开门，通往正院。正院平面大致呈方形，正院两侧和后壁建廊房，后壁廊房有"齐室"，在廊房上方左、中、右侧，各建有一座望楼。正院的主体建筑是坐落在北侧居中、宽敞的莫府正厅，是护乌桓校尉办公及宴会的场所。正厅右旁的侧厅供女眷起居。画面中主人坐在正厅正中，宴请宾客。院子里四周侍立着全装甲胄的卫士，院中满是来谒见的人士。正院后面是一个较窄的横长方形后院（在画面上绘出的后院，似在正厅右侧，系因画师为了使正厅面对画面前方而改变视角形成的，实为后面）。沿后壁建一排房舍，榜题"库"，应是储藏兵器装具等的库房。其最东角是一座两层的仓楼，榜题"仓"，所绘形貌与东汉墓经常出土的两层的粮仓近同。

在莫府正院左侧（即东侧），与其平行建有营房，营房正门比莫府北门稍退入一些，榜题"营门"。营房是一座宽大的平面长方形的院落，莫府以下各属吏办公的场所应都设在其中。在宁城图上只绘出两处，榜题为"营曹"和"司马舍"。但是在该墓另几幅描绘莫府局部的莫府东门等壁画上，绘有"右贼曹""左贼曹"等办公场所和榜题"功曹"的办公场所，内分设"右仓曹""左仓曹"以及"金曹""阁曹""寨曹"等。这些局部绘出的曹属办公场所，恐均应集中于莫府东侧。

和林格尔东汉壁画墓护乌桓校尉莫府图像的发现，让今人得以了解当时莫府的具体形象，它是否承袭西汉时将军莫府的传统，还无法阐明。要解开这个谜，还需要等待有关考古新发现，这一等就是45年。

　　2007 年，山东临淄山王村西汉墓的从葬坑出土一组规模宏大的出行车马军阵的陶俑群①，包括陶模型马车 9 辆、牛车 2 乘，陶骑兵俑 49 件、步兵俑 255 件，还有许多侍卫、仆从等陶俑。与军阵陶俑群共同出土的考古标本，还有一组陶质建筑模型（图八）。在发掘报告的出土器物平面图上，标明了这些建筑模型的位置，可以看出其模拟的是一座坐北朝南、设有两重门、三进院落的大型建筑，由发掘标本 YK50 至 YK61 号共计 12 件陶建筑模型组成。

图八　山东临淄山王村西汉墓陶莫府模型出土情况（正院及后院局部）

---

①　山东省文物考古研究所、临淄区文物管理局：《临淄山王村汉代兵马俑》，文物出版社，2017 年。

图九　山王村西汉墓陶阙模型
出土情况（东阙）

图一〇　山王村西汉墓陶前院门
模型出土情况

图一一　山王村陶阙模型（东阙）

　　山东临淄山王村西汉墓的从葬坑中，50、51 号是最外门前左右的一对
门阙（图九），形制是二出阙（图一一）。与和林格尔东汉墓莫府壁画对
比，相当于宁城南门的位置（由于该墓没有表示围墙的陶模型，本文复原
图的围墙为作者的推想复原）。52 号是一座三开间的大门模型（图一〇），
应是前院门，相当于和林格尔壁画的莫府南门，进入此门就进入了前院。
53 号也是一座三开间的大门，应是正院门（图一二），相当于和林格尔壁
画正院门。55 号是一座下有台基、面阔和进深各三间的殿堂模型（图一
三），是这组建筑模型的中心建筑，相当于和林格尔壁画的正厅。54 号是
侧厅，相当于和林格尔壁画右侧的侧厅。上下三层，顶层四周壁面开窗，
顶或为木构，已残缺。顶层亦可作为家居宴乐的场所。正厅后面是后院，
分布着 56~59 号共四座（图一四），应为属吏办公场所，相当于和林格尔
壁画中莫府东营房内的属吏办公场所。60 号为庖厨（图一五），61 号为仓

房（图一六），坐落在后院的东北角。在后院的后面还有两个猪圈，庖厨旁畜有供食用的羊群。仓的位置也与和林格尔壁画一致，只是庖厨的位置

图一二　山王村西汉墓陶正院门模型

图一三　山王村西汉墓正厅模型出土情况

图一四　山王村西汉墓后院四室模型出土情况

图一五　山王村西汉墓庖厨模型出土情况

图一六　山王村西汉墓陶仓模型

图一七　山王村西汉墓陶击鼓俑　　　图一八　山王村西汉墓陶建鼓模型

不同，在和林格尔壁画中，庖厨在前院西侧。

　　总体来看，这组建筑模型与和林格尔东汉壁画所表现的莫府大致相同。还应注意的是，在这组建筑的门前，也有与和林格尔壁画相同的建鼓（图一八）。还出土有击鼓俑（图一七）。更令人感兴趣的是设有行刑的斧质，即标本 195、196 号（图一九）。汉时行刑多腰斩，人犯要解衣裸身伏于质上。《史记·张丞相列传》："苍坐法当斩，解衣伏质。"[1] 在斧质模型附近，还出有表现遭行刑腰斩的陶俑（标本 160 号）。鼓下行刑，一般与军事有关。《后汉书·岑彭传》："收歆置鼓下，将斩之。"唐李善注："军将最尊，出执旗鼓，若置营，则立旗以为军门，并设鼓。戮人必于其下。"[2] 这组建筑模型又与具有相当规模的出行军阵联系在一起，更显示出浓烈的军事色彩。

　　因此可以确定，这组建筑模型应是一座西汉时的具有三进院落的莫府模型（图二〇），其年代当距李广生活的时期不远。它虽然还不是行军作

---

① 《史记·张丞相列传》，第 2675 页。

② 《后汉书·岑彭传》，第 654 页。

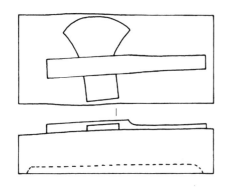

图一九　山王村西汉墓陶斧质模型

战时的莫府，但也让今人更具象地了解西汉时莫府建筑的真实形貌，弥足珍贵。

三

通过考古资料对两汉莫府形貌有所了解以后，返回来看《李将军列传》记述中的莫府，我们会发现，大将军卫青的莫府和前将军李广的莫府，是上下两级莫府。

到莫府对簿，李广就要面对莫府内小吏对他率军失期的苛责，乃至拷掠。在汉代，那些小吏对失职获罪的高级将帅一逞官威，极尽污辱拷掠之能事。拥立孝文帝有功的名将周勃，失意后遭吏治，就曾慨叹："吾尝将百万兵，然安知狱吏之贵乎！"其子周亚夫曾平吴楚七国之乱，晚年也因不堪吏责，终至绝食而亡[①]。李广此前有因雁门一役失败被俘而被下吏责问的经历。所以这次"不能再对刀笔之吏"，愤而自杀。李广的悲剧，太史

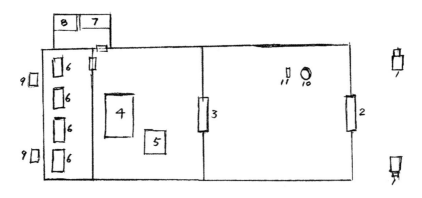

图二〇　山王村西汉墓莫府平面想象复原图

1. 双阙　2. 前院门（莫府大门）　3. 正院门　4. 正厅　5. 侧室　6. 后院四室　7. 仓　8. 庖厨
9. 猪圈　10. 建鼓　11. 斧质

① 《史记·绛侯周勃世家》，第 2073、2079 页。

公司马迁将责任推给了大将军卫青，怪他让李广与赵食其率军走右道，因而未能如期与大军会合。让李广由前将军改行右道的原因有二：一是出行前汉武帝"以为李广老，数奇"，告诫卫青不让李广抵挡单于；二是因公孙敖新失侯，欲让他在前敌立功，故用公孙敖为中将军，而徙前将军李广。

古人迷信占卜，李广也不例外。久未能因功封侯，李广认为自己命运不济，就去找人算命。他找到望气（"望气"是一种算命术，类似近世之"看相"）王朔，问他："岂吾相不当侯邪？且固命也？"王朔用算命者惯用的手法问李广："将军自念，岂尝有所恨乎？"李广想来想去，想起了一件做错的事。他说："吾尝为陇西守，羌尝反，吾诱而降，降者八百余人，吾诈而同日杀之。至今大恨独此耳。"于是王朔得出结论："祸莫大于杀已降，此乃将军所以不得侯者也。"算命的结果传出去，朝野上下皆认为李广"数奇"（命数不好），李广也给自己套上了无形的精神枷锁，以致于连皇帝都顾忌李广"数奇"，嘱咐大将军卫青，"李广老，数奇，毋令当单于"，这也是酿成李广自杀的原因之一。

但是认真分析，李广的悲剧实有更为深刻的原因，与汉代最高统治阶层解决匈奴问题的战略决策的演变有关。李广青壮年时，正当汉文帝至景帝主政时期，对国内采取休养生息的政策，不主动对外用兵，对待匈奴的侵扰只是被动防御。只有当匈奴单于举国来犯时，才临时集合大军备胡，匈奴一退，汉亦罢军。对于边防诸郡，靠的是边郡守将各自抗击匈奴的小规模战斗。李广正是在边郡抗击匈奴的局部守边战斗中战功卓著，成为匈奴畏惧的"汉之飞将军"。也就是说，李广治军及其个人勇敢，适合小规模的边境自卫反击战斗。

据《李将军列传》所记，李广治军"行无部伍行陈，就善水草屯，舍止，人人自便，不击刀斗以自卫，莫府省约文书籍事，然亦远斥候"。又言其个人勇敢，"其射，见敌急，非在数十步之内，度不中不发，发即应弦而倒。用此，其将兵数困辱。其射猛兽亦为所伤云"。再看他所面对的匈奴军，"士力能弯弓，尽为甲骑。……利则进，不利则退，不羞遁走"。

"其攻战，斩首虏赐一卮酒，而所得卤获因以予之，得人以为奴婢。故其战，人人自为趣利，善为诱兵以冒敌。故其见敌如逐利，如鸟之集；其困败，则瓦解云散矣。"① 显示出古代游牧民族全民皆兵的特点，这种类型的骑兵就是恩格斯论述骑兵时所称的"非正规骑兵"。而东方非正规骑兵的特点，就是"队形散乱，冲锋时互不协调和没有严整的阵列"②。按李广治军原则下的骑兵，"行无部伍行陈"，基本上也只能归于"非正规骑兵"之列。故此李广的军队面对远道而来抢掠的匈奴军时，常能取胜。除了勇敢以外，还在于抗御匈奴是保边卫民，占有道义上的优势，得到边民的拥护和支持。而且反击战并不远离边塞，有后方郡县作为后勤依托。匈奴军远道来侵，旅途疲惫，没有巩固的基地可依托，缺乏后勤供给，食用全靠掳夺，作战目的只为掠掳趋利，并无长久占有汉郡领土的图谋，成则掳掠，败则远遁。因此，养精蓄锐、待敌出击的李广军，常能击退同等数量甚至数量稍超过自己的匈奴军。这就是李广主持边郡军事，大小数十战常胜的原因。

但是，当李广离开边郡调到汉廷中央任职以后，情况发生了变化。前已述及，李广出雁门主动进攻匈奴，遭遇数量远大于所领军队的敌军时，不仅大败，还被敌人生擒。这也说明，在同样条件下，两支非正规骑兵相遇，经常是谁的兵多谁就会获胜，由此暴露出李广治军的弱点。

与李广齐名的边将中还有程不识，其治军与李广有很大不同。"程不识正部曲行伍营陈。击刀斗，士吏治军簿至明。军不得休息，然亦未尝遇害。"程不识曾说："李广军极简易，然虏卒犯之，无以禁也；而其士卒亦佚乐，咸乐为之死。我军虽烦扰，然虏亦不得犯我。"严号令、讲求行伍营陈，是使骑兵正规化的必要途径，如此才能摆脱与匈奴骑兵相似的非正规骑兵的境界。

特别是到汉武帝时，由于经过"文景之治"，国内经济发生很大变化，

---

① 《史记·匈奴列传》，第 2879、2892 页。
② 恩格斯：《骑兵》，《马克思恩格斯集》第 14 卷，人民出版社，1964 年，第 298～326 页。

所以有能力采取主动出击，以解除长期以来匈奴对边郡的袭扰。逐渐发展为两支以上的部队相互配合、协同作战，进而发展到包括几位将军率领的多支部队的大兵团出击，出动军队的总人数从数万到十万以上，甚至更多。这就进一步要求对部队的正规组训，行伍结阵，严明纪律，讲求配合，协同作战。指挥西汉中央军队走向正规化的代表人物，就是汉武帝委以重任的卫青。西汉军队这样的变化，改变了与匈奴作战的被动态势，取得了战争的主动权，使得结阵严整的汉军正规骑兵，与非正规的乌合趋利的匈奴骑兵作战时，能操胜券。

元光五年（前130年）卫青为车骑将军，与三将军各将万骑，分道出击，其余三将军中，轻车将军公孙贺无功，骑将军公孙敖损失七千骑，骑将军李广本人被匈奴俘虏，得脱归，二将皆当斩，赎为庶人。唯有卫青出上谷，至茏城，斩首虏数百，胜利而归。自元光五年至元狩四年（前119年），卫青从车骑将军升任大将军，七次出击匈奴，均有战绩，斩捕首虏五万余级。

元狩四年春，卫青统军出塞千里进击，命令赵食其与李广为左翼。当时匈奴单于听信降将赵信的计谋，"悉远北其辎重，皆以精兵待幕北。而适值大将军军出塞千余里，见单于兵陈而待，于是大将军令武刚车自环为营，而纵五千骑往当匈奴。匈奴亦纵可万骑"[1]。虽然汉骑兵数量只当敌人二分之一，但是以严密的正规骑兵结阵对敌，匈奴虽众，但为乌合的非正规骑兵，结果汉军大胜，单于只率健骑数百，突出汉军重围，逃向西北。这使我们想起恩格斯在论述《骑兵》时讲过的话。当分析欧洲国家正规骑兵和非洲非正规骑兵作战的特点时，他引述拿破仑谈到马木留克兵时所言："2个马木留克兵绝对能打赢3个法国兵，100个法国兵与100个马木留克兵势均力敌；300个法国兵大都能战胜300个马木留克兵，而1000个法国兵则总能打败1500个马木留克兵。"[2] 大将军卫青统率的经正规组训、

---

[1] 《史记·卫将军骠骑列传》，第2935页。
[2] 《马克思恩格斯全集》第14卷，人民出版社，1964年，第320页。

纪律严明的西汉骑兵，能够出塞，远途奔袭，连败匈奴，其原因也正与恩格斯的论述相契合。

再观李广，自离开特立独行的边郡统军任务，调职到汉廷中央后，多次参与协同作战，皆无功，从未获封侯，看来并非因他"数奇"，很可能是因为李广治军没有跟上形势的发展，又不能很好地与友军配合。

元狩二年（前121年），郎中令李广率军与博望侯张骞配合，出右北平击匈奴，就是因两军异道进击而缺乏配合，李广先行，导致仅有4千骑兵的李广军遭遇匈奴左贤王4万大军，而张骞军未到，几乎导致李广全军覆没。幸而张骞军赶到，匈奴才退军。

过了两年，李广力请从大将军卫青出击匈奴，汉武帝勉强同意。时大将军下属四将军，郎中令李广为前将军，太仆公孙贺为左将军，主爵赵食其为右将军，平阳侯曹襄为后将军。当侦知单于所在方位后，大将军自引中军精兵前往。大军前行，需要右翼掩护，故安排多达两将军的兵力，派遣前将军李广会同右将军赵食其前往（出发前汉武帝就嘱咐卫青，不让安排李广先战单于，卫青遵照皇帝的指示行事，应无过错）。但李广本来就一心想立功封侯，并不想服从军令，为此与卫青争执，力争不去右翼。大军出行，令行禁止，属将不服从主将指挥，确实是李广的过错。当他赌气出发后，又迷失道路，导致在卫青的中军主力与单于鏖战时，右道两将军迟迟未与大军相会，使大军失去右翼屏障。幸而卫青击败匈奴，单于突围向西北逃走。"汉军左校捕虏言单于未昏而去，汉军因发轻骑夜追之，大将军因随其后。匈奴兵亦散走。迟明，行二百余里，不得单于，颇捕斩首虏万余级，遂至窴颜山赵信城，得单于积粟食军。军留一日而还，悉烧其城余粟以归。"[1] 这时，迷路的右翼两将军仍未能与大军会合。直到"大将军引还过幕南，乃得前将军、右将军"[2]。无论道路情况如何，将军也应尽量克服困难，依令而行，大军迷路更是难以原谅的错误。

---

[1] 《史记·卫将军骠骑列传》，第2935页。
[2] 《史记·卫将军骠骑列传》，第2936页。

历史上中外有许多因军队未按时到达而导致战役失败的战例。这又让人想起法国皇帝拿破仑，在著名的"滑铁卢战役"中，正是由于法军元帅格鲁西的军队失期，使拿破仑在关键时刻消耗了全部后备兵力，最终军力不足而导致最终失败①。因此，李广、赵食其军因路难行而迷路失期，绝难原谅，大将军卫青莫府簿责是正确的。李广自杀就逃避了军法的责罚；右将军赵食其当斩，赎为庶人。太史公在《李将军列传》中描述这一事件时，带着个人情感，让人读后感觉李广无过错，是卫青处理不当而造成名将李广自杀的悲剧。但太史公终究还不是不顾历史的真实情况的作者，他在《卫将军骠骑列传》和《匈奴列传》中，还是如实记录了元狩四年战争的经过，再结合班氏《汉书》中有关的记述，今日还是可以全面了解大将军卫青率领四将军出定襄击匈奴战斗的过程。

四

李广自杀，他个人的悲剧已落幕，但是他的家族的悲剧还远未终结。

李广有三个儿子，为李当户、李椒和李敢。当户与椒皆先李广死，当户有遗腹子名陵。李敢从李广征战，有勇力。元狩四年（前 119 年）李广率军击匈奴时，李敢不在大将军卫青军中，而是以校尉的身份随从骠骑将军霍去病，抗击匈奴左贤王。李敢"力战，夺左贤王鼓旗，斩首多，赐爵关内侯。食邑二百户，代广为郎中令"。可以说其父一心企望的立功封侯，他办到了。李敢虽得封侯，却十分短命。战后归朝，李敢一直"怨大将军青之恨其父，乃击伤大将军，大将军匿讳之。居无何，敢从上雍，至甘泉宫猎。骠骑将军去病与青有亲，射杀敢。去病时方贵幸，上讳云鹿杀之"。总之，李敢死得不明不白。

最后酿成李氏家族遭人唾弃的悲剧的是李广的孙子李陵，原因是他军

① ［英］吉尔斯·麦克多诺：《世界战役史：还原 50 个历史大战场》，巩丽娟译，金城出版社，2013 年，第 247～258 页。

败叛汉，投降匈奴，以致"自是之后，李氏名败，而陇右之士居门下者皆用为耻焉"。但是，在汉廷欲因李陵降敌而欲加刑于其妻女时，还是有人出来为李陵辩护，那正是太史公司马迁。以致于汉武帝"以迁诬罔，欲沮贰师，为陵游说，下迁腐刑"①。但是司马迁认为，皇帝并未真正了解他为李陵辩护的本意，在《报任安书》中，他曾作长篇解释："夫仆与李陵俱居门下，素非相善也。……然仆观其为人自奇士，事亲孝，与士信，临财廉，取予义，分别有让，恭俭下人，常思奋不顾身以徇国家之急，其素所畜积也，仆以为有国士之风。"②

正是出于司马迁对李陵乃至李氏家族的情感，所以写《史记》时，他在李广传的文字中倾注了浓厚的个人感情，今日读《李将军列传》时，读者仍会被太史公的激情所感染。如果将其与班氏所著《汉书》对照，则可看到，写历史另有一种春秋笔法。《汉书》将李广与苏建合列为一传。苏建虽一生事迹也与抗御匈奴有关，但其声望远逊于李广，之所以能与李广名列同传，有赖于其中子苏武的事迹。

据《汉书·李广苏建传》记载，汉武帝"遣武以中郎将使持节送匈奴使留在汉者"。苏武在匈奴时，因其副使副中郎将张盛参与了匈奴缑王拟劫单于归汉，连累苏武遭单于扣压。匈奴单于几次逼武投降，武严词拒绝，并曾想为国自杀，未死。单于"乃徙武北海上无人处，使牧羝，羝乳乃得归"。苏武"杖汉节牧羊，卧起操持，节旄尽落"。在北海期间，李陵曾为匈奴去劝降苏武。"初，武与李陵俱为侍中，武使匈奴明年，陵降，不敢求武。"李陵谈起苏武的哥哥和弟弟都是因故自杀，又说："人生如朝露，何久自苦如此！"但苏武终不为所动，说道："自分已死久矣，王必欲降武，请毕今日之欢，效死于前。""陵见其至诚，喟然叹曰：'嗟乎，义士，陵与卫律之罪上通于天。'因泣下沾衿，与武决去。"直到汉昭帝即位后数年，又与匈奴通使，汉终于知悉苏武情况，苏武才得归还。"武留匈

---

① 《汉书·李广苏建传》，第2456页。
② 《汉书·司马迁传》，第2729页。

奴凡十九岁，始以强壮出，及还，须发尽白。"汉宣帝甘露三年（前51年），将"皆有功德，知名当世"的名臣凡十一人，法其形貌，画于麒麟阁，苏武位列其中，榜题为"典属国苏武"①。班固《汉书》将苏武与李陵共传，对比强烈，以此将叛汉投敌的李陵钉于历史的耻辱柱上。

李陵叛汉降匈奴，使李广家族经三代后名节不保，遂亡其宗。但是匈奴边患未绝，边郡民众一直怀念保边卫汉的飞将军李广，延续至魏晋，千古不衰。后人已记不清李广的真实容貌，就在画像时选用了当时人们心目中最雄健英俊的骑士的形象，前文引述过甘肃敦煌晋墓李广画像砖可以为证。这充分说明，为国保民的英雄，民众自会持久怀念。有道是：边民千年长思念，"无功"李广未封侯！

（原载《故宫博物院院刊》2019年第2期）

<hr />

① 《汉书·李广苏建传》，第2460~2469页。